서양, 도교를 만나다

노장총서 9

서양, 도교를 만나다
The Tao of the West: Western transformations of Taoist thought

지은이   J. J. Clarke
옮긴이   조현숙
펴낸이   오정혜
펴낸곳   예문서원

편집   유미희
인쇄 및 제본   주) 상지사 P&B

초판 1쇄   2014년 1월 15일

출판등록   1993년 1월 7일(제307-2010-51호)
주소   서울시 성북구 안암동 4가 41-10 건양빌딩 4층
전화   925-5914 | 팩스   929-2285
홈페이지   http://www.yemoon.com
전자우편   yemoonsw@empas.com

ISBN 978-89-7646-316-6   93150

YEMOONSEOWON #4 Gun-yang B.D 41-10 Anamdong 4-Ga Seongbuk-Gu Seoul KOREA 136-074
Tel) 02-925-5914 Fax) 02-929-2285

값 36,000원

노장총서 9

서양, 도교를 만나다

J. J. Clarke 지음
조현숙 옮김

예문서원

필요한 것은…… 새로운 철학자이다! 도덕의 지구도 둥글다! 도덕의 지구도
양극점을 가지고 있다. 양극점도 실존의 권리를 지니고 있다! 발견해야 할
하나의 세계가 있다! 하나 이상의 세계가 있다! 승선하라, 철학자들이여! 바
다가 다시금 열려 있다. 아마 지금껏 이렇게 '열린 바다'는 없었을 것이다.[1]

    사실 '열린 바다'를 탐험하라는 이러한 격려가 서양학자들에게는 그다
지 필요하지 않았다. 지난 500여 년간 우리는 유럽의 전 지구적 막강한 힘
과 문화적 팽창을 지켜보았다. 뿐만 아니라 동시에 아시아의 위대한 지적·
종교적 전통을 열심히 탐구하고 번역하고 분석하는 것이 유럽 정신에 공개
되어, 이것이 다양한 방식으로 서양인의 사고와 상상력에 개입하는 모습도
볼 수 있었다. 인류 역사상 유례없는 엄청난 지평의 확장이 최근 몇 년간
오리엔탈리스트와 후기 식민지 연구의 형식으로 엄밀한 연구 대상이 되기
시작했다. 특히 후기 식민지 탐구는 종종 '열린 바다'를 니체식 '힘에의 의
지'에 기대어 정복의 무대라고 인식하기도 했다. 서양은 동양에 대한 연구
를 식민지 지식의 한 형태, 즉 아시아를 약탈하기 위한 서양의 권력 강화의
수단으로 이해해 왔다. 나 자신도 이러한 범위를 이용해 탐구해 오기도 했

---

1) F. Nietzsche, *The Gay Science* (New York: Vintage, 1974), p.289.

지만 어느 정도는 다른 방식을 도모해 왔다. 어떤 연구에서는 제국주의의 식민지 약탈이라는 사실이 필요한 토대라는 점을 충분히 인정한다. 하지만 나는 동양의 영향을 받은 사상으로 형성된 서양의 철학적·종교적 사고방식에 좀 더 주목했다. 동양에 대한 서양식 이해를(심지어 동서양의 뚜렷한 차이마저) 유럽식 문맥으로 보는 것이 거의 관례가 되었고, 실제 해석과 재해석의 과정이 이 작업의 핵심을 구성하지만, (비록 자주 오도됐을지라도) 유럽의 사고와 문화의 실을 뽑고 천을 짜는 데 다방면에 걸쳐 동양이 서양 전통에 끼친 광범위한 충격에 대해서는 별로 주목하지 않았다.

이 연구는 사상사 특히 서양사상사 분야의 탐구이며, 그것에 관한 나의 3부작 중 세 번째 저작이다. 3부작 중 첫 번째 저서인 *Jung and Eastern Thought*(『융과 동양사상』)에서는 지대한 영향력과 논박을 불러일으킨 한 개인 사상가의 저작에 특히 주목하였다. 두 번째 저서인 *Oriental Enlightenment*(『동양은 어떻게 서양을 계몽했는가』)[2]에서는 오리엔탈리스트 관념의 역사를 넓은 범위에서 서양 지적 전통 속의 동양의 자리와 동서양의 조우로 제기되는 문제를 통해 다루었다. 이 책 *The Tao of the West*(『서양, 도교를 만나다』)에서는 소위 도교(Daoism)[3]라 일컬어지는 전통과 서양사상의 관계에만 집중했다.

---

2) 역주: J. J. Clarke, *Oriental Enlightenment: The Encounter between Asian and Western Thought* (London: Routledge, 1997). 이 책의 한국어판은 장세룡 역, 『동양은 어떻게 서양을 계몽했는가』(우물이있는집, 2004)이다.

3) 역주: 중국도 전통적으로 道家와 道敎를 구별해 왔다. 도가는 철학적인 것으로 주로 老子, 莊子, 列子의 저작들과 연결된다. 道敎는 종교적인 것으로 後漢대에 세워져 종교적 요구를 만족시켜 주는 '교단'과 연관된다. 그동안 이 둘 사이에는 융합할 수 없는 차이점이 있다는 생각이 지배적이었다. 馮友蘭도 죽음을 받아들이는 '철학으로서의 도가'는

이 밖에 아시아의 다른 전통이 서양에 미친 광범위한 충격에 대해서도 다양한 학문 분야에서 적절하게 인정되어 온 것은 아니다. 앞서 불교와 힌두교에 대한 유럽인의 의식이 부각되면서 좀 더 충분한 탐구가 필요하기도 했다. 이제 도교가 과거 불교와 힌두교처럼 서양에서 르네상스를 맞이하고 있다. 최근까지 중국 바깥의 세계에서는 거의 알려지지 않았던 중국의 텍스트와 전통에 대한 치밀한 연구에서부터 도교적 명상, 건강과 성생활(sexual practices)에 대한 흥미의 증폭까지, 학문적으로나 대중적으로나 동양에 대한 열정으로 넘쳐나고 있다.

1장에서는 도교의 사상 구조보다는 서양 스스로의 반성으로 야기된 과학, 윤리학, 종교, 신비주의 철학 등 익숙한 범주에 걸친 도교의 영향을 다룬다. 2장에서는 중국 도교의 역사를 개괄하는데, 특히 유럽인의 문제의식에서 비롯된 '도교란 무엇인가?'라는 질문을 던져 본다. 3장에서는 도교학자의 가르침과 도교 텍스트에 대한 서양의 해석사를 개괄한다. 그리고 마지막 장에서는 선행 텍스트에서 제기한 비판적 논쟁을 재고하면서 21세기 지

죽음을 피하기 위한 기술을 탐색하는 '종교로서의 도교'와 다를 뿐 아니라 상호 모순적이라고 주장했다. 이 외 많은 연구자가 도교와 도가의 차이에 대해 탐구해 왔다. 그러나 최근 두 성격 사이의 상호 영향과 연관을 충분히 평가하면서 실제로 역사적·관념적 가교가 있다는 연구가 힘을 얻고 있다. 도가와 도교 사이에 분명한 차이가 있고 분파와 수행도 다양하지만 이 둘을 관통하는 하나의 맥락이 있다는 것이다. 특히 H. G. Creel은 1956년 강의에서 "도교란 무엇인가?"라는 질문을 제기하면서 '도교'라는 용어를 모든 것을 포용하는 범주로 분석하고자 했다. 저자도 이런 주장을 인정한다. (이 점에 대해서는 2장에서 좀 더 구체적으로 다룬다.) 저자는 'Daoism'이란 개념을 종교로서의 도교를 칭하는 것이 아니라 道敎/道家라는 이분법을 넘어서는 넓은 의미로 사용한다. 본 역서는 'Daoism'을 '도교'로 번역했다.

구촌 문화에서의 도교의 역할을 기대해 본다.

이 책은 서양사상을 연구의 핵심으로 하지만 도교의 본질과 스타일, 역사와 철학, 도교 저작, 그리고 정신적 수행(practices)을 전하고자 했다. 동시에 고대 중국의 인생철학에 대한 찬사를 숨기려고도 하지 않았다. 나는 오랫동안 자연 세계와 인간이 하나라는 천인합일적 태도나 삶과 건강과 활력을 긍정하는 데에 매료되어 왔고 고요와 침묵에 대한 의식, 자연스러운 단순함과 온화한 아나키즘에 이끌렸다. 나는 독자가 이 독특한 고대 전통에 대한 나의 경의를 이해하고 공유하게 되길 바란다.

나는 이 연구를 하면서 도교가 고상한 정신적 질문에서부터 건강과 다이어트와 같은 일상적 문제에 이르기까지 현대인의 삶에 다양한 모습으로 스며들기 시작했으며 환경, 평화와 전쟁, 성차별 등 현대사회의 삶에 대한 관심사와 관련되어 있음을 인정하게 되었다. 도교가 정신적으로 황폐해진 세상에 완벽한 삶의 철학이나 새로운 종교의식 같은 것을 제공하는지는 모르겠다. 그러나 도교는 다양한 방식으로 세상에 말을 걸어온다. 여전히 완고하고도 무심하게 끌려드는 독특함으로 말이다.

나는 도교 전통에 대한 서양의 열정에 대해 학자적인 정신을 가지고 비판적으로 접근해 왔다. 그리고 이렇게 독자들에게 도교의 관념과 텍스트의 광범위한 역사의 파노라마를 내놓는 바이다. 또한 문화 간 대화의 독특한 형식이라면 불가피하게 있을 수밖에 없는 진지한 논의와 비판적 차이를 길게 다루었다. 본 연구에서 '신비로운 오리엔트'에 대해 지나치게 아첨한 대목은 없다. 오히려 그러한 오리엔탈리스트 태도 자체가 나의 관심 대상이 될 수는 있겠다. 다른 오리엔탈 전통과 마찬가지로 도교도 여러 방식으로 오해되고 오용되어 왔다. 또한 중국 자체가 그렇듯이 최선이 될 수도 있고 최악이 될 수도 있는 임의의 판타지의 대상이 되기도 했다. 그러므로 이 책이 나오게 된 스토리는 계몽된 조우(enlightened encounter)이자 창조적 공생의 하나이다. 동시에 한편으로는 지구 반대편에 대한 강탈이라는 유럽의 탐욕스러운 식욕을 드러내고 있는 것이기도 하다.

니체의 '타자 세계'(other world)는 지금 우리가 느끼는 것보다 여러 면에서 훨씬 멀고 낯설었다. 니체가 유럽 문명을 다양한 대극과 분리시켰다고 생각했던 바다가 거대한 사회적·경제적·기술적 변화의 전 지구적 충격 아래 수축되었다. 니체 시대에는 여전히 멀고 불가해했던 타자(the other)가 우리의 시대에 와서는 친숙해져 우리 가운데 있으며 심지어 우리 자신 안에 존재하기도 한다. 그러나 타자성(otherness)은 그대로 남아서 문화적 획일이라는 보편적 요구를 거부하고 있다. 도교가 바로 타자성의 감각을 그런대로 유지하고 있으며 순응을 거부하고 있다는 것, 우리의 자기우월적 정통 교리를 향해 도교에서 말하는 '존재할 권리'로 맞서고 있다는 것을 이 책을 통해 보여주고 싶다. 세계화와 다문화주의의 도도한 흐름에도 불구하고 아직도 우리의 학문적인 그리고 대중적인 관점은 모두 여러 면에서 유럽 중심적이다. 나는 서로 배우고 이해하면서 문화적 경계를 횡단하는 존중 그리고 생산적인 상호 문화적 대화를 격려하는 진정한 '열린 바다'를 형성하는 데에 이 책이 기여하기를 희망한다.

타자 세계(other world)를 존중한다는 것은 우선 중국이 선호하는 중국어 로마표기방식을 사용하는 것을 의미한다. 그래서 나는 구식 웨이드-자일스 방식(Wade-Giles)보다는 표준병음법을 계속 써 왔다. 그러나 예외는 있다. 직접 인용에서는 웨이드-자일스 방식이나 다른 기성방식이 사용되기도 한다. 예를 들면 지금은 'Kongzi' 또는 'Kongfuzi'로 번역되지만 서양 언어에 너무 깊이 새겨져 있는 'Confucius'라든가 너무나 친숙해서 웨이드-자일스 방식이 선호되는 표지 제목이 그렇다. 기존 방식에 좀 더 익숙한 독자들이 웨이드-자일스 방식으로 번역할 수 있도록 이 책에서 자주 사용되는 중국어 용어를 부록에 실었다.[4]

학문적 항해를 하는 동안 나는 많은 사람으로부터 안내를 받았으며 격려와 비판도 받았다. 레이 빌링턴(Ray Billington), 크리스 블루어(Chris Bloor), 질 보잘트(Jill Boezalt), 앤드류 버니스톤(Andrew Burniston), 제인 크램벌린(Jane Clamberlain), 밥 클라크(Bob Clarke), 데이비드 홀(David Hall), 진 하디(Jean Hardy), 존 호프 메이슨(John Hope-Mason), 스티븐 카처(Stephen Karcher), 테리 설리번(Terry Sullivan), 그레틀 라이트(Gretl Wright) 등 많은 친구와 동료에게 각별히 감사의 뜻을 표한다. 또한 내가 이 책을 끝낼 수 있도록 안식년을 가지게 해 준 킹스턴 대학교에도 사의를 표한다.

---

4) 역주: 한국어판에는 싣지 않았다. 한국어로 번역되면서 크게 영향을 미치지 않는 것 같아 인명을 제외하고는 웨이드-자일스 방식으로 된 표기를 가능하면 쓰지 않았다.

'머리로 하는 철학'에서 '마음으로 하는 철학'으로

나는 서로 배우고 이해하면서 문화적 경계를 횡단하는 존중 그리고 생산적
인 상호 문화적 대화를 격려하는 진정한 '열린 바다'를 형성하는 데에 이
책이 기여하기를 희망한다.

— 서문 중에서

1.

"새로운 철학자가 필요하다. 철학자들이여! 바다가 열려 있다"라는 니
체의 말로 저자는 이 책을 열고 있다. 그동안 열린 바다가 있어 왔지만 서양
이 바라본 열린 바다는 정복의 무대, 약탈의 바다였다. 서구 제국주의적 발
상에서 나온 동양에 대한 시선은 이중적인 태도를 가지고 있었다. 그들이
보기에 동양은 미신적이고 철학이 없는 곳, 전제주의적이고 정체된 곳, 과
학이 없고 자본주의가 발생하지 못한 곳이었다. 서양은 그들처럼 살지 않는
곳은 미개한 곳이라며 그들의 나르시시즘을 투사해 왔다. 그런가 하면 다른
한편에서 서양은 동양으로부터 배우려 했다는 고백으로 저자의 글이 시작
된다. 이 책은 동양으로부터 영향을 받은 서양의 사고방식에 주목하고 있

다. 이런 점에서 저자는 이 책이 사이드의 오리엔탈리즘과는 다른 방식의 연구라고 말한다.

이 책은 서양이 동양으로부터 무엇을 배웠는지를 탐구하는 저자의 3부작 시리즈 중 마지막 권이다. 첫 번째 저서 『융과 동양사상』(*Jung and Eastern Thought*)은 분석심리학자 칼 융의 저서를 선별해서 엮은 책으로, 동양으로부터 영향을 받은 서양학자 중 분석심리학자인 칼 융에 대한 저자의 관심이 특별하다는 것을 보여 준다. 두 번째 저서인 『동양은 어떻게 서양을 계몽했는가』(*Oriental Enlightenment*)는 유교, 불교, 힌두교, 도교 관념 등에 대해 전반적으로 살펴보면서 서양 지적 전통 속의 동양의 자리, 동서양의 조우로 제기되는 문제를 다룬 책으로, 우리나라에서 이미 번역되었다. 이 책 『서양, 도교를 만나다』(*The Tao of the West*)는 도교(Daoism)와 서양사상의 관계에만 집중하고 있다. 두 번째 책에서는 문제를 제기하고 전반을 개괄했다면, 이 책에서는 도교에 집중하면서 미래의 전망을 도교에서 찾으려는 희망으로 마무리하고 있다.

2.

저자는 그동안 도교에 대한 서양의 왜곡사를 정리하면서 최근 도교에 대한 관심과 시선이 여러 분야에서 달라지고 있다고 말한다. 도교는 서양의 기성관념의 틀로는 이해하기 어렵다. 서양의 종교 시각으로도 그렇고 서양의 철학 관념으로도 그러하다. 서양 종교의 시각에서 볼 때 도교에는 서양의 신과 같은 초월적인 존재가 없다. 그래서 도교를 내재적 신비주의라는 얼핏 모순되는 개념 조합으로 이해해 보려는 시도를 한다. 또한 서양철학의 관념에서 볼 때 서양철학이 추구해 왔던 영원히 변하지 않는 절대보편진리가 도교철학에는 없다. 오히려 이를 비판하고 해체하는 분위기를 도교철학에서 발견할 수 있다. 도교는 서양 관념의 그물에 잡히지 않아 알 수 없고 모호하다. 그래서 도교를 반이성, 비합리, 신비주의, 상대주의, 회의주의라는 서양식 관념과 개념을 동원해 비판적이고 부정적인 시선으로 바라보고 평가해 왔다.

그러나 도교에 대한 이런 식의 평가에 대해 새로운 시도들이 일고 있다. 서양에서 반이성, 비합리, 신비주의, 상대주의, 회의주의라는 말이 갖는 분위기는 부정적이고 비판적이다. 심지어 신의 죽음과 철학의 종말을 운운하는 포스트모던적 분위기는 암울하고 절망적이기까지 하다. 전지전능한 신을 믿고 흔들리지 않는 공고한 진리를 찾으려 했던 서양의 종교나 철학에서 나올 수 있는 당연한 귀결이다. 그러나 그들의 비판과는 달리 도교는 자연의 변화와 흐름을 있는 그대로 받아들이고 포용하고 심지어 그것을 즐기기까지 하는 긍정적이고 낙관적인 분위기를 가지고 있다. 이제 이런 도교의 분위기가 서양인들에게는 낯선 매력으로 다가오고 있는 것이다.

새로운 철학자가 필요하다는 니체의 말처럼 도교철학이 새로운 희망일 수 있다. 이제 철학은 머리로 하는 철학에서 마음으로 하는 철학으로 나아갈 것이다. 절대불변의 영원하고 보편적인 진리를 탐구하고자 했던 철학이 죽음의 위기에 있다. 이것은 불길한 전망이 아니다. 오히려 그동안 갇혀 있던 우물에서 나와 이제는 바다를 향해 나갈 수 있는 가능성을 예고하는 것이다. 장자는 말한다. "내가 알 수 없는 것이 있다는 것에 머문다면 다한 것"(『莊子』, 「齊物論」)이라고. 이것이 장자가 말하는 큰 앎(大知)이다. 우물에서 나와야 바다로 갈 수 있듯이, 작은 앎에서 벗어나야 내가 아는 것이 다가 아니었다는 큰 앎을 깨닫게 될 것이다. 작은 앎에 갇히면 내가 알고 있는 것으로 모든 것을 바라보는 편견을 낳고, 나만이 옳다고 하는 아집과 나를 위해 모든 것이 이용되어야 하며 내가 지배해야 한다는 생각, 나만 잘났다고 하는 자아도취를 낳는다.

또한 '아는 것이 힘이다'라는 생각으로 세상을 다 알 수 없다는 것을 인정한다는 것은 절망적 회의주의에 빠지게 만든다. 그래서 어떤 학자는 도교철학을 '유럽에 출몰한 유령'이라고 하기도 했다. 따라서 "세상을 다 알 수 없다", "언어로는 진리에 도달할 수 없다", "절대적으로 옳은 것은 없다"라고 주장하는 도교철학을 회의주의, 상대주의라고 보고 있다. 일단 이러한 시선을 인정한다고 하더라도 도교철학의 회의주의, 상대주의는 서양의 회의주의, 상대주의와는 다르다. 도교철학에는 아는 것을 힘으로 써야 하는 지배욕구가 없다. 오히려 이러한 욕구를 비판하고 있다. 도교철학은 철학하는 마음이 다르다. 도교의 철학하는 마음에는 나와 다른 것을 나처럼 만들고자 하는 강제나 억압이 없다. 나와 다른 것을 내가 지배하고자 하는 권력욕구가 없다. 나보다 못한 것이라고 판단하고 잘난 척하는 자만심이나 명예욕구가 없다. 오히려 나를 버리고 새로운 것을 받아들이고 나와 다른 것에 대한 호기심으로 다가갈 수 있는 열린 마음이 있다. 이런 생각을 굳이 회의주의, 상대주의라고 부른다 하더라도 이런 회의주의, 상대주의는 '나의 것을 버리고 다른 것을 받아들이면서 다른 것으로 되어 가는 낙관적인 창조적 회의주의, 상대주의'라고 할 수 있다.

도교철학은 '다른 것으로 되어 가는 것'(物化)에 주목한다. 나 자신도 달라지고 있다는 것을 받아들인다. 이는 데카르트의 코기토 이후 서양 근대의 주체성이나 정체성에 대한 집착과는 대조적이다. 다른 존재로 되어 가고 있다는 것을 인정하는 것은, 라캉의 말을 빌리면, 내 안의 타자를 인정하는 것이다. 내 안의 타자를 인정하게 되면 이는 곧 나와 다른 타자를 인정하게 된다. 나 자신을 인정하는 것과 같은 것이 되기 때문이다. '내가 다 알지 못한다', '나는 달라지고 있다'는 것을 받아들이는 마음은 겸손과 포용, 타자에 대한 인정과 배려, 호의를 낳는다. 거기에는 서로 대화하며 함께 노는 세상, '담 없는 마을'(無何有之鄕)로 가자는 부드러운 권유가 있다. 모든 것을 알아야 한다는 강박관념은 비관적 체념과 절망과 죽음과 위기로 마음을 내몬다. 하지만 원래 모든 것을 알 수 있는 것은 아니라는 도교의 철학하는 마음은 느긋하고 낙관적이고 긍정적이다.

큰 앎은 한가롭지만 작은 앎은 따진다.
큰 말은 담담하지만 작은 말은 수다스럽다.

— 『莊子』, 「齊物論」

3.

나와 다른 것을 나와 똑같이 만들어야 직성이 풀리는 서양 종교의 선교 활동 같은 것이 도교에는 없다. 오히려 다른 것을 배우고 받아들이는 수용하고 통합하는 성격이 강하다. 차이를 없애려는 마음은 알 수 없는 것, 나와 다른 것을 혼돈, 무질서, 비합리, 반이성, 미신, 비과학의 이름으로 비판하고 부정하고 차별하고 배제하면서 배타심과 자만심을 기른다. 그러나 도교철학은 혼돈, 무질서, 나와 다른 것을 바라보는 시선이 사뭇 다르다. 『장자』는 나와 다른 것을 그대로 인정하지 않고 동일하게 만들어 주는 것은 그것이 호의일지라도 상대방을 죽음으로 내몰 수 있다고 경고한다. 눈, 코, 귀, 입이 없어 답답할 것이라며 선물로 눈, 코, 귀, 입을 만들어 주었는데 결국 혼돈은 죽고 만다.(『莊子』, 「應帝王」) 차이를 부정하는 마음은 이미 거기에 좋고 나쁜 판단이 개입한 것이다. 거기에서 비교와 차별, 강제나 억압, 대립과 갈등, 경쟁과 승리 등의 관념이 생긴다. 그러나 차이를 긍정하는 마음은 서로 배우고 도와주는 조화와 공존, 공생 관계를 가능하게 한다. 또한 확실성을 추구하는 근대 이성은 어두운 것, 모호한 것, 혼돈스러운 것을 견디기 어려워한다. 그러나 도교철학에서는 어두움, 모호함, 혼돈이 오히려 자연의 생명력이고 잠재적인 힘이다.

'알 수 없는 것', '나랑 다른 것'을 어떻게 받아들이느냐 하는 태도는 생각보다는 마음에 달려 있다. 철학은 머리로만 하는 것이 아니다. 철학은 마음으로도 하는 것이다. 지금까지의 서양의 관념에서 보면 칸트의 말대로 '동양에는 철학이 없다.' 신에 대항하기 위해 만들어 낸 근대 이성은 이미신을 닮고 있었다. 절대성, 확실성, 영원성, 보편성을 가진 인간 이성을 추구하는 것이 서양 근대의 철학이라면, 그런 철학은 동양에 없다. 동양철학, 특히 도교철학은 변화에 유연하고 다른 것을 포용하고 정체성을 고집하지 않는다. '철학'이라는 서양어 'Philosophy'의 어원은 Philia(사랑)+sophie(지혜), '지혜사랑', '앎에 대한 사랑'이라는 뜻이다. 간단히 이렇게만 보더라도 '큰 앎'을 사랑하는 장자야말로 큰 철학을 하는 큰 철학자가 아니겠는가? 느긋하고도 담담한 마음으로 철학하는, 바로 니체가 기다리는 새로운 철학자가 아니겠는가?

4.

우리는 아직도 문화제국주의 심리에서 완전히 벗어나지 못하고 있다. 서양이 좋다고 하면 그런가 하며 들여다보고 서양이 비판하면 따라 하는 동조 심리가 여전히 남아 있다. 이 책을 번역한 동기에도 그런 심리가 작용했을 것이다. 남이 보고 좋다고 해야 마음이 놓이고 기분이 좋으니 말이다. 근대의 위기 이후 패배감과 절망, 긴장감과 구겨진 자신감으로 아직도 우리의 마음을 추스르지 못하고 있다. 서양이 동양으로부터 배울 것이 있다는 것을 기분 좋은 수준에서 바라보는 것이 고작일 수도 있다. 우리에게도 도교를 바라보는 양가감정이 있다. 도교가 좋은 것이구나 하며 흐뭇해하면서도 한편으로는 서양이 바라본 편견을 반복하고 있기도 하다. 아직도 미신적이고 비합리와 반이성 그리고 현실도피적이고 나약한 자의 자기위안 철학

정도로 보는 시각이 여전히 존재하고 있다. 더욱이 조선시대 이래 유학이 통치철학으로 기능해 오면서 도교나 노장철학을 이단적인 행위나 소극적 철학 정도로 보아 온 역사도 무시할 수 없다. 도교철학은 우리에게도 내 안의 타자일지도 모르겠다. 하지만 동양인의 문화적 유전자는 도교철학을 낯설게 보기보다는 뭔가 친밀하게 느낀다. 도교철학은 우리의 무의식적 삶 속에서 그리 낯설지 않다.

5.

경쟁과잉, 남성성 과잉의 시대인 오늘날 도교철학이 어느 정도 역할을 할 수 있을까? 저자는 도교철학이 갖고 있는 충족감과 순수함이 현대의 삶 에 중요한 평형추 역할을 하는 치유철학이 될 것이라고 전망하고 있다. 스 스로를 드러내지 않으면서 서서히 생활 속에 스며들며 동거하는 모습으로 개인들의 선택이나 생활양식의 문제에 영향을 줄 것이라는 것이다. 저자는 우리가 도교를 통해 자기주장이나 공격적 논쟁이나 대결보다는 대화와 화 해 그리고 상호 협동과 조화를 배우고, 나아가 공생을 추구하는 새로운 정 신성을 키울 수 있을 것이라고 전망한다. 자연과의 조화, 변화와 흐름을 존 중, 함께하는 철학, 혼돈과 무질서의 정신적 힘을 인정하는 철학, 도교철학 은 현대의 구조를 치유할 수 있는 잠재력이며 21세기 문화에도 잘 어울린다 는 것이다. 도교철학이 지나친 경쟁과 탐욕으로 거칠어진 우리의 마음결을 가지런히 해 주고 열린 마음으로 열린 세상에서 함께 살아갈 지혜를 가지게 해 줄 미래의 철학으로 기능하기를 기대해 본다.

대학에서 동서비교철학을 강의하는데 마땅한 교재가 없었다. 이 책을 적당한 교재라고 생각했지만 영어 원서로 교양강의를 하기는 어려웠다. 그래서 저자의 『동양은 어떻게 서양을 계몽했는가』가 번역되어 있어 그것을 교재로 채택했었다. 아쉬운 마음에 이 책을 번역하기 시작했는데 출판하기까지 거의 10년 가까운 세월이 지났다. 그런데 10년 세월이 지나는 동안 세상은 도교철학이 꿈꾸는 세상에서 더 멀어진 듯하다. 오히려 이 책을 읽어야 하는 이유가 더 분명해진 것 같다. 이 책은 장자 철학에서 새로운 철학의 가능성을 찾으려 하는 나의 생각과 마음을 다듬는 데도 많은 도움을 주었다. 또한 이 책은 전공자들만이 아니라 도교와 관련된 다양한 관심 분야를 다루고 있어 어느 정도의 교양인 수준에서 흥미롭게 읽을 수 있는 책이기도 하다. 도교적 삶에 관심 있는 독자들에게 일독을 권한다.

2013. 11.

학마을에서 옮긴이 조현숙

■■차례

제1장 말할 수 있는 도

THE WAY THAT CAN BE TOLD[1]

도입

1. 오리엔테이션 그리고 반오리엔테이션

도교철학자 장자莊子의 유명한 우화 중 호접몽胡蝶夢이 있다. 장자는 꿈
에서 나비가 되어 훨훨 날아다니다가 깨어난다. 그는 나비인데 장자의 꿈을
꾸고 있는 것인지, 아니면 장자인데 나비의 꿈을 꾸고 있는 것인지 분별할
수 없었다. 그가 깨어난 것인지 아니면 계속 꿈을 꾸고 있는 것인지조차
의심스러워 묻는다. "지금 말하고 있는 사람이 깨어난 자인지 꿈꾸는 자인
지 모르겠구나" 하면서 그는 생각에 잠긴다. 현실이냐 환상이냐는 분명한
차이가 있다. 하지만 장자에게는 그것이 의문이다. 만물의 위대한 변화(物
化)[2] 속에서 꿈과 현실은 끊임없이 혼란스럽기만 하다.[3]

---

1) 역주: 저자는 老子의 『道德經』 1장 첫머리에 나오는 "말할 수 있는 도는 영원한 도가
   아니다"(道可道非常道)라는 구절을 인용해 첫 장 제목으로 삼고 있다.
2) 역주: "어느 날 장주는 꿈에 나비가 되었다. 나비가 되어 훨훨 날아다니며 유유자적
   즐거웠다. 그러다 보니 자신이 장주임을 잊고 있었다. 문득 깨어 보니 장주 모습 그대
   로였다. 장주가 나비가 되는 꿈을 꾼 것인가? 아니면 나비가 장주의 꿈을 꾸고 있는
   것인가? 알 수 없구나. 장주와 나비는 분명 다른데 말이지. 이런 것을 '만물의 위대한

서양은 고대 중국 문명을 접할 때 이러한 혼란스러운 양가감정(ambivalence) 때문에 종종 당혹해한다. 먼 중국왕조에 대한 서구의 이미지는 자주 꿈결 같은 특성을 드러내어 중국의 땅과 전통에 대해 현실과 환상이 뒤섞인 신화적 상상을 하게 되고, 무의식적으로 이국적인 것으로 치환되기도 하며, 혼란스러우면서도 매력적이고 굉장히 애매모호하면서도 유혹적인 몽상을 떠올리게 한다. 이 꿈 같은 세계는 종종 극단적으로는 우리의 불만족스러운 현실에 눈부신 위안을 주고 우리 자신의 단점을 돌아보게 하는 거울을 제공해 주는 샹그릴라(Shangri-La)[4]로 그려지기도 한다. 그러나 동시에 역동적이고 진보적인 서양과는 교훈적 대조를 이루는 영원한 정체의 땅 '황화黃禍'[5] 또는 '동양적 전제주의'(oriental despotism)[6]와 같은 불길한 단어로 요약되는 어두

변화(物化)'라고 하는구나."(『莊子』, 「齊物論」, "昔者莊周夢爲胡蝶, 栩栩然胡蝶也, 自喩適志與. 不知周也. 俄然覺, 則蘧蘧然周也. 不知周之夢爲胡蝶與, 胡蝶之夢爲周與? 周與胡蝶, 則必有分矣. 此之謂物化.")

3) A. C. Graham (trans.), *Chuang-tzu: The Inner Chapters* (London: HarperCollins, 1981), pp.61 · 91.

4) 역주: 중국의 雲南省 迪慶藏族自治州에 있는 縣이다. 영국 소설가 James Hilton의 *Lost Horizon*(1933)에 나오는 지명이다. 지상에 존재하는 평화롭고 영원한 행복을 누릴 수 있는 유토피아로 묘사되었다. 샹그릴라는 티베트어로 '마음속의 해와 달'이라는 뜻이다.

5) 역주: '黃禍'(yellow peril): 청일전쟁 말기인 1895년 독일 황제 빌헬름 2세가 주창한 황색인종억압론. 황색인종이 유럽 문명에 대하여 위협을 준다고 규정하고 황색인종을 세계의 활동무대에서 몰아내지 않으면 안 된다고 하던 정치론.

6) 역주: 전제정치는 국민의 정치참여와 자유권이 없고 지배자가 국가의 모든 권력을 장악하여 초월적 · 강권적으로 지배하는 것이다. 근대 이후에 활발하게 사용된 전제정치라는 관념은 비서유럽 국가의 정치나 사회에 대한 편견을 조장하고 '동양적 전제'라는 획일적인 이미지를 고정시키는 결과를 초래했다. 특히 '동양적 전제주의'(oriental despotism)는 중국학에 관한 K. Wittfogel의 책 제목이기도 하다. 그는 중국에서는 국가적으로 수리사업을 관리해야 할 필요성에 의해서 통치자들이 전제체제를 수립할 수 있었고, 바로 이런 정권이 동양사회의 특징이라고 본다. 비트포겔의 동양 전제에 대한 논의는 헤겔의 중국관을 계승하고 있으며 마르크스의 아시아적 생산양식에 대한 관심이기도 하다. 이러한 논의에는 자유라는 관념을 이해할 수 없는 미숙한 역사 단계에 있는 동양 사회를 서유럽 사회가 지도 · 지배해야 한다는 제국주의적 발상이 깔려 있다.

운 위협의 세계이기도 하다. 유럽인들의 마음속에 중국은 오랫동안 장룽시 (張隆溪, Zhang Long-xi)가 일컬었던 '극단의 타자'(the ultimate Other), 즉 여러 모순 되는 방식으로 서양 자신의 내적 긴장과 모순을 비추어 왔던 문화적 차이의 신화이자 상징이었으며, '다양한 몽상과 철학적 사색 그리고 유토피아적 이 상화'가 가능했던 꿈의 세계였다.[7] 심지어 13세기 마르코 폴로의 탐험 이전 에는 중국에 대한 신화적 이미지가 유럽인들의 마음속에 이국적이고 매혹 적인 원형으로 자리 잡고 있었다. 이후 수 세기에 걸쳐 이러한 이미지가 형성될 수밖에 없었고, 르네상스 이후 계속 대중적 · 문학적 요구에 기여했 을 뿐 아니라, 서구의 정치 · 종교 그리고 철학적 상상력에 영향을 주기 시 작했다.[8]

도교의 관념과 전통은 이러한 중국에 대한 즉흥적 환상에 사로잡혀 있 을 수밖에 없었다. 하지만 중국의 사상과 문화에 있어 도교의 중요성은 그 다지 주목받지 못했다. 유교가 위엄 있게 현존하고 지배 교리로 인정받는 한, 도교는 공자의 눈을 통해서 보일 수밖에 없었다. 서양의 시각으로 두 전통을 비교한 것은 근래의 일이다. 서양인의 마음속에 유교가 신화화되면 서 다양한 영역에서 그것이 중국의 상징이라는 생각이 자리 잡았다. 따라서

7) Zhang Long-xi, *Mighty Opposites: From Dichotomises to Differences in the Comparative Study of China* (Stanford, CA: Stanford University Press, 1998), pp.20 · 33.
8) 중국에 대한 서양의 이미지에 관한 역사적 · 비판적 연구는 R. Dawson, *The Chinese Chameleon: An Analysis of European Conceptions of Chinese Civilization* (Oxford: Oxford University Press, 1967); C. Mackerras, *Western Images of China* (Oxford: Oxford University Press, 1989); J. D. Spence, *The Chan's Great Continent: China in Western Minds* (New York: Norton, 1998); Zhang Long-xi, "The Myth of the Other: China in the Eyes of the West", *Critical Inquiry* 15 (1988); Zhang Long-xi, *Mighty Opposites: From Dichotomies to Differences in the Comparative Study of China* (Stanford, CA: Stanford University Press, 1998) 참조.

도교는 '중국 역사에 있어 오명의 장'이었다고 비난받기도 하고 심지어 '모든 종교 가운데 오해를 가장 많이 받고 쉽게 무시되며 모함받아 왔다'고 평가받기도 했다. 또한 도교는 '별 생각 없이 미신으로 치부되거나…… 순수한 종교 신비주의나 시로 해석되는 전통'의 대표적 전형이었다고 말하는 연구자도 있다.[9] 다양한 시기에 걸쳐 유교는 서양에서 휴머니즘의 계몽 형식으로 평가되어 왔다. 그러나 도교는 그 애매함으로 인해 자주 무시되거나 실용적인 사회, 정치적 명령 또는 실제 도덕규율이 팽창하는 가운데 기껏 내적 평화나 도모하려는 것으로 규정되어 무해한 자연을 사랑하는 신비주의나 정적주의로 평가절하되곤 했다. 도교는 일련의 종교적 가르침인 공중을 나는 것, 이슬을 먹고 사는 것, 오르가슴의 지속, 그리고 불사의 연금술 등 기발한 행위와 연관되어 이해되어 왔다. 최근 중국의 지식인들조차도 도교를 못마땅하게 여겨 중국의 기록상 치욕적인 오점이며 서양과 연관시켜 볼 때 현대화 과정에서 제거되어야 할 미개의 표상이라고 생각해 왔다.

그러나 이러한 뒤틀린 망상에서 드디어 깨어나기 시작했다는 증거들이 서양에서 보이고 있다. 분명한 태도의 변화가 최근 수십 년 사이에 일어났다. 도교에 대한 것만이 아니라 중국 전반과 다른 아시아 국가의 위대한 문명과 신념체계에 대한 태도에도 변화가 일고 있다. 유럽 중심적 태도와 가치가 세계를 지배해 왔던 제국주의 시대로부터 서양의 힘과 관념의 우세

---

9) J. Lagerwey, *Taoist Ritual in Chinese Society and History* (New York: Macmillan, 1987), p.274; K. Schipper, "foreword" (Girardrot), *The Taoist Body* (Berkely, CA: University of California Press, 1993), p.xvi; J. Needham, *Science and Civilization in China* Vol. 2 (Cambridge University Press, 1956), p.86. 중국에 대한 서양의 인식 중 유교의 지배력에 관해서는 L. M. Jensen, *Manufacturing Confucianism: Chinese Traditions and Universal Civilization* (Durham: Duke University Press, 1997) 참조.

에 대한 심각한 도전에 이르기까지의 지난 세기의 변화를 넓은 범위에서 목격해 왔다. 동양에 대한 전통적인 서양의 오해에 대해 밀도 있는 비판적 실험을 주도하면서 동서양 전통 간의 개방과 상호 침투가 최근 확대되고 강화되었다.

세계사는 동양에서 서양으로 이행한다. 따라서 유럽이 확실한 역사의 종말이며 아시아는 시작일 뿐이다.[10]

헤겔의 이 유명한 언명은 서양이 동양사상 대부분을 이해하는 데 있어 오랫동안 어두운 그림자를 드리웠다. 이후 아시아는 그들의 과거에 갇혀 있기 때문에 그들의 문화적·철학적 전통은 단지 역사적 흥밋거리에 불과한 대상이라고 생각하게 되었다. 그렇지만 반대의 움직임도 어느 정도 있었다. 동양의 관념과 수행(practices)을 현대의 문화화 논쟁으로 끌어들이려는 노력이 계속되고 점점 익숙해졌다. 그러면서 일찍이 힌두교와 불교에 대한 호의가 생겨났던 것에 힘입어 도교도 서양인의 의식에 인상을 남기기 시작했다.

대중적·학문적·정신적·철학적 영역에 걸쳐 다양한 스펙트럼으로 도교가 서양에서 다시금 태어나고 있다. 스펙트럼의 한쪽 끝에서 태극권과 풍수 같은 기예에 대한 관심이 증폭되기도 하고, 도나 음양 같은 도교적 용어가 일상 어휘로 편입되면서 '자연의 흐름에 맡겨라' 또는 '기를 열어주기' 같은 도교의 관념들이 유행어가 되기 시작했다. 또한 도교에 대한 서적이나 건강, 섹스, 생태계 또는 단순한 가구배치에 관련된 물품들이 홍수

---

10) G. W. F. Hegel, *The Philosophy of History* (New York: Wiley, 1944), p.103.

를 이루고 있다. 지난 수년간 물리학, 심리학, 리더십, 비즈니스, 다이어트, 야구, 관계, 여성, 예수, 이슬람 심지어 모하메드 알리 등 다양한 범위를 망라하는 '~의 도'라는 제목의 책이 100가지가 넘게 출판되었다. 이러한 형식을 단순히 쓰레기일 뿐이라고 조롱하기 쉽다. 특히 서양인들에게 강박증을 가지게 한 엽기적인 이론들에 대해서는 전보다 더 애매모호하고 이해하기 어려운 도교의 탓이라고 말하는 학자도 있다.[11] 그러나 도교의 건강법에 대한 흥미가 고조되고 새로운 문학이 유행하는 것은 현대적 관심과 불안에 대해 많은 것을 말해 주는 문화적 현상이다. 그리고 자기수양에 대한 몰입이 증가하는 것은 개인의 정신적 실현에 대한 대안적 방법이 필요했다는 것이다. 이러한 수행과 저작에 관통하는 일반적 맥락은 전통적으로 조직된 종교와 교리를 뛰어넘어 정신적·정서적·육체적 조화를 통해 심리적 전일성을 제공해 주는 정신성의 한 형식으로, 삶에서 종교적 차원을 찾으려는 것이다. 도교는 여러 활동을 통해 구체적인 존재 경험에 초점을 두며 인간 세계를 자연의 삶의 근원과 연결시켜 의미를 찾는 방식을 제공해 준다. 그렇기 때문에 초월적 세계보다는 살아 있는 세상 속에서 정신성과 자기실현의 방식을 찾는 사람들에게 점점 매력적으로 보이는 것이다.

스펙트럼 반대 끝에는 지난 반세기에 걸쳐 도교를 연구하는 학문에 진실한 혁명이 있어 왔다. 20세기 중반 마르셀 그라네(Marcel Granet), 앙리 마스페로(Henri Maspero) 그리고 조셉 니덤(Joseph Needham)의 선구자적 업적이 있은 이후 계속 늘어난 서양의 동양학 연구자들이 대부분의 도교 자료를 번역하고 주석하고 비평하는 것에 몰두해 왔다. 그리고 도교의 관념과 제도의 지

---

11) M. Palmer, *The Elements of Taoism* (Shaftesbury: Element Books, 1991), p.110.

적·문화적 전개에 대해서도 상세하게 분석해 왔다. 이것은 폭넓은 결과를 가져 왔다. 이러한 학문적 혁명 덕택에 서양의 철학자들은 이제 도교철학자들의 저서에 함축된 의미를 진지하게 주목하기 시작했다. 비교종교 분야의 학자들은 도교를 세계적 종교로 위상을 높여 다루기 시작하였다. 도교의 우주론과 정치학, 연금술과 윤리학, 그리고 신비주의나 명상 따위의 가르침 등 다양한 영역이 모두 포괄적 연구 주제가 되었다. 그리고 도교의 전례 전통에 대한 행위, 상징적 의미와 더욱이 도교가 중국 사회 진보에 중심적인 역할을 확실히 수행했다는 사회학적 의미가 치밀하게 연구되었다. 이러한 연구들은 중국 역사와 문화 일반에 대한 이해를 상당히 풍부하게 해 주었다.

대중적인 관심과 학문적 관심이라는 양극단 사이의 다양한 지점에서 도교사상을 새로운 방식으로 진지하게 다루기 시작한 교양적이고 지적인 관심을 확인할 수 있다. 이는 불교와 힌두교에 대한 이전의 열정과 여러 측면에서 필적할 만하다. 역사적 학문의 필요성이라기보다는 어떤 중요한 현대적 문제에 맞서고 조명하기 위한 수단으로 이용하려는 것이 추진력이 되었다. 많은 사상가가 또한 이러한 방식으로 도교를 탐구했다. 20세기 초부터 몇몇 학자가 훌륭한 본보기를 보여 주었다. 마르틴 부버(Martin Buber), 칼 융(C. G. Jung), 그리고 마르틴 하이데거(Martin Heidegger) 모두 그들이 당면한 문제에 대처하고 분명히 하기 위해 도교 관념을 다루었다. 최근에는 조셉 니덤이나 프리초프 카프라(Fritjof Capra)와 같은 전혀 다른 성격의 사상가들이 도교를 과학 관련 연구에 이용하기도 했다. 근자에는 데이비드 홀(David Hall)과 채드 한센(Chad Hansen) 같은 미국철학자들이 도교의 관념을 최신 포스트모더니스트 논쟁과 연관시키기 시작하였다. 이러한 역사적 변형의 학문적·철학적 반영은 느리게 실현되었다. 대부분의 중국사상이 서양철학계의 논의에서 배제되어 왔기 때문이다. 그렇지만 지난 반세기에 걸쳐 비교철학 분야에서 도가사상에 대한 넓은 공감대가 형성되는 조짐이 있었으며 앞으로 살펴보겠지만 도교 전통에서 유래한 관념들을 창조적으로 다루려는 태도가 늘고 있다.

이 책의 목적은 서양이 도교를 조우하게 된 역사적 계통을 추적하고 21세기에 야기된 일련의 현대적 논쟁을 다루며 광범위한 역사적·비판적 설명을 제공함으로써 상호 문화적 맞물림의 전체 그림을 그리는 것이다. 이 그림은 독자가 소모적 연대 기록으로 지치지 않도록 그들의 지적·문화적 중요성을 상세하게 제공할 것이다. '이야기를 전개함'에 있어 이러한 다양한 방식을 다룰 필요가 있다. 분명 이방인이고 '타자'인 중국 고대 전통이 서양의 정신적·지적 삶으로 들어와 현대 지구 문화의 복잡한 사상적 구조의 한 부분이 되기 시작하였다. 이 책을 저술하면서 도교 정신에 대해 공격적 반론을 개진하지는 않을 것이다. 이 책의 저술 목적은 각별한 상호 문화적 대화의 지적 열정을 탐구하는 것으로, 그렇게 함으로써 도교의 서양문화로의 편입을 둘러싸고 있는 논의를 개괄해 보고 필요에 따라 그 논쟁의 철학적 정신도 함께 다룰 것이다. 상호 간에 문화적 소통을 하는 과정은 그 자체로 이성의 보편성, 가치와 경험, 문화적 차이에 관한 의문, 서양의 아시아에 대한 제국주의적 패권을 둘러싼 폭넓은 정치적 이슈 등과 관련된 중요한 철학적 질문을 야기한다. 우리의 역사적 기획이 보여 주는 것처럼 다른 문제와 마찬가지로 이러한 문제에도 반드시 주목할 것이다.

이 저술 작업은 주로 사상사(history of ideas)에 대한 연구로, 사상이 동양에서 서양에 이르는 실제 역사적 추이와 이러한 추이를 촉진한 사회적·문화적 과정에 대한 탐구이다. 따라서 도가사상과 관련된 서양의 작가와 움직임을 선별 탐구하고 이들을 적절한 역사적 문맥에 놓으면서 도교가 서양의 의식에 들어온 방식을 밝히고자 한다. 또한 고대 중국 전통 관념과 텍스트가 현대 서양사상 구조에 선택되고 번역되고 해석되고 재구성되고 흡수된 방식을 검토할 것이다.

이는 주로 서양사상사에 대한 연구이다. 그러므로 이 책의 도교사상에 대한 관심은 지적 체계로서든 문화 현상으로서든 간접적인 것이다. 그러나 물론 중국의 고대 전통에 대한 역사적 기원과 배경 그리고 몇몇 기본적인 도교 개념과 가르침을 어느 정도 소개하는 것으로 저술을 시작할 필요는 있다. 특히 도교가 많은 서양 독자에게 익숙하지 않을 것이라는 사실을 고려한다면 말이다. 따라서 중국 도교 역사의 간략한 개요를 2장에서 다룰 것이다. 다른 장에서는 적절한 대목에서 다양한 성격의 도교의 가르침을 설명하겠다. 이 책은 도교를 소개하기 위한 것은 아니다. 하지만 서양의 도교 흡수(assimilation)를 연구하는 과정에서 독자에게 도교 가르침의 역사와 도가사상 입문에 대한 폭넓은 이해를 제공할 것이다.

이는 도교의 본국에서의 도교 원형에 대한 광범위한 문화적 시각을 갖게끔 할 것이다. 최근 연구의 중요한 결실 중 하나는 도교가 종교의식, 미술, 시, 조경, 중국 과학의 발생과 발전, 의학 관념과 의술의 전개, 정치사상과 정치행위 등 모든 중국 문화의 넓은 영역에서 풍부하게 독창적으로 공헌해 왔다는 것을 이제 서양이 인정하기 시작했다는 것이다. 저명한 프랑스 중국학 연구자(sinologist)[12]인 이사벨 로비넷(Isabelle Robinet)은 다음과 같이 말

---

12) 중국의 사상과 문화에 대한 연구에 있어서 필요한 협력 전문 분야와 '지역학'의 출현으로 'sinologist'라는 용어가 최근에는 잘 사용되지 않는다. 그러나 나는 도교 연구를 중

했다.

> (도교는) 중국 문화의 다양한 성분을 재흡수하고 소화하고 재수집하고 융화
> 하고 보존하고 조직하였다.…… 전혀 자신의 정체성과 일관성을 버리지 않
> 으면서 중국 전통을 꾸준히 조화시키고 통합시키는 힘이 되어 왔다.……
> (그리고) 모든 중국 문명을 배태해 왔으며 다양한 방식으로 중국의 사고방
> 식에 지대한 영향을 미쳐 왔다.[13]

여기에 더해서 도교가 수 세기에 걸쳐 캄보디아, 한국, 일본, 베트남과
같은 중국의 이웃 나라에 미친 영향과 최근 중국인이 이산하여 정착한 국가
들에 미친 영향도 연구가 이루어져야 할 것이다.

이 연구의 대상은 아시아와 관련된 도교가 아니라 서양의 도교 전통의
수용이다. 따라서 오리엔탈리스트와 후기 식민지 논쟁 일반에 대한 최근의
비판적 논의를 고려해야 한다. 에드워드 사이드(Edward Said)와 다른 학자들의
저작을 통해 우리는 '동양적 계몽'을 찾아서 서구인들이 빠졌던 꿈의 세계
의 의문스러운 본질에 대해 정확하게 알게 되었다. 서양의 아시아에 대한
지식은 그 취지가 과학적일지라도 '오리엔트'의 의미를 하나의 상상적 곡해
로만이 아니라 이데올로기로, 즉 아시아에 대한 서양의 힘을 표현하고 강화
하기 위한 수단으로 구성해 왔다. 사이드는 한편에서는 오리엔탈리즘에 대
한 논의를 하고, 다른 한편에서는 제국주의와 식민지 지배 사이의 중대한

국의 고전 언어와 문화에 대한 전문 연구의 기초라는 관점에서 접근하는 학자와 중국
연구를 종교적, 역사적 또는 철학적 관점에서 접근하는 학자를 구별하기 위해 이 용어
를 사용할 것이다. 물론 구별이 항상 정확하게 실행되는 것은 아니다.

13) I. Robinet, *Taoism: Growth of a Religion* (a translation and adaptation by Phyllis Brooks of Robinet 1991, Stanford, CA: University of Stanford Press, 1997), p.23.

연관성을 추적했다. 사이드는 푸코의 논의 분석을 이용해서 오리엔탈리즘의 전략이 서양의 권력에 의해 훈련되고 통제되는 전 과정에 배태되어 있다고 보고 있다. 사이드는, 오리엔탈리즘은 '서양 대 나머지 세계'라는 허구적 이데올로기를 인정하면서 서구의 '지식과 권력의 연계'를 창조하는 역할을 수행했고, 그렇게 해서 "유럽문화가 자신을 동양과의 대결구도에 놓고 힘과 정체성을 얻었다"라고 주장한다. 넓은 의미에서 오리엔탈리즘은 "우세한 날개가 지식만이 아니라 당파적 이데올로기로 대표되고 고안되는 두터운 제국주의의 경쟁에서 세워진 구조이다.…… 학적이고도 미학적인 언어 아래로 경쟁은 숨겨진다."[14]

외견상 호의적 형식 아래 숨겨진 서구의 오리엔트 탐구의 어젠다를 벗길 수 있도록 해 준 사이드의 비평은 주요했다. 그럼에도 불구하고 사이드의 접근 방식은 우리에게 많은 의문을 남기고 있다. 예를 들어 동양과 서양은 절대적으로 다른 문화적 존재라는 오래된 관점을 지지하는 근본적 이분법을 지속하는 것은 아닌가? 각각은 불가피하게 라그하반 아이어(Raghavan Iyer)의 '유리장막'[15] 뒤에서 봉합되고 영원한 냉전 속에 갇힌 것은 아닌가?

---

14) E. Said, *Orientalism* (Harmondsworth: Penguin, 1985), pp.3 · 27; E. Said, "Representing the Colonized: Anthropology's Interlocutors", *Critical Inquiry* 15(2) (1989), p.211. Said 의 분석은 특히 유럽의 중동과의 식민지적 관계에 대한 것에 주목하고 있다. 그러나 그의 논의가 자주 아시아 전반을 포함하기 위해 외삽 되고는 한다. 오리엔탈리스트 논쟁이 Said의 뛰어난 저작 이후 계속되고 확대되어 왔다. 포스트사이디안 논쟁을 개괄하려면 R. King, *Orientalism and Religion: Postcolonial Theory, India and the 'Mystic East'* (London: Routledge, 1999); J. M. MacKenzie, *Orientalism: History, Theory and the Arts* (Manchester: Manchester University Press, 1995); G. Prakash, "Orientalism Now", *History and Theory* 34(3) (1995); B. S. Turner, *Orientalism, Postmodernism and Globalism* (London: Routledge, 1994)을 참조하라. 또한 E. Said, *Orientalism* (Penguin, 1995)도 참조하라.

15) 역주: Raghavan Narasimhan Iyer는 인도 출신 학자이다. '유리장막'은 그의 저서 *The*

사이드의 주장이 오리엔탈리즘을 식민지 권력의 절박한 상황이라는 입장에서만 납득시킬 수 있었던 지난 분석처럼 너무 빈약한 환원론적 방법에 의존하고 있지는 않는가? 이런 문제를 여기서 다 다루기에는 너무 광범위하다.16) 서양의 '오리엔티어링'(orienteering)이 서양의 세계팽창이라는 배경에서 이해되어야 한다는 일반적 가정에서 출발하기는 할 것이다. 하지만 사이드와는 다른 방향으로 우리만의 길을 개척하는 자신을 발견하게 될 것이다.

서양은 상당한 제국주의적 힘을 중국에 행사해 왔고, 그러한 역사적 사실에서 중국 문명에 대한 서양의 태도가 대부분 구성되었을 것이다. 그러나 도교에 대한 서양식 이해와 유용이 이러한 맥락에서만 단순화될 수는 없다. 나중에 좀 더 자세히 살펴보겠지만, 도교에 대한 초기적 태도는 대부분 유럽의 선교정책에 의한 요인에 의해서 평가된 것이었으며 식민지 시기 서양 의식 속의 도교는 주변적인 성격을 띨 뿐이었다. 도교 연구에 대한 주된 비평은 식민지 시기 이후에야 나온다. 서양의 힌두교에 대한 '전개'(discovery)는 유럽이 인도에 대한 주도권을 강화하는 데 도움을 주는 동시에 인도의 민족주의 이데올로기를 형성하는 데도 도움을 주었다. 이와는 대조적으로 도교는 제국주의 정치학이라는 드라마에서 좀 더 중립적이고 무의미한 역할을 했다. 식민지 지배자의 정신성을 형성하는 데에도 도움을 주지 못했고 반제국주의 투쟁의 중심이 되지도 못했다. 물론 서양은 아직도 식민지적 사고방식을 청산하지 못했으며, 도교에 대한 태도에서 가끔 서양 식민지

---

glass curtain between Asia and Europe: a symposium on the historical encounters and the changing attitudes of the peoples of the East and the West (Oxford University Press, 1965)에서 나온 말이다.

16) 이 문제에 대해서는 J. J. Clarke, Oriental Enlightenment: The Encounter between Asian and Western Thought (1997)에서 좀 더 상세하게 다루었다.

역사의 오명을 저버리기도 한다. 그러나 최근 보여 주는 도교에 대한 태도는 단순히 수동적·예속적 오리엔트에 대한 서양의 힘이라는 관점에서는 이해하기 어렵다.

더구나 구체적으로는 도교, 일반적으로 오리엔트는 제국주의에 대한 반헤게모니(counter-hegemonic) 비판자 역할과 나아가 서양의 신념과 가치의 전복자 역할을 떠맡아 왔다. 전통적인 동양은 '근대'(modern)라고 불리는 고유한 서양 전통과는 문화적 거리와 차이로 인해 아주 대조되는 것이었다. 서양은 동양을 의미심장하고 비판적 견지에서 자신을 돌아볼 수 있는 거울로 삼았다. 앞서 언급했듯이 동양의 외부 해설자로서의 역할은 오리엔탈리스트의 논의에 있어 긴 역사를 가지며 우리 자신의 세계 관점, 철학적 가정 그리고 사회적 실행의 역사적 우연성(contingency)을 상기시킨다. 지난 몇 세기에 걸쳐 서양의 제국주의 팽창과 관련해서 비유럽 사고체계를 도용하고 지배하기도 했지만, 주목할 만한 특징 중 하나는 다른 한편에서 비유럽 사고를 지지하면서 열정적으로 탐구해 온 서양사상가들의 길도 있었다는 것이다. 서양의 선교사들은 수 세기 동안 아시아 사람들을 크리스천으로 개종시키기 위해 노력해 왔다. 하지만 다른 한편으로는 동양의 사상과 풍습(practices)을 적극적으로 받아들이고 어떤 의미에서는 선교와는 반대되는 기획을 실행해 왔다. 제국주의 팽창으로 인하여 타자를 향한 탁월한 문화적 다양성과 감수성을 자각하게 되었을 뿐만 아니라 자기비판적 분석과 정신적 쇄신에 한 차례 자극을 주었다. 이러한 관점에서 동서양 상호 간의 반감과 몰이해, 최악의 경우 외국인 혐오와 인종차별적 오명의 전쟁터로 보이는 '문명의 충돌'이라는 새뮤얼 헌팅턴(Samuel Huntington)의 불길한 어구는 새로운 사고를 이해하고 그 타당성을 숙고하게 하는 고양된 감정이입과 생산적 대화를 창조하는 기반이 될 수도 있다.

서양이 그들의 가정이나 편향에 의해 도교를 다루었을지라도 압제나 속임수가 없었다는 것은 확실하며 서양인의 배타적 영역이 있지도 않았다. 이제 밝히겠지만, 서양에서 도교에 대한 관심이 증대된 것은 아시아의 산물이자 서양의 노력이기도 하며, 서양에서의 도교 르네상스는 아시아 내에서의 관심의 부활과 병행한다. 이러한 연구에 몰두하는 중국, 일본, 한국의 학자들이 늘어나면서 중국 문화권에서의 도교 수행(Practices)이 함께 부활했다. 이제 도교 르네상스는 아시아의 관심과 유럽의 관심을 구분하기 어려울 정도로 국제적 규모를 가지게 되었다. 더욱이 아시아학자들과 서양학자들의 협력은 이제 평범하다. 중국학자와 독일학자 65명이 1995년 10월 서안西安에서 『도덕경道德經』에 관해 토론한 학술대회가 좋은 예이다.17)

이런 점에서 본다면 비교적 환원론적 입장에 있는 사이드의 오리엔탈리스트 비평과 나의 생각은 다르다. 도교와 서양사상과의 관계는 너무 복잡해서 수동적 동양을 강요한 서양 권력의 단순한 모델이나 동양을 완전한 이방인 타자로 구성하는 낡은 이분법에 집어넣기 어렵다. 도교는 서양의 억설을 재고하고 서양 사고의 형성과 가치를 비판적으로 분석하는 데 중요한 작용을 해 왔다. 뿐만 아니라 자유로운 도전의 대리자로서 고대 중국에서의 파괴자 역할을 은근히 재현하기도 했다. 다음 장에서 좀 더 구체적으로 보여줄 것이다. 이렇게 서양문화를 쇄신하는 역할은 어떤 측면에서는 이미 중국에서 오랫동안 해 왔던 해석학적 드라마의 연속이다. 현대 도교에 대한 연구는 전통적인 중국 종교와 문화제도에 대한 중요한 통찰을 보여 준다. 또

---

17) B. Hoster and G. Waedow, "Internationale Konferenz in Xi'an: Laozi Interpretation und Wirkung", *China Heute* 14(6) (1995).

한 지구의 양 끝에서 온 연구자들에게 귀중한 가치를 지닌 새로운 영역의 연구가 시작됐다는 것을 의미한다. 동기가 무엇이든지 서양이 주도해 온 연구가 최근까지 본토에서 거의 사라진 고대 사고방식을 재발견하여 부활시키는 데 중요한 역할을 해 왔다. 이것 역시 제국주의의 교활한 버전(version)으로 보일지도 모르겠다. 하지만 얼핏 멀고도 이질적인 문화 간의 계몽적 대화로 해석될 수도 있다.

사이드와 연관된 오리엔탈리스트 비평이 완전히 배제될 수는 없다. 도교는 서양의 주석가와 해설자의 손에서 다양한 방식으로 재구성되고 변형되었고, 팽창주의적 틀에서 서양적 사고와 가설 그리고 어젠다로 재구성되었다는 것을 알게 될 것이다. 현대의 서양문화 속에서 도교의 다양한 모습을 보면서 우리는 이데올로기적이든 개인적이든, 정치적이든 종교적이든 그 밑에 깔린 다양한 관심에 주목하게 될 것이다. 이러한 고찰을 통해 이 책의 핵심을 구성하는 도교와 서양 전통 간의 복잡한 상호작용을 알게 될 것이다.

2. 방법과 수단

우리는 이러한 상호작용을 어떻게 이해할 것인가? 어떤 방법과 수단으로 도교가 유럽의 의식에 침투했는가? 서양에서 도교는 살아 있는 전통이 아니다. 대체로 고전에 대한 1차 번역, 2차 번역, 해설, 주석하는 방식으로 중국 고대 전통과 관계를 맺어 왔다. 특히 유명한 저작 『도덕경』이나 『장자』를 읽는 형태가 주를 이루었다. 하지만 문제를 이런 식으로 간단하게 보는 것은 우를 범할 수 있다. 이러한 개별 텍스트를 읽는 것을 전체 문화를 읽어내는 것인 양 함축적으로 다루게 된다. 『장자』를 읽을 때 우리는 역사적 맥락에서 일련의 삽입된 글과 해석을 샅샅이 읽을 수밖에 없다. 해석상 직면하는 문제가 아주 복잡하고 다층적이기 때문에 혼합된 해석학적 구조 속에서 독자와 텍스트는 늘어나고, 때로 서로 뒤엉킨 방식으로 반복해서 반응한다. 이 책에서 다루려는 것은 단순한 문화적 본질에 대한 해석이나 단순한 텍스트 독해가 아니라, 2천 년 이상 거슬러 문화적·지적 역사를 추적할 수 있는 저작들 간의 상호 연관성, 인용의 모자이크, 해석, 번역 그리고 재구성이다. 도교는 교묘하게 중국 벽장 속에 숨겨진 의미의 단순한 동일체가 아니라, 다수의 상호 반향적(inter-reflecting) 텍스트와 학파로 이루어진 전통이다. "도교의 실체를 구성하는 다양한 날실로 계속 엮이어…… 각 동향이 선조의 성격을 유지하면서 후손을 잉태할 종자를 가지고 있는 것"이다.[18] 중국은 그 자체로 특히 풍부하고 복잡한 문화이다. 세계 문명 가운데에서도 탁월한 문화로 『도덕경』과 같은 기본 텍스트에까지 거슬러 올라가 과거의 저작, 텍스트의 흔적, 주석과 해석을 통해 자신의 이미지를 거의 강박적으로 창조·재창조해 왔고, 최근 들어서는 유럽을 문화사의 텍스트 그물에 말려들게 할 정도이다.

니체(Friedrich Wilhelm Nietzsche)의 말을 빌리면 '끊임없이 계속되는 새로운 해석'은 한스 게오르그 가다머(Hans-Georg Gadamer)의 철학적 해석학의 의미에서 유용하게 조명될 수 있다. 특히 오늘날의 연구와 관련하여 모든 인간의 지식은 해석되어야 한다는 가다머의 견해는 체화되지 않은 관념이나 수동

---

18) I. Robinet, *Taoism: Growth of a Religion* (a translation and adaptation by Phyllis Brooks of Robinet 1991, Stanford, CA: University of Stanford Press, 1997), p.xvi.

적 기록으로서의 지식을 비인격적 상호작용이 아니라 텍스트나 전통이 설명되고 질문에 대한 답으로 쓰이거나 해석자에게 다시 질문을 하는 지속적 교류, 일종의 '대화'로 설명하고 있다. 이것은 '전통의 동향과 해설자의 동향의 상호작용'을 포함하는 대화이다.[19] 또한 해석자와 해석되는 것 사이에서 반복적으로 상호작용하고 대담하고 교환하는 가운데 텍스트의 의미가 밝혀진다. 이렇게 둘 사이의 상호작용이라는 기능 자체에 의미가 있는 것이지 텍스트 밑에 숨겨진 미스터리를 찾는 것에 의미가 있는 것이 아니다.

가다머에 따르면, 이러한 접근의 결론 중 하나는 어떤 사상에 의해 우리가 지난 시대의 의미, 정신성, 그리고 그들의 상징적 성과를 파악하고 회복시킬 수 있다는 가정을 피해야 한다는 것이다. 모든 앎은 역사에 근거하며 (내가 이 사실을 비판적으로 의식하는지도 모르겠지만) 내가 생각하고 저술하는 데 있어 역사적 조건을 결코 벗어날 수는 없다는 것이다. 그러므로 해석 과정에 따라다니는 편견은 어쩔 수 없으며 이것은 의사소통의 장애가 아니라 오히려 필수조건이라고 가다머는 생각한다. 가다머가 일컫듯이 '편견에 저항하는 계몽적 편견'은 지식에 대한 질문이 역사를 넘어선 지점 즉 절대객관성으로 바라볼 수 있는 세계를 열망하는 환상에서 비롯된다.[20] 일단 절대객관성이 불가능한 것이라고 인정하게 되면 모든 앎(knowledge)은 하이데거가 말하는 '선이해'(fore-understandings)를 갖게 되며 예견이나 기대 없는 앎은 불가능하다는 사실과 타협할 수 있다. 그러므로 과거 또는 다른 문화를 이해하려는 시도는 차이를 없애는 것이 아니라, 가다머가 개념적 '지평의 융합'이라고 불렀던 일종의 화해이다. 이것은 완전한 합병이나 헤겔식

---

19) H. G. Gadamer, *Truth and Method* (London: Shees & Ward, 1975), p.261.
20) H. G. Gadamer, *Truth and Method* (London: Shees & Ward, 1975), pp.329~340.

종합을 의미하는 것이 아니다. 가다머는 그것이 차이를 인식하고 타자성 (otherness) 심지어 낯섦(alienness), 타자(the other)를 인정하는 것을 포함하는 대화, 소크라테스식 조우와도 같은 것이라고 강조한다. 왜냐하면 그가 지적하듯이 "'그대'(Thou)를 통해서만 그리고 내 자신도 무언가로 말해져야만" 나에게 진실(truth)이 분명해지기 때문이다.21)

여기에 우리가 다루어야 할 어려운 철학적 문제들이 있다. 그렇다고 문제를 과감하게 해결하려는 것은 아니다. 자기반영적 해석으로서의, 그리고 하나의 '구조물'로서의 동양의 언어는 항상 상대적인 공명을 갖게 마련이다. 그래서 우리는 도교를 단지 언어의 창조, 단순한 언어학적 회전목마일 뿐이라고 믿게 되기도 한다. 언어는 의미의 자율적 영역이라는 통속적 믿음과는 달리 우리가 과거를 읽을 때 타자는 우리의 선이해와 예측에 항상 도전한다는 것을 가다머는 상기시킨다. 그는, 이해는 우리에게 익숙한 구조를 뛰어넘는 무언가를 우리에게 말할 때 시작된다고 말한다. 이것은 정확하게 자신과 타자, 해석자와 해석되는 것 사이의 변증법적(dialectical) 관계를 강조하는 것이다. 이러한 가다머의 접근은 고대 텍스트가 단순한 현대적 구성과 해석자의 창조적 행위를 위한 도구일 뿐이라는 견해와 구별되는 지점이다.

이러한 생각은 우리에게 소원한 문화, 여기서는 고대 도교 전통에 대한 차이와 타자성을 강조하면서 그것을 우리 자신의 것과는 완전히 다른 사상의 영역에 둔다는 두려움을 (완전히 벗어날 수는 없겠지만) 어느 정도 완화시키는 데 도움을 줄 수도 있다. 가다머의 관점에서는 진정한 가능성이 대화뿐 아니라 자체를 이해하는 데서도 거리, 차이, 타자성을 전제로 한다.

---

21) H. G. Gadamer, *Truth and Method* (London: Shees & Ward, 1975), p.xxiii.

그러므로 낯선 타자의 정신 속에 무모하게 뛰어드는 것은 필요 없다. "구체적 개별로서의 특정 개인(the individual)은 항상 타자들과 연관되어 있기 때문에 추상적 개별로서의 어떤 한 개인(a individual)이 아니다." 그리고 우리는 "완전히 어떤 한 지점에 묶여 있을 수도 없고 정확하게 닫힌 지평을 가질 수도 없다"[22]라는 원리에 기초한 사고가 필요하다. 이러한 견해는 최근 중국계 미국학자인 장룽시에 의해 재차 강조되었다. 그는 상호 문화적 이해의 가능성에 대한 질문뿐 아니라, 그동안 뛰어넘기 위해 노력했던 식민주의적 태도를 부활하려는 극단적 문화상대주의의 위험성을 지적한다. 그리고 차이에 대한 강조가 단순히 중국을 '서양의 열망, 환상, 그리고 진부한 관념의 상상적 거울 이미지'로만 변형시켜서는 안 되며 '이해하려는 진정한 노력'을 자극해야 한다고 주장한다.[23]

더욱이 문화적 차이에 대한 인식은 우리에게 자신을 넘어서 멀고 다른 것을 볼 수 있게 해줄 뿐만이 아니라 우리 자신에 대해 비판적으로 반성할 기회를 준다. 리처드 번스타인(Richard Bernstein)이 어느 동서철학회의에서 지적한 바와 같이 "타자(the Other)와의 예약된 조우를 통해서만이 우리가 속해 있는 전통에 대해 좀 더 정통하게 짜임새 있게 이해하게 된다."[24] 그러므로 다른 시간과 전통의 텍스트를 읽는 행위, 가다머가 말하는 지평의 융합은 완전한 흡수나 종합을 의미하는 것이 아니다. 자신을 다른 지점으로 이전시

---

22) H. G. Gadamer, *Truth and Method* (London: Shees & Ward, 1975), p.271.
23) Zhang Long-xi, *Mighty Opposites: From Dichotomises to Differences in the Comparative Study of China* (Stanford, CA: Stanford University Press, 1998), pp.8~9 · 14.
24) R. Bernstein, "Incommensurability and Otherness Revisited", E. Deutsch (ed.), *Culture and Modernity: East-West Philosophic Perspectives* (Honolulu, HA: University of Hawaii Press, 1991), p.93.

키는 행위도 아니고 단순히 다른 것으로 사물화되는 단순한 행위도 아니다. 또한 다른 측면에서의 엄청난 차이, 키플링(Rudyard Kipling)이 "둘(동양과 서양) 은 결코 만날 수 없다"[25]라고 한 공감할 수도 이해할 수도 없는 낯섦을 함 축하지도 않는다. 이것은 오히려 차이를 없애려고 하기보다는 그것을 생각 하고 조장하기 위해 다루는 논쟁적 조우이다. 우리를 자신의 문화 전통에서 의 가정, 한계, 분열과 마주치게끔 하는 잠재적 전복의 개입이다. 이것은 자기이해를 강화할 수 있는 출발점으로 외부에서 우리 자신을 타자로 경험 하는 방법이다. 따라서 독일학자 쾨글러(Hans Herbert Kögler)의 말대로, "다른 의미 시스템의 해석학적 경험은 우리 자신의 선이해에 대한 실질적인 외부 입장을 효과적으로 드러낼 수 있게 한다." 우리 전제의 타당성을 확신할 수는 없지만 '우리를 비추어 주는 대조 상대'의 등장은 적어도 지적인 통합 을 보증한다.[26]

이것은 우리 자신까지 포함하여 모든 해석의 방법을 비판적으로 평가하 면서 추론적 결말에서 자부심을 피해야 할 책임이 있다는 것을 의미한다.

---

25) 역주: Rudyard Kipling(1865~1936): 인도에서 태어난 영국 작가로 『정글북』의 저자. 그 는 자신의 시 "The Ballad of East and West"에서 "동양은 동양이고 서양은 서양이다. 둘은 결코 만나지 못하리. 땅과 하늘이 신의 최후의 심판을 받는 날까지"(Oh, East is East, and West is West, and never the two shall meet, Till Earth and Sky stand presently at God's great Judgment Sea)라고 했다.

26) H. H. Kögler, *The Power of Dialogue: Critical Hermeneutics after Gadamer and Foucault* (Cambridge, MA: MIT Press, 1996), pp.173~174. Kögler의 책은 때로 기반하고 있는 정치적 이해와 관념의 이데올로기적 조작에는 관심이 없다는 비판을 받아온 Gadamer 의 해석학과 너무 무모하게 주관적 의식의 역할과 자유를 거부한 것처럼 보인 Foucault 의 논쟁적 분석 사이에 '중간 다리'를 놓는 중요한 시도이다. 이 문제에 대한 가다머의 최근 생각에 대한 유용한 논의는 F. Dallmayr, *Beyond Orientalism: Essays on Cross-Cultural Encounter* (Albany, NY: State University of New York Press, 1996), chap.2 참 조하라.

중요한 의미에서 이 과정에는 '외부'도 없고 우리가 올라서서 도교를 완벽하게 객관적으로 볼 수 있게 되기를 바라는 우뚝 솟은 봉우리도 없다. 그래서 진정한 도교 원형의 다양한 틀을 무시하면서 우리가 받아들이고 싶은 대로 분석하는 우를 범하지 않을 수 있다. 물론 현재의 연구도 이러한 역행의 과정에 예외는 아니다. 하지만 그 자체가 자신 특유의 만곡과 반사광을 가진 또 다른 거울이다. 이것은 '미지의 장소에서 바라보는 것'이 아니다. 그래도 어느 정도 넓은 지적·문화적 전망으로 바라봄으로써 한계를 극복하려는, 유럽의 학자들 사이에서 표명되고 있는 다원론적이고 상대주의적 경향을 가진 투명한 자유주의자의 입장이다. 그러므로 나는 전통적 형식에서나 최근 서양에서의 도교의 부활에서나 도교에 대한 나의 편견이나 현재 도교의 중요성에 대한 서양의 믿음을 숨기려고 하지 않는다. 이 책에서 나중에 언급하겠지만, "나의 입장은 이야기 사슬 안에 있는 고리들 중 하나이다."27)

3. 서양으로 가는 길

상호 문화적 조우에 관한 이 연구는 서양에 어떤 의미가 있는가? 장자는 개구리에 관한 우화를 말했다. 개구리는 평생을 우물 안 바닥에서 살고 있었다. 그 밖의 넓은 세상에 대해서는 모르는 게 약이었다. 그러던 어느날 떠돌이 거북이에게 끌려갔다. 거북이는 그가 살았던 바다의 거대한 크기

---

27) M. Buber, *The Tales of Rabbi Nachman* (New York: Horizon, 1956), p.i.

와 깊이를 장황하게 늘어놓았다. "개구리는 그 이야기를 듣고 놀라 자빠졌다."[28]

이 우화를 도교의 관점에서 보면, 개구리가 우물에 남아 있는 것이 최선일지도 모른다. 장자의 관점에서는 개구리가 믿을 수 없는 말에 현혹되어 넓은 세상을 이해하려고 찾아나서는 것보다 어두운 우물에서 무지의 상태로 남아 있는 것이 더 행복할지도 모른다. 그러나 서양의 시각에서 보면 이 이야기는 자신들의 견해를 자신의 문화에만 한정짓고 그것을 넘어서는 탐구하지 않으려는 자들에 대한 경고로 읽힐 수도 있다. 도교와 서양사상의 관계를 좀 더 깊이 이해하게 되면 광범위한 철학적 본질에 관한 질문에 대해 유럽 중심적으로만 접근하는 것은 허약한 문화를 초래할 뿐더러 자기제한적이라는 것을 깨닫게 된다. 상호 문화적 철학의 창조적 잠재력이 넓은 영역의 현안들을 처리하기 위한 수단으로 보이기 시작했다. 예를 들면, 철학에서 이러한 이슈들은 합리성 자체의 본질에 대한 질문을 포함해서 언어, 의미, 도덕, 정신과 지식에 관한 질문도 포함한다. 또 다른 예는 종교적 경험의 분야이다. 이제 정신적 계몽에 대한 요청이 비서구적 전통을 조우함으

---

28) A. C. Graham (trans.), *Chuang-tzu: The Inner Chapters* (London: Harper Collins, 1981), p.155. (역주: 개구리 우화를 인용하는 저자의 관점은 장자 철학을 은둔자의 소극적 철학으로 바라보았던 편견을 반복하고 있다. 개구리 우화는 장자의 말을 듣고 놀란 공손룡이 위모를 찾아가 고백하는 장면에서 나온다. 위모는 논변을 통해 시비를 가리고자 했던 공손룡을 개구리에 비유하고 장자를 넓은 바다에 사는 거북이에 비유하면서 공손룡에게 일침을 가한다. 『장자』의 첫머리 대붕의 비상에서 암시하듯이 장자는 세상을 좀 더 넓은 시선에서 보고자 한다. 장자가 우물 안 개구리의 행복을 말했다고 보는 본문의 독법은 그동안 장자에 대한 편견이 얼마나 익숙해졌는지를 보여 준다. 앞에서 저자는 도교에 대한 자신의 편견을 숨기지 않겠다고 언급했다. 그러나 그것을 보여 주려고 했던 것이라고는 생각하지 말자. 저자가 3장에서 제임스 레게를 변호하는 말처럼, 일반적 해석이 배어들 수밖에 없는 무의식적 요인이 작용했을 것이다. 『莊子』, 「秋水」 참조)

로써 크게 자극받고 있으며 믿음의 대화가 고유 믿음 체계와 수행(Practices)을 점점 부활시키는 길을 제공하고 있다.

그러므로 서양과 비유럽 사고체계의 조우를 연구하는 것은 사상사 탐구만이 아니라 철학적·정신적 상상력을 확대시키는 데도 일조한다. 도교 연구는 철학과 같은 전형적인 서구 학문의 경계에 도전함으로써 서구적 관념의 습관을 버릴 가능성을 제공할 수 있다. 또한 우리의 공감 영역을 넓히고 개념적 도구를 마음껏 증대할 수 있는 가능성도 열어 준다.

물론 좀 더 친숙한 다른 방법도 있을 수 있다. 다시 언급하겠지만 도교가 오늘날 우리가 당면한 문제에 적합해 보인다. 얼핏 보면 서구의 이해 범위에서는 도교가 일반적으로 아주 낯설고 다른 사고방식을 제공하는 것처럼 보인다. 그러나 바로 이러한 차이가 우리가 지닌 일반적 사고방식에 충격을 주고 다른 눈을 통해 세상을 보도록 격려할 수 있다. 바로 이러한 도교철학의 생소함이 그것을 역사적 호기심으로 생각하거나 다루는 것을 포기시키는 것이 아니라, 오히려 우리 자신에게 익숙한 사고방식에 깔려 있는 가정을 반성하고 비판할 자극제가 된다는 것을 보여 줄 것이다. 도교 전통에 대한 탐구는 서양을 위하여 아주 가치 있는 것으로, 다음 장에서 학적 연구를 통해 이루어 낸 이해의 지평 확대에 경의를 표하게 될 것이다. 이것은 유럽 전통에 대해 여러 각도로 필적할 만한 범위와 깊이로 서양의 시야를 열어 주었다. 이러한 시도를 하고 있는 학자 중 몇몇은 도교 연구의 중요성에 대해 좀 더 폭넓게 이해하였다. 예를 들면 그레이엄(A. C. Graham)은 도교 연구가 '도덕철학, (그리고) 철학사와 과학사에 있어서 중요한 현대적 이슈'에 관여하며 '기성관념체계에 대한 해체비평'적 경향도 가지고 있다고 확신한다. 그리고 랜들 피런붐(Randall Peerenboom)은 '만약에 도교가 오늘날의 세계와 현대 철학적 무대에 관련될 수 있다면' 연구가 대단히 강화될 것이라고 주장한다. 마틴 팔머(Martin Palmer)는 '중국의 특성을 알지도 못하는' 다양한 부류의 사람들이 도교사상을 오용하고 있는 것을 유감스러워하며, 도교는 '개인주의, 권력, 이분법적 사고 그리고 물질주의로 만연한 우리 문화에 할 말이 많다'는 것을 인정한다. 그리고 조셉 니덤은 도교라는 종교가 최근 위축되어 왔지만 '아마도 미래는 도교철학의 것'이라고까지 말하고 있다.[29]

유럽 중심적 한계를 넘어서고자 하는 분투 과정에서 우리는 전 상호 문화적 계획을 둘러싼 지속적인 이데올로기적 편견에 대해 숙고해야 한다. 벗어나려고 생각하지만 개구리처럼 우물 안에 박혀 있을 위험성을 상기해야 한다. 서양은 아직도 다른 문화와 문명에 대해 편협한 관심과 이론적 가정을 분별없이 계획하고 있다. 가다머가 주장하였듯이 상상적 편견(Projective bias)은 분명 모든 앎의 과정에서 불가피한 부분이다. 그리고 이데올로기적 제약 없는 논의란 불가능해 보이기도 한다. 나는 리오넬 젠슨(Lionel Jenson)의 견해에 동의한다. 그는 유교의 서구적 '제품화'(manufacture)를 연구하면서, '중국에도 서구 못지않은 모든 텍스트 생산의 이데올로기적 본질'이 있음을 인정한다.[30] 그렇다고 해서 우리가 더 깊게 의심해 볼 필요가 없다는 말은

---

29) A. C. Graham, *Disputers of the Tao: Philosophical Argument in Ancient China* (La Salle, IL: Open Court, 1989), p.x; R. P. Peerenboom, *Law and Morality in Ancient China: The Silk Manuscripts of Huang-Lao* (Albany, NY: State University of New York Press, 1993), p.265; M. Palmer, *The Elements of Taoism* (Shaftesbury: Element Books, 1991), p.128; J. Needham, *Science and Civilization in China* Vol. 2 (Cambridge University Press, 1956), p.152.

30) L. M. Jensen, *Manufacturing Confucianism: Chinese Traditions and Universal Civilization* (Durham, NC: Duke University Press, 1997), p.145.

아니다. 동서 대화에서 뿌리 깊은 문화적 편견의 본질을 꿰뚫기 위해서는 특히 서양의 비판적 자각 능력이 필요하다. 서양의 목적을 위해 도교를 원용하거나 원본에서 절도한 동아시아 개념을 계속 부가시키는 것은 도교에 대한 강탈이라고 고심하는 연구자들이 있다. 이들의 경고를 통해 서양인의 '동양의 지혜'에 대한 열정과 유용하게 쓰려는 희망은 조절되어야 한다. 사실 과거 대다수 전통이 무관심과 파괴로 상실될 위험에 있었다. 이것을 이해하고 보전하는 데 도교에 대한 학적 관심이 지대한 공헌을 해 왔다. 하지만 학적 태도 자체가 반드시 순수하거나 이데올로기적 편견에 오염되지 않은 것은 아니었다. 이 연구는 넓은 역사적·지적 맥락에서 중국학 자체를 이해하는 데 공헌할 것이다. 조애나 웨일리 코헨(Joanna Waley-Cohen)이 지적했듯이 서양이 중국에 대해 알고 있다고 생각했던 많은 것, 심지어 잘 알려져 있는 전적조차도 이제는 하나의 전형에 불과한 것처럼 보인다. 오랫동안 소중했던 신화를 매장하는 과정은 서양의 해석자들만이 아니라 중국의 연구자들에게도 어려운 일이다.[31]

그러나 거북이처럼 먼 바다를 여행해 왔다면 그때 서양에 좀 더 긍정적인 결과를 기대할 자격이 있을는지도 모르겠다. 미국의 정치철학자 프레드 달마이어(Fred Dallmayr)가 주장한 것처럼 서양은 새로운 대화 스타일의 "인간 그리고 문화 교차의 착종이 세계 관료 정치의 디스토피아와 외국인 혐오적 분열과 배타주의를 넘어서 미래를 위한 희망찬 전망을 열 것이라는 자신감을 가져야 한다."[32] 서양과 중국 전통 사이의 심연은 냉정하게 받아들여야

---

31) J. Waley-Cohen, *The Sextants of Beijing: Global Currents in Chinese History* (New York: Norton, 1999), pp.4~5.

32) F. Dallmayr, *Beyond Orientalism: Essays on Cross-Cultural Encounter* (Albany, NY: State University of New York Press, 1996), p.59.

하는 냉혹한 현실이다. 하지만 이러한 시각에서 본다면 이러한 심연은 동서 대결의 패배주의적 이분법으로 회귀하는 구실이 아니라 창조적 대화를 통해 영감을 줄 수 있고 세계화의 역기능과 싸우는 데 도움을 줄 수 있다. 여러 측면에서 아직은 서양의 억설과 가치가 주도하고 있다. 그렇지만 앞으로 살아갈 세계는 더 이상 순수한 서양 세계일 수 없다. 그리고 풍부한 유전자 집단의 보존으로 문화적 다양성을 유지하는 것이 아시아의 전통문화에 대해 서양식 근대성이 자행해 온 파괴를 어느 정도 보상하는 방법이다. 수세기 전 유럽이 중국에서 유래한 관념, 기술 그리고 발명품으로 풍요로워졌다는 많은 예시가 있다. 최근에 많은 학자가 현대 서양사상에 미친 오리엔탈사상의 충격을 지적해 왔다. 지적·문화적 역사 전공자들이 그 충격을 항상 적절하게 평가해 온 것은 아니다.[33] 이어지는 연구는 세계 영역에 대한 가능성 있는 하나의 해석학적 시도이다. 강제적 획일성으로 돌아가려는 의도도 완고한 적개심도 없다. 생산적이고 자유로운 교환을 이상으로 하는 것이다.

33) J. J. Clarke, *Oriental Enlightenment: The Encounter between Asian and Western Thought* (London: Routledge, 1997); J. Needham, *The Grand Titration: Science and Society in East and West* (London: George Allen & Unwin, 1969).

제2장 그 의미는 그 의미가 아니다

THE MEANING IS NOT THE MEANING

도교의 본질

1. 도교란 무엇인가?

2500여 년 전 소크라테스가 깨달았듯이 지적·문화적 삶에서의 중요한 용어를 정의하려는 시도가 헛수고일 수 있다. 포스트모던 학자들에게 개념을 정의하는 일은 금지된 실체와 있을 수 없는 본질에 대한 헛된 탐구이다. 도교의 경우 특히 개념을 정의하기 어렵다. 이 주제를 다루는 어떤 책이든 대부분 도교가 무엇인지 말하기 어렵다는 고백으로 시작한다. 중국 종교사를 연구하는 줄리아 칭(Julia Ching)은, 도교는 "어떤 것을 말할 수도 있고 모든 것을 칭할 수도 있다"라고 하면서 도교를 기공수련(호흡운동)에서부터 신(god)과 정신에 대한 종교적 믿음, 종교적 의식, 때로는 샤머니즘 관습까지 포괄적으로 다루는 '우산(umbrella) 용어'라고 말한다.[1] 도교는 '마음의 상태 이외

---

[1] J. Ching, *Chinese Religions* (London: Macmillan, 1993), p.85; J. Ching, "Chu Hsi and Taoism", I. Bloom and J. A. Fogel (eds.), *Meeting of Minds: Intellectual and Religious Interaction in East Asian Traditions of Thought* (New York: Columbia University Press, 1997), p.108.

에 특별한 것이 아니'라고 말하는 학자도 있다.[2] 그레이엄은 "일반적으로 '신비롭다'고 불리는 철학 중에서도 도교를 분석하기가 가장 어렵고" "도교 사상가(Daoist)는 이성을 비웃고 그의 메시지는 말로 표현할 수 없는 것임을 즐기면서 토론과 비판적 접근을 넘어서 왔다"라고 말한다.[3] 중국학 연구자 (Sinologist) 홈스 웰치(Holmes Welch)의 정의는 좀 더 상세하지만 혼란스럽다. 그는 '연금술, 축복의 땅을 찾는 해상 모험, 중국의 요가, 술과 시의 의식, 집단 섹스파티, 신정정치를 수호하는 사원군, 혁명적 비밀 결사, 노자 철학' 등을 아우르는 넓은 개념으로 도교를 정의한다.[4] 도교사상가는 현생에서 영원한 생명을 추구하는 사람이며, 사후 '환한 대낮에 불사의 영역을 떠돌 것'이고, 도교는 '지혜롭고 즐거운 삶의 철학'일 뿐이라고 하는 연구자들도 있다.[5] '도교를 전공하는 학자들 사이에서도 도교가 무엇인지에 대해 아직 일치하는 견해가 없다는 것'은 확실하다. 따라서 "도교를 명쾌하게 정의내리기는 어렵다."[6] 이러한 불확실성은 고대 중국 전통과 서양의 조우를 특징지어

---

2) N. Sivin, "On the Word 'Taoist' as a Source of Perplexity, With Special Reference to the Relationship between Science and Religion", *History of Religions* 17(3) (1978), p.304.

3) A. C. Graham, "Taoist Spontaneity and the Dichotomy of 'is' and 'ought'" (1983), V. H. Mair (ed.), *Experimental Essays on Chuang-tzu* (Honolulu, HA: University of Hawaii Press, 1983a), p.5.

4) H. Welch, *Taoism: The Parting of the Way* (Boston: Beacon Press, 1957), p.88. (역주: 이 책의 한국어판인 홈스 웰치, 윤찬원 역, 『노자와 도교』, 서광사, 1988, 134쪽 참조)

5) M. Saso, *Taoism and the Rite of Cosmic Renewal* (Pullman, WA: Washington State University Press, 1990), p.3; Lin Yu-tang, *The Important of Living* (London: Heinemann, 1938), p.6.

6) E. Kimura, "Taoism and Chinese Thought", *Acta Asiatica: Bulletin of the Institute of Eastern Culture* 27 (1974), p.iii. 이것과 관련된 풍부한 관점이 L. Kohn (ed.), *The Taoist Experience: An Anthology* (Albany, NY: State University of New York Press, 1993), p.1 에 요약되어 있다. 그리고 R. Kirkland, "The History Contours of Taoism in China: Thoughts on Issues of Classification and Terminology", *Journal of Chinese Religion* (1997a)에 도교를 이해하기 위한 분류상 연대학적 구도를 제공하면서 상세하게 기술되

온 해석상의 분투를 암시하고 있다는 것을 이 책을 통해 알게 될 것이다.

도교는 연금술, 전쟁술, 의학과 체조, 다양한 대중의식과 예언술 등 다양한 실천 행위(practices)와 연관되어 있다. 하지만 이런 것이 지난 200년간 서양이나 중국의 해석자들에게는 도움이 되지 않았다. 이것은 권위도 규범도 없이 외견상 그들을 묶어 주고 있을 뿐이다. "도道는 하나를 낳고 하나는 둘을 낳고 둘은 셋을 낳고 셋은 만물을 낳는다"[7]고 하는 도의 팽창적 성격은 무엇을 강조하고 어디에 초점을 맞추느냐에 따라 다양한 차이를 가져올 수밖에 없었다. 불로장생의 추구가 일부 학자들에게는 가장 중요했지만 다른 학자들에게는 무의미한 것이었다. 약을 정제하는 '외단外丹'을 강조하기도 했지만, 요가를 통한 자기수련과 행위인 '내단內丹'을 중시하기도 했다. 도교는 사회적 · 정치적 삶을 거부하고 혼자서 구원을 찾으려는 경향이 있는가 하면, 다른 한편에서는 도교사상가들이 정부에서 적극적인 역할을 하며 전복적이고 혁명적인 활약을 한 때도 있었다. '신비적' 도교가 표현할 수 없는 '도'와 모든 이성적 지식의 무의미함을 강조하는가 하면, 한편으로 도교사상가들은 여러 가지 실천적 기술(practical arts), 예를 들면 풍수(인간행위와 자연의 리듬과 에너지 간의 조화를 이루는 방법)나 태극권(정신과 신체의 범위를 연결하여 내적 균형과 조화를 얻기 위한 기술)과 밀접하게 연관되기도 한다. 조셉 니덤에 의하면 중국의 과학과 기술의 발전에 중심적 역할을 했던 도교사상가들도 있다. 게다가 방대하고 다양하고 은닉된 저작들의 축적인 도교 경전은 명확한 교리 체계를 제공하지 않는다. 그래서 다양한 종파의 불화를 야기하고 황당한 해석을 받기도 했다. 그레이엄(A. C. Graham)은 이렇게 혼란스럽고 장

어 있다.

7) 역주: 『道德經』, 42장, "道生一, 一生二, 二生三, 三生萬物."

황한 탓에 도교를 호칭할 만한 공통점을 찾으려는 노력은 '의미 없는 것'이
고, '도교사상가'(Daoist)라는 말은 특히 유학자나 불교도가 아닌 철학이나 종
교를 다루기 위한 모든 것을 포함하는 편리한 호칭으로 사용된다고 결론짓
고 있다.[8]

　도교에는 어느 정도 역설적이고 불가해한 본질이 내재되어 있는 것 같
다. '중국 종교의 기본 성격은 바로 정의되어 있지 않다는 것'이 일반적인
생각이다. 그래서 도교를 '마술적 성격' 즉 '익살스러운 무관심과 혼란스럽
고 파괴적인 회의주의'라고 인정하는 작가들도 있다. 그들은 일부 도교사상
가들의 장난스러운 익살이 도교의 가르침을 명확히 정의하려는 시도를 일
부러 방해한다고 말한다. 린위탕(林語堂, Lin Yu-tang)도 그중 한 사람이다.[9] 그
레이엄이 지적했듯이 "도가 말로 전해질 수 있는 것이 아니라는 것은 도교
에 대하여 잘 알려진 역설이다."[10] 이것은 "우리에게 언어의 한계를 상기시
킨다." 왜냐하면 노자가 "도는 영원히 이름이 없다",[11] 그리고 "아는 자는
말이 없고 말하는 자는 알지 못한다"[12]는 것을 우리에게 기억하라고 하지
않았던가? 요컨대 '항상 무언가를 말하는 가능성에 대한 무한한 회의주의'
가 도교 속에 있는 것처럼 보인다.[13] "항상 익명을 선호하고 그의 가르침을

---

　8) A. C. Graham, *Disputers of the Tao: Philosophical Argument in Ancient China* (La Salle,
　　 IL: Open Court, 1989), p.172; J. Blofeld, *Taoism: The Road to Immortality* (Boston:
　　 Shambhala, 1985), p.19.
　9) K. Schipper, *The Taoist Body* (Berkely, CA: University of California Press, 1993), p.3;
　　 Lin Yu-tang, *My Country and My People* (London: Heinemann, 1939), p.34.
　10) 역주: 『道德經』, 1장, "道可道非常道, 名可名非常名."
　11) 역주: 『道德經』, 32장, "道常無名."
　12) 역주: 『道德經』, 56장, "知者不言, 言者不知."
　13) A. C. Graham, *Disputers of the Tao: Philosophical Argument in Ancient China* (La Salle,
　　 IL: Open Court, 1989), p.199.

수수께끼 같은 말로 표명해 온…… 도교를 둘러 싼 어떤 비밀의 장막이 있어 왔다"14)는 사실은 이러한 철학적 입장을 강화시킨다. 도교는 철학인가? 아니면 종교인가? 인생철학인가? 도대체 무엇인가? 서양인들에게는 정말 혼란스럽다.

중국학 연구자 크릴(H. G. Creel)이 1956년 강의에서 "도교란 무엇인가?"라는 질문을 처음으로 제기하였다. 거기서 크릴은 '도교'라는 용어를 모든 것을 포용하는 범주로 분석하고자 하였다. 서양에서는 흔히 도교를 하나의 단일 전통으로 다루려고 하였다. 실제로 서양의 범주에서 쉽게 다루려고 아시아 문화와 종교적 철학적 관념과 제도를 지나치게 단순하게 구성하려는 경향도 있었다. 도교도 예외는 아니었다. 크릴은 일찍이 '도교라는 용어는 학파가 아니라 학설을 뜻하는 것'이며, 서양에 영향을 미쳐 온 도교 텍스트는 실제로 구성된 기원과 시기가 다양한 자료에서 빼낸 축적된 저작일 뿐이라고 예리하게 지적한다.15) 게다가 도교는 중국의 문화와 정치학에 지대한 영향을 미쳤지만 확실한 도덕철학이나 삶의 목표에 대한 전망이 없다. 역사와 연결된 것이지만 오히려 다양한 가르침이 별개의 전통으로 보인다. 크릴은 이것이 도가道家와 도교道敎를 구별해 온 중국 전통에서도 발견된다고 지적하고 있다.16) 도가는 철학적 도교로 취급되며 주로 노자, 장자, 열자

---

14) J. Ching, *Chinese Religions* (London: Macmillan, 1993), p.85.
15) H. G. Creel, *What is Taoism, and Other Studies in Chinese Cultural History* (Chicago: University of Chicago Press, 1970), p.1.
16) 도가와 도교를 구별한 것은 王弼(226~249)의 주석까지 거슬러 올라간다. K. Schipper, *The Taoist Body* (Berkely, CA: University of California Press, 1993), pp.192~196; A. K. L. Chan, *Two Visions of the Way: A Study of the Wang Pi and the Hoshang Kung Commentaries on the Lao-Tzu* (Albany, NY: State University of New York Press, 1991), pp.5 · 11 · 178 참조.

의 저작들과 함께 궁극적 조화를 도에서 찾는 신비주의 형식과 연결된다. 한편 도교는 후한後漢시대에 세워진 종교적 도교로 궁극적 목표가 육체의 불사이지만 일상적 기능은 일반인의 종교적 요구를 만족시켜 주는 조직된 '교단'이라고 일반적으로 생각된다. 크릴은 이것을 '명상적 도교'(contemplative Taoism)와 '기능적 도교'(purposive Taoism)로 구별하여, 전자는 '원형의 순수한 도가철학'을 대표하고, 후자는 건강과 장수를 추구하고 역사적으로 많은 의식 관행과 정치적 태도를 낳은 실천(practical)철학의 구조라고 말한다.17) 게다가 둘 사이에는 융합할 수 없는 차이점이 있는데, 전자는 세상으로부터 은둔할 것을 지지하지만 후자는 문화적·정치적으로 개입하는 세속적 철학을 옹호한다고 주장한다.18)

도교를 두 개 이상의 근본적으로 다른 것으로 구분하려는 경향은 중국의 역사와 사상에서 비롯되었다. 하지만 서양의 동양적 사고하기에도 깊게 유입되었다. 이는 어떤 면에서는 근대적 허구이며 일련의 해석학적 전략을 불러일으키고 있다. 중국 유학 전공자인 펑유란(馮友蘭, Fung Yu-lan)은 극단적인 입장을 취하고 있다. 그는 (죽음을 받아들이는) 철학으로서의 도교는 자연을 따르는 학설을 가르치는 반면, (죽음을 피하기 위한 기술을 탐색하는) 종교로서의 도교는 자연과 대항하는 학설을 가르치기 때문에 '두 개의 도교'는 다를 뿐 아니라 상호 모순적이라고 주장해 왔다.19) 웰치도 후기 형식

---

17) H. G. Creel, *What is Taoism, and Other Studies in Chinese Cultural History* (Chicago: University of Chicago Press, 1970), p.5.

18) H. G. Creel, *What is Taoism, and Other Studies in Chinese Cultural History* (Chicago: University of Chicago Press, 1970), chap.3.

19) Fung Yu-lan, D. Bodde (ed.), *A Short History of Chinese Philosophy* (New York: The Free Press, 1966[1948]), p.3.

에서 도교는 "거의 『도덕경道德經』과 관련이 없으며", 도교 교단을 세운 사람들은 『도덕경』에 있는 "거의 모든 가르침에 등을 돌렸다"라고 지적한다.[20] 중국학 연구자 마이클 스트릭만(Michel Strickmann)은 도교를 확고한 역사적·사회적 맥락 속에서 탐구하기 위해 '도교'라는 용어를 천사도天師道와 거기에서 성장한 조직으로 한정하자는 제안을 하기도 하였다. 천사도는 오랫동안 고귀한 철학적 혈통의 타락한 후손으로 무시되었던 전통이었다. 다른 서양의 해석과 달리 마이클 스트릭만은 도교철학을 '타락한' 후손과 연관시켜 경시했고, 도교를 사상운동이나 전통 또는 사상학파로서가 아니라 단순한 '서지학적 분류', '단순한 묘사적 용어의 가공적 집합체' 정도로 생각했다.[21] 시빈(Nathan Sivin)도 비슷한 맥락에서 철학적 도교에는 '오랜 기간 중국 문화사를 걸쳐 산재한 텍스트 이외에 다른 사회학적 의미는 없다'고 보고 있다. 그리고 그레이엄은 철학에 적용시킬 때는 '도교사상가'라는 용어를 쓰지 말고 맥락에 따라 노자와 장자의 사상 차이를 지적하기 위해 '노자사상가'(Laoist)와 '장자사상가'(Chuangist)로 대신하자고 제안한다.[22] 또한 크릴의 구분법을 좀 더 다듬은 연구자들도 있다. 예를 들어 채드 한센은 명상적 도교(contemplative Daoism)를 사변적 요소(신비적·형이상학적)와 비판적 요소(의미론적·인식론적)로 나누고, 특히 서양에서 지난날 특권을 누려 왔던 도교의 사

---

20) H. Welch, *Taoism: The Parting of the Way* (Boston: Beacon Press, 1957), pp.87~88.
21) H. Welch and A. Seidel (eds.), *Facets of Taoism* (New Haven, CT: Yale University Press, 1979), pp.165~167. M. Strickmann, "History, Anthropology, and Chinese Religion" (review article on Saso, 1978), *Harvard Journal of Asiatic Studies* 40(1) (1980) 참조.
22) N. Sivin, "On the Word 'Taoist' as a Source of Perplexity, With Special Reference to the Relationship between Science and Religion", *History of Religions* 17(3) (1978), p.305; A. C. Graham (trans.), *Studies in Chinese Philosophy and Philosophical Literature* (Albany, NY: State University of New York Press, 1990), pp.118·124·170~172.

변적 요소보다는 비판적 요소가 도교의 '정수'라고 주장하기도 한다.[23]

한편 많은 학자의 다양한 구분법이 있지만 유용하지는 않다. 도교를 이해하기 위한 다양한 역사적 요인을 다루는 데 실패했기 때문이기도 하고, 때로는 두 성격 사이의 상호 영향과 연관을 충분히 평가하는 데 실패했기 때문이기도 하다.[24] 최근에는 후자의 경우가 지배적이다. 도교 연구가 활발해지면서 '두 도교' 사이에 실제로 역사적·관념적 가교가 있었다는 것이 밝혀지고 있다. 게다가 낡은 이분법이 역사적 실수이며 "권위적인 중국과 현대 서양학자들에게 유행하는 독특한 문화적 편견을 반영하는 것"이라는 한 비평가의 말이 힘을 얻고 있다.[25] 좀 더 검토가 필요하지만, 일찍이 예수교 선교사 시절부터 현대 비종교적 역사학자에 이르기까지, 정통 유교사상은 비교적 철학적으로 훌륭하다고 평가해 온 반면, 도교의 중요성은 애써 축소시키려고 했다고 할 수 있다. 이러한 경향 때문에 일부 중국의 주석가들과 함께 서양에서도 도교가 전한前漢시대 정통성에서 애석하게도 일탈한

---

23) C. Hansen, "Linguistic Skepticism in the Lao Tzu", *Philosophy East & West* 31(3) (1981), p.321 외.

24) L. G. Thompson, "What is Taoism? (With Apologies to H. G. Creel)", *Taoist Resources* 4(2) (1993). 이 논의에 대한 요약을 하고 있다. N. J. Girardot, "Part of the Way: Four Studies in Taoism", *History of Religion* 11(3) (1972); I. Robinet, *Taoism: Growth of a Religion* (a translation and adaptation by Phyllis Brooks of Robinet 1991, Stanford, CA: University of Stanford Press, 1997); N. Sivin, "On the Word 'Taoist' as a Source of Perplexity, With Special Reference to the Relationship between Science and Religion", *History of Religions* 17(3) (1978) 참조. J. Paper는 자신의 저서 *The Spirits are Drunk: Comparative Approaches to Chinese Religion* (Albany, NY: State University of New York Press, 1995)에서 뿌리 깊은 서양식 가설과 대조하여 중국 종교에 좀 더 통합적으로 로 접근할 것을 주장한다.

25) R. Kirkland, "Person and Culture in the Taoist Tradition", *Journal of Chinese Religion* 20 (1992), p.79; R. Kirkland, "The History Contours of Taoism in China: Thoughts on Issues of Classification and Terminology", *Journal of Chinese Religion* 25 (1997a) 참조.

것으로 생각한다. 기독교와 비교해서 도교를 음지에 두려는 의도도 암암리에 있어 왔다. 많은 예를 인용할 수 있다. 1868년 『도덕경』의 최초 영역본 서문에서 존 차머스(John Chalmers)는 종교적 도교를 "생명의 연금술에 대한 끝없이 우스운 쓸데없는 말"이라고 경멸했다. 한편 세기말 에두아르 샤반 (Édouard Chavannes)도 종교적 도교를 "난잡한 미신 잡동사니"라고 비난하였다. 그리고 1915년에 중국학 연구자 허버트 자일스(Herbert Giles)는 '일반 대중 불교와 접목한 미신적 도교와…… 교양인을 위한 사색과 역설의 도교'를 명확히 구분하였다.26) 최근 휴스턴 스미스(Huston Smith)의 명저 『세계의 종교: 우리의 위대한 지혜의 전통』(The World's Religions: Our Great Wisdom Traditions)에는 종교적 도교가 '조야한 미신'으로 가득 찬 '음울한 것'으로 언급되어 있다. 또한 대중적 영역에서 역시 영향력 있는 토머스 머튼(Thomas Merton)도 '나중에 미신, 연금술, 마술, 그리고 건강 문화로 변질된 합성물로서의 도교'와 철학적 도교의 원형적 '순수한' 형식을 대조하였다.27)

그러나 시대가 변했다. 이제는 종교적 도교가 도교 자체의 주요 부분으로 가르침과 행위에서 중요한 요소를 유지해 왔다는 견해가 일반적이다.

---

26) J. Chalmers, The Speculations on Metaphysics, Policy, and Morality of The Old Philosopher' Lau-Tsze (London: Trübner & Co, 1868), pp.viii·xiv; E. Chavannes, Les memoires historique de Se-maTs'ien (5 Vols., Paris: Leroux, 1985~1915), 1, p.xviii; H. A. Giles, Confucianism and its Rivals (London: Willian & Newgate, 1915), p.178.

27) H. Smith, The World's Religions: Our Great Wisdom Traditions (San Francisco: Harper & Row, 1991[1958]), p.205; T. Merton, The Way of Chuang Tzu (London: Burns & Oates, 1965), p.15. S. Bradbury가 자신의 저서 "The American Conquest of Philosophy Taoism" (1992), p.33에서 호칭하는 것처럼 '퇴보적 명제'는 고대의 동양종교와 철학 형식을 최근의 것보다 우위에 놓는 경향을 지닌 전형적인 오리엔탈리즘이다. 그러나 문화적 심지어 생물학적 관념에 대해 신학적 '타락'의 개념과는 별도로 순수한 유럽적 문맥에서, 특히 Nordau와 Spengler 등의 저작에서 명확하게 호의적 관념으로 다루어졌다는 것은 생각해 볼만하다.

종교적 도교가 건강한 철학에 끼어든 병든 가지에 불과하다는 이전의 견해와는 사뭇 다르다.[28] 이런 식으로 종교와 철학적 요소들이 이제는 도교와 깊게 얽혀 있는 것 같다. 이제는 철학적 해석에서나 대중적 천사도운동의 형성에 기여한 종교적 해석에서나 『도덕경』을 영감의 원천으로 인식한다. 이는 종교적 행위와 철학적 사색의 융합을 반영하는 것이기도 하다.[29] 리비아 콘(Livia Kohn)에 의하면, 이렇게 수렴이 가능한 것은 다양한 종교적 도교에서 철학 전통의 중추인 도와의 합일을 통한 완전성을 추구하는 데 있다. 『도덕경』과 같은 가르침의 구원적 함의는 은둔자나 성자, 신비론자만이 아니라, 도덕적 행위와 종교적 실천 일반의 범위에서 그리고 넓게는 사회의 조화로운 기능에도 적용된다. 성자의 사색이든지 도교 수행자들의 행위이든지 더 순수하고 조화로운 일체감을 추구하는 것이 그 목표이다. 따라서 콘의 관점에서 보면 종교적 도교의 역사에서는 초기 교리의 쇠퇴나 상실도 없고 믿음과 행위의 정체된 구조도 없다. 오히려 역사적 변화에 대응하고 다양한 저작이나 학파 그리고 다양한 사회적 단계에서 명시된 강력한 구원

---

28) M. Kaltenmark, *Lao Tzu and Taoism* (Stanford, CA: Stanford University Press, 1969), pp.107 · 115; L. Kohn, *Taoist Mystical Philosophy: The Scripture of Western Ascension* (Albany, NY: State University of New York Press, 1991a), chap.10; J. Lagerwey, *Taoist Ritual in Chinese Society and History* (New York: Macmillan, 1987), pp.11~17; M. Saso, "The Chuang-tzu nei-p'ien" (1983), V. H. Mair (ed.), *Experimental Essays on Chuang-tzu* (Honolulu, HA: University of Hawaii Press, 1983a), p.154; K. Schipper, *The Taoist Body* (Berkely, CA: University of California Press, 1993), pp.192~195. 이러한 논의에 유용한 개요는 C. Bell, "In Search of the Tao in Taoism: New Questions of Unity and Multiplicity", *History of Religion* 33(2) (1983) 참조. 공산주의 혁명 이전에 많은 도교 성자를 만났던 John Blofeld는 자신의 저서 *The Sacred and the Sublime: Taoist Mysteries and Magic* (London: Allen & Unwin, 1973), p.152에서 20세기 전반의 도교 은둔자들은 "노자와 장자의 가르침에 몰두한 인물들이었다"고 주장한다.

29) S. R. Bokenkamp, *Early Daoist Scriptures* (Berkeley, CA: University of California Press, 1997), p.2.

적(soteriological) 전통의 역학적 발전이 있을 뿐이다.[30] 그러므로 도가와 도교 사이에 분명한 차이가 있고 도교 분파와 수행도 다양하지만, 이러한 관점에서 보면 도교의 모든 형식에는 공통적 특징이 있다. 예를 들면, 이사벨 로비넷이 주장했듯이 "도교를 전체로 말하는 것이 무의미하지만", 도교는 다양함 속에서도 일관성 있는 전통을 보여 준다. 딱히 도교라 칭할 수 있는 어떤 것이 없다는 절망적 혼란과는 다르게 그녀는 "도교를 관통하는 하나의 맥락이 있다"고 결론짓는다. 그것은 음양우주론, 오행설, 자연 반복 상응(reiterate correspondence in nature), 기능 정신의 신전(pantheon of functional spirits), 그리고 불로장생에 대한 관심으로 알 수 있는 축적과 통합의 전개 과정이다.[31]

이렇게 도교를 통합적으로 보는 해석과 함께 고도의 절충주의적 현상이라고 보는 시각도 있다. 도교는 노자와 장자의 철학적 요소만이 아니라 오래된 샤머니즘적·마술적 전통과 유교 경전, 그리고 불교적 관념과 의식까지도 '하나의 맥락'으로 끌어들였다는 것이다. 잠깐 살피겠지만 서양의 시각에서 이해하기 어려운 것은 도교가 외견상 공존할 수 없는 다양한 원천에서 영감 받은 강한 통합적 경향을 보여 준다는 것이다. 크릴이 주장했듯이 다양한 분파와 학파를 정확히 구분하는 서양의 경향은 도교 전통의 심각한 난잡함으로 종종 좌절한다. 콘이 지적했듯이 도교는 "그의 목록에서 어떤 특별한 의식이나 방법도 배제하지 않는다. 도와 하나 되게 하는 목적이라면

---

30) L. Kohn, *Taoist Mystical Philosophy: The Scripture of Western Ascension* (Albany, NY: State University of New York Press, 1991a), chap.10.

31) I. Robinet, *Taoism: Growth of a Religion* (a translation and adaptation by Phyllis Brooks of Robinet 1991, Stanford, CA: University of Stanford Press, 1997), pp.1~4. 다양성 속에 통합이라는 주제의 내용은 N. J. Girardot, *Myth and Meaning in Early Taoism: The Theme of Chaos (hun-tun)* (Berkeley, CA: University of California Press, 1983), pp.276~281에서 상세하게 볼 수 있다.

제2장 그 의미는 그 의미가 아니다   59

어느 것도 용납된다." 통합적 경향은 다양한 종교적·철학적 가르침만이 아니라, 식이요법·의학·체육·호흡·명상법까지도 끌어들인다.[32] 여기서 다루고 있는 주제가 도교에 인정할 만한 정체성을 부여하자는 것이다. 하지만 도교는 다양한 문화적 원천을 흡수했을 뿐 아니라 오랜 역사 속에서 여러 학파와 사상 전통을 만들어 왔기 때문에 시대와 장소에 따라 다른 성격을 띨 수밖에 없었다.

서양의 해석자들은 도교를 분류하고 정의할 때 도교 저작과의 언어적 거리감 때문에 어려움을 겪는다. 하나의 언어적 전통이나 문화에서 비롯된 말과 생각, 제도를 다른 말로 번역한다는 것은 언제나 어려운 일이다. 중국과 유럽 언어의 근본적인 차이는 심각한 문제이다. 우선 우리가 도교를 정의할 때 주목해 왔던 어려움은 '종교'(religion)라는 말이 중국과 정확하게 일치하지 않는다는 것이다. 그래서 도교를 정의함에 있어 그것을 부적절한 서양식 범주에 간단히 넣을 위험성이 있다. 서양에서 생각하는 종교 개념이 도교를 이해하는 데 장애가 된다는 것을 고려해야 한다. 예를 들어 우리가 다룬 도가/도교의 구별은 결코 서양식 철학/종교의 구별과 동일 구조가 아니다. 더구나 종교 역사학자인 페이퍼(Jordan Paper)가 지적했듯이 서양에서는 아주 익숙한 용어인 종교(religion)와 문화(culture)로 구분하는 유럽의 연구 경향이 중국의 상황을 인공적으로 오도하기도 한다.[33]

---

32) L. Kohn, *Taoist Mystical Philosophy: The Scripture of Western Ascension* (Albany, NY: State University of New York Press, 1991a), p.223.

33) Lin Tong-qi, H. Rosemont, and R. T. Ames, "Chinese Philosophy: A Philosophical Essay on the 'State of the Art'", *The Journal of Asian Studies* 54(3) (1995), p.745; J. Paper, *The Spirits are Drunk: Comparative Approaches to Chinese Religion* (Albany, NY: State University of New York Press, 1995), p.2; K. Schipper, *The Taoist Body* (Berkely, CA: University of California Press, 1993), p.2.

2. 삼교(유교, 불교, 도교)

서양인들은 도교의 본질을 이해하거나 설명하려고 할 때 혼란을 겪게 된다. 이는 도교를 (다른 주요 중국 전통인) 유교나 불교와 명확하게 구별하려고 하는 데서 비롯된다. "모든 중국인은 유교의 모자를 쓰고 도교의 옷을 걸치고 불교의 샌들을 신는다"라는 말이 자주 인용된다. 중국인들은 동시에 세 가르침을 따를 수 있는 것 같다. "그들은 적극적 삶에서는 유학자일 수 있고…… 여가 시간에는 철학적 도교사상가이고…… 특별한 목적으로 기도하기 위해서는 불교 사원을 찾는다." 이러한 당황스러운 사실이 서양인들을 더욱 혼란스럽게 한다.34) 서양에서는 여러 전통에 대해 자연스럽게 각각의 정체성을 부여한다. 하지만 이 세 전통이 세 개의 다른 전통을 구성하고 있는 것은 아니다. 여러 가지 복잡한 방식으로 상호 영향을 주고받으며 중첩되었다. 삼교三敎가 중국 문화에서 차지하고 있는 지위는 서양의 종교적 전통 간의 관계사와는 비교할 수 없다. 그래서 중국 문맥에서는 도교 사상가라고 '자처'(being)하거나 배타적으로 한 종교에 '속한다'(belonging)고 말하는 것을 조심해야 한다.

이러한 맥락에서 중국과 서양 전통 사이에 논쟁을 야기한 해석학적 입장에서 나온 두 신화를 확인할 필요가 있다. 첫째는 '고전적'(classical) 신화라고 부를 수 있다. 이에 따르면 삼교는 완전히 다른 교리를 가진 세 개의 종교이다. 각각은 중국인들의 지지를 받기 위해 다른 것들과 경쟁한다. 둘째는 '낭만적'(romantic) 신화이다. 이는 고전적 신화를 뒤집으려는 최근 연구

---

34) J. Ching, *Chinese Religions* (London: Macmillan, 1993), p.223.

로, 고전적 신화와는 상반된다. 낭만적 신화는 중국의 지적 생명을 비활력적(milk-and-water) 전통으로 묘사한다. 중국의 지적 전통은 다른 사상학파 사이의 실제 논쟁이나 철학적 긴장을 조화와 화합으로 차단한다는 것이다.

고전적 신화는 17세기 예수회 선교사의 활동을 통해 서양적 사고에서 공식화되기 시작했고 아직까지 중국 종교생활에 대한 서양식 인식에 비논쟁적 가설로 남아 있다. 예수회는 유럽에서 종교 화합의 격렬한 분열에 대응해서 나온 것이었다. 그런 그들이 중국을 유럽식 종교적 당파주의의 시각에서 본 것은 불가피한 것일 수 있다. 1913년 수실(W. E. Soothill)은 "중국에는 세 개의 공인 종교가 있다"라는 말로 그의 저서 『중국의 세 종교』(The Three Religion of China)를 열었다. 그때 그는 단지 서양인의 의식에 오랫동안 뿌리박힌 종교적 차이의 본질에 대한 가정에 호소한 것뿐이었다. '중국의 공인된 세 종교' 간의 교묘한 분리는 아직 매력적인 상투어로 남아 있지만, 이제 고전적 신화는 학자들의 마음에서 많이 떠났다. 이 상투어는 단순한 서양의 발명품이 아니다. 중국 자체의 문화적·지적 역사로 거슬러 올라가는 뿌리를 가지고 있다. 삼교는 6세기 이사겸李士謙에 의해 처음 언급되었는데, 그는 "불교는 태양이고, 도교는 달이고, 유교는 다섯 개의 행성"이라고 하였다. 또한 삼교는 송대의 신유학자들 사이에서는 평범한 것이었다.[35] 그렇지만 세 개의 가르침(三敎)의 경계가 서양의 다른 종교와 종교적 당파처럼 확실하게 구분될 수는 없었다. 심지어 1세기 중국의 불교 유입에 앞서 유교와 도교의 종합적 조화의 징후가 있었다.[36] 한 중국학 연구자가 지적했듯이,

35) S. F. Teiser, "The Spirits of Chinese Philosophy", D. S. Lopez (ed.), *Religions of China in Practice* (Princeton, NJ: Princeton University Press, 1996), p.3.
36) C. Le Blanc, *Huai-nanzu: Philosophical Synthesis in Early Han Thought* (Hong Kong: Hong Kong University Press, 1985).

"교회 밖에서는 구원이 없다고 주장하고 배타적으로 보편진리를 강요하는 종교가 중국에는 없다. (중국의) 문화는 믿음을 단일화하고 통합하려는 욕망이 더 강하다."[37) 자크 제르네(Jacques Gernet)도 중국의 종교 전통에는 초월적이고 영원한 진리 또는 신성한 교리가 없다는 것을 주목했다.[38) 그러므로 유교와 도교의 가르침을 확실하게 구별하고자 하는 일부 서양 해석자들의 경향은 그들의 상호 보완적 성격을 오해하고 있는 것이다. 페이퍼는 "서양의 종교 역사가들 대부분은 중국의 종교가 하나의 합성체라는 것을 여전히 이해하기 어려워한다"라고 말한다.[39) 상호작용에 대한 복잡한 역사는 잠시 제쳐 두고, 삼교가 각각 삶·도덕·사회·자연에 대해서 서로 다른 태도를 강조해 온 것에 주목할 필요가 있다. 유교의 주요 관심은 항상 윤리적·정치적 문제였고, 도교는 자연과의 조화에 초점을 두었으며, 불교는 업보와 환생에 관심을 두었다. 그러나 동시에 이들 학파가 조화하려는 경향에 서양의 종교 제도와는 비교할 수 없는 철학적이고 문화적인 교잡(cross-fertilization)이 있다.

아브라함 전통 특유의 상호 종교적 투쟁이나 교리적 순수주의를 중국 전통에 투사해 온 것도 문제이지만 더한 것은 통합(syncretism)이라는 개념에

---

37) A. K. Seidel, "Chronicle of Taoist Studies in the West 1950-1990", *Cahier d'Extrême Asie* 5 (1989~1990), p.246.

38) J. Gernet, *China and the Christian Impact: A Conflict of Culture* (Cambridge: Cambridge University press, 1985), p.66.

39) J. Paper, *The Spirits are Drunk: Comparative Approaches to Chinese Religion* (Albany, NY: State University of New York Press, 1995), pp.11~12. D. L. Hall and R. T. Ames, *Thinking from the Han: Self, Truth, and Transcendence in Chinese and Western Culture* (Albany, NY: State University of New York Press, 1998), pp.150~156; L. H. Yearley, "Hsün Tzu on the Mind: His Attempted Synthesis of Confucianism and Taoism", *Journal of Asian Studies* 39(3) (1980) 참조.

대한 부정적 연상이다. 서양의 맥락에서는 통합이라는 꼬리표(label)가 진리에 대한 불굴의 추구가 아닌 애매한 말이나 원칙 없는 생각을 제시한다는 편견을 동반하곤 했다. 이런 근거로 서양인들은 중국인의 사고를 열등하다고 여겨 그들의 종교적 전통을 폄하하였다. 마테오 리치(Matteo Ricci)는 중국 종교의 통합적 경향이 '더 큰 혼란'을 낳았으며 또한 진리를 향한 헌신의 부족을 보여 준다고 기술하였다. 중국 종교에 대한 이러한 태도는 마테오 리치 시대부터 오늘날까지 서양에 존재해 왔다.[40] 이러한 중국의 사상적 경향은 서양을 지배해 온 '양자택일적' 정신성과 점점 다양한 방식으로 대조를 보여 주고 있다. 그러나 종교적 현상에 대해 좀 더 다원적이고 비본질적인(de-essentialized) 관념으로 나아가려는 일부 학자들의 움직임이 있다. 하지만 기독교적 관념의 교리적 정통과 배타적인 관점에서 도교를 개념화할 수밖에 없다고 생각하는 사람들도 여전히 있다.

중국 전통 속에서 통합적 성향의 예를 들어 보자. 가장 충격적인 것 중 하나는 송대 신유학자들의 대담한 지적 운동이었다. 그들은 도교의 우주론과 불교의 형이상학적 요소를 유교의 도덕적 교훈과 결합시켜 포괄적인 철학을 이루기 위해 노력했다. 또한 종교적 지도자 임조은林兆恩(1517~1598)이 유교, 도교, 불교를 통합해서 새로운 자기방식의 '삼교' 종파를 형성한 것에서도 그 예를 볼 수 있다. 이는 도교계에서 전폭적인 지지를 받았고 아직도 대만과 싱가포르, 말레이시아의 해외 중국인 사이에서는 살아 있는 전통으로 남아 있다.[41] 여러 학파를 단 하나의 세계관(weltanschauung)으로 통합하려

---

40) J. Gernet, *China and the Christian Impact: A Conflict of Culture* (Cambridge: Cambridge University press, 1985), p.64.
41) 송대의 도교와 유교에 집중한 연구는 J. A. Berling, "Paths of Convergence: Interactions of Inner Alchemy, Taoism and Neo-Confucianism", *Journal of Chinese Philosophy* 6(2)

는 조직적 운동을 위한 명확한 계획은 송대부터 계속 세워졌다고 할 수 있다. 하지만 통합주의적 경향은 훨씬 일찍부터 있었다. 새 정권의 안정성을 부여하려는 명백한 목표를 둔 유교적 헤게모니 아래에서였지만 이미 전한 시대부터 지적 통합을 이루려는 시도가 있었다.[42] 더욱이 초기 형성 단계에서 종교적 도교와 불교는 서로 상당 부분을 차용했다. 도교는 불교가 중국에 정박하는 데 있어서 용어나 개념상으로 중국의 바다에 닻을 내리기 위한 편리한 도구를 제공하였고, 불교는 도교가 형이상학적 범위를 넓히고 정신적 수행을 깊게 할 수 있도록 도움을 주었다. 그들의 후계자가 볼 때 이 두 전통을 실제로 분간하기는 어렵다. 둘은 그 가르침과 정신수행을 하는 점에서 아주 비슷하여, 선불교는 종종 '불교의 옷을 입은 도교'로 묘사되곤 한다.[43] 에릭 쥐커(Erik Zürcher)는 용어와 개념이 확대되고 수행이 차용되는 것에서 미루어 "거의 '불교·도교의 잡종'(Buddho-Taoist hybrid)이라고 할 수 있다"라고 하였다.[44] 그리고 도교와 불교가 별개의 종교라는 견해에 도전한

(1979) 참조. 그리고 林兆恩 종파와 통합의 역사적, 철학적 배경은 J. A. Berling, *The Syncretic Religion of Lin Chao-en* (New York: Columbia University Press, 1980) 참조. 송대부터 계속된 유교, 도교, 그리고 불교의 종합을 위한 운동에 대한 개요는 E. Wong (trans.), *The Shambhala Guide to Taoism* (Boston: Shambhala, 1997b), chap.6 참조. Julia Ching은 예수, 마호메트와 마찬가지로 공자와 노자, 부처를 경모하는 1982년에 공식 등록된 신종파를 지적한다. J. Ching, *Chinese Religions* (London: Macmillan, 1993), pp.217~218 참조. Schipper는 신유학의 형성에서 도교의 역할을 강조한다. K. Schipper, *The Taoist Body* (Berkely, CA: University of California Press, 1993), p.14.

42) A. C. Graham, *Disputers of the Tao: Philosophical Argument in Ancient China* (La Salle, IL: Open Court, 1989), pp.370~382.

43) D. Bodde, "Harmony and Conflict in Chinese Philosophy", A. Wright (ed.), *Studies in Chinese Thought* (Chicago: Chicago University Press, 1953), p.56.

44) E. Zürcher, "Buddhist Influence on Early Taoism: a Survey of Scriptual Evidence", *T'oung Pao* 46(1-3) (1980), p.85. 불교와 도교의 성공적인 상호 수용을 이후 예수교가 기독교를 유교와 조화시키려고 한 것과 최근에 불교와 기독교를 조화시키려고 한 불행한 시도와 비교하는 것은 흥미롭다.

제2장 그 의미는 그 의미가 아니다   65

초기 학자 가운데 앙리 마스페로(Henri Maspero)는 "다소 오랜 기간 동안 교리의 혼란이 있었다"라고 지적하였다.[45] 게다가 중국의 종교적 삶의 양상이 배타적으로 종교에 한정된 것이 아니라 중국인의 삶에 깊고 넓게 퍼진 성격이라는 것을 이들 학자의 저서는 암시하고 있다. 중국학 연구자 더크 보드(Derk Bodde)는 "중국인의 마음은 실행 불가능한 절대 대신에 타협하는 것을 훨씬 선호"하고 "중국인의 사고의 기본 유형은……외견상 충돌 요소를 통일적 조화로 통합하려는 욕구를 가지는 것"으로 보았다.[46] 더구나 이러한 통합적 경향을 각각의 텍스트 개념과 태도에 있어 삼교를 모두 따를 수 있

---

45) H. Maspero, *Taoism and Chinese Religion* (trans. of Maspero 1971, Amherst: University of Massachusetts Press, 1981), p.412. 이 책은 아주 일찍이 쓰였지만 나치의 손에 있던 저자의 비극적 운명 때문에 출판되지 못했다. 여기서 붓다는 추방당한 노자의 제자였다는 중국인들 사이의 일반적 믿음이 불교의 이국적 가르침을 다른 식으로 받아들이는 교묘한 방법으로 이용되었다는 것을 상기해 볼만하다. 도교와 불교의 역사적 철학적 관계에 대해서는 R. F. Company, "Buddhist Revolution and Taoist Translation in Early Mediaeval China", *Taoist Resources* 4(1) (1993); P. Demiéville, "Le Buddhism chinois", *Encyclopédie de le Pleiade* Vol. 1 (Paris: Gallimard, 1970); K. Inada, "Zen and Taoism: Common and Uncommon Grounds of Dissonance", *Journal of Chinese Philosophy* 15(1) (1988); M. Saso and D. W. Chappell (eds.), *Buddhist and Taoist Studies* I (Honolulu, HA: University of Hawaii Press, 1977); Wu Yi, "On Chinese Ch'an in Relation to Taoism", *Journal of Chinese Philosophy* 12(2) (1985); E. Zürcher, "Buddhist Influence on Early Taoism: a Survey of Scriptural Evidence", *T'oung Pao* 46(1-3) (1980) 참조. T. Brook, "Rethinking Syncretism: The Unity of the Three Teachings and their Joint Worship in late Imperial China", *Journal of Chinese Religions* 21 (1993)은 융합에 대한 개념적이고도 역사적인 분석을 제공하며, 다소 변화무쌍한 용어의 의미 다양성을 지적하고, 또한 교리의 순수성을 추구하는 중국의 반융합적 요소도 지적한다. 중국과 유사한 일본의 종교적 융합에 대해서는 R. Robertson, *Globalization: Social Theory and Global Culture* (London: Sage, 1992), pp.93~94 참조.

46) D. Bodde, "Harmony and Conflict in Chinese Philosophy", A. Wright (ed.), *Studies in Chinese Thought* (Chicago: Chicago University Press, 1953), pp.51·54. 중국의 법 체제에 관한 Bodde의 논쟁에 대한 상술은 H. G. Creel, "The Role of Compromise in Chinese Culture", C. Le Blanc and S. Blader (eds.) *Chinese Ideas about Nature and Society: Studies in Honour of Derk Bodde* (Hong Kong University Press, 1987) 참조. 크릴은 상업적, 사업전통, 그리고 관료수행 모두 강한 타협적 경향을 드러낸다고 믿는다.

다고 보았던 엘리트 지식인만이 가지고 있었던 것은 아니다. 오히려 삼교 중 어느 하나에 배타적인 언약을 할 필요 없이 세 '종교'의 의식이나 축제에 참여할 수 있었던 대중들에게 그런 경향이 더 분명했다.[47]

그러나 삼교에 관한 서양 연구의 실상을 살펴볼 때, 중국의 문화적 삶을 연구하는 것과는 다른 방향으로 갈 위험이 내재해 있다. 말하자면 조화와 화합에 대한 요구를 지나치게 이상화해서 두 번째 '낭만적 신화'를 만들게 될지도 모른다. 후자의 덕목이 중국 문화의 여러 단계에서 하나의 이상으로 서 다양한 형태로 확인되는 것은 분명하다. 하지만 동시에 다양한 시대에 있었던 유교·도교·불교의 관계를 둘러싼 토론과 논쟁은 물론이고, 노골적 박해 또한 있었다는 것을 숨겨서는 안 된다. 이미 기원전 2세기부터 중국의 지적 통일성을 추구하는 강한 욕구를 발견할 수 있고, 이는 신화적·정치적 통합을 이루려는 수단으로 제왕이 격려하였다. 이러한 요구가 강요되었다 는 것은 그만큼 위기 상황에 처했었다는 것을 의미한다. 결국 철학적 장애 를 해결하는 것은 우아한 예술 취미의 문제나 무관심한 학문적 사색의 문제 를 해결하는 것 이상으로 어려웠음을 의미한다.[48]

---

47) 삼교에 주목하면, 민족종교는 서로 연관되어 있기는 하지만 세 개의 공식적 범주 중 어디에도 포섭되지 않는 중국에서의 대중 종교의 전통을 무시할 수 없다. 민족종교는 장례의식, 액막이, 조상제례와 점보기 등 일반적인 중국인의 일상적 공동체나 가정생 활에서 중요한 의식이다. 그 밖의 예는 D. S. Lopez (ed.), *Religions of China in Practice* (Princeton, NJ: Princeton University Press, 1996); J. Paper, *The Spirits are Drunk: Comparative Approaches to Chinese Religion* (Albany, NY: State University of New York Press, 1995); H. Welch and A. Seidel (eds.), *Facets of Taoism* (New Haven, CT: Yale University Press, 1979) 참조. 대중적인 종교 전통에 대해서는 주어진 현재 연구의 범위 를 넘어서는 문제이므로 집중하지 않겠다.

48) J. D. Langlois and Sun K'o-kuan, "Three Teachings Syncretism of the Thought of Ming T'ai-tsu", *Harvard Journal of Asiatic Studies* 43(1) (1983)은 몽골의 지배 이후 明太朝에 의한 통합 정책을 검토한다.

유럽에서 익숙한 종교 전쟁, 이단 재판이나 파문 따위를 중국 역사에서 찾아보기는 힘들다. 하지만 생각보다 더 큰 종교적 완고함과 더 다양한 종교적 학대의 방법이 있었다. 사실 845년의 불교 탄압과 1282년의 도교 서적 분서와 같은 박해가 제왕의 명령으로 자행되었다. 하지만 주로 제왕의 호의를 얻어 자신의 힘과 영향력을 강화하기 위해 부적절한 경쟁 상태에서 도교 또는 불교 스스로가 선동한 것이었다. 초기 도교나 불교 텍스트에 이단의 혐의 증거는 없다. 그러나 언어적 비난과 신랄한 반박은 두 학파 간에 자주 있었다. 특히 경쟁 관계가 심했던 5세기와 12세기에 유학자와 도교사상가들은 『역경易經』과 같은 고전 해석에 대해 논쟁을 계속했다. 다양한 도교 분파 간에도 심각한 유혈극은 없었지만 도교사상가들과 대중 종교 종파 사이에 분쟁은 있었다. 로비넷은 이 분쟁을 도교가 '잘못된 길'과 '극단적 종파'를 때로는 격렬한 방식으로 억압하기 위한 것이었다고 말한다.49)

49) Robinet은 대중적 옹호자의 좀 더 비형식적이고 자유로운 수행과 비교해서 도교의 조직화되고 관료적이고 계급적인 측면을 강조한다. A. K. Seidel, "Chronicle of Taoist Studies in the West 1950-1990", *Cahier d'Extrême Asie* 5 (1989~1990), pp.283~293 참조. 이 책에서는 국부적 단계에서 둘 사이에는 상호작용 심지어 동일화가 상당했지만 도교가 대중의 고유 종교 행위와 반대이고 경쟁하는 것으로 서술되었다. Lagerwey는 도교와 대중적 종교 종파와의 관계를 중세 기독교에 의한 이단 종파와의 관계와 대조해서 주목하고 있다. J. Lagerwey, *Taoist Ritual in Chinese Society and History* (New York: Macmillan, 1987), pp.253~254 참조. T. Kleeman(*A God's Own Tale: The 'Book of Transformations' of Wenchang, the Divine Lord of Zitong*, Albany, NY: State University of New York Press, 1994)과 J. Paper(*The Spirits are Drunk: Comparative Approaches to Chinese Religion*, Albany, NY: State University of New York Press, 1995)는 좀 더 지적이고 조직적인 도교의 전통을 위해 대중 종파를 전형적으로 격하시키는 태도를 피하려고 노력한다. R. A. Stein("Religious Taoism and Popular Religion from the Second to the Seventh Centuries", H. Welch and A. Seidel [eds.], *Facets of Taoism*, New Haven, CT: Yale University Press, 1979)은 도교를 어렵게 민속종교와 구별하려고 했던 방법을 강조하고 있다. 이 견해는 둘을 '절망적으로 교착된 것'으로 보는 Bernard Faure가 논의하는 관점이다. B. Faure, *The Rhetoric of Immediacy: A Cultural Critique of Chan/Zen Buddhism* (New York: Columbia University Press, 1991), p.87 참조. Strickmann도

그러나 중요한 것은 삼교의 경쟁 상대들이 세련된 논의와 토론 형식을 갖추고 있었다는 것이다. 고대 그리스부터 계속되어 온 서양의 지적 전통의 특징인 활발한 논박과 토론 문화가 중국에는 부족하다고 대부분 생각해 왔다. 19세기 유럽에서 발전하고 집단 토론을 위해 허락된 사회적 틀을 제공하는 (Jürgen Habermas의 말로 표현하면) 자유로운 공동의 광장 같은 것이 중국에 없었던 것은 확실하다. 중국을 온화한 지적 순응이라는 신화에서 보는 시각에서는 벗어나기 시작했지만, 조화와 순응이라는 전 사회적 가치보다 논쟁적 토론을 경시해 왔다는 것을 최근 연구에서 자주 강조해 왔다. 하지만 중국에는 "서양이 생각해 왔던 것보다 훨씬 많은 합리적 토론이 있었다"는 것을 알 수 있다.[50] 상관적 우주론과 관련된 가르침, 불사의 추구 또는 불사의 도인(죽음을 극복한 성자)은 여러 시대에 격렬한 반박의 대상이 되어야 했다. 역사학자 왕경우(王賡武, Wang Gung-wu)가 주장한 바와 같이 중국 지성인들의 독립성과 자치권이 서양에서 계속 과소평가되었다. 서양에서 생각하는 순종과 순응은 유럽 지성인들의 자유로운 사고의 독립성과 대

역시 대조에 역점을 두고 도교의 지위를 '한층 높은 종교'로 강조한다. M. Strickmann, "Taoism, History of", *Encyclopaedia Britannica* Vol. 17, 15th Edition (Chicago: Encyclopaedia Britannica Inc, 1978), p.1045 참조.

50) A. C. Graham, *Disputers of the Tao: Philosophical Argument in Ancient China* (La Salle, IL: Open Court, 1989), p.ix. (역주: 한국어판으로는 나성이 옮긴 『도의 논쟁자들』, 새물결, 2003 참조) 이 책은 고대 중국에서의 철학논쟁에 대한 가장 포괄적인 연구서 중 하나이다. J. B. Henderson, *The Development and Decline of Chinese Cosmology* (New York: Columbia University Press, 1984), chaps.6~8; J. L. Kroll, "Disputation in Ancient Chinese Culture", *Early China* 11 · 12 (1987); M. Strickmann, "Taoism, History of", *Encyclopaedia Britannica* Vol. 17, 15th Edition (Chicago: Encyclopaedia Britannica Inc, 1978), p.1053도 참조. J. Gernet, *China and the Christian Impact: A Conflict of Culture* (Cambridge: Cambridge University press, 1985)에는 초기 예수회 선교사와 중국학자 간 식견 있는 논의가 담겨 있다.

조되곤 했다.[51)]

토론 정신에 대한 여러 사례는 좀 더 상세하게 다룰 필요가 있다. 가장 유명한 토론은 기원전 221년 진시황제의 중국 통일에 앞서 전국시대에 일어난 유교, 초기 도교, 묵가와 법가를 포함하는 '백가' 사이의 지겹고 지루한 논쟁이다. 사학자 로츠(Heiner Roetz)는 이것을 "포스트전통 사유(postconventional thinking)이며…… 지금까지 유효했던 모든 것으로부터 반성적 분리"를 향한 혁명적 돌파, 바로 그것이었다고 한다. 이것은 중국의 정치적·문화적 삶에 중대한 위기의 징후이기도 했었다. 동시대의 그리스 철학 논쟁처럼 가치와 세계관의 붕괴는 이후 천 년간 중국의 지적 어젠다를 형성하는 데 결정적이었다.[52)] 이후의 지적 동요는 한漢이 쇠망하는 국면에서 불교가 유입되고 도교가 두드러진 문화적 힘으로 등장했다. '청담淸談'으로 불리는 독특한 논쟁이 형성된 것도 바로 이 시기였다. 어떤 정형화된 학파와 연결되어 있지는 않았지만, 이러한 움직임(지적 유행)은 이른바 신도교적 사고(또는 玄學적) 경향을 가지고 있었다. 당시 벼슬 없는 지식인 사이에 퍼져 있었으며, 이들은

---

51) Wang Gung-wu, *The Chineseness of China* (Hong Kong: Oxford University Press, 1991), chap.15. A. C. Graham (trans.), *Chuang-tzu: The Inner Chapters* (London: Harper Collins, 1981) 참조. 그는 『莊子』가 평가되어야 하는 변증법적 전통을 강조한다. A. S. Cua, *Ethical Argumentation: A Study in Hsun Tzu's Moral Epistemology* (Honolulu, HA: University of Hawaii Press, 1985)와 D. L. Hall and R. T. Ames, *Thinking from the Han: Self, Truth, and Transcendence in Chinese and Western Culture* (Albany, NY: State University of New York Press, 1998), pp.128~135에 언급된 중국에서의 이성적 논의와 사회적 가치의 관계에 대한 것도 참조.

52) H. Roetz, *Confucian Ethics of the Axial Age: A Reconstruction under the Aspect of the Breakthrough Toward Postconventional Thinking* (Albany, NY: State University of New York Press, 1993), pp.5~6; A. S. Cua, *Ethical Argumentation: A Study in Hsun Tzu's Moral Epistemology* (Honolulu, HA: University of Hawaii Press, 1985); A. C. Graham, *Disputers of the Tao: Philosophical Argument in Ancient China* (La Salle, IL: Open Court, 1989) 참조.

형이상학과 문학적 주제에 대해 형식 없이 자유롭게 토론했다.[53] 반유교적(anti-Confucian)이라는 명성을 얻고 심지어 허무주의적으로도 보일 수 있는 이러한 움직임은 철학적 논쟁에 중요한 자극제가 되었다. 청담의 가장 유명한 인물들은 '죽림칠현'이다. 그들의 화제는 주로 술과 자연이었다. 그들은 자기표현과 탈순응의 전형으로 중국 문화에 흔적을 남겼다.[54] 또 다른 철학적 논쟁의 예로는 4세기부터 일어난 도교와 불교 종파 간의 형식적 토론이다. 이것은 황제의 후원이나 심지어 입회하에 개최되기도 했는데, 실제로 이것은 '교리논쟁을 가장한 권력투쟁'이었다. 그들의 논쟁은 평화와 사회질서를 위한 교리의 유용성을 논증하려는 목적으로 시작되었다. 그러나 통합의 경향에 자극을 주었을 뿐만이 아니라 기성의 가정과 논의를 확인하고 세계의 창조와 시간, 본질 그리고 죽음의 존속과 같은 철학적 문제에 대한 토론으

---

53) '신유학', '신도교'와 같은 용어는 서양이 만들어 낸 것이다. 유용한 용어로 사용하기에는 학문적인 성향에 따라 의미가 너무 확장되어 있다. 그 예로 M. Strickmann, "History, Anthropology, and Chinese Religion" (review article on Saso), *Harvard Journal of Asiatic Studies* 40(1) (1980), p.207 참조.

54) E. Balazs, *Chinese Civilization and Bureaucracy: Variations on a Theme* (New Haven, Yale University Press, 1964); A. K. L. Chan, *Two Visions of the Way: A Study of the Wang Pi and the Hoshang Kung Commentaries on the Lao-Tzu* (Albany, NY: State University of New York Press, 1991); J. Ching, *Chinese Religions* (London: Macmillan, 1993); Fung Yu-lan, D. Bodde (ed.), *A Short History of Chinese Philosophy* (New York: The Free Press, 1966[1948]); R. G. Henricks, *Philosophy and Argumentation in Third Century China: The Essays of Hsi K'ang* (Princeton, NJ: Princeton University Press, 1983). 清代 이전에 중국에 만연하였던 비정통적 사고를 억압하는 것이 일반화된 지적 분위기에 대해서는 J. A. Berling, "When They go their Separate Ways: The Collapse of the Unitary vision of Chinese Religions in the Early Ching", I. Bloom and J. A. Fogel (eds.), *Meeting of Minds: Intellectual and Religious Interaction in East Asian Traditions of Thought* (New York: Columbia University Press, 1997) 참조. 그리고 魏晉代의 철학적 논쟁은 Yü Ying-shih(余英時), "Individualism and the Neo-Taoist Movement in Wei-Chin China", D. J. Munro (ed.), *Individualism and Holism: Studies in Confucian and Taoist Values* (Ann Arbor, MI: Centre for Chinese Studies, University of Michigan, 1985) 참조.

로까지 진행되었다.[55] 몽골제국이 불교를 승리자로 선언한 원元대까지 계속된 이 논쟁은 분명 대결이었고 강한 정치적 힘을 배경으로 하고 있었다.

그러나 중국의 문화적 삶의 특성인 관용과 다원론이라는 좀 더 넓은 배경에서 이 논쟁을 볼 필요가 있다.[56] 서양에서는 최근 들어서야 이러한 중국의 문화적 태도를 수용할 수 있게 되었다. 이것은 당연히 중국과 서양의 관점 간의 긴장을 불러왔다. 앞에서 언급했듯이 서양의 관점에서 보면 관용적이고 자유로운 통합은 자주 싱거운 처방, 비논리적이고 위험한 사고방식을 나타내는 부정적인 말이다. 왜냐하면 "세 전통이 용어만 제외하고 서로 차용한다면 각각의 특수성이 사라질 것이기 때문이다." 그러면 우리는 그들을 분명하게 구분할 수 없게 된다.[57] "나는 가정에서는 유교인이고 기질적으로는 도교인이고 종교와 감화는 불교에서 받는다"라고 말해도 좋다.[58] 그러나 어떻게 이런 분별없는 혼성곡이 삶의 중대한 종교적·도덕적·정치적 문제들을 다루는 데 도움이 될 수 있겠는가? 중국의 통합적 경향이 예수

---

55) L. Kohn, *Laughing at the Tao: Debates amongst Buddhists and Taoists in Ancient China* (Princeton, NJ: Princeton University Press, 1995), p.7. 이 책에서 이 문제에 대해 자세하게 언급할 것이다. 최근 중국 전통에 논리적인 토론 형식이 있었는가와 그들이 관련 방법론상의 문제를 인식한 범위에 대해서 논의되었다. 논의된 실례로 A. C. Graham, *Later Mohist Logic, Ethics and Science* (Hong Kong: Chinese University Press, 1978); C. Hansen, "Language in the Heart-mind" (1989), R. E. Allinson, *Understanding the Chinese Mind: The Philosophical Roots* (Hong Kong: Oxford University Press, 1989b); C. Harbsmeier, "Marginalia Sino-logica" (1989), R. E. Allinson, *Understanding the Chinese Mind: The Philosophical Roots* (Hong Kong: Oxford University Press, 1989b)를 참조.
56) 唐朝에서 왕실은 그들이 바라는 믿음을 선택할 수 있었고 개인적인 견해를 내세우는 것도 묵인되고 격려되며 환영받았다. 중세 유럽에서는 생각하기도 어려운 상황이었다. C. D. Benn, *The Cavern Mystery Transmission: A Taoist Ordination Rite of A.D. 711* (Honolulu, HA: University of Hawaii Press, 1991), pp.104~105.
57) H. Welch and A. Seidel (eds.), *Facets of Taoism* (New Haven, CT: Yale University Press, 1979), p.1.
58) T. Fang, *Chinese Philosophy: Its Spirit and Development* (Taipei: LinKing, 1981), p.525.

선교사들에게 경멸적으로 보인 것도 놀랄 일은 아니다. 그들은 중국인들을 믿음과 신앙이 부족한 사람들로 보았다.59) 그러나 이러한 경향이 현대의 편견 없는 다원론과 자리를 함께하고 서양의 상대주의적 포스트모던 시대에 호소력을 더하고 있는 것도 놀라운 것이 아니다. 홀(D. L. Hall)과 에임스(R. T. Ames)는 이성적 준거를 탐구하는 "변증법적 토론을 강조하지 않는 중국의 지적 통합의 성향은 통약불가능성(incommensurability)의 문제를 암묵적으로 인식하고 있었기 때문"인 것 같으며, 도교의 경우 "이성적인 판단을 계속 파괴하려는 데 기초하고 있다"고 주장한다.60) 우리는 이 문제에 대해서 8장에서 다시 다룰 것이다.

3. 역사적 기원

서양인들이 도교를 이해하기 어려운 것은 도교의 역사 때문이기도 하다. 그런데 역사 자체보다는 그 역사가 만들어진 방식에서 기인한다고 해야 한다. 니체는 철학자들이 역사 감각이 부족해서 개념을 영원불변한 방식으

---

59) J. Gernet, *China and the Christian Impact: A Conflict of Culture* (Cambridge: Cambridge University press, 1985), pp.64~67. 그렇지만 중국인이 기독교 교리에 좀 더 쉽게 믿음을 갖는다는 것으로 보였기 때문에 예수교는 이러한 신앙의 부족을 오히려 그들에게 유리한 것으로 생각하였다. Gernet은 17세기 중국에서 어떤 사상 흐름은 기독교적 믿음을 새로운 통합(四敎)의 가능성을 여는 것으로 보았다고 지적한다.

60) D. L. Hall and R. T. Ames, *Anticipating China: Thinking through the Narratives of Chinese and Western Cultures* (Albany, NY: State University of New York Press, 1995), p.154; D. L. Hall and R. T. Ames, *Thinking from the Han: Self, Truth, and Transcendence in Chinese and Western Culture* (Albany, NY: State University of New York Press, 1998), part 2 외 참조.

로 해석하는 경향이 있다고 지적했다. 이는 서양의 도교 이해에도 종종 일어나는 일이다. 도교를 개념적으로 단순화할 뿐 아니라 (일반적으로 중국 역사를) 실제 발전적 역동성이 부족한 것으로 보기 때문이다. 노자와 장자의 가르침은 서양에서 즐거운 매력을 더하고 있다. 하지만 그들의 개념은 역사적 진공상태에 놓여 있다. 개념의 역사적 맥락과 발전이 무시되고 노자와 장자의 차이점도 자주 간과된다. 우리가 앞에서 살펴보았듯이 도교의 종교사나 철학적 도교와의 관계에 대한 연구는 최근에 와서야 어느 정도 깊이 있게 시작되었다. 중국 사료를 편집할 때 도교를 묘사하는 데도 어려움이 있다. 역사 자료는 어렵고 부족한 데다가 빈약한 역사 원전마저 다르고 모순되는 내용을 보여 주기 십상이다. 그러다 보니 도교를 묘사하는 데 한편으로는 기원에 대한 공상적 신화나 불사에 대한 화려한 성인 열전으로 채워지기 일쑤이고, 다른 한편으로는 유교학자나 관리들의 공식적인 설명이나 경쟁 관계에 있는 불교의 논쟁적 렌즈를 통해 굴절되곤 한다.[61]

도교 경전 자체가 거의 도움이 되지 않는다. 거대한 양의 저작들이 그들의 연대 기록이나 저자 또는 출처를 정확하게 알 수 있는 명확한 역사 정보를 제공하지 못한다. 이런 자료에 근거해서는, 일반적으로는 중국역사를, 구체적으로는 도교를 서술하려고 할 때, 서양의 역사가들이 어려움에 봉착할 수밖에 없다. 특히 서양의 역사 편집법이라는 용광로에 녹여진다는 점에서 더욱 심각하다. 그렇다고 해서 비서구적 환경이 반드시 더 낫다고 볼

---

61) S. R. Bokenkamp, *Early Daoist Scriptures* (Berkeley, CA: University of California Press, 1997), p.32; K. Schipper, *The Taoist Body* (Berkely, CA: University of California Press, 1993), p.5. Schipper는, 공식적인 왕조연대기는 정밀하고 풍부하지만 실제로 도교를 주제로 하는 것은 없었고, 중국의 문화적 삶에서 도교의 중요성을 숨기는 데 도움을 주는 요소였다고 주장한다.

수도 없다. 이미 주목했듯이 이러한 분위기는 19세기에 만들어진 도교라는 용어가 취하는 일관성 및 정체성과 연관되어 있다. 최근 중국 사회 전반과 관련해서 도교의 접근과 범위를 그 전보다 더 넓고 덜 명확하게 정의하는 것 같다. 그리고 도교가 중국 문화로 자리매김하면서 구체적으로는 도교가 무엇인가와 일반적으로는 중국적인 것이 무엇인가를 오히려 불확실하게 만들었다.[62]

또 다른 억설은 도교의 기원과 연관된다. 서양에서는 종교에 종교 창시자와 기본 교리와 텍스트가 있다는 것을 가정하는 경향이 있다. 이러한 관점은 유대-기독교-이슬람 원형에서 나중에 종파들이 가지를 친 '나무형상' 모델을 상상한다. 일반적으로 노자가 도교의 창시자이고 기원이며, 『도덕경』은 그의 저작으로 알려져 왔다. 키에르케고르(S. A. Kierkegaard)를 실존주의의 창시자로 인정하는 것처럼 노자를 도교 창시자로 인정하는 것도 문제가 되지 않을 수도 있다. 하지만 우리는 도교의 역사적 기원을 실존주의처

---

62) 이러한 요소들이 도교의 포괄적 역사를 아직도 쓰지 않은 이유를 설명하는 데 도움을 줄 것이다. 이러한 역사에 서두는 F. Baldrian, "Taoism: An Overview", *Encyclopedia of Religions* Vol. 14 (New York: Macmillan, 1987); M. Kaltenmark, *Lao Tzu and Taoism* (Stanford, CA: Stanford University Press, 1969); Liu Xiao-gan(劉笑敢), "Taoism", A. Sharma (ed.), *Our Religions* (San Francisco: HarperCollins, 1993); I. Robinet, *Historie du Taoisme des origines au XIVe siècle* (Paris: Cerf, 1991); I. Robinet, *Taoism: Growth of a Religion* (a translation and adaptation by Phyllis Brooks of Robinet 1991, Stanford, CA: University of Stanford Press, 1997); A. K. Seidel, *Taoismus: Die inoffizielle Hochreligion Chinas* (Tokyo: Deutsche Gesellschaft Für Natur-und Volkerkunde Ostasiens, 1990); M. Strickmann, "Taoism, History of", *Encyclopaedia Britannica* Vol. 17, 15th Edition (Chicago: Encyclopaedia Britannica Inc, 1978); H. Welch, *Taoism: The Parting of the Way* (Boston: Beacon Press, 1957) 참조. 접근하기 쉬운 역사들은 J. Ching, *Chinese Religions* (London: Macmillan, 1993); Fung Yu-lan, D. Bodde (ed.), *A Short History of Chinese Philosophy* (New York: The Free Press, 1966); M. Palmer, *The Elements of Taoism* (Shaftesbury: Element Books, 1991); E. Wong (trans.), *The Shambhala Guide to Taoism* (Boston: Shambhala, 1997b) 참조.

럼 그렇게 단순하게 생각할 수 없다. 최근 연구에 따르면 도교를 넓은 스펙트럼의 결과물로 보아야 한다. 우선 도교는 노자와 장자와 관련된 텍스트의 전통을 포함해서 아주 풍부한 문화적 혼합을 이루고 있다. 대중적 종파에서부터 학자와 관리의 학문적 전통에 이르기까지 한대 이전에는 일정한 도교 학파나 종파가 발견되지 않는다. 오히려 자기수양, 장수 그리고 마술적 힘과 적당히 연관되는 전통이 있다. 이후 노자의 위상이 설립자 심지어 신성한 지위에 오르게 되었다. 그러나 고대 성인의 권위에 호소하는 일반적 중국 관행으로 도교의 기원은 기원전 3천 년까지 거슬러 올라가게 되었다. 바로 전설 속의 황제黃帝(기원전 2697~기원전 2597)가 예술과 과학의 창시자일 뿐 아니라, 처음으로 불사를 이루기 위해 자신의 생명력을 보존하는 과정인 '하나가 되는 길'(Way of the True One)을 발견한 것으로 생각하게 되었다. 창시자의 역할을 황제에게까지 거슬러 올라가게 되면 도교가 적자로 인정받게 되는 것은 물론이다. 피런붐(R. P. Peerenboom)이 지적했듯이 "(중국에서는) 새로운 개념을 문화적 성취를 이룬 전설적인 인물에서 찾는 것이 중요했다." 이는 도교의 경우 유교와의 지속적 경쟁에서 유리한 첫 수였다.[63]

　　이러한 신화적 설명 말고 고대 샤먼적인 수행과 믿음에서 도교의 기원을 밝혀내는 것이 좀 더 설득력이 있다. 이것은 좀 더 발전되고 정교한 형식으로 도교의 특징적 흔적을 남겼다. 샤머니즘은 도교의 대중 종교 형식에서만이 아니라 노자와 장자 철학에도 영향을 미쳤다. 하지만 철학적 도교와 종교적 도교를 엄격하게 구별하면서 더 이상 이러한 외경적 샤머니즘을 '원

---

63) R. P. Peerenboom, *Law and Morality in Ancient China: The Silk Manuscripts of Huang-Lao* (Albany, NY: State University of New York Press, 1993), p.85. C. Le Blanc, "A Re-Examination of the Myth of Huang-ti", *Journal of Chinese Religions* 13·14 (1985~1986)도 참조.

시적 미신'과 연결시킬 필요가 없게 되었다.[64] 샤머니즘 자체는 도교보다도 수천 년 앞선다. 시베리아에서 유래하여 중국, 일본 그리고 오늘날 미국에까지 전파되어 있다. 샤먼은 신들린 상태를 매개로 정신세계와 소통하고 관여하는 힘으로 공동체를 위해 치료하고 예언하는 것으로 알려져 있다. 바로 이러한 샤먼적 전통에서 무아지경, 육체의 불사, 섹스요가 특히 인간의 삶과 자연과의 조화에 대한 열망 등 전형적인 도교 관념의 기원이 발견된다.[65] 샤먼적 수행은 오늘날까지 중국 문화생활의 특징으로 남아 있으며, 기원전 첫 천 년의 말미에는 방사方士라고 알려진 독특한 계급의 인물이 연관되기 시작했다. 그들은 점성술, 주문, 의술, 예언, 흙점에 전문적이었고 치료사로서 약과 부적과 생명연장을 위한 호흡법을 개발했다.

방사가 중국인의 삶의 중요한 대리인으로 부각되었던 시기에 철학적 사유 전통도 함께 출현한다. 이 또한 이후 도교 형성에 중요한 역할을 하게 된다. 정치적 혼란과 사회적 비탄의 시기인 전국시대에 주로 집중되었던 이러한 철학적 사유는 강한 지적 활동으로 다양한 견해와 교리를 낳았다.

중국을 정체된 전통으로 보았던 헤겔의 견해와는 달리, 전국시대는 극적인 정치적 격변만이 아니라, 앞서 보았듯이 관습과 전통의 순응을 넘어 중국의 지적 삶에 기념비적 세계관이 충돌한 시기였다.[66] 우리가 지금 노자

---

64) J. Paper, *The Spirits are Drunk: Comparative Approaches to Chinese Religion* (Albany, NY: State University of New York Press, 1995), chap.3.
65) 그러나 도교는 샤머니즘의 일반적 특징인 '외계'정신에 의해 홀린다는 관념을 받아들이지 않았다. 샤머니즘이 도교 이상으로 단순하고 소박한 문화적 실재나 전통을 대표한다고 생각해서는 안 된다.
66) H. Roetz, *Confucian Ethics of the Axial Age: A Reconstruction under the Aspect of the Breakthrough Toward Postconventional Thinking* (Albany, NY: State University of New York Press, 1993), chap.1.

와 장자라는 이름과 연관 짓는 개념들은 칼 야스퍼스가 불렀듯이 '기축시대'(axial age)[67]의 변형 부분으로 국가의 명령과 개인의 삶에 관한 훨씬 넓은 논쟁의 산물이었다. 도교의 관점에서 보면 가장 중요한 지적 동요의 산물은 노자의 신비적 정치학이다. 이것은 유교의 전례법규에 의해서가 아니라 '말로 표현할 수 없는 도'[68]에 자발적으로 적응하는 정치적 조화와 사회적 질서를 추구하였다. 이상적 상태는 정부의 일상적 기구를 최소화하고 성인이 노자의 말 중에 "내가 아무것도 하지 않는다면 백성들이 저절로 달라질 것이다"[69]라는 도와 조화하여 최소한의 간섭으로 통제하는 것이다.

노자의 무간섭주의적 접근은 마음의 수양에 상당히 의존하고 기원전 4세기부터 기원전 3세기에 걸쳐 중국에 존재했던 수많은 정적주의학파(quietistic schools)와도 공통점이 있다. 그 밖에 이 시기의 다른 양상과도 관련지을 수 있다. 첫째는 작은 공동체에 살면서 상호 신뢰하는 소박한 삶을 그리는 유토피아적 무정부주의의 이상이 등장했다. 둘째는 주관성과 자기수양에 대한 강조가 늘어났다. 즉 아서 웨일리(Arthur Waley)가 일컫는 '중국사상의 점진적 내향성, 자신에 대한 몰두와 자신의 완전성'이 등장했다.[70] 이것은 특히 장자와 맹자의 이름과 연관된 저작에서 드러나는데 외향적 행동 양식에서

---

67) 역주: *The Origin and Goal of History*에서 Karl Jaspers는 기원전 첫 천 년간의 '기축시대'에 인류 역사상 최초로 동서양의 서로 다른 문명을 가로지르는 문화적 초월이 일어났다고 주장한다. 기축시대는 기원전 5세기 전후로 공자, 부처, 소크라테스 등 동서양의 성인들이 출현하여 고등종교가 발흥하고 철학이 꽃핀 문명사적 전환기를 말한다. J. J. Clarke, 장세룡 역, 『동양은 어떻게 서양을 계몽했는가』(우물이있는집, 2004), 175~176쪽 참조.
68) 역주: 『道德經』, 1장, "道可道非常道."; 『道德經』, 32장, "道常無名."
69) 역주: 『道德經』, 57장, "我無爲而民自化, 我好靜而民自正, 我無事而民自富, 我無欲而民自樸."
70) A. Waley, *The Way and Its Power: The Tao Te Ching and its Place in Chinese Thought* (London: Unwin, 1977[1934]), p.43.

'마음 정신'(heart-mind)의 지향으로 그 강조점이 확실히 바뀌었다. 장자의 경우에는 국가에 봉사하는 것을 넘어 개인적 삶에 가치 두기와 자기수양에 주목한다. 이러한 자기수양은 다양한 형식을 갖는다. 이 시기에 개인적 삶으로서의 은둔이나 산중 고독한 삶에 대한 관심이 늘어났고 이와 함께 명상법도 발전하였다. 자기수양에 대한 이상은 양주楊朱를 떠올리게 되는 이기주의와도 연관될 수 있다. 승리자 유교의 영향 아래 양주는 단순한 이기주의자로 폄하되어 왔다. 그러나 최근의 연구는 그가 아주 흥미로운 사상가임을 보여 주고 있다. 그는 진정한 의미의 실존주의적 이상과 소박한 금욕주의적 삶을 지지하는 후기 도교의 사고방식을 예상했고 영향을 주었다.[71] 이 시기의 세 번째 특징은 우주론적 사유의 등장으로, 이는 세계가 유기적 통일체로 개념화된 근본적인 요소에서 영원한 체계를 구성하는 데 도움을 주었다. 이 사유에 따르면 모든 것은 우주의 에너지인 기氣의 현시이며, 음과 양이라는 서로 대립하면서도 보완적인 긴장에 의해 추진되고, 오행五行(우주 만물의 다섯 원소 '水, 火, 木, 金, 土'와 그 순환)이 인간과 자연현상의 의미 있는 패턴과 결부되어 모체를 제공하는 복잡한 상호 관련 체계를 통해 구성된다.[72]

---

71) 전국시기의 철학적 논쟁에 대해서는 A. C. Graham, *Disputers of the Tao: Philosophical Argument in Ancient China* (La Salle, IL: Open Court, 1989) 참조. 양주에 대해서는 이 책의 53~64쪽 참조. 노자를 둘러싼 사실성과 전설에 대해서는 A. C. Graham, *Studies in Chinese Philosophy and Philosophical Literature* (Albany, NY: State University of New York Press, 1990) 참조.

72) 중국의 우주론적 사고의 발전에 대해서는 A. C. Graham, *Disputers of the Tao: Philosophical Argument in Ancient China* (La Salle, IL: Open Court, 1989); J. B. Henderson, *The Development and Decline of Chinese Cosmology* (New York: Columbia University Press, 1984); J. Needham, *Science and Civilization in China* Vol. 2 (Cambridge University Press, 1956); B. I. Schwartz, *The World of Thought in Ancient China* (Cambridge, MA: Harvard University Press, 1985) 참조.

기원전 221년에 중국을 통일한 진秦의 뒤를 이어 건립된 한漢은 일반적으로 유교를 강화하고 이전 시대의 정치적·철학적 동요의 결과로 인해 지적으로 축소된 시대라고 여겨져 왔다. 또한 우리가 지금 알고 있는 도교에 대한 윤곽을 분명히 드러낸 시기이기도 하다. 우리가 개괄해 왔던 도교의 관념과 실행이 뚜렷하게 합류하고 아직은 별개의 것으로 다채롭지만 도교라고 부를 만한 흐름의 등장을 볼 수 있다. 이 시기에 일련의 샤머니즘과 함께 들어온 가르침, 방사의 불사에 대한 탐구, 음양학파의 우주론적 관념, 노자·장자의 반전통적 가르침, 그리고 관념과 수행(practices)의 통일적 조직이 형성되기 시작한다. 이것은 현대의 역사적인 가늠을 넘어선다. 기원전 2세기 역사학자 사마천司馬遷은 그의 유명한 육가 분류법에서 처음으로 도가학파를 다른 학파와 나란히 독특한 사상학파로 인정하였다. 사마천은 도가학파에 독립적 동일성을 부여하는 것에 만족하지 않았다. 그는 도가학파의 견해를 모든 학파 중에서 가장 광범위하고 포괄적인 것이라고 인정하였고, 도가학파는 상대방의 가장 좋은 요소를 받아들여 다양한 상황에도 적응할 수 있는 단순성과 융통성을 드러내고 있다고 호평하였다.73) 게다가 최근에는 황제黃帝와 노자老子에서 이름을 따온 황로黃老라고 불리는 전한시기의 학파의 형적이 주목받았다. 법가의 몇 요소를 혼합했지만, 황로는 부富의 부정, 섹스요가와 장수비법, 무간섭주의 정부 등 인정할 만한 도교적 가치를 설파했다.74)

---

73) A. C. Graham, *Disputers of the Tao: Philosophical Argument in Ancient China* (La Salle, IL: Open Court, 1989), pp.377~378.

74) R. P. Peerenboom, *Law and Morality in Ancient China: The Silk Manuscripts of Huang-Lao* (Albany, NY: State University of New York Press, 1993), p.4; I. Robinet, *Taoism: Growth of a Religion* (a translation and adaptation by Phyllis Brooks of Robinet 1991,

황로운동은 진한시기 중국 통일을 추종하고 통합적 조화를 추구하는 열망을 얼마 동안 만족시켰으나, 전한시대에 유교가 국교로 자리 잡자 쇠퇴하기 시작했다. 한漢이 정치적으로 화해하면서 안정과 질서의 시기가 왔지만, 다른 한편에서는 국가가 사회적·정신적 진공상태에 빠진 것처럼 보이기도 했다. 특히 권력의 중심에서 도교는 도교사에 있어 오랫동안 중요한 결과를 수반할 새로운 형식의 길을 가게 되었다.

첫째, 황건적의 난이 있었다. 이는 17세기 청교도혁명 시기에 영국에서 등장한 구세주의적 운동과 비슷했다. 장각張角의 지휘 아래 그들은 참회와 명상을 통한 치료에 기반을 둔 종교집단 태평도太平道를 조직했다. 그들은 조화와 지혜와 사회적 평등이 실현되는 '태평'이라는 이상적인 시대이념을 설파했고, '태평'시대는 문명의 탄생 이전에 존재했었고 반드시 거기로 다시 돌아가는 것은 운명이라고 믿었다. 182년에 그들이 선동한 반란은 실패하고 운동은 파멸되었다. 하지만 한조漢朝는 그 과정에서 치명적인 상처를 입었다. 한조의 권력이 기울어지자 많은 자치적 신권 정치 구조, 무정부주의적 구세운동 심지어 지방 민주주의의 등장 등이 촉진되었다. 무엇보다도 도교철학 원리가 널리 고취되었다.

새로운 움직임 가운데 가장 성공적인 것은 2세기에 노자에게서 계시를 받았다고 주장한 장도릉張道陵이 세운 천사도天師道였다. 천사도의 특징은 관련 마을 소교구, 성직자 그리고 현대에도 잔존하는 대중의식 행위의 연결망을 구성하는 전국적(주로 서부지역이었지만) 조직이었다는 것이다. 그것은 공

Stanford, CA: University of Stanford Press, 1997), p.46; B. I. Schwaltz, *The World of Thought in Ancient China* (Cambridge, MA: Harvard University Press, 1985), pp.237~254.

식적 유교의식이나 가르침이 할 수 없었던 방식으로 충분히 대중의 요구에 봉사하는 도덕적 가르침, 정신적 교시와 예언술, 흙점, 점성술, 액막이, 치료 등 다양한 종합서비스를 제공했다. 이러한 식의 발전은 서구 해석자들에게 어려움을 야기했다. 우선 이러한 운동을 '도교적 교회'라고 규정하려는 경향이 있었다. 그러나 이것은 기독교 교회와 함축적 유사성 때문에 오해하게 되는 언어적·편의주의적 발상이다. 특히 도교의 경우 집중된 제도적·교리적 권위가 부족하다는 점에서 서구식 교회의 성격과는 다르다. 천사도의 설립 이후에 등장했던 도교 종파는 기독교적 종파주의와 상당히 유사하다. 그러나 도교 운동은 강한 교리적 응집력이나 제도적 계급제도의 경향이 느슨한 집단을 구성하였다.

두 번째 문제는 종교적 도교의 설립을 장도릉과 동일시하는 것과 관련되어 있다. 게다가 앞서 보았듯이 도교의 설립을 노자·장자·열자의 가르침과의 결별로 본다. 이러한 관점은 중국 대중의 삶에 오랜 시간 폭넓게 행사해 온 도교의 문화적 역할을 과소평가하는 것뿐만 아니라 천사도가 이전 몇 세기를 걸쳐 얼마나 사회적 운동, 종교적 행위, 철학적 관념을 지속 확장시켜 왔는지를 모르는 것이다. 『도덕경』은 도교 운동의 핵심 경전이었다. 그리고 프란체스코 베를렌(Francesco Verellen)이 지적했듯이 장도릉의 등장이 '종교로서의 도교, 무無에서 창조를 위한 (결정적) 신호탄'은 아니었다. 여러 가르침과 행위, 특히 연금술과 생명연장에 관한 것은 초기 전통에서 흡수된 것이기 때문이다.75)

---

75) F. Verellen, "Taoism", *Journal Asian Studies* 54(2) (1995), p.322; N. J. Girardot, *Myth and Meaning in Early Taoism: The Theme of Chaos (hun-tun)* (Berkeley, CA: University of California Press, 1983), pp.276~278; L. Kohn, "The Tao-te-ching in Ritual", L. Kohn and M. LaFargue (eds.), *Lao-Tzu and Tao-te-ching* (Albany, NY: State University of

천사도는 기원후 초기에 등장한 유일한 구세적 운동이다. 앙리 마스페로에 의하면 도교는 기원전 2세기까지 중국의 모든 계급에 널리 퍼져 있었다.[76] 게다가 도교의 성직자들이 수행하는 우주적 부활과 같은 종교의식은 확실히 새로운 시도였지만, 초기 도교 전통의 가르침과 태도를 나름대로 전수한 것이었다. 오늘날까지 대만에서 실행되고 있는 도교의 수많은 예배의식이 대부분 서양에서 무시되었다. 최근에야 이러한 의식의 총체적 목표가 하늘과 땅과 인간 간의 균형과 조화를 지키기 위한 것임을 이해하기 시작했다. 이러한 목표는 도와 하나 되기 위한 성인의 고독한 추구인 것과 마찬가지로 초기 도교철학 저작과도 연관되어 있다.[77]

220년 한漢이 멸망하고 위진魏晉시대에 들어서면서 사회적·정치적 불안이 계속되었다. 그러면서 도교는 더욱 확산되었다. 한대 유교의 억압적 법규에서 벗어나 '중국 역사에서 진정으로 지성의 해방이라는 새로운 순간'이 도래했다.[78] 참신한 도교적 사색이 활발했고 많은 신흥 종파가 등장하면서 경전의 전체적 형태가 갖추어졌다. 도시와 마을 공동체의 요구를 충족시켰던 천사도와 같은 종파 및 비교적 한정된 그룹에 봉사하는 여러 움직임과 종파가 생겨났다. 대체로 지식인과 미몽에서 깨어난 관직 없는 학자들의

New York Press, 1998) 참조.

76) H. Maspero, *Taoism and Chinese Religion* (trans. of Maspero 1971, Amherst: University of Massachusetts Press, 1981), pp.416~430.

77) Michael Saso는 도교의 성직자들이 지금까지 줄곧 노자의 가르침에 명백히 근거를 둔 도교의 종교 텍스트와 입문서를 이용하고 있었던 방식에 주목하고 있다. M. Saso, *Taoism and the Rite of Cosmic Renewal* (Pullman, WA: Washington State University Press, 1990), pp.59~65 참조. Martin Palmer는 도교의 우주적 부활(Cosmic Renewal) 예배와 호주 원주민과 그리스 정교 사이의 유사성에 주목한다. M. Palmer, *The Elements of Taoism* (Shaftesbury: Element Books, 1991), p.126.

78) Zhang Long-xi, *The Tao and the Logos: Literary Hermeneutics, East and West* (Durham, NC: Duke University Press, 1992), p.53.

마음을 움직였다. 이러한 종파 가운데 가장 잘 알려진 것이 4세기경에 '신비적'이라는 말이 자주 적용되던 모산파茅山派(또는 上淸派)이다. 이 종파의 가르침의 핵심은 불사와 도와의 합일이었다. 이를 위해 그들은 다양한 호흡법과 명상법을 개발하고 은둔적 삶의 방식을 따랐다. 상관적 체계의 우주론적 틀 속에서 보면 인간 개인은 우주의 미립자로 보인다. 그리고 호흡 순환과 내장 기관을 미립자와 대우주와의 조화와 통일을 향한 매개체로 보아 육체적 불사의 비결로 생각했다. 연금술이야말로 도교의 난해하고 신비한 측면 중 하나이다. 이것은 약과 허브를 수단으로 건강과 장수를 추구하는 초기 전통에서 시작되었고, 나중에 신체의 생명력을 보존하고 강화하기 위하여 호흡법, 명상법, 식이요법과 성행위에 집중하는 '내단'의 형태를 낳았다.[79] 남녀 모두 하는 금욕생활은 불교 수행에서 일부 영향을 받아 도교 종파의 정신적 영감으로 등장했다. 그 결과 도교적 삶과 중국 문화생활 전반에 중요한 자리를 차지하게 되었다.

이러한 도교의 종교적·정신적 측면의 발전과 함께 '신도교'(Neo-Daoism)라 불리는 지적·문화적 운동이 등장했다. 그러나 초기 노자와 장자의 철학적 저작에 빚을 지고 있다는 관점에서 주로 '노장' 전통으로 명명된다. 왕조의 분열과 (2세기부터 계속된) 사회적 격동의 시대는 출가한 승려와 은둔자를 확산시켰다. 뿐만 아니라 미몽에서 깨어난 지식인과 귀족 엘리트들은

---

79) '신비주의'학파를 좀 더 다루려면 L. Kohn, *Early Chinese Mysticism: Philosophy and Soteriology in the Taoist Tradition* (Princeton, NJ: Princeton University Press, 1992); I. Robinet, *Taoism: Growth of a Religion* (a translation and adaptation by Phyllis Brooks of Robinet 1991, Stanford, CA: University of Stanford Press, 1997); M. Strickmann, *Le taoïsme du Mao Shan, chronique d'une révélation* (Paris: College de France, 1981); E. Wong (trans.), *The Shambhala Guide to Taoism* (Boston: Shambhala, 1997b) 참조. 뒤에서 이런 개념들을 다룰 것이다.

도교적 요소와 유교적 요소가 결합된 철학적 도교를 부흥시켰다. 이러한
발전이 당시 도교의 종교적 운동과 완전히 구별되는 것은 아니다. 단지 신
앙적이라기보다는 주로 지적이고 예술적이며, 정치적 또는 구세적 물음보
다는 형이상학적 문제와 좀 더 연관되었다는 차이일 뿐이다. 이것은 '현학'
과 '청담' 같은 호칭으로 연상된다. 그리고 대표적 인물인 왕필王弼(226~249)
의 주장대로 도를 무와 동일시한다는 것이 주목할 만한 특징이다. 추종자들
은 자연적인 삶과 자기표현을 계발하고 종종 (태도와 생활방식 모두) 의도
적으로 일탈적이고 반체제적이었다. 이제 장자의 가르침은 확실히 그들의
것이 되었고, 그들 중 가장 유명한 인물들이 '죽림칠현'이었다. 그들은 술과
시, 음악과 담소에서 위안과 감흥을 찾았다. 중국에서 선불교가 형성 과정
에서 그러했듯이 이들은 이후 회화와 시의 발전에 중요한 영감을 주었다.
줄리아 칭이 1960년대의 '히피'운동에서 도교의 (자발적이고 즉흥적인) 낭만
적인 정신을 발견한 유일한 해석자는 아니다. 도교에 대한 현대적 이해가
이러한 도교 집단의 비정통적 행위에 깔린 철학적 정치적 심각성을 바르게
이해한 것이 아닐 수도 있다. 그러나 '도교가 서양의 많은 젊은이에게 매력
적'이었던 것만은 사실이다.80)

　　당唐대에 도교는 준공식적(Semi-official) 지위를 누렸다. 도교 텍스트가 과
거시험에 포함되었고 노자는 제국의 조상으로서만이 아니라 신성한 도의

---

80) J. Ching, *Chinese Religions* (London: Macmillan, 1993), pp.99 · 101. 우리가 위에서 언
　　급했듯이 Strickmann은 독특한 신도교학파의 개념조차 거부하고 그것을 하나의 다양
　　한 문학전통으로 보려고 한다. '칠현'의 역할에 대해서는 H. Maspero, *Taoism and
　　Chinese Religion* (trans. of Maspero 1971, Amherst: University of Massachusetts Press,
　　1981), pp.301~308; E. Balazs, *Chinese Civilization and Bureaucracy: Variations on a
　　Theme* (New Haven, Yale University Press, 1964), pp.236~242 참조.

화신으로 숭배받았다.[81] 사실 송대 이전까지는 도교의 힘과 영향력이 최고조에 이르렀다. 많은 도교 사원이 세워졌고 도교 경전이 황제의 명으로 완전하게 출판되었다. 그러나 송대에 들어서면서 유교가 주도적인 이데올로기의 힘으로 부활하게 된다. 유례없는 문화적 융성 시기에 유교가 철학적으로 공식화되고 제도적 지위에서 부활하게 되자, 도교와 불교의 개념들은 주희朱熹(1130~1200) 같은 사상가에 의해 새로운 통합의 구조를 가지게 되었다. 도교는 제국 권력의 중앙에서 핵심적인 역할을 그만둔다. 우리가 여러 번 강조했듯이 따로 인정받았던 가르침이고 심지어 반대 입장에 있었던 유교적인 것과 도교적인 것이 개념적·제도적 채널을 거치면서 서로 유입되었던 것처럼, 이제는 신유학(Neo-Confucianism)으로 알려지기 시작한 운동이 송조宋朝에서 발전하면서 도교와 불교의 전통적 개념이 유교에 흡수되고 다시 정의되었다. 공식적이고 지적인 삶이 유교에 의해 주도되면서 도교는 냉대 속에서 장기간 쇠퇴의 길을 걷기 시작했으며, 19세기에는 서양의 공격적 난입과 전향적 권력 때문에 그 과정이 지속될 수밖에 없었다.[82] 그러나 신도교가 나타났고 도교의 영향력은 여전했다. 특히 일반 대중 사이에서는 지방교구 성직자나 수도원과의 연결망이 통해 있었고, 심지어 정통 유학자나 관리들도 정신적 은둔이나 의학적 치료를 위해 갈 수 있었다. 전통적 유교와는 달리 도교는 지금도 살아 있는 전통으로서, 흩어져 있는 중국인들

---

81) 唐宋代의 도교에 대해서는 T. H. Barrett, *Taoism under the T'ang: Religion and Empire during the Golden Age of Chinese History* (London: Wellsweep, 1996); P. B. Ebray and P. N. Gregory (eds.), *Religion and Society in T'ang and Sung China* (Honolulu, HA: University of Hawaii Press, 1993) 참조.

82) K. Schipper, *The Taoist Body* (Berkely, CA: University of California Press, 1993), pp. 16~19.

속에서만이 아니라 중국의 사회주의 체제에서도 살아남아 있다. 문화대혁
명 시기에 거의 파괴되었었지만 문화대혁명이 끝나고 난 후 도교 르네상스
가 다시 일어났다.[83] 이러한 발전이 본토 중국에서의 도교의 진정한 부활이
될지 아니면 엄격한 정부 통제하에서의 주변적 현상에 머물지는 두고 볼
일이다. 하지만 무정부주의와 반란과의 연관성이 후자의 운명을 암시한
다.[84]

---

83) K. Dean, *Taoist Ritual and Popular Cults of South-East Asia* (Princeton, NJ: Princeton University Press, 1993), pp.3~4.
84) 후자의 예측은 불교와 도교적 요소를 결합한 파룬궁의 운명으로 지지된다. 새로운 통합운동, 구성원들의 대중 집회는 격한 진압을 받았다. 중국의 도교 전통의 서구화가 아니라 회복하고 재탄생시키기 위해 중국에서 적극적으로 도교사원의 복구를 돕는 도교부흥협회(Taoist Restoration Society)가 미국에 있다. 접속할 수 있는 웹사이트는 http://www.taorestore.org이다. 도교에 공헌하는 많은 웹사이트를 탐색하기 유용한 곳이다.

제3장 답답한 학자들

CRAMPED SCHOLARS[1)

서양의 도교 해석

1. 도교에 대한 서양의 시선

도교가 중국에서 서서히 내리막을 걷는 동안, 서양의 의식 속에서는 천천히 오르막을 걸어왔다. 그러나 16~17세기 유럽이 중국 문명에 대한 구체적인 지식을 처음 받아들일 때 유럽인들의 관심을 끌었던 것은 도교보다 유교였다. 그들은 유교를 중국의 마음과 영혼으로 생각했다. 따라서 도교는 무시되거나 기껏해야 유교 지식인, 중국 문화유산의 관리자들의 축소렌즈를 통해 비추어졌을 뿐이었다. 역사학자 젠슨(Lionel Jensen)이 지적했듯이 예수회 선교회나 유럽의 독자들에게는 '사실상 공자가 중국이었다.' 그것은 도교에 대한 서양인의 시각을 차단했을 뿐만 아니라, 중국 해석자들이 중국의 풍부한 지적 종교적 문화와 논증적 다양성을 완전히 인정하는 것을 오랫

---

1) 역주: 장자가 유교의 도덕주의자를 가리켜 "답답한(cramped) 학자와는 도를 논할 수 없다. 그는 그의 학설에 갇혀 있다"라고 한 말을 번역한 B. Watson, *The Complete Works of Chuang Tzu* (New York: Columbia University Press, 1968), p.97의 『장자』 내편에서 제목을 취했다. 이 책 8장에서 다시 인용하고 있다.

동안 가로막았다.[2] 실제로 이렇게 공자에게 집중한 해석은 계속되어 왔다. 최근에도 중국 지식인들 사이에는 도교를 미신이고 과거로의 황당한 복귀 쯤으로 생각하는 경향이 있다. 최근 1961년 양칭쿤(楊慶堃, C. K. Yang)은 중국 종교사를 설명하는 데 도교를 포함하는 것은 '치욕'이라고 적고 있다. 왜냐 하면 '도교의 활동은 국가에 전혀 도움이 되지 않았고 (오히려) 그들의 이교 도적 마력으로 사람들을 계속 오도해 왔다'는 것이다.[3] 오늘날 중국에서 도 교는 특별한 변화를 겪는 운명에 있다. 중국이나 서양에 퍼진 도교사망설이 이제 과장된 것으로 보일 수 있다. 하지만 여기서 다루는 우리의 과제는 서양에서의 도교의 운명이다. 이 장의 목적은 계몽기부터 현대 서양사상이 만족할 줄 모르는 식욕으로 도교를 소화하고 다시 소화했던 방식을 대략 설명하는 것이다. 이를 통해 우리의 호기심 아래 지금도 펼쳐져 있는 문화 적 방랑기록인(중국 본토에서의 이력과 필적할 만한) 해석학적 현상의 절대적 복잡 성이 분명하게 드러날 것이다.

르네상스 시기에 오늘날 우리가 생각하는 근대 세계의 첫 번째 윤곽이 유럽에 등장했다. 이때까지만 해도 마르코 폴로(Marco Polo)와 존 맨더빌(John Mandeville) 경의 저작[4] 그리고 유럽 상인들의 이야기를 통해 중국은 불가사 의하고 신비적인 장소로서 유럽인의 마음에 자리 잡고 있었다.[5] 그러나 중

---

2) L. M. Jensen, *Manufacturing Confucianism: Chinese Traditions and Universal Civilization* (Durham, NC: Duke University Press, 1997), pp.123 · 267. 앞에서 봤듯이 Jensen은 '공 자'와 '유교'를 역사적 실재의 표상이 아니라, 처음 예수회 선교사들이 그들 자신의 이데올로기적 목적을 위해 중국 본토의 오랜 역사에서 공자라는 이름을 둘러싼 이야기 로 윤색된 자료들을 가지고 조작한 해석학적 구성물로 보고 있다.

3) C. K. Yang, *Religion in Chinese Society* (Berkeley, CA: University of California Press, 1961), p.5; Zhang Long-xi, *Mighty Opposites: From Dichotomises to Differences in the Comparative Study of China* (Stanford, CA: Stanford University Press, 1998), chap.6 참조.

4) 역주: Marco Polo의 『동방견문록』과 John Mandeville의 『동방여행기』.

국 문명을 유럽인들의 시선으로 맨 먼저 끌어들인 것은 두 세기를 걸쳐 중국의 정치적 문화적 핵심에 접근할 수 있었던 예수회 선교사들이었다. 그들이 로마에 있는 수도원장에게 보낸 (사람들, 제도, 신념체계에 관한) 상세한 기록은 유럽에 널리 유포되었고, 지금까지도 반향을 일으키는 중국사상과 문화에 대한 매력적 이미지를 형성하는 데 도움을 주었다.

이 이야기의 개요는 잘 알려져 있다. 마테오 리치는 베이징에 도착한 최초의 예수회 선교사였다. 그는 처음에는 자신의 종교와 의식과 삶의 방식에 있어 어느 정도 유사성을 가진 불교도들과 제휴했다. 그러나 곧 그는 유교와 관료계급인 유학자와 교제한다. 예수회의 입장에서 이성적 전망과 정신의 이신론적 틀을 가진 유교의 가르침이 가톨릭 교리와 모순되지 않는 것으로 보였을 것이고, 그래서 타협의 가능성을 열 수 있었다. 한편 도교나 불교는 유교보다는 좀 더 기독교와 유사한 것이 확실했지만 그들의 공식적 수행은 오히려 위험한 경쟁상대가 되었다. 결국 마테오 리치와 그의 추종자들은 가르침과 수행에 있어 미신적 사이비 신앙과 멀고 기독교적 성서에 좀 더 개방적이었던 유교와 제휴하게 되었다. 당시 마테오 리치의 목표는 유교에서 공동적 기반을 찾고 그 위에 도교와 불교의 퇴보적 정신 요소를 기독교의 우월한 정신적 이상으로 바꾸는 것이었다.[6] 그래서 국가 종교인

---

5) C. Mackerras, *Western Images of China* (Oxford: Oxford University Press, 1989), chap.2.
6) D. E. Mungello, *Curious Land: Jesuit Accommodations and the Origins of Sinology* (Honolulu, HA: University of Hawaii Press, 1989), p.64. 전반 에피소드에 대해서는 J. Gernet, *China and the Christian Impact: A Conflict of Culture* (Cambridge: Cambridge University press, 1985); C. Mackerras, *Western Images of China* (Oxford: Oxford University Press, 1989); J. Paper, *The Spirits are Drunk: Comparative Approaches to Chinese Religion* (Albany, NY: State University of New York Press, 1995); C. E. Ronan and B. B. Oh (eds.) *East Meets West: The Jesuits in China(1582-1773)* (Chicago: Loyola University Press, 1988); J. D. Young, *Confucianism and Christianity: The First Encounter* (Hong

계몽적 이신론과 대조하면서 도교를 우상을 숭배하는 미신으로 낙인찍고, 도교의 가르침은 악마에 의해 영감을 받은 것이며, 수행은 광란과 정신착란을 일으키는 '거짓 종파'라고 결론지었다. 17세기에 들어와서야 예수회는 진정으로 도교의 역사를 어느 정도 이해하고 그것에 대해 감탄하게 된다. 1700년경에 이르러 드디어 수도회 회원들이 두 권의『도덕경』라틴어 번역본을 내게 된다. 그러나 중국 지식인들의 자극으로 그들은 계속 도교에 대한 부정적 견해를 유포시킨다. 주문과 부적과 액막이를 보면 도교는 타락한 이교(Paganism)의 형태를 드러내며 현대 종교로 구체화하는 과정에서 원래의 철학적 가르침의 순수성을 벗어났다는 것이다.

이것은 도교와 서양의 만남의 불길한 출발이었고, 중국의 상이한 '종교' 간의 극단적 분리, '순수'한 도교철학과 '타락한' 후예 사이의 분명한 구분, 그리고 유교 제도와 중국 문화적 삶 전반에 대한 종교 역할의 비하 등 장기간 중국 문화에 대한 많은 오해의 씨앗이 되었다.[7] 일찍이 형성된 도교에 대한 부정적 견해는 17~18세기에도 여전히 남아 있었고, 마테오 리치의 평가가 중국을 주제로 한 대부분의 유럽 저작에서 반복되고 정교화되었다. 1667년 중국 관련 지식의 유포자로 유명한 아타나시우스 키르허(Athanasius Kircher)의『중국이야기』(China Illustrata)가 그 예이다. 키르허는 도교를 '혐오스러운 거짓'으로 가득 찬 것으로 보아 이집트에서 유래하는 우상 숭배의 형태로 묘사했다. 그는 액막이, 흙점, 장수와 연관된 혐오스러운 의식을 행하는 일반인의 종교 우상인 도교로써 중국을 가득 채웠다. 또 다른 유명한

Kong: Hong Kong University Press, 1983) 참조.

7) J. Paper, *The Spirits are Drunk: Comparative Approaches to Chinese Religion* (Albany, NY: State University of New York Press, 1995), pp.4~10.

저작은 『아시아 아메리카 원주민 개종에 대하여』(*De Conver sione Indorum & Gentilum*, 1669)이다. 저자인 후른벡(Johann Hoornbeck)은 중국 문명을 생동적으로 그리기 위해 중국에 대한 예수회 문학을 모두 끌어들이며 중국을 높이 평가했다. 당시 대부분의 예수회 해석자들이 그런 것처럼 중국의 정부, 사회, 예의, 도덕, 지식과 법을 칭송하고 기독교가 중국의 지적 열정에 필적할 수 있다고 주장하였다. 그런 반면 도교사상가들을 유학자들과 엄격히 구별하고 도교의 가르침과 수행을 지나친 미신으로 치부하였다. 이런 평가는 이후 고비앵(Charles le Gobien)에 의해 더 철저하게 확장되어 반복된다. 『중국황제칙령사』(*Historie de l'edit de l'Empereur de la Chine*, 1678)에서 그는 도교사상가들은 중국인의 생활방식에 '독성'을 미치는 '마술사, 마법사, 전문적 사기꾼'이며 그들이 연금술로 장수를 추구하는 것은 '우스꽝스러운 것'이라고 비난하였다.[8]

　　도교는 반개혁적 교회의 팽창주의적 요구에 부응하는 방식으로 편리하게 읽힐 수 있도록 설명되고 배치되었다. 계몽된 유교는 중국인이 개종에 개방적이라는 것을 보여 주는 것이었고, 몽매한 도교는 이 계획의 긴급함을 정당화하는 것이었다. 이러한 예수회 구현을 계승하고 선전한 집단이 바로 17~18세기의 철학자들이었다. 그들은 중국에 관한 정보를 주로 예수회 자료에 의거했으며 상당히 민활하고 기술적으로 이 자료를 그들의 주프로그램으로 조직하였다. 그들은 당연히 가톨릭 선교와는 다른 의제로 문제에

---

8) D. E. Mungello, *Curious Land: Jesuit Accommodations and the Origins of Sinology* (Honolulu, HA: University of Hawaii Press, 1989), pp.350~353. 중국에 관련된 예수회 견해를 유포하는 중요 저술은 특히 Philosophes 가운데 J. B. Du Halde, *Description Geographique, historique, Chronologique, politique, et physique de l'empire de la Chine et la Tartarie chinoise* 4 Vols. (1736) 참조.

접근했다. 그들에게 적은 신교나 이교도가 아니라, 볼테르가 기념비적으로 묘사한 정부와 교회의 전체주의적 리바이어던(Leviathan), 고대 정부(Ancien Régime)와 가톨릭교회, 불명예(L'infâme)였다. 평생 중국을 좋아했던 볼테르는 유교의 본질을 현세적이고 이성적인 것으로 파악하고 거기에 매혹되어 유교를 정치철학의 표본으로 삼았다. 그는 유교가 미신보다는 이성에 기초하고 계몽적이고 조화로운 정치질서의 기초를 제공해 준다고 생각했다. 그는 유교에서 예수회가 묘사하는 종교의 이상을 보았는데, 그가 혐오스럽게 여기는 가톨릭교회와는 뚜렷이 대조되었으며, 독단과 기적과 성직자로부터 자유로운 이미지를 가진 관대하고 이신론적인 종교였다.[9] 그의 저작에서 불교가 무시되듯 도교 또한 가톨릭교회의 배신과 부패를 반영하는 악역으로 폄하될 수밖에 없었다.

일찍부터 중국에 많은 관심을 갖고 이 문제에 대해 예수회와 오랫동안 교류해 온 라이프니츠는 생각이 달랐다. 그의 주요 관심사는 오래된 정권의 부패나 가톨릭교회의 악명 높은 미신이 아니었다. 그는 유럽의 종교적 파벌 전쟁을 화해시킬 수 있는 조화와 원리의 필요성을 절감했다. 이런 목표를 위해 그는 중국과의 동맹을 선택했다. 그의 예수회 친구 부베(Joachim Bouvet)를 통해 그는 중국철학에 깊은 존경심을 갖게 되었다. 그는 유교 경전이야말로 진정한 종교의 거의 완전한 체계로, 유교 경전에는 맹아적 형태로 중

---

9) 이러한 관점은 일찍이 Matthew Tindal과 같은 영국의 이신론자에 의해 제시되었고, David Hume에 의하면 중국인은 '우주에서 유일한 이신론자라는 표준 인간'이었다. D. Hume, *Essays Moral, Political and Literary* (London: John Murray, 1898), p.149 참조. 이신론과 오리엔탈리즘의 관계에 대해서는 W. Halbfass, *India and Europe: An Essay in Understanding* (Albany, NY: State University of New York Press, 1988), chap.4; E. Leites, "Confucianism in Eighteenth Century England: Natural Morality and Social Reform", *Philosophy East and West* 18(2) (1968) 참조.

국에서 보존되어 왔던 모든 교리와 우주의 잃어버린 지식(보편철학, philosophia perennis)이 깔려 있다고 생각하였다.10) 라이프니츠도 도교에는 흥미를 보이지 않았다. 도교는 당대의 형식으로 볼 때 보편철학(perennial philosophy)의 기본 원리를 벗어나는 것으로 보였다. 그럼에도 불구하고 라이프니츠는 자신의 형이상학과 중국의 유기체론적 사고의 유사성에 주목했다. 앞에서 보았듯이 중국의 유기체론적 사고는 도교의 자연주의적 요소를 신유학과 통합시킨 것이다.

현대 서양 형이상학의 어떤 요소는 중국적인 것을 받아들인 것일 수 있다는 가능성이 흥미롭다. 학자들은 정말로 영향을 받은 것인지 아니면 단순한 진술인지 오랫동안 논의해 왔다. 조셉 니덤은 라이프니츠의 모나드론이 사실 신유학의 형이상학에 의해 자극을 받은 것이라고 주장한다. 그에 의하면, 이러한 사고방식은 서양의 셸링에서부터 베르그송을 지나 화이트헤드 등 일련의 사상가들과 연계된 반문화적 유기체론적 전통을 역으로 주도했다. 그렇다면 '(서양의) 유기체론 철학은 라이프니츠에게 상당히 빚을 진 것이고' 그렇기 때문에 중국의 과학적 사고에도 빚을 진 것이 된다. 이후 유기체론적 모델이 최근 뉴턴의 기계론적 모델을 대신하기 시작했고, 따라서 중국사상가의 유기체론 견해는 '자연과학의 완벽한 세계관을 형성하는 데 필요한 요소였다는 것이 증명될 것이다.'11) 니덤은 라이프니츠의 사고에 미친 (캠브리지의 플라톤학파와 같은) 서양의 영향도 인정한다. 그리고 유

---

10) D. E. Mungello, *Leibniz and Confucianism: The Search for Accord* (Honolulu, HA: University of Hawaii Press, 1977), chap.3. 라이프니츠는 고전적 유교보다 신유학적 종합에 좀 더 관심을 가졌다.

11) J. Needham, *Science and Civilization in China* Vol. 2 (Cambridge University Press, 1956), pp.292·339.

럽에서는 유기체론적 사고의 전통이 고대 그리스 우주론에까지 거슬러 올라간다는 것도 말한다. 그러나 라이프니츠에게 당시의 기계론적이고 물질적 사고에 대결하기 위해 유기체적 우주의 가장 완벽한 모델을 제공한 것은 바로 중국철학이었다는 것이다.[12]

많은 학자가 이러한 관점에 대해 논박해 왔다. 예를 들어 멍겔로(David Mungello)는, 라이프니츠는 중국철학을 접하기 이전에 그의 유기체론적 사고를 이미 생각했고, '라이프니츠에 대한 중국의 영향은 근원적이라기보다 확인하는 수준이었다'라고 한다.[13] 이러한 논의는 현재 연구에 중심이 되는 주제를 오히려 강화한다. 국부적인 해석의 관심으로 시작한 텍스트 읽기를 통해 중국의 관념이 유럽에서 변형되고 교차된 방식을 강조하게 되는 것이다. 초기 라이프니츠의 관심사는 정치적 종교적 조화를 찾기 위한 보편철학을 재발견하는 것이었다. 그리고 니덤의 저서에서는 그가 유기체론적 대안으로 뉴턴의 기계론에 도전하려는 열망을 말하고 있다.

18세기 후반에 유교에 대한 유럽의 애정이 식기 시작했다. 그렇다고 도교에 대한 유럽의 이해가 단기간에 개선되지는 않았다. 서양에 퍼졌던 도교에 대한 악평이 중국 문화와 사회 전반으로 퍼지기 시작했다. 칸트는 중국

---

12) J. Needham, *Science and Civilization in China* Vol. 2 (Cambridge University Press, 1956), pp.496~505.

13) D. E. Mungello, *Leibniz and Confucianism: The Search for Accord* (Honolulu, HA: University of Hawaii Press, 1977), p.15. 그렇지만 P. K. H. Lee (ed.), *Contemporary Confucian-Christian Encounters in Historical and Contemporary Perspective* (Hewiston: Edwin Mellen, 1991), p.117을 보면 이후에 Mungello는 라이프니츠가 그의 이론을 바로잡는 데 자신감을 갖게 해 준 비교상대로 중요했음을 인정했다. Cook과 Rosemont는 *G. W. Leibniz: Writings on China* (La Salle, IL: Open Court, 1994), pp.2~3에서 라이프니츠가 중국사상을 그의 사상과 단순히 '일치하는' 것으로 생각했다고 주장한다. J. Ching and W. G. Oxtoby, *Moral Enlightenment: Leibniz and Wolff on China* (Nettetal: Steyler Verlag, 1992)도 참조.

사상을 피상적으로 이해했고 일반적인 틀을 넘어서려 하지 않았다. 그는 무無를 최선이라고 가르치고 모든 차별이 없어지는 영원한 평화를 지지했던 노자를 몬스터 시스템이라고 비판하였다. 사실 칸트에 의하면 '동양에는 철학이 없었다.'[14] 헤겔이 칸트보다 중국사상에 대해 더 공감하는 것은 아니었지만, 역사적으로 좀 더 잘 알고 있었고 그의 역사적 변증법에서 도교를 위한 자리를 찾는 데 성공했다. 칸트가 동양적 사고를 철학적 담론에서 제외된 영원한 영역에 배치했다면, 헤겔은 그것을 인간 자유의 성숙을 역사주의적으로 설명하고 정신의 변증법적 궤적을 서술하는 데 편입시켰다. 그는 도교철학을 진지하게 받아들이고 심지어 소크라테스 이전의 철학과 시험적이지만 필적할 만한 것으로 묘사했다. 그렇다고 해서 당대의 철학보다 동양사상 체계에 더 공감했던 것은 아니었다. 오히려 그의 관점은 특히 도교와 아시아 일반 문화에 대한 서구의 인식에 악영향을 미쳤다.

낭만시대에는 중국이 아닌 인도의 철학, 신화, 시에 대한 오리엔탈리스트의 열정이 뜨거웠다. 헤겔 역시 확실히 이런 경향에 영향을 받았지만 결코 열광적이지는 않았다. 그는 낭만주의적 견해에 대해 대체로 비판적이면서도 여러 방식으로 영향을 받은 것도 사실이다. 그의 정신적 의식과 자유의 성장에 대한 역사주의적 설명은 서양의 기독교 문화를 이상화하면서 오리엔트에서 발견한 '환상에 대한 무한한 접근'과 '무절제한 열광'을 혐오하게 만들었다. 또한 그는 동양의 문명을 과거에 정체되어 재생할 수 없는 것으로 생각하였다. 고대 전통은 없어지는 것이 아니라 보존되고 이후 시대

---

14) J. Ching and W. G. Oxtoby, *Moral Enlightenment: Leibniz and Wolff on China* (Nettetal: Steyler Verlag, 1992), p.222; H. von Glansenapp, *Kant und die Religionen des Osten* (Kitzingen-Main: Holzner Verlag, 1954), p.104 참조.

의 더 높은 종합으로 진척되는 것이지만, 동양은 지금 과거에 묶여 석화되고 정체된 문화로서 극복할 수도 넘어설 수도 없다고 생각하였다. 이러한 전반적 견해와 함께 헤겔은 도교를 철학의 유아단계로 폄하해 '가장 기초적 단계'에 고착된 것으로 보았다. 그리고 칸트가 도교를 허무주의 형식으로 평가절하한 것에 이어 도교를 정신철학 사고의 초기 단계를 대표하는 것으로 묘사했다.15) 정신(spirit)을 순수한 추상과 구별하지 못하고 주관과 자유라는 관념을 아직 모르는 그런 상황에서는 '사물의 기원이 무無이고 공空이고 모든 것이 미결정 상태의 추상적 실체'라는 것이다.16)

이러한 견해는 100여 년 후 막스 베버의 저작에 반영되었다. 베버의 견해는 헤겔처럼 절충주의적이고 세계적이었다. 그의 중국에 대한 사회학적 연구는 비교문화 연구(Cross-cultural studies)라는 랜드마크를 상징한다. 그는 최초로 중국 사회에 대해 체계적으로 분석했다. 하지만 그의 종교문화에 대한 연구는 여전히 유럽 중심적이며 유럽에서 자본주의가 출현한 것을 옹호하기 위함이었다. 베버의 결론은 (유럽에서) 프로테스탄트 신학에 의해 주도된 세계의 이성적 이행이 중국에서 이루기 어려웠던 이유는 (유교와 도교) 두 종교 체계가 말하는 세계에 대한 수동적 적응이라는 의식 때문이었다는 것이다. 요컨대 중국 종교에는 유럽에서 결정적인 혁신적 잠재성을 제공하는 급진적 초월성의 의미, 심지어 유교보다도 도교는 유럽과 미국에서 청교

---

15) G. W. F. Hegel, *Lectures on the History of Philosophy* Vol. 1 (Lincoln, NB: University of Nebraska Press, 1995), p.125.

16) G. W. F. Hegel, *Lectures on the History of Philosophy* Vol. 1 (Lincoln, NB: University of Nebraska Press, 1995), pp.124~125; W. Halbfass, *India and Europe: An Essay in Understanding* (Albany, NY: State University of New York Press, 1988); M. Hulin, *Hegel et l'Orient* (Paris: Vrin, 1979); Kim Young-kun, "Hegel's Criticism of Chinese Philosophy", *Philosophy East and West* 28(2) (1978) 참조.

도라고 특징짓는 개인의 충동적 종교적 영감 같은 것이 부족하다는 것이다. 그러므로 세계 내적 지향성(intra-worldly orientation)을 가지고 있음에도 불구하고 도교는 사회경제적 발전에 심각한 장애물이었으며 프로테스탄트 윤리를 특징짓는 '세계와의 긴장'이 부족하여 '전통과 관습에서 벗어나 내적인 힘으로 영향력 있는 행동을 하기 위한 지렛대' 역할을 수행할 수 없었다고 본다.[17] 헤겔과 마찬가지로 베버도 도교의 정신적인 성격을 호의적으로 묘사하려 했지만, 최종 분석에서는 도교를 퇴보적인 것, 황홀경을 향한 마술적 경향이나 자연의 방식에 경건한 적응을 벗어날 수 없는 것으로 보았다. 그러므로 도교는 근대 세계를 창조할 수 있게 했던 자연을 지배하려는 이성적 힘이 부족하고 그 때문에 서양의 이성주의와 대조하여 패배한 것으로 보였다.[18]

헤겔의 중국 이해는 고대 중국 문화에 대한 서양식 이해의 과도기적 단계를 보여 주었다. 그는 우리가 앞에서 생각했던(사실 어떤 의미에서 강한 자극을 준) 동양에 대한 애증을 표현했다. 한편에서는 19세기 초부터 아시아 문화에 대한 학문적인 접근의 열망이 커지고 그동안 잘 알지 못했던 불교나 힌두교에 대한 관념이 서양의 마음속에 조용히 유입되기 시작했다. 하지만 도교는 여전히 불교나 힌두교의 그늘 아래 남아 있었다. 이 시기 서양에서는 중국 문화 전반에 대한 반작용이 뚜렷하게 공존하고 있었고, 중국이 대체로 쇠퇴와 부패의 조롱거리가 되기도 했다. 중국은 전형적으로 다른 전통의 각색자

---

17) M. Weber, *The Religion of China: Confucianism and Taoism* (New York: The Free Press, 1951[1916]), p.236.
18) H. Roetz, *Confucian Ethics of the Axial Age: A Reconstruction under the Aspect of the Breakthrough Toward Postconventional Thinking* (Albany, NY: State University of New York Press, 1993), pp.3~4.

일 뿐 그들 자신의 독창성과 창조적 사고가 부족하다고 폄하되었다. 물론 19세기는 급격한 제국주의 팽창의 시대였다. 오리엔트의 언어와 전통과 문학을 정복하려는 경쟁이 유럽의 상업주의적 정치적 권력의 팽창과 함께 진행되었다. 19세기 후반 진화인류학자 스펜서(Herbert Spencer)나 타일러(Edward Tylor)의 등장으로 이러한 상황이 활발하게 표현되고 정당화되면서 더욱 진전되었다. 이 연구에 의하면 야만의 문화(savage cultures)는 조만간 이국의 문화(barbarian cultures)에 굴복하게 되고 결국에는 (기초적 신앙의 유적 위에서 번영한 고귀한 종교인) 문명(civilization)에 굴복하게 된다. 그래서 중국의 경직된 종교가 바로 진화 단계에서 서양의 기독교 아래 단계에 놓이게 된다는 주장이다. 헤겔의 변증법적 철학에만 제국주의적 근거가 있는 것이 아니다. 과학적 기초에도 동양의 열등한 나라에 근대화 정책을 강요하고 우수한 서양문화의 표준과 가치를 강요하는 정책이 깔려 있다.

19세기 서양의 눈에는 중국의 이미지가 손상되고 있었다. 그럼에도 불구하고 동양에 대한 서양의 정치적 군사적 힘의 팽창은 오히려 당시 중국에 대한 학문적 관심을 증폭시키는 신선한 자극이 되었고, 또한 『도덕경』의 철학적 중요성을 인식하는 데도 도움이 되었다. 1815년에 아벨 레뮈자(Abel Rémusat, 1788~1832)가 프랑스 대학(Collège de France)에서 최초 중국 언어 문학 교수로 임명되었다. 이어 1822년에 아시아 학회(Société Asiatique)가 창설되고, 1838년에는 러시아에서, 1876년에는 영국에서 중국 연구 교수직이 주어졌다. 많은 학자가 중국 텍스트의 해석과 번역 작업을 계속 진행했다. 쥘리앵(Stanislas Julien, 1841년 『도덕경』 프랑스어 번역), 샤반(Edward Chavannes, 1865~1918, 최초로 중국 종교 전통을 연구), 그리고 드 그루트(J. J. M. de Groot, 1854~1921, 1892년과 1910년 사이에 출판된 중국 종교 체계 연구의 저자) 등이 대표적이다. 레뮈자는 헤겔이 도교에 최초의 철학적 자격을 부여한 것을 받아들였지만, 동시에 대중적 종교로서의 도교는 타락한 미신의 형태로 어두운 쇠퇴를 상징한다는 초기 견해를 강화했다. 이러한 견해는 19세기부터 거의 정설이 되어 많은 저자에 의해 반복 상술되었으며, 샤반이 종교로서의 도교를 '통속적 미신의 잡동사니'라고 격하시킨 것이 정형화되었다.19) 바로 이러한 사상가들을 통해 1939년 프랑스에서 고안된 유럽인이 만든 용어 Taoism이 서양인의 의식에 자리 잡기 시작했다. 이런 식으로 본질적이고 원형적인 도교는 (R. K. Douglas가 '영원한 지혜의 말씀'이라고 표현했듯이) 어떤 고전 텍스트와 관련된 정신적인 가르침 정도로 한정되었다. 그러나 이것 또한 당대 중국의 종교문화를 소외시키고 격하시키는 역할을 하였다. 도교를 원형의 순수성에서 오랜 쇠퇴의 결과물 즉 쇠퇴한 전통으로 묘사함으로써 정체되고 퇴화한 중국에 대한 제국주의적 정책과 시혜적 태도를 더욱 정당화하였다.

이런 태도는 가톨릭 프랑스에서 주로 형성되었고 초기 예수회에서 고취되었으며 유럽과 미국에서 온 프로테스탄트 선교사들의 저작에서도 보이는데, 어떤 면에서 19세기에 들어맞았다. 하지만 이들의 역할은 서양인들에게 중국의 언어와 문화에 대해 열린 마음을 갖게 하는 데 중요했다. 가장 영향력 있는 사람이 스코틀랜드의 조합교회주의 선교사 제임스 레게(James Legge, 1815~1897)로, 그는 서양을 위해 도교를 정의하는 데 주도적 역할을 했다. 그는 수십 년 동안 권위적이었던 것에 새로운 어휘와 서술방식을 창조했으며, 중국에서 돌아온 후 1876년에 옥스퍼드에서 최초로 중국학 분야의 영국

---

19) E. Chavannes, *Les memoires historique de Se-ma Ts'en* (5 Vols., Paris: Leroux, 1895~1916), 1, p.xviii. 이러한 입장은 예수회 선교사 Henri Dore의 15권 저작 *Recherches sur les superstitions en Chine*에도 보인다.

교수로 임명되었다. 지라드로(Norman Girardot)에게 있어 그는 빅토리아 시대에 '도교'를 구체화된 실재로 드러내는 데 공헌한 유일한 인물이었다.[20] 그는 많은 책을 번역했는데, 1861년에서 1885년까지 20세기 표준판이 된 다섯 권의 중국 고전을 영어로 번역했다. 레게는 중국 고전 번역자로서 오랫동안 명성을 떨쳤으며, 고전을 강조함으로써 중국의 풍부한 전통에 대한 서양의 자각에 위대한 공헌을 하였다. 하지만 도교를 다른 고전 텍스트나 교리와 동일시했다. 그 결과 최근 도교의 중요한 측면으로 부각되는 교리의 다양성과 텍스트의 변형과 제도적 확산에 대해서는 과소평가하는 방향으로 진행될 수밖에 없었다. 물론 대부분 그 당시 유용할 수 있었던 학문적 수단의 한계에서 나온 단순한 결과이다. 이후 세대들에게나 유용할 수 있었던 지식으로 레게를 비판하는 것은 그릇된 것이다. 그러나 그의 저작에 일반적 해석이 배어들 수밖에 없는 무의식적 요인을 인식하는 것은 중요하다. 동시대인과 마찬가지로 레게도 대중 종교적 도교를 노자와 장자의 가르침의 철학적 깊이와 비교해서 '미신적이고', '비이성적이고', '환상적이고', '기괴한' 것으로 격하한다. 한편 그는 중국 문화에 대한 찬사를 숨기려고 하지 않는다. 그러면서도 중국 대중 종교의 부정적 평가는 기독교 복음의 요구를 겨냥한 것임이 분명했다.[21] 이 점에 대한 흥미로운 추론이 있다. 레게는 종교적 도교에 대해 부정적으로 평가한다. 그는 도교를 탐구하면서 동양학 토론에서 잠시 유행했던 힌두교에 대한 전형적인 기독교적 기대를 유사하게 반복한다. 예를 들면 도교의 삼청三淸[22]의 개념이 기독교의 삼위일체를 암시하는

---

20) N. J. Girardot, "The Course of Sinological Discourse: James Legge(1815-97) and the Nineteenth Century Invention of Taoism", B. H-K. Luk (ed.), *Contacts between Cultures* Vol. 4 (Lewiston, NY: Edwin Mellen, 1992), p.188.

21) J. Legge, *The Religions of China* (New York: Charles Scribner's Sons, 1881), p.308.

것이라고 주장한다. 그리고 여호와의 이름이 『도덕경』에 암호화되어 있다는 레뮈자의 믿음도 전했다.[23]

같은 시기 비슷한 견해를 가진 여러 연구가 나왔다. 1881년에 영국학자 밸푸어(F. H. Balfour)는 도교의 '숭고한 교리'가 '마술과 사기…… 미신적이고 우매하고 모호한 것'이 되었다고 했다.[24] 1905년에 파커(Edward Parker)는 전통 철학적 도교를 마르쿠스 아우렐리우스의 금욕주의에 비유하여 당시 도교를 '저급한 것'으로, 모든 중국 종족을 '타락과 전체적 부패'에 빠진 것으로 비하하였다.[25] 『노자』철학에 대해서는 부러운 찬사를 보내면서도, '상상력이 부족하고' '정체된' 이해할 수 없는 중국 문화의 성격과 관련해서는 중국 자체의 영향보다는 인도나 중동에서 비롯된 것이라고 생각하기도 했다.[26] 그러나 당시 대서양의 다른 쪽에서는 좀 더 완화된 의견이 표현되고 있었다. 19세기 말 미국에서도 동양 종교에 대해 대중적이고 학문적인 관심을 보이기 시작했다. 1893년 시카고에서 열린 세계종교회의는 도교 대표자에게 시상하고 후원했다.[27] 이러한 점에서 도교에 상당한 지면을 할애하고

---

22) 역주: 三淸은 道敎의 三神이다. 玉皇上帝(최고신), 道君(陰과 陽, 자연의 원리를 통제하는 신)과 더불어 老子를 삼신 중 세 번째 신으로 꼽는다. 도교에서는 이들 삼신을 삼청이 라고 부른다. 이 삼신을 모시는 사당은 흔하게 존재해 왔으며, 중국은 물론 우리나라의 민속신앙 속에 아직도 자리 잡고 있다.

23) J. Legge, *The Religions of China* (New York: Charles Scribner's Sons, 1881), pp.210~ 211; H. Welch, *Taoism: The Parting of the Way* (Boston: Beacon Press, 1957), pp.5~7.

24) F. H. Balfour, *Taoists Texts: Ethical, Political, and Speculative* (London and Shanghai: Trübner, 1881), p.vi.

25) E. Parker, *China and Religion* (London: John Murry, 1905), pp.48~49.

26) J. Edkins, *Ancient Symbolism* (London: Trübner, 1889); N. J. Girardot, *The Victorian Translation of China* (Berkeley, CA: University of California Press, 1999), chap.6.

27) R. H. Seager (ed.), *The World's Parliament of Religions: The East/West Encounter* (Bloomington, IN: Indiana University Press, 1995).

섬세한 분석을 한 새뮤얼 존슨(Samuel Johnson)의 1877년 오리엔탈 종교에 대한 대중적 저서는 매우 중요하다. 존슨은 에머슨(Emerson)과 소로(Thoreau)와 같이 초월론자(transcendentalist) 집단의 일원이었다. 그는 기독교와는 달리 자연과 초자연의 '극단적 분리에 의존하지 않는 교리' 그리고 종파적 독실함과는 별개인 '우주적 정신성을 위한 영감'을 동양에서 찾았다. 그가 도교를 인정했다는 것은 놀라운 일이 아니다. 그는 도교를 불교보다 호의적으로 보았다. 왜냐하면 불교와 달리 도교는 물질세계의 현실성을 부정하지 않고 삶과 사회의 실용성과 훨씬 밀접하게 연결되어 있기 때문이다. 존슨이 노자를 '중국의 비순응주의자'(non-conformist)라고 부르는 것은 그의 관점에서 노자의 저작은 '모든 시대에 호소하는 우주적 진리의 소리'를 대표하기 때문이다. 노자의 저서는 단순히 '금욕주의적이고 비관적인 정신성이 아니다. 몸을 경시하지도 않고' '인류의 사랑과 봉사······ 생명의 자발성과 단순성······ (그리고) 타인의 자유에 무간섭'을 설파한 가르침이다.[28] 그러나 종교적 도교는 '정신성의 최고 결산에 대한 타락'이라는 존슨의 최종 판결로 이러한 공감적 묘사는 거의 무산되고 만다. 그는 도교의 계몽적 교훈이 점성술과 연금술 같은 미신의 영향으로 시간이 지나면서 신화로 변형되었다고 애도하고 있다.[29]

---

28) S. Johnson, *Oriental Religions and their Relation to Universal Religion: China* (Boston: Mifflin, 1877), pp.862~872.

29) S. Johnson, *Oriental Religions and their Relation to Universal Religion: China* (Boston: Mifflin, 1877), pp.882~883. 도교에 대한 좀 더 이른 논의가 Clarke의 1871년도 저술에 나타난다.(*Ten Great Religions*, Boston: Osgood, 1871) 예수회 선교사 L. Wieger이 1911년에 저술한 *Taoism: The Philosophy of China* (Burbank, CA: Chara, 1976)도 참조하라. 이 책의 53쪽을 참조하면 여러 방식으로 공정하고 학자다운 설명을 하지만, 기독교 및 유교와 연관시켜 열등한 도덕적 지위를 도교에 부여하고 '체계적인 무위, 절대적 도덕 무관심(amorality)의 종교로 자연적 본성을 따르는 것'으로 묘사하면서 길을 벗어

이러한 한계는 당시 결정적이고 거의 의무적이었다. 하지만 존슨은 도교를 인간 조건에 좀 더 깊이 연결되어 있는 기품 있고 자연주의적인 개념을 가진 심오한 윤리적 가르침이라고 생각하였다. 19세기 후부터 20세기 초까지 여전히 주변적이기는 하지만 도교적 이상과 관념 그리고 가치가 서양의 논의에서 늘어나기 시작한다. 1906년 영국의 오리엔탈리스트인 라이오넬 자일스(Lionel Giles)는 『도덕경』을 '위대한 윤리철학 체계⋯⋯ 위대한 사고 구조'라고 평가하였다.30) 이후 역사학자 아돌프 라이히바인(Adolf Reichwein)이 지난 수십 년에 걸쳐 『도덕경』 번역이 증가하는 것을 지적하면서 노자를 '삶의 본질을 위해 우리의 시간이 필요하다는 것을 증언하는 지금 세대를 위한 위대한 선각자'라고 열정적으로 묘사했다.31)

독일에서 진보의 이상에 대한 회의주의 그리고 산업 자본주의 성장에 대한 불안감이 만연하면서 도교에 대한 관심이 싹트기 시작하였다. 19세기 말 20세기 초에 많은 사상가가 현대 서양 문명이 낳은 것처럼 보이는 도덕적이고 정신적인 진공 상태에 대해 깊은 관심의 목소리를 높였다. 예를 들면 구세를 위해 다양한 기독교 이전의 이단 종파나 신비주의 그리고 자연숭배 등 대체 가능한 비정통적 길로 많은 사람이 발을 들여놓기 시작했다. 독일에서의 이런 분위기는 이상적인 과거로 돌아감으로써 불안한 민족주의적 정서를 표현하고 정치적이고 문화적인 불안을 완화하려는 문화 현상인 민족(völkisch)운동과 밀접하게 연관되어 있었다. 정신적 문화적 각성 또한 세

났다는 것을 알 수 있다. 중국 고전 텍스트에 대한 19세기 해석은 N. J. Girardot, *The Victorian Translation of China* (Berkeley, CA: University of California Press, 1999) 참고.

30) L. Giles (trans.), *The Sayings of Lao Tzu* (London: John Murray, 1906b), p.11.

31) A. Reichwein, *China and Europe: Intellectual and Artistic Contacts in the Eighteenth Century* (London: Kegan Paul, Trench, Trübner & Co, 1925), pp.4~5.

기 전환기 몇 년 동안 오리엔탈리스트 흥미가 급속하게 성장하는 데도 도움
이 되었다. 당시 힌두교와 불교는 이미 유럽인의 심상에 공고히 자리 잡고
있었다. 이러한 세기말적 분위기로 인해 수많은 오리엔탈리스트 출판이 상
당히 증가하고 동양의 지혜는 서양에 더 매력적인 이미지로 보였다. 라이히
바인은 이러한 분위기를 '서양의 타락을 드러내게 하고 그들에게' 정신적
변화를 가져오게 할 운명인 '아시아 열광'(Asiatic fever)이라고 특징지었다.32)

특히 이 시기 동양으로의 선회는 새로운 세계 전망을 동양 종교에서 찾
으려는 신르네상스 혼합주의 정신도 수반했다. 물론 세계를 식민지화하는
유럽의 권리를 공식적으로 1878년 베를린 회의에서 인정했듯이 유럽 제국
이 급격하게 팽창한 시기였다. 그러나 역설적이게도 이러한 공격적 팽창주
의가 유럽우월주의만이 아니라 비유럽 전통에 대해 문을 여는 데에도 중요
한 요인이 되었다. 당시 다양한 세계종교를 둘러싸고 이상적인 보편철학
(philosophia perennis)에 경쟁한 '보편적 지혜' 운동이 등장했다. 아울러 세계종교
회의에서 세계 교회주의를 자극하고 1879년에 출판된 에드윈 아널드(Edwin
Arnold)의 『아시아의 빛』(The light of Asia)의 엄청난 성공에서 더욱 분명해졌다.
이러한 계기로 전통적인 서양 전망에 대해 점점 한계를 느끼게 되었고, 특
히 기독교 가르침에 대해서는 더 비판적인 접근을 보여 주게 된다.

도교는 다른 아시아 종교에 비해 여전히 호소력을 갖지 못했다. 그러나
도교 관련 저술이 증가하면서 대중이 도교의 가르침에 주목하기 시작했다.
심지어 인정되는 교리의 내용이 부족한 곳에서는 보편 종교에 가능한 모델
로 권장되기도 했다.33) 미국의 대표적 신보편주의자인 독일 출신 카러스

---

32) A. Reichwein, *China and Europe: Intellectual and Artistic Contacts in the Eighteenth Century* (London: Kegan Paul, Trench, Trübner & Co, 1925), p.4.

(Paul Carus)는 종교적 관용을 믿고 아시아와 서양의 전통을 대화로 이끄는 것이 중요하다고 믿었다. 그는 1913년 『도덕경』 번역판을 출판하고, 이 책이 보편적 형제애의 이상에 중대한 공헌을 할 것이며 이 책에서 기독교의 가르침과 유사성을 발견할 것을 역설했다. 이러한 입장은 고전 도교 텍스트가 보편적 지혜 전통의 현시라고 말한 알렉산더(G. G. Alexander)판 『노자』에서도 발견된다. 거기서 고전 도교 경전은 우주적 지혜 전통의 현시로 언급된다. 또한 아널드의 명저[34)]를 다시 펴낸 헤이싱어(I. W. Heysinger) 버전의 『중국의 빛』(The Light of China)에서는 『도덕경』과 성경을 동등한 도덕적 발판으로 과감하게 자리매김하였다.[35)]

이와 같은 도교에 대한 고무적 접근이 결코 학자나 동양학 전공자들에게만 한정되는 것은 아니었다. 광범위한 문화적 장면과 20세기 초반 유럽에서 일어난 근대적 혁명에서 좀 더 분명해졌다. 그 당시 도교에 관심을 가졌던 문학가로는 헤세(Hesse), 브레히트(Brecht), 카프카(Kafka), 라우리(Lowry)와 클로델(Claudel), 그리고 펄 벅(Pearl Buck)과 같은 유명한 소설가가 있으며, 에드가 스노(Edgar Snow)는 일반 대중이 중국에 관심을 갖게 하는 데 공헌하였다. 심지어 더 넓은 지적 인물 가운데는 톨스토이, 부버(Buber), 하이데거와 융이

33) A. Reichwein, *China and Europe: Intellectual and Artistic Contacts in the Eighteenth Century* (London: Kegan Paul, Trench, Trübner & Co, 1925), p.9.

34) 역주: Edwin Arnold(1832~1904): 영국의 시인, 저널리스트. 대표 저작으로는 *The Light of Asia*가 있다.

35) G. G. Alexander, *Lâo-Tsze the Great Thinker* (London: Kegan, Trench, Trübner & Co, 1895); I. W. Heysinger (trans.), *The Light of China: The Tao Teh King of Lao Tsze, 604-504 B.C.* (Philadelphia: Research Publications Limited, 1903). 그 당시의 번역본과 그 밖의 예시를 보려면 L. Giles (trans.), *The Sayings of Lao Tzu* (London: John Murray, 1906b); A. Ular (trans.), *Le livre de la voie et la ligne-droite de Lao-Tsé* (Paris: Éditions de la Review Blanche, 1902); R. Wilhelm (trans.), *Laotse: Tao Te King: das Buch des alten vom Sinn und Leben* (Jena: Diederichs, 1921a) 참조.

있다. 이들 모두 뒤에서 살펴보겠지만, 다양한 방식으로 도교적 관념에 매료되었으며 그들 자신의 특별한 견해에 대한 중대한 확신을 도교에서 찾았다. 실제로 앞의 세 사람은, 성공의 정도는 다르지만, 도교 고전 번역에 착수했었다. 부버만이 1910년에 출판된 주석이 달린 『장자』 번역본을 완성했는데, 이것은 그 당시 독일사상가들에게 의미 있는 충격을 주었다.36) 얼마 후 1920년대에 선교사 리하르트 빌헬름(Richard Wilhelm)이 『역경』과 『태을금화종지太乙金華宗旨』37)를 번역했다. 이는 도교에 대한 유럽인의 관심을 더욱 고취시켰다. 이 판본들은 널리 읽히고 재번역되었으며 다른 학자들에게도 독특한 영향을 주었다. 특히 융(C. G. Jung)에게 이 책들은 그가 유럽문화의 정신적 위기로 보았던 것과 맞서는 데 결정적으로 도움을 주었다.

서양의 도교와의 조우에서 또 다른 중요한 변형이 프랑스의 중국학 연구자 앙리 마스페로(1883~1945)의 저작으로 시작되었다. 드 그루트, 포르케(Alfred Forke), 그리고 그라네(Marcel Granet)의 초기 저작이 완성되었고, 그것은 지금까지 협소했던 텍스트 자료에서 더 넓은 중국학(Sinological) 연구에 도움이 되었다. 마스페로는 처음으로 사회적인 측면과 아울러 그의 교리에 이르는 (도교 종교에 대한) 방대한 연구에 착수했다. 중국의 역사와 문화에 대한 전반적 그림 속에서 도교의 중요성을 분명하게 설정했다. 이 저작은 종교적

---

36) J. R. Herman, *I and Tao: Martin Buber's Encounter with Chuang Tzu* (Albany, NY: State University of New York Press, 1996). 톨스토이가 『道德經』을 번역하려던 계획은 순진한 희망에 불과했지만 하이데거는 실제로 중국인 동료의 도움으로 계획에 착수했었다. R. May, *Heidegger's Hidden Sources: Asian Influences on his Work* (translated with a complementary essay by Graham Parkes, London: Routledge, 1996) 참조. 우리는 8장 하이데거의 '번역'에서 다시 검토할 것이다.

37) 역주: 이 책의 영역본 제목은 *The Secret of the Golden Flower*이다. 본문에서는 도교 연단술 텍스트로 소개하고 있다.

도교를 단순히 철학적 도교의 격하된 변형판으로 묘사하기보다는 결정적으로 초기의 부정적 평가에서 벗어나 둘 사이의 지속성과 상호 연관을 끌어내려고 노력하였다. 그는 도교 종교를 '고대 대가의 원리가 부패하고 타락한 후예'에 지나지 않는 것으로 보는 당시의 공고한 시각을 거부했다. 그의 이러한 견해는 중대한 변화를 상징했다.[38] 우리가 앞서 지적했듯이 이는 중국이나 서양학자들의 중국은 본질적으로 유교문화였다는 공식화된 견해에 대한 강한 도전이었기 때문이다.

마스페로의 저술활동은 계속되고 발전되었다. 유럽, 미국, 아시아와 오스트랄라시아에서 학자 집단이 계속 증가하였고, 1968년 이후 전문적인 학술지가 창간되고 정기적인 국제학술회의가 열렸으며, 도교 경전에 대한 편집과 번역과 같은 계획이 두드러졌다.[39] 이러한 다른 문화 간의 학문적 노

---

38) H. Maspero, *La Chine antique* (Paris: Presses Universitaires de France, 1965[1927]), p.265.
39) 최초의 도교국제학술대회에 대해서는 H. Welch, "Tje Bellagio Conference on Taoist Studies", *History of Religions* 9(2) (1969~1970) 참조. 처음 세 번의 국제학술대회의 중요성과 성과는 N. Sivin, "Report on the Third International Conference on Taoist Studies", *Bulletin of the Society for the Study of Chinese Religions* 7 (1979) 참조. 1993년 몬트리올에서 열린 Euro-Sinica 심포지엄에서 논의한 동양과 서양에서의 도교의 수용에 대해서는 A. Hsia (ed.), *Tao: Reception in East and West* (Bern: Peter Lang, 1994) 참조. 마스페로 이후 서양에서의 도교 연구사 개요는 A. K. Seidel, "Chronicle of Taoist Studies in the West 1950-1990", *Cahier d'Extrême Asie* 5 (1989~1990); F. Verellen, "Taoism", *Journal Asian Studies* 54(2) (1995) 참조. 도교에 대한 서양 저작의 서지학적 원전은 T. H. Barrett, "Taoism: History of Study", *Encyclopedia of Religions* Vol. 14 (New York: Macmillan, 1987); H. Cordier, *Biblioteca sinica: dictionnaire bibliographique des ouvrages relatifs à l'emoire chinois* 6 Vols. (New York: Burt Franklin, 1968); M. Kardos, "Western Language Publications on Religions in China, 1990-94", *Journal of Chinese Religions* 26 (1998); J. F. Pas, *Historical Dictionary of Taoism* (Lanham, MD: Scarecrow, 1998); L. G. Thompson, *Chinese Religions in Western Language: A Comprehensive and Classified Bibliography of Publications in English, French, and German through 1980* (Tucson, AZ: University of Arizona Press, 1985); K. Walf, *Westliche Taoismus: Bibliographie* (Essen: Die Blaue Eule, 1992) 참조. 나는 이 책에서 서양의 도교에 대한 관심에 집중해 왔지만, 지난 100년 이상 일본에서 보여 준 도교에 대한

력을 보면, 서양에서 연구 활동을 하고 있는 천룽제(陳榮捷, Chan Wing-tsit)와 평유란(馮友蘭)과 같은 중국학자들의 저술과 좀 더 엄밀한 아시아적 학문 분위기에서 도교를 연구하는 중국과 일본 학자군이 증가했다는 것이 주목된다. 넓은 의미에서 이러한 저작은 그동안 주변에만 머물러 있던 도교 전통을 비로소 세계종교 비교사에 통합될 수 있도록 만들었다.[40] 최근 그들은 여러 방식으로 더 광범위한 학적 문화적 영역에서 대화하기 시작했다. 일부 비전문가 대중을 위한 연구를 추구해 왔던 칼텐마르크(Kaltenmark), 크릴(Creel)과 웰치(Welch) 같은 학자들은 도교가 지니고 있는, 서양을 위한 도덕적, 정신적, 치료적 잠재성에 주목해 왔다.

한편 아마추어, 다른 학과 출신의 전문가들, 그리고 도교에 매혹된 모든 분야의 전문가들의 저작이 많이 나오면서 도교에 대한 폭발적 관심을 보여주었다. 그들은 이론적으로나 실천적으로나 자신의 관심 영역에서 그것을 재해석하고 재구성하였다. 2차 세계대전 이후 몇 년간은 동양의 전통, 선불교와 티베트 불교에서의 요가, 하리 크리슈나(Hari Krishna)가 서양의 의식을 관통해 왔고, 아시아 종교 텍스트와 수행은 고유한 서양 정신의 전통을 때로 위협하였다. 도교가 항상 우세했던 것은 아니지만, 이런 면에서 중요한 역할을 하였다. 앨런 와츠(Alan Watts)와 같은 저자들은 도교에서 그 시대의

상당한 지적 관심에 대해서도 언급해야 할 것 같다. 이 노력의 역사에 대해서는 F. Fumimasa, "The History of Taoist Studies in Japan, and Some Related Issues", *Acta Asiatica* 68 (1995) 참조.

40) 예를 들어 Ling의 종교사에 대한 저술 *A History of Religion East and West* (London: Four Square, 1968)는 완전히 도교를 무시한다. 종교적 경험이 세계화되고 높은 추상성과 보편적 개념에서의 후퇴라는 시각에서 '세계종교'의 개념은 그 자체가 최근에 문제되기 시작했다. R. King, *Orientalism and Religion: Postcolonial Theory, India and the 'Mystic East'* (London: Routledge, 1999), p.94 참조.

자유주의적 요구에 대한 감명적인 대답을 보았고, 당시 문화적 급선무와 연결하여 도교를 끌어들였다.[41] 이후 이러한 관심은 뉴에이지 열풍으로 나아갔고, 이는 도교에 대한 서양인들의 관심에 크게 공헌했다. 특히 '대항문화'(counter-culture)[42]가 쇠퇴한 이후 도교는 인기를 누리며 미약하나마 보편 지혜의 형식으로 주목할 만한 성장을 했다. 도교의 고전 텍스트가 널리 읽히고 도교의 다양한 측면이 정신적 발전과 개인의 성장에서부터 경영과 정치학의 세계에 이르는 모든 영역에서 현대적 관심의 대상이 되었다. 신뢰할 수 없는 서양의 관념과 수행의 대안적 모델로 불교가 그동안 그 역할을 대신해 왔다. 이제는 도교의 차례이다. 이러한 목적을 위해 도교가 관심을 끌고 재해석되고 있다.[43]

사실 중국 전공자 이외의 학문적 세계에서는 도교에 대한 열정이 그다지 크지 않았다. 그러나 지난 반세기여에 걸쳐 비교 종교와 철학적 분야에서 그 연구가 좀 더 확대되었다. 이런 종류의 계획 가운데 매력적인 예로 마조레(Maggiore) 호수가 내려다보이는 빌라에서 1933년에서 1951년까지 매년 개최되었던 에라노스(Eranos) 세미나가 있다. 거기에서 마르틴 부버, 미르체아 엘리아데(Mircea Eliade), 칼 융과 루돌프 오토(Rudolf Otto) 등 수많은 유명한 학자가 아시아와 유럽의 종교 전통 간의 공동 기반을 모색하였다. 비교주의적 운동은 특히 미국에서 환영받았다. 거기서 동양 연구가 일반적으로 전문

---

41) A. Watts, *Psychotheraphy East and West* (Harmondworth: Penguin, 1973); A. Watts, *Tao: The Watercourse Way* (London: Arkana, 1979).

42) 역주: 1967년 베트남 전쟁 무렵 미국 히피들의 생활방식에서 처음 시작된 말이다.

43) 최근 아시아 종교의 서양 민중의 정신적 침투에 대한 고찰을 위해서는 A. Rawlinson, *The Book of Enlightened Master: Western Teachers of Eastern Traditions* (Chicago: Open Court, 1997) 참조.

가들의 오리엔탈리스트 학과의 경계를 넘어 확장되었다. 앞서 보았듯이 철학과 관련된 분야의 수많은 사상가가 몽매한 미신이나 표현할 수 없는 신비주의가 아니라 상대주의에서 환경철학에 이르는 전 영역의 문제를 아우르는 대화의 상대로 도교에 대해 진지한 관심을 갖게 되었다. 최근의 조우에 대해서는 다음 장에서 상세하게 다루겠지만, 여기서는 도교가 서양의 오리엔탈리스트 논의의 배경에서 심각한 변형을 경험한 정도만 강조하겠다. 예수회 선교사들은 도교를 기독교의 진리로 대체되어야 할 원시적 미신으로 생각하고, 헤겔은 정신의 형성에서 미숙한 배아 단계의 부분으로 보았다. 하지만 이제는 현대사상의 중심적 측면에 적극적 요소로, 정신적 육체적 건강의 열쇠로, 그리고 심지어 지구의 생존을 위한 청사진으로 환영받고 있다.

2. 도교 읽기

서양인들은 오랫동안 도교를 주시해 왔다. 하지만 최근까지도 도교를 살아 있는 전통보다는 좁은 범위의 원전에 집중해 왔다. 도교는 다른 동양 종교에 비해 주로 텍스트적 대상으로 서양인의 의식에 영향을 미쳐 왔다. 일찍이 레게나 빌헬름과 같은 기독교 선교사들의 중국 연구 노력과 드 그루트의 인류학적 저작이 있었지만, 고대 전통을 체계적으로 접근하게 된 것은 최근의 일이다. 수십 년 전까지만 해도 비베카난다(Vivekananda)[44]나 스즈키

---

44) 역주: Swami Vivekananda(1863~1902): 근대 인도의 종교, 사회개혁 지도자. 세계종교 회의에 힌두이즘 대표 자격으로 참가했고 미국과 영국에 힌두철학을 소개했다. 그의

처럼 '순수' 본토 도교를 서양의 땅에 가져다 준 아시아 선교사는 없었다.[45] 한편으로는 앙리 마스페로부터 계속된 도교 연구의 발전으로 우리는 좀 더 넓은 맥락에서 중국의 종교적 사회적 역사의 전통을 이해할 수 있게 되었다. 하지만 서양에서는 편협하게 선택된 범위의 고전 텍스트를 통해 도교를 철학적/신비적 전통으로만 보려는 배타적 경향이 있었다. 게다가 이러한 '원전 그대로의 구상화'는 단지 역사적 사건의 결과물일 뿐이라고 비판하는 비평가도 있었다. 리처드 킹(Richard King)은 종교를 성서의 문자에 기원하는 것으로 서술하려는 '현대 서양의 종교 관념에 뿌리박힌 명백한 학문적 편견'이라고 지적하고 있다.[46] 초창기부터 중국학(sinological) 연구는 중국사상의 영원한 본질을 드러내는 어떤 중심 원전을 가정하려는 경향이 있었다. 이러한 견해는 중국의 학파와 지적 전통이 해석학적 구조를 가지고 있다는

연설과 저작은 인도의 민족전통에 대한 긍지를 고취하고 많은 민족운동 지도자나 참가자에게 사상적 무기를 제공했다. 본명은 Narendra Nath Datta. 1884년에 대학을 졸업한 뒤, 라마크리슈나의 영향으로 종교에 귀의하고 이름도 바꿨다. 1893년 시카고에서 개최된 세계종교회의에 힌두이즘 대표 자격으로 참가하였고, 1896년에는 영국으로 건너가 베단타학파 철학을 소개하였다. 1897년에 인도 국내를 두루 순회하고, 1899년에는 다시 영국과 미국을 방문, 스승인 라마크리슈나 파라마한사의 설법을 소개하였다. 그의 연설과 저작은 인도의 민족전통에 대한 긍지를 고취하고, 많은 민족운동 지도자나 참가자에게 사상적 무기를 제공하였다. 그는 서유럽의 기술과 동양(인도)사상의 통합적 전개를 인도에서 찾고자 하였다. 그는 스승의 가르침을 인도뿐만 아니라 전 세계에 전하고자 각지에 라마크리슈나 미션의 설립을 추진하였다.

45) 하지만 이제는 이러한 사절들이 순수한 아시아 전통을 표상한 것이 아니라 일부 유럽의 가정과 기대를 반영한 가르침을 전달했다는 것이 밝혀졌다. R. King, *Orientalism and Religion: Postcolonial Theory, India and the 'Mystic East'* (London: Routledge, 1999) 참조. 게다가 도교 개념을 서양에 전한 중요한 사절이었던 중국학자 초기 세대(陳榮捷과 馮友蘭 등)는 도교의 원전주의적 관점을 강조하는 경향을 가지고 있는 서양학회의 회원들이었다.

46) P. C. Almond, *The British Discovery of Buddhism* (Cambridge: Cambridge University Press, 1988), p.25; R. King, *Orieatalism and Religion: Postcolonial Theory, India and the 'Mystic East'* (London: Routledge, 1999), p.62; A. Wright (ed.), "The Study of Chinese Civilization", *Journal of the History of Ideas* 21(3) (1960b), p.242 참조.

사실이 뒷받침됐다. 학자들은 고대 저작 및 저술활동에조차 거의 종교적 경배심을 가지고 고전을 정치적이고 사회적 질서를 위한 기본 원리를 담고 있는 저술인 것처럼 생각하려는 경향이 있었다.[47] 서양인의 마음속에는 『도덕경』이 가장 중요한 텍스트 중 하나였다. 『도덕경』은 오랫동안 도교의 가르침을 대표하는 유일한 것으로, 그 난해한 성격 때문에 이 철학을 신비적 성격으로 고정시키고 중국의 대중적 종교 행위와 적당한 거리를 두고 이해하려는 경향이 있었다. 이러한 태도는 『도덕경』을 세기 전환기에 도교 가르침 전체를 한 점에 서 있는 역피라미드 형상과 같은 저작으로 본 더글러스 (R. K. Douglas)에 의해 아주 생생하게 표현되었다.[48]

서양에서만이 아니라 중국과 일본에서도 그동안 쉽게 접근했던 신화의 단편들을 흔들면서 도교 전통에 대해 좀 더 풍부한 그림을 그릴 수 있게 해 주는 최근 연구들이 있다. 잠깐 살펴보면 도교 기본 원전들은 내적으로 아주 복잡하다. 한 저자의 영웅적 발명품이 아니다. 다양한 원전에서 여러 시대를 거쳐 만들어진 편집판이다. 그 결과 여러 영향의 교착으로 형성되었고 넓고 다양한 방식으로 해석되었다. 『도덕경』 자체는 이제 중국 역사를 통해 지속적으로 재해석되고 700여 개나 되는 주석을 받아야 했던 다층적이고 다의적인 텍스트로 보인다.[49] 이러한 균형 잡힌 변화에 또 하나의 주

---

47) B. I. Schwaltz, *The World of Thought in Ancient China* (Cambridge, MA: Harvard University Press, 1985), pp.407~409. Schwartz는 고전 원전으로 교양을 쌓은 엘리트문화와 대중문화에 기반을 둔 정신성의 관계를 연구한다. 이 '성스러운' (도교 텍스트의) 본질을 Robinet이 *Taoism: Growth of a Religion* (a translation and adaptation by Phyllis Brooks of Robinet 1991, Stanford, CA: University of Stanford Press, 1997), pp.125~128 에서 논의한다.

48) R. K. Douglas, *Confucianism and Taoism* (London: Society for Promoting Christian Knowledge, 1911), p.186.

49) I. Robinet, "Later Commentaries: Textual Polysemy and Syncretistic Interpretations", L.

요한 공헌은 도교 경전 『도장道藏』에 대한 서양의 발견이다. 이 책은 도교 고전에 대한 철학적 확대와 해석에서부터 건강, 의식, 명상에 관한 저술까지 아우르는 다양한 종류의 텍스트를 포함하고 있다. 이것은 지금까지 생각해 온 것보다 더 다채롭고 더 포괄적인 상당한 자료를 제공한다. 수 세기를 걸쳐 만들어지고 확장되었지만, 처음 알려진 『도장道藏』의 편집본은 471년에 1,200여 개가 넘는 분리된 자료를 포함하여 만들어졌다. 그 후 1100년경에 처음 출판된 것을 포함해서 제왕의 명령으로 여러 번 더 확장되고 보완된 편집본이 만들어졌다. 5,000개가 넘는 분리된 원전을 포함하는 최종 판본은 1445년경에 제작되었다.50) 1911년에 에두아르 샤반(Édouard Chavannes)이 복사본을 입수하고 프랑스 국립도서관(Biblioteque Nationale)에 기탁했지만, 최근 들어서야 조심스럽게 연구의 주제가 되었으며, 많은 도교학자의 노력으로 풍부한 원전 텍스트가 번역되어 서양 독자들에게 유용한 것으로 제작되기 시작했다.

도교 텍스트는 번역하고 설명하기 어려운 것으로 유명하다. 작품의 저자와 연대에 대한 정보도 없고, 완전히 사라진 문화적 환경에서 선택된 집단에 의해 쓰이고, 애매모호한 일반적 표현을 쓰면서도 때로는 고의적으로

Kohn and M. LaFargue (eds.), *Lao-Tzu and Tao-te-ching* (Albany, NY: State University of New York Press, 1998), p.119.

50) 『道藏』의 역사적 설명으로는 도교적 판본을 형성하는 데 불교 경전의 영감을 지적한 N. Ōfuchi, "The Formation of the Taoist Canon", H. Welch and A. Seidel (eds.), *Facets of Taoism* (New Haven, CT: Yale University Press, 1979) 참조. K. Schipper, *Concordance du Tao Tsang: Titres des ouvrages* (Paris: Publications de l'École Française d'Extreme-Orient, 1975); A. K. Seidel, "Chronicle of Taoist Studies in the West 1950-1990", *Cahier d'Extrême Asie* 5 (1989~1990), pp.231~235; J. Boltz, "Taoist Literature", *Encyclopedia of Religions* Vol. 14 (New York: Macmillan, 1987a); J. Boltz, *A Survey of Taoist Literature: Tenth to Seventeenth Centuries* (Berkeley, CA: University of California Press, 1987b) 참조.

암호화된 방식을 사용하고 있기 때문이다. 이로 인한 해석학상의 당황스러움은 서양에서 도교 연구가 시작된 때부터 지금까지 계속되고 있다. 17세기 예수회 선교사들도 그 당시 중국 고전 텍스트를 유럽 언어로 또는 역으로 번역하는 것이 일반적인 번역보다 훨씬 어려웠으며, 철학자 콰인(W. V. O. Quine)이 '번역의 불확실성'이라고 명명한 것을 훨씬 능가하는 철학적 문제와 마주쳤다. 예수회가 'God'이나 'grace'와 같은 용어를 중국어로 번역하는데 겪게 되는 어려움은 최근의 '인仁', '기氣' 또는 '유무有無' 같은 단어를 유럽 언어로 바꾸는 데 겪는 딜레마에 필적한다. '도道'라는 단어 자체만도 'way', 'nature', 'mind', 'reason', 'law', 'logos', 'God', 'meaning', 'guiding discourse', 심지어 'the ongoing process of the real' 및 'the undifferentiated aesthetic continuum'으로 다양하게 번역되어 왔다. 그리고 1915년 중독사전에는 46여 개에 달하는 의미가 한 단어에 부여되었다.[51] 우리가 알고 있듯이 전통 유럽문화의 주요 개념인 '종교'와 '철학'에 해당하는 정확한 동의어가 고전 중국어에는 없다. 또한 학문적 스타일과 장르도 서양식 범주에 쉽게 어울리지 않는다. 예를 들면 '신비적'이라는 노자 또는 '시적'이라는 장자의 스타일은 특히 완고하고 논쟁적이라 텍스트에 대한 다양한 번역을 낳게 했다. 그로 인해 장자가 '정말로' 시인이냐 철학자이냐 하는 문제와 유럽 판본에서 채택된 적절한 방식에 관한 특별한 문제를 야기했다. 특히 초창기 번역 중 어떤 판본은 좀 더 서정적인 분위기를 가진 다른 것들에 비해 상당히 성서적 어조이다. 이와 관련하여 번역은 저자의 '진정한' 목소리를 되살리기 위해 노력해야 하는가 아니면 고전을 중국 독자들에게 전달해 주던

---

51) K. Walf, *Tao für den Westen: Weisheit, die uns nottut* (München: Kösel, 1997), p.15.

주석의 전통을 참작해야 하는가 하는 질문이 자주 반복된다.[52]

중국어가 알파벳 언어처럼 추상적 상징의 배열로 구성되어 있지 않고 표의문자나 상형문자에 기초한 언어라는 것 말고도, 주요한 구조적인 문제가 또 있다. 물론 이것은 (8장에서 살펴보게 될) 흥미로운 원리의 문제를 제기하는 것이다. 그러나 전반적인 문법적 구조가 기본적으로 서양의 언어와 다르다는 것이 문제이다. 이 문제는 자주 지적되어 왔다. 서양 언어의 문법적 구조는 단어의 다른 급에 역할을 한정하는 엄격한 규칙(예를 들어 격, 시제, 수, 성별 등)으로 만들어져 많은 변수를 모호함 없이 명확히 말하게 해준다. 그런데 중국 문자는 화법, 인칭 또는 시제의 기능을 훨씬 더 제한 없이 할 수 있어 애매하고 암시적이다. 그래서 어형 변화보다는 문맥이 적절한 의미의 실마리를 제공하게 된다. 이것은 서양의 해석자에게만 제기되는 난제가 아니라는 것도 강조해야겠다. 홈스 웰치가 지적했듯이 중국에서 엄청나게 부지런히 주석을 해 온 것도 상당히 압축적이고 불가해한 중국 고전 저작의 성격 때문이다. 문법적 장치와 엄격한 법칙이 부족한 이러한 요인 때문에 웰치는 흥미로운 포스트모던적 결론을 내린다. "읽는 것이 창조 행위이다"라고.[53]

또한 우리는 해석학적 과정에 끼어드는 이데올로기적인 요인도 감지할 필요가 있다. 서양 그리고 중국 문명은 완전히 다른 역사 발전 과정에서

---

52) Chan Sin-wai and D. E. Pollard, *An Encyclopedia of Chinese Translation: Chinese-English/English-Chinese* (Hong Kong: The Chinese University Press, 1995); J. Fleming, "On Translation of Taoist Philosophical Texts: Preservation of Ambiguity and Contradiction", *Journal of Chinese Philosophy* 25(1) (1998); Lin Tong-qi, H. Rosemont, and R. T. Ames, "Chinese Philosophy: A Philosophical Essay on the 'State of the Art'", *The Journal of Asian Studies* 54(3) (1995), pp.750~752.

53) H. Welch, *Taoism: The Parting of the Way* (Boston: Beacon Press, 1957), p.12.

비롯된 것이다. 종교와 철학의 경우 특히 그러하다. 중국과 유럽 전통의 개념적 틀 사이에 불가피한 부조화가 있다. 데이비드 홀(David Hall)과 로저 에임스(Roger Ames)가 지적했듯이 '서양 종교의 생명이 되는 (God, creation, sin, grace, eternity, soul 등등의) 완벽한 어휘가 중국 종교의 핵심인 비인격적 정신성을 묘사하는 데 부적절하다는 것을 보여 준다.' 비슷한 맥락에서 벤저민 슈워츠(Benjamin Schwartz)는 "우리(서양)의 역사 속에서 수많은 층의 의미로 두꺼운 외피를 형성해 온 nature(자연), reason(이성), science(과학), religion (종교), 그리고 freedom(자유)과 같은 어휘가 중국 전통 속에서 그들만의 복잡한 역사를 가진 도道, 리理, 기氣와 같은 중국 용어를 만나는 것이다"라고 비평하였다.[54] 번역 과정에서는 어쩔 수 없이 공정하기 어렵다. 그레이엄(A. C. Graham)은 그의 『장자』 번역본 서문에서 '한 텍스트가 한 언어로 쓰인 것과 2천 년 후에 세계의 반대쪽에서 다른 언어로 옮겨지는 것에서 겪을 수 있는 혹평(battering)'이라고 체념적으로 말한다.[55]

그레이엄이 여기서 언급하는 '혹평'이 결코 가치중립적인 것은 아니다. 모든 번역은 어떤 종류의 문화적 종교적 철학적 편견에 의해 영향을 받을

---

54) D. L. Hall and R. T. Ames, *Anticipating China: Thinking through the Narratives of Chinese and Western Cultures* (Albany, NY: State University of New York Press, 1995), p.280; B. I. Schwaltz, *The World of Thought in Ancient China* (Cambridge, MA: Harvard University Press, 1985), p.12. 이것을 불교 경전이 처음 중국어로 번역되는 과정에서, 예를 들면 nirvana가 有無로 번역된 것과 같이, 일부분 도교의 어휘를 매개로 번역된 것과 비교하는 것이 흥미롭다. K. Ch'en, *Buddhism in China: a Historical Survey* (Princeton, NJ: Priceton University Press, 1964), pp.68~69; Fung Yu-lan, D. Bodde (ed.), *A Short History of Chinese Philosophy* (New York: The Free Press, 1966), p.242; H. Maspero, *Taoism and Chinese Religion* (trans. of Maspero 1971, Amherst: University of Massachusetts Press, 1981), p.406.

55) A. C. Graham (trans.), *Chuang-tzu: The Inner Chapters* (London: HarperCollins, 1981), p.27.

수밖에 없다. 현재의 경우가 더욱 그렇다. 서양의 중국과의 지적 조우는 세계의 정치적 종교적 전략이라는 광범위한 맥락 속에 위치한다. 초기 『도덕경』 번역이 신학적 편견에 의해 (많은 판본에서) '도道'가 'God'으로 번역되었다는 것이 그리 놀랄 일도 아니다.56) 최근에는 다른 학문 활동과 마찬가지로 번역이 해석의 작업이면서 특별한 역사적이고 이데올로기적 관점의 산물이라는 생각이 상식이 되었다. 이는 번역자의 입장에서 계속 노력하면 고대의 저자들이 언젠가는 '그들 스스로 말할 수 있게' 될 것이라는 희망을 떨쳐 버리는 데 도움을 주었다.57) 학자들 사이에서 해석학적 자의식이 커지고 있지만 여전히 접근과 방법론에서 심각한 차이를 보이고 있다. 어떤 번역자들은 역사적 언어적 기술을 최대한 적용해서 수 세기에 걸쳐 '왜곡된' 주석의 첨가를 뛰어넘어 원전의 '참'의미로 돌아갈 것을 희망하면서 도교의 진정한 목소리를 회복해야 한다는 데 책임을 가지고 있다. 다른 한편으로는 도교 텍스트를 오늘날 당면한 사회 문제와 관련된 아직 살아 있는 전통의 일부로 다루려는 사람들도 있다. 그들은 도교의 관념을 현대적 문제의식의

---

56) G. G. Alexander, *Lâo-Tsze the Great Thinker* (London: Kegan, Trench, Trübner & Co, 1895); V. F. von Strauss, *Laò-Tsè's TaòTe King* (Leipzig: Fleischer, 1870). 비록 Creel이 '번역자는 어느 정도 해설자이어야 한다'고 계속 강조했지만, James Legge의 도교 원전 번역에서 기독교적 편견을 감지했다.(H. G. Creel, *Sinism: a Study of the Evolution of the Chinese World-View*, Chicago: Open Court, 1929, p.3) Legge는 중국인이 노아의 후손이라고 믿었고 중국의 역사를 『구약성서』와 조화하려고 노력했다.

57) 도교 원전의 번역자 문제를 조명하는 S. R. Bokenkamp, *Early Daoist Scriptures* (Berkeley, CA: University of California Press, 1997), pp.xiv~xv 참조. H. Welch, *Taoism: The Parting of the Way* (Boston: Beacon Press, 1957), 1장은 고대 중국 텍스트를 번역할 때 겪게 되는 위험과 어려움을 상세하게 논의한다. C. Hansen, *A Daoist Theory of Chinese Thought* (New York: Oxford University Press, 1992), pp.7~10은 번역이 해설에 선행한다는 관점을 공격한다. 초기 이 문제에 대한 논의는 J. J. L. Duyvendak (trans.), *Tao To King: Le Livre de la voie et la vertu* (Paris: Maisonneuve, 1953)도 참조.

궤도에 쉽게 끌어들인다. 몇몇 도교 고전의 판본은 순수한 학문적인 것을 넘어서 일반 대중에게 개방되어 있으며 흥미와 열정에 의해 만들어진 것이 분명하다. 마르틴 부버(Martin Buber), 위터 비너(Witter Bynner)와 토머스 머튼(Thomas Merton)처럼 어떤 경우에는 '번역자'가 중국 지식이 부족하여 다른 서양 언어 판본이나 중국어가 능통한 보조자를 이용하기도 했다.58) 듀벤다크(Duyvendak) 가 『도덕경』은 최악의 어설픈 지식의 희생물이 되었다고 말했을 때, 그도 확실히 이러한 생각을 품고 있었던 것 같다.59)

번역 문제의 본질이 무엇이든 간에 이제 유럽의 독자들은 『도장道藏』에서 나온 많은 새로운 텍스트를 포함해서 선택하고 적용할 수 있는 엄청난 양의 도교 저작 목록을 갖게 되었다. 그렇지만 여전히 『노자』와 『장자』가 가장 흥미를 끌며 도교에 대한 서양인의 태도에 영향을 미치고 있다. 그러나 우리가 이것을 좀 더 상세히 다루기 전에 다른 도교 텍스트들도 서양에서 통용되었다는 것에 주목해야 한다.60) 그 가운데 『열자』가 가장 중요하다.

---

58) 기독교와 동양의 수도원과의 대화에 착수한 시토 수도회 수도사인 Merton은 중국 문자에 대해 약간의 소양만 갖추었으며 그의 판본은 '직관적 접근'에 기반을 둔 '개인적이고 정신적인 해석'을 제공했다. 그리고 '새로운 해명을 포기했다.…… 거기서 기독교 토끼가 갑자기 도교 모자에서 마술로 나타날 것이다.' T. Merton, *The Way of Chuang Tzu* (London: Burns & Oates, 1965), pp.9~10 참조. S. Bradbury, "The American Conquest of Philosophy Taoism", N. Moore and L. Lower (eds.), *Translation East And West: A Cross-Cultural Approach* (Honolulu, HA: University of Hawaii Press, 1992), pp.36~37 판본 해설 참조.

59) J. J. L. Duyvendak (trans.), *Tao To King: Le Livre de la voie et la vertu* (Paris: Maisonneuve, 1953), p.1. 다른 방법론적 접근의 유용한 요약은 J. R. Herman, *I and Tao: Martin Buber's Encounter with Chuang Tzu* (Albany, NY: State University of New York Press, 1996), pp.188~192 참조. Herman은 같은 책 191쪽에서 '파편화된 학술적 논의가 좀 더 포괄적인 단계로 나가는 것'이 필요하다고 말한다. 하지만 나는 그러한 논의가 어떤 것을 말하는지 상상하기 어렵고 그것이 바람직할지도 의심스럽다.

60) Chan Wing-tsit, *A Source Book in Chinese Philosophy* (Princeton, NJ: Princeton University Press, 1963a); J. Legge (trans.), *Sacred Books of the East: The Texts of Taoism*

이 저작은 기원전 4세기경부터의 이야기와 철학적 사색의 축적이다. 『열자』
는 도교 관념을 아주 재미있고 유쾌하게 표상한 대표적인 책이고, 1877년에
이미 에른스트 파버(Ernst Faber)에 의해 번역되었다. 그럼에도 불구하고 서양
에서는 상대적으로 무시되어 왔다. 그레이엄은 1960년에 이 텍스트를 번역
하면서 도입에서 '이 책은 도교의 고전을 가장 쉽고 명료하게 알 수 있는
장점을 가지고 있으며, 서양인에게 도교의 낯설고 난해한 삶의 철학을 이해
시키는 최선의 안내서가 될 것'이라고 논평했다.[61]

그러나 오늘날까지 가장 서양의 주목을 끈 것은 바로 『도덕경』이다. 예

---

2 Vols. (Oxford: Clarendon Press, 1891).

61) A. C. Graham (trans.), *The Book of Lieh Tzu* (London: John Murray, 1960), p.1. 이
저서는 1912년 Lionel Giles와 1921년 Richard Wilhelm에 의해 번역되었고, 최신판으로
는 E. Wong (trans.), *Lieh-tzu: A Taoist Guide to Practical Living* (Boston: Shambhala,
1995)을 참조. Wong은, 홍콩에서 어린 시절을 보낼 때, 『道德經』을 알게 되기 훨씬 이전
에 列子의 이야기와 친숙해졌다고 말한다. 전한시대 통합주의적 시도의 대표작인 기원
전 2세기의 도교 텍스트의 번역본은 E. Morgan (trans.), *Tao the Great Luminant: Essays
from Huai Nan Tzu* (London: Kegam Paul, Trench, Trübner & Co, 1933)도 참조. 그리
고 Legge가 번역한 도교 경전 *Sacred Books of the East: The Texts of Taoism* 2 Vols.
(Oxford: Clarendon Press, 1891)도 참조. 그 밖에 덜 알려진 도교 텍스트의 최근 원전들
은 다음과 같다. S. R. Bokenkamp, *Early Daoist Scriptures* (Berkeley, CA: University
of California Press, 1997); Chan Wing-tsit, *A Source Book in Chinese Philosophy*
(Princeton, NJ: Princeton University Press, 1963a); T. Cleary (trans.), *Understanding
Reality: A Taoist Alchemical Classic by Chung Po-tuan* (Honolulu, HA: University of
Hawaii Press, 1987); T. Cleary (trans.), *The Secret of the Golden Flower* (San Francisco:
Harper & Row, 1991); W. T. de Bary, Chan Wing-tsit, and B. Watson (eds.), *Sources
of Chinese Tradition* 2 Vols. (New York: Columbia University Press, 1960); L. Kohn,
Taoist Mystical Philosophy: The Scripture of Western Ascension (Albany, NY: State Uni-
versity of New York Press, 1991a); L. Kohn (ed.), *The Taoist Experience: An Anthology*
(Albany, NY: State University of New York Press, 1993); E. Wong (trans.), *Cultivating
Stillness: A Taoist Manual for Transforming Body and Mind* (Boston: Shambhala, 1992);
E. Wong (trans.), *Harmonizing Yin and Yang: The Dragon-Tiger Classic* (Boston: Sham-
bhala, 1997a); E. Wong (trans.), *Cultivating to Energy of Life by Liu Hua-Yang* (Boston:
Shambhala, 1998).

수회 선교사들은 초기에는 주로 유교적 관념과 저작에 흥미를 가졌다. 하지만 체류기간이 길어지면서 그들은 도교야말로 주목할 만한 것이라는 생각을 갖게 되었다. 심지어 18세기에는 교단 회원들이 『도덕경』을 라틴어로 번역하기도 했다.[62] 그러나 『도덕경』에 지대한 관심을 가지고 있었던 최초의 유럽학자는 프랑스의 오리엔탈리스트인 아벨 레뮈자였다. 그는 '난해한 것들로 가득 찬' 『도덕경』의 저자를 플라톤과 연관지었다. 1841년에는 스타니슬라스 쥘리앵(Stanislas Julien)[63]이 최초의 프랑스 완역본을 냈다. 이어 1868년에 차머스(John Chalmers)가 최초 영어 완역본을 냈는데, 여기서 처음으로 텍스트(『도덕경』)가 형이상학에 지대한 공헌을 한 것으로 다루어졌다.(그리고 우연히 Tennyson의 시 'The Ancient Sage'에 영감을 주었다.)[64] 19세기와 20세기 초반에 걸쳐 1891년 레게의 번역본을 포함하여 많은 여러 판본이 나왔다. 1925년에 역사학자 아돌프 라이히바인(Adolf Reichwein)이 "『도덕경』은 현 세대를 위한 동서양의 가교가 되었다"라고 주장하였다.[65] 그러나 '다리를 가로지르는 통행이 주로 일방적이었고, 각 판본은 확고하게 서양문화의 토양으로 끌어들이는 추세였다.' 빅토르 폰 슈트라우스(Victor von Strauss)의 1870년 독일어 초판

---

62) J. Needham, *Science and Civilization in China* Vol. 2 (Cambridge University Press, 1956), p.163, fn. b 참조. 여기서 니덤은 William Blake가 1788년 Royal Society에 헌정한 이 번역본 하나를 가까이했다는 흥미로운 암시를 한다. 번역자들은, 그들의 의도는 기독교적 비의가 '고대에 중국에 알려진 것'을 보여 주는 것이라고 언급했다.

63) 역주: Stanis-las Julien(1799~1873): 프랑스의 동양학자. 唐代 玄奘의 『大唐西域記』, 『大唐大慈恩寺三藏法師傳』을 번역한 것으로 유명하다. 중국어에 정통하여 문법책을 쓰고 소설·희곡을 번역하였으며, 중국 도자기 역사를 소개하고 노자 『道德經』 번역을 시도하였다. 그의 업적을 기념하기 위해 아카데미 프랑세즈에서 '스타니슬라스 쥘리앵상'을 설정하여 동양학 분야에 현저한 공적을 남긴 사람에게 수여하고 있다.

64) R. P. Benton, "Tennyson and Lao Tzu", *Philosophy East and West* 12(3) (1962).

65) A. Reichwein, *China and Europe: Intellectual and Artistic Contacts in the Eighteenth Century* (London: Kegan Paul, Trench, Trübner & Co, 1925), pp.4~5.

은 난해하고 심원한 고대 전통의 지혜인 신지학으로 『도덕경』을 다루고 있다. 그리고 줄리아 하디(Julia Hardy)의 주장처럼, 그 시대 대부분의 번역에서 '기독교와의 노골적 비교는 규범이었다.'[66] 아서 웨일리(Arthur Waley)의 1934년 번역이 나올 때까지도 '허무주의'(nihilist), '정적주의'(quietist), 그리고 '수동성'(passivity)이라는 개념과 연관지어 '신비적'(mystical)이라는 형용사가 여전히 사용되었다. 같은 시대에 알레이스터 크롤리(Aleister Crowley)가 번역본을 냈는데 거기에서 그는 도교 텍스트에 비전적秘傳的이고 유대 신비철학적 전통이 포함되어 있다고 보았다. 그리고 완전히 다른 관점에서 1943년 위터 비너(Witter Bynner)의 대중적 판본은 주로 에머슨(Emerson)과 소로(Thoreau)에서 비롯된 보편적이고 자유주의적인 윤리학에 고무된 것이었다. 최근의 한 비평가는 이 번역본을 '미국 초월론(transcendentalism)의 잡동사니'라고 결론지었다.[67] 최근 들어 번역에 대해 자기비평적으로 접근하려는 경향이 늘어나고 있다. 예를 들어 미셸 라파르그(Michel LaFargue)는 도교를 '우리(서양)에게나 의미 있는' 보편 신비 철학의 한 예로 보려고 하지 않았고 플라톤(Plato)의 『티마이오스』(Timaeus)와 같은 우주론에 관한 논문으로 해석하지도 않았다. 그는 '세계를 (도교사상가들이) 보았던 것처럼 보려 하고' 텍스트의 고유한 역사적 맥

---

66) J. M. Hardy, "Influential Western Interpretations of the Tao-te-ching", L. Kohn and M. LaFargue (eds.), Lao-Tzu and Tao-te-ching (Albany, NY: State University of New York Press, 1998), p.166.

67) S. Bradbury, "The American Conquest of Philosophy Taoism", N. Moore and L. Lower (eds.), Translation East And West: A Cross-Cultural Approach (Honolulu, HA: University of Hawaii Press, 1992), p.34. 또한 Bradbury는 같은 책 40쪽에서 "오늘날 엄청난 『道德經』의 영어본은 서양이나 중국에서나 종종 묵시론적 환경주의와 동맹한 전문적인 중국학 연구자(sinologist)들의 보편적이고 자유로운 인문주의적 임무의 결과물이다"라고 논평한다. J. Kraft (ed.), The Works of Witter Bynner (New York: Farrar, Straus, Giroux, 1981)를 보면, 시인 Bynner도 자신의 명시집 The Tade Mountain으로 서양의 독자들이 중국의 시에 친숙해지는 데 중요한 역할을 했다.

락으로 돌아가려고 노력하였다.[68]

『도덕경』은 때로 이해할 수 없어 보인다. 저명한 중국학 연구자 마르셀 그라네(Marcel Granet)조차 『도덕경』을 번역하는 것이 불가능하다고 하였다. 이러한 저작이 '우리에게 의미심장하다는 것'은 어떤 면에서 보면 정말 난제이다.[69] 그러나 이것은 서양학자에게만 국한되는 문제가 아니다. 『도덕경』을 번역하고 해설하는 데 겪는 어려움은 (본토 중국에서도) 어떤 방식으로든 그 의미에 대한 학문적 토론을 초래한다. 따라서 중국에서도 텍스트가 수 세기에 걸쳐 수백 개의 다른 주석을 받아야 했고, 수많은 다른 판본들이 출판되었으며, '모든 종류의 믿음 체계에 의해' 해석되어야 했다.[70] 게다가 『도덕경』과 같은 도교 텍스트들은 다양한 논의 수준에서 다양한 방식으로 해석되기도 하고, 오랫동안 잊고 있었던 누군가의 기호화된 형식적 문구를 이용하기도 하여, 야심찬 형이상학에 관한 논문이 난해한 섹스 메뉴얼로 해석될 수도 있었다.[71] 홈스 웰치에 의하면, 가장 고귀하고 신비한 경구로

---

68) M. LaFargue, *The Tao of the Tao Te Ching: Translation and Commentary* (Albany, NY: State University of New York Press, 1992), pp.189 · 195 · 208; M. LaFargue, "Recovering the Tao-te-ching's Original Meaning: Some Remarks on Historical Hermeneutics", L. Kohn and M. LaFargue (eds.), *Lao-Tzu and Tao-te-ching* (Albany, NY: State University of New York Press, 1998).

69) M. Granet, *La pensée chinoise* (Paris: Albin Michel, 1934), pp.502~503.

70) I. Robinet, *Taoism: Growth of a Religion* (a translation and adaptation by Phyllis Brooks of Robinet 1991, Stanford, CA: University of Stanford Press, 1997), p.29. 이러한 주석에 대한 근접한 연구는 A. K. L. Chan, *Two Visions of the Way: A Study of the Wang Pi and the Hoshang Kung Commentaries on the Lao-Tzu* (Albany, NY: State University of New York Press, 1991) 참조. 세기 초의 주석 연구는 I. Robinet, *Les commentaires du Tao Te King jusqu'au VIIe siècle* (Paris: Institut des Hautes Études Chinoises, 1977) 참조. 그리고 이러한 주석의 예는 S. R. Bokenkamp, *Early Daoist Scriptures* (Berkeley, CA: University of California Press, 1997), chap.2 참조. I. Kohn, *Early Chinese Mysticism: Philosophy and Soteriology in the Taoist Tradition* (Princeton, NJ: Princeton University Press, 1992), chap.3도 참조.

알려진 『도덕경』의 유명한 시작 문구에 "아침에 좋은 음식을 먹어라. 그리고 저녁에 장운동을 해라"라는 주석을 달았다고 한다. 이 저작을 번역하는 어려움과 씨름한 후 그가 이렇게 결론을 내린 것이 놀랄 일도 아니다. "중국 고전은 정말 깊은 바다이다. 그것들 가운데 『도덕경』이 특히 번역하기 어렵다. 우리는 그것이 의미하는 것을 확실히 알 수가 없다."[72] 레게는 이 저작이 '너무 애매하고' 이 책의 저자는 '몽상가일 뿐'이라고 결론지음을 고백했다. 그리고 다른 훌륭한 번역자들도 화를 내며 이렇게 묻게 된다. "도대체 뭘 말하는 거야?"[73]

웰치는 이 문제에 대해서는 어느 정도 거리를 두면서 『도덕경』의 중요 개념에 집중하고 있다. 그러나 텍스트와 번역본의 불확실한 개념에 대해 얼마나 알아낼 수 있을지 확신하지는 않는다. 지난 세기 도교 지식 초기 단계에서 허버트 자일스(Herbert Giles)[74]는 독일의 성서비평 정신에 입각하여 『도덕경』의 저자로 추측되는 노자라는 인물에 대한 역사적 증거가 없으며, 『도덕경』은 후한의 위작이거나 텍스트 파편들의 양피지라고 주장하였다. 이는 레게를 비롯한 전통주의자/고전주의자의 견해에 반하는 것이었다. 그

---

71) E. Wong (trans.), *Harmonizing Yin and Yang: The Dragon-Tiger Classic* (Boston: Shambhala, 1997a)에 잘 보이고 있다. Allinson은 다층적인 성격의 중국 고전 텍스트가 서양 철학적 관점에서 이런 저작을 진지하게 이해하지 못하는 변명거리를 제공하며 신비적인 호기심이나 시로 다루게끔 하였다고 지적한다. R. E. Allinson, *Chuang Tzu for Spiritual Transformation* (Albany: State University of New York Press, 1989a), pp.10~13 참조.

72) H. Welch, *Taoism: The Parting of the Way* (Boston: Beacon Press, 1957), pp. 13·119.

73) H. Welch, *Taoism: The Parting of the Way* (Boston: Beacon Press, 1957), pp.13~14; J. J. L. Duyvendak (trans.), *Tao To King: Le Livre de la voie et la vertu* (Paris: Maisonneuve, 1953), p.131.

74) 역주: Herbert Allen Giles(1845~1935): 영국 외교관, 중국학 연구자. Wade-Giles 방식으로 널리 알려진 중국 번역 시스템을 만든 사람이다. 그의 번역으로는 『공자』, 『노자』, 『장자』, 그리고 최초의 『중영사전』이 있다.

후 많은 저서가 이러한 질문을 받아왔으며, 노자가 실존 인물인가 또는 『도덕경』이 그의 저작인가 하는 문제를 떠나, 오히려 다양한 원전과 시대에서 유래한 기원전 650년에서 350년 사이에 그리고 기원전 250년경에 대략 현재의 형태를 갖추게 된 경구, 격언, 또는 속담 모음집으로 보아야 한다는 것이 일반적 합의였다. 이 문제에 대해서는 다양한 논조의 학적 견해가 있지만, 모두 (유교는 물론이고) 기독교와 유사하게 『도덕경』을 도교의 창시자인 개인의 저작으로 보았던 초기의 관점을 거부하는 경향이 있고, 실제로 한때 이런 이유로 도교를 '노자주의'(Laoism)라고 부르기도 했었다.[75] 이러한 요인들은 『도덕경』을 한 저자의 '책'으로서만이 아니라 논리적 일관성과 이성적 논의로서의 유럽산 고전 모델과 유사하게 읽고 싶어하는 유럽 독자들을 실망시키는 것이었다.[76] 『도덕경』의 번역자 류덴줴(劉殿爵, D. C. Lau)[77]도 『도덕경』의 기원이 예언가나 점성가의 저작을 반영한 경구모음집일 수 있다고

---

75) 텍스트 사상의 일관성으로 볼 때 저자가 한 사람일 것이라는 Welch의 견해는 이제 소수 의견이 되었다. H. Welch, *Taoism: The Parting of the Way* (Boston: Beacon Press, 1957), p.3, Appendix I 참조. Victor Mair에 의하면 『道德經』은 '속담식 지혜 선집'이다. V. H. Mair (trans.), *The Tao Te Ching: The Classic Book of Integrity and the Way* (New York: Bantam, 1990), p.119 참조. Hansen은 그것을 '대중의 정치적 격언과 현실적 감언, 그 밖의 친숙한 지혜의 말씀'을 모은 것으로 본다. C. Hansen, "Duty and Virtue" (1996), P. J. Ivanhoe (ed.), *Chinese Language, Thought, and Culture* (Chicago and La Salle, IL: Open Court, 1996a), pp.186~187 참조. LaFargue는 그것을 '한때 독립적이었던 삽화의 콜라주' 명시선집으로 본다. M. LaFargue, *The Tao of the Tao Te Ching: Translation and Commentary* (Albany, NY: State University of New York Press, 1992), p.199 참조. 텍스트의 연대에 대한 권위 있는 논의는 A. C. Graham, *Studies in Chinese Philosophy and Philosophical Literature* (Albany, NY: State University of New York Press, 1990) 참조.

76) V. H. Mair (trans.), *The Tao Te Ching: The Classic Book of Integrity and the Way* (New York: Bantam, 1990), p.124.

77) 역주: 劉殿爵(D. C. Lau, 1921~2010): 중국학 연구자. 홍콩대학에서 수학. 1946년 영국 대학에서 서양철학 연구. 1950년 영국 SOAS에 자리를 잡고, 『道德經』, 『孟子』, 『論語』를 번역.

생각한다. 따라서 그것을 명시선집이나 철학 저작으로 다루는 것에 의문을 갖는다.78)

한대漢代 초기 두 개의 『도덕경』 백서본이 다른 도교 성향의 경전과 함께 1973년에 발견되면서 이러한 문제에 대한 논의가 더욱 복잡해졌다. 백서본과 다른 판본 사이에 결정적인 차이는 없지만, 백서본의 발견은 『도덕경』의 기원과 구성에 대한 신선한 변화를 일으켰다. 특히 어휘나 문맥에서 몇몇의 상세한 변화를 포함하여 도교와 법가학파 사이의 연계가 지적되었다. 경전의 표준적 순서도 후반부 '덕'경이 처음 '도'경 앞에 바꾸어져 놓여 있는데, 이것이 원래의 순서일 수도 있고 아니면 텍스트에 정치적 지향의 장을 철학적인 함의를 가진 장보다 우선할 수 있게 한 것일 수도 있다.79)

이러한 어려움에도 불구하고 서양에서 누려 온 『도덕경』의 인기는 놀랄 정도이다. 『도덕경』은 모든 세계 고전 텍스트 가운데 200개가 넘는 판본에다 17개의 다른 언어로 가장 많이 번역되어 온 것 중 하나이다.80) 이러한 광폭 인기에는 여러 이유가 있다. 하나는 텍스트의 변화무쌍한 성격이다.

---

78) D. C. Lau (trans.), *Lao Tzu: Tao Te Ching* (Harmondsworth: Penguin, 1963), p.14; K. Schipper, *The Taoist Body* (Berkely, CA: University of California Press, 1993), p.185.

79) A. C. Graham, *Disputers of the Tao: Philosophical Argument in Ancient China* (La Salle, IL: Open Court, 1989), p.374; R. G. Henricks, "Examining the Ma-wang-tui Silk Texts of the Lao-tzu", *T'oung Pao* 65(4-5) (1979); R. G. Henricks (trans.), *Lao-tzu: Te-tao Ching* (London: Bodley Head, 1990); Jan Yü-hua, "The Silk Manuscripts on Taoism", *T'oung Pao* 63 (1997); V. H. Mair (trans.), *The Tao Te Ching: The Classic Book of Integrity and the Way* (New York: Bantam, 1990). 소위 마왕퇴 필사본은 1973년 전한 시대 무덤에서 발견되었다. 세계의 『道德經』에 대한 비교적 최근 번역본에 대한 비교 연구는 방법론적 접근에서 차이점을 보인다. Wu Kuang-ming, "On Reading the Tao Te Ching: Mair, LaFargue, Chan", *Philosophy East and West* 43(4) (1993) 참조.

80) K. Walf, *Tao für den Westen: Weisheit, die uns nottut* (München: Kösel, 1997). 번역의 다양성에 관한 문제에 대해서는 Wu Kuang-ming, "On Reading the Tao Te Ching: Mair, LaFargue, Chan", *Philosophy East and West* 43(4) (1993) 참조.

말하자면 한 작가가 그것을 어느 정도 냉소적으로 보는 것처럼 "독자의 요구에 무엇이든지 제공할 수 있는 '준비성', 이는 한 가지 의미만을 가진 것을 명확하게 기술하는 책들을 넘어서는 대단한 강점"으로 작용한다.[81] 이사벨 로비넷이 주목했듯이 『도덕경』은 확실히 '많은 해석에 열려 있고 심지어 그것을 요구하고 있는' 텍스트이다.[82] 다양한 시대에서 『도덕경』은 도덕 안내서의 책으로, 신비철학에 대한 논문으로, 정치군사적 전략에 충고로, 유토피아적 논의나 과학적 자연주의의 지지서로 보였다.[83] 메이어(Mair)는 심지어 유물론적 초기 마르크스주의 해석까지 지적했다.[84] 간결하고 함축적인 역설이 즉각 주목을 끌고, 단순하고 자연스러운 존재를 향한 암시가 불안하고 불만스러운 삶을 사는 현대인들을 매료하는 것이 분명하다. 신화나 역사나 개인적인 언급이 적고 명백한 문화적 신학적 부담이 없기 때문에 모든 국부적 특성을 초월하는 보편 텍스트가 되었다. 일찍이 1855년 프로테스탄트 선교사 에드킨(J. Edkin)은 『도덕경』에는 신화나 전설이 없다는 것을 지적하고 '미신보다는 철학사에 속하는' 저작이라고 결론지었다.[85] 그러나

---

81) H. Welch, *Taoism: The Parting of the Way* (Boston: Beacon Press, 1957), p.13.
82) I. Robinet, *Taoism: Growth of a Religion* (a translation and adaptation by Phyllis Brooks of Robinet 1991, Stanford, CA: University of Stanford Press, 1997), p.29.
83) B. I. Schwartz, *The World of Thought in Ancient China* (Cambridge, MA: Harvard University Press, 1985), p.192. Schwartz는 저서의 신비적 측면에 주목하기를 좋아했다. Graham은 자신의 저서 *Disputers of the Tao: Philosophical Argument in Ancient China* (La Salle, IL: Open Court, 1989), p.234에서 Brecht의 저서 읽기를 '작은 사람의 생존전략'이라고 언급한다.
84) V. H. Mair (trans.), *The Tao Te Ching: The Classic Book of Integrity and the Way* (New York: Bantam, 1990), p.128. 같은 책 xv쪽에서 Mair는 텍스트에서 말하고 있는 신비주의자, 정치적 전략가, 유토피아 건설자, 천리안을 가진 시인, 그리고 명상요가 수행자 등 '여러 다른 목소리'에 관해 언급한다.
85) J. Edkins, '*Tauism*', *Pamphlets of Chinese Missionaries* (conference held at The School of Oriental and African Studies, London, 1855), p.83.

서양의 목적을 강화하기 위해서 텍스트의 비전적인 면을 편리하게 간과하는 대가로 나온 평가일 수도 있다. 텍스트의 다양한 접근이 어떻든 간에 『도덕경』이 '서양 사고에 치료적 대안'과 문제의 해결책을 제공해 줄 '세계 철학에서 가장 심오한 책 중 하나'라는 린위탕(林語堂)의 평가에 많은 이가 동의할 것이다.[86]

오히려 어떤 면에서 접근이 쉽고 대중적인 것은 『장자』이다. 그러면 『장자』는 도교와의 관계에서 어떤 위치에 있는 것일까? 그것은 『도덕경』의 가벼운 부록 이상의 무엇인가? 한나라 말에 와서야 『장자』가 기본적인 도교 경전에 포함되었다. 그 이후 중국이나 서양에서 『장자』와 『도덕경』을 도교 철학의 믿음을 더해 주는 것으로 생각했다. 『장자』와 『도덕경』의 기본적 견해는 대체로 조화롭다. 그러면서도 도교 전통에 대한 설명을 간단히 한마디로 단정할 수 없는 중요한 차이점이 있다. 예를 들면 『장자』는 정치적이기보다 개인적 발전을 강조하고, 우리에게 황금시대로 돌아가려고 하기보다 자유롭게 현재의 삶을 살라고 권유한다.[87] 『장자』는 겉으로는 재치 있는

---

86) Lin Yu-tang (ed. and trans.), *The Wisdom of China* (London: Four Square, 1963), p.25; J. M. Hardy, "Influential Western Interpretations of the Tao-te-ching", L. Kohn and M. LaFargue (eds.), *Lao-Tzu and Tao-te-ching* (Albany, NY: State University of New York Press, 1998), p.171. 『道德經』 번역과 해설을 둘러싼 역사와 문제에 대한 유용한 저작집에 관해서는 M. Csikszentmihalyi and P. J. Ivanhoe (eds.), *Religious and Philosophical Aspects of the Laozi* (Albany, NY: State University of New York Press, 1999); L. Kohn and M. LaFargue (eds.), *Lao-Tzu and Tao-te-ching* (Albany, NY: State University of New York Press, 1998) 참조. 최근 저작인 J. M. Hardy, "Influential Western Interpretations of the Tao-te-ching", L. Kohn and M. LaFargue (eds.), *Lao-Tzu and Tao-te-ching* (Albany, NY: State University of New York Press, 1998)은 특히 『道德經』과 일반 도교의 서양 해석에 유용한 개요를 제공한다.
87) L. Kohn, *Early Chinese Mysticism: Philosophy and Soteriology in the Taoist Tradition* (Princeton, NJ: Princeton University Press, 1992), p.57.

생각 모음이라고 여기게 만들지만 훨씬 더 복잡하고 어려운 텍스트라는 것을 보여 준다. 어느 중국학자는 '혼란스러운 콜라주'라고 비평하고, 어떤 미국 비평가는 '우화와 상징, 풍자와 역설, 은유와 이야기의 잡록'으로 보는 등 다양한 견해가 있다.[88] 왓슨(Burton Watson)은 그의 번역판 서문에서 "장자는 장엄하고 해학적이고 서사적이고 역설적이다. 광인의 목소리로, 노래기의 음성으로, 장황한 해신의 소리로, 명상적 해골의 것으로 번갈아 다른 역할을 생각하게 만든다"라고 하면서 글의 다의성을 강조하였다.[89] 이 텍스트는 신비주의, 철학, 무정부주의적 개인주의, 언어학적 분석, 인식론적 회의주의, 진지한 문학 작품 또는 평범한 우스갯소리 등 여러 가지로 해석되어 왔다. 서양의 몇몇 주석가들은 『장자』에서 강한 철학적 의미를 읽어 낸다. 로버트 앨린슨(Robert Allinson)은 이것을 '최초의 철학적 양식의 걸작'이라고 평가한다. 그리고 채드 한센(Chad Hansen)은 '그의 광적 난해함'에도 불구하고 '철학적 꿀'과 같은 것으로 묘사한다.[90] 한편 반어적 기지와 문학적 유희의 저작으로 보기도 한다.[91] 조너선 허먼(Jonathan Herman)은 여러 가지 영어 번역본이 너무나 다양해서 때로는 그것들이 '같은 텍스트를 다룬 것으

---

88) Wu Kuang-ming, *The Butterfly as Companion: Meditation on the First Three Chapter of the Chuang Tzu* (Albany, NY: State University of New York Press, 1990), p.363; G. C. Burneko, "Chuang Tzu's Existential Hermeneutics", *Journal of Chinese Philosophy* 13(4) (1986), p.393.

89) B. Watson, *The Complete Works of Chuang Tzu* (New York: Columbia University Press, 1968), p.xi. 장자 읽기의 여러 방식은 V. H. Mair, "Wandering in and through the Chuang-tzu", *Journal of Chinese Religion* 11 (1983b)에서도 강조한다.

90) R. E. Allinson, *Chuang Tzu for Spiritual Transformation* (Albany: State University of New York Press, 1989a); C. Hansen, *A Daoist Theory of Chinese Thought* (New York: Oxford University Press, 1992), p.265.

91) Wu Kuang-ming, *The Butterfly as Companion: Meditation on the First Three Chapter of the Chuang Tzu* (Albany, NY: State University of New York Press, 1990).

로 보이지 않을 정도'라고 안타깝게 비평한다.92)

중국 본토에서는 『장자』가 문화생활 곳곳에 깊게 스며들어 있다. 산수화, 시 그리고 죽림칠현과 연관된 고전적인 삶의 태도와 생활방식, 그 밖에 선불교에도 영향을 미쳐 왔다. 이 저작에 담긴 많은 이야기는 오늘날까지도 중국 어린이들에게 친숙하다. 마이클 사소(Michael Saso)는 이 저작이 아직도 대만의 수도원에서 명상 지도 교재로 사용되고 있다는 것에 주목했다.93) 『도덕경』과 마찬가지로 『장자』의 경우에도 텍스트가 다양한 것은 물론이고 수 세기를 걸친 상당한 범위의 번역과 해석이 있다. 이것들이 한대漢代에는 대체로 무시되었지만 한나라의 쇠퇴와 몰락을 수반한 도교 부흥기 동안에 널리 퍼졌다. 이제는 『장자』가 한 저자의 작품이 아니라 다른 학파와 도교 사상의 흐름을 대표하는 여러 저자의 작품이라는 것을 일반적으로 받아들인다. 소위 '내편'은 기원전 370년에서 320년까지 전국시대에 살았던 장자 자신의 작품으로 인정된다. 하지만 나머지 '외·잡편'은 이후 제자들이나 주석자들에 의해 추가된 것으로 추정된다. 우리가 이제 어느 정도 완전한 저작이라고 알고 있는 것은 한나라 초기에 편찬된 것이다.94)

---

92) J. R. Herman, *I and Tao: Martin Buber's Encounter with Chuang Tzu* (Albany, NY: State University of New York Press, 1996). 오늘날까지 『莊子』의 다양한 해석의 비평적 요점을 제공하고, 균형 있고 평균적인 번역을 하려면 다양한 독본을 결합하는 것이 필요하다고 주장하는 M. Levering, "Reading Chuang-Tzu: One Way or Many?", *Religious Studies Review* 10(3) (1984), p.229 참조.

93) M. Shaw, "Buddhist and Taoist Influence on Chinese Landscape Painting", *Journal of the History of Ideas* 49(2) (1988); Chang Chung-yuan, *Creativity and Taoism* (London: Wildwood House, 1975a), pp.169~238; M. Saso, "The Chuang-tzu nei-p'ien" (1983), V. H. Mair (ed.), *Experimental Essays on Chuang-tzu* (Honolulu, HA: University of Hawaii Press, 1983a), pp.140~157. 중국의 텍스트 역사에 관해서는 C. C. Rand, "Chuang Tzu: Text and Substance", *Journal of Chinese Religions* 11 (1983) 참조.

94) A. C. Graham, "How much of Chuang-tzu did Chuang-tzu Write?", *Journal of the*

엄격한 예수회 선교사들이나 프랑스의 철학자들은 재미난 문체와 가벼운 내용의 『장자』에 대해서 흥미를 가지기는커녕 당연히 무시했다. 19세기 후반에 와서야 여러 『장자』 번역본이 나왔다. 1870년에 슈트라우스(von Strauss)가 최초의 독일어 완역본을 냈고, 1881년에 프레더릭 밸푸어(Frederick Balfour)가 최초 영역본을, 1891년 제임스 레게가 또 다른 영역본을 출판하였다. 『장자』는 서양의 독자들에게 『도덕경』처럼 넓게 읽히지는 못했다. 하지만 여러 번역본은 다양한 문화적 수준에서 반향을 일으켰다. 예를 들면 오스카 와일드(Oscar Wilde)는 허버트 자일스가 출판한 1889년 판본은 '현대 삶을 신랄하게 비평한 것으로 자기찬양하는 우리 민족의 습성을 점검하게끔 하는 것'이라고 크게 환영하였다.[95] 약 100년간의 『장자』에 대한 평가로 보건대, 아직까지 서양인의 마음속에 『도덕경』과 같은 지위를 차지하지는 못했다. 그러나 최근 대중적인 인기를 끌면서 계속 흥미로운 반응을 보이고 있으며 많은 문헌학적, 철학적 토론을 자극해 왔다. 다음 장에서 살펴보겠지만, 지금까지 '단순한' 문학의 범주로 제쳐 놓고 주목하지 않았던 서양의 전통적 방식과는 달리, 도전적인 철학적 사색의 한 방식으로 파악하는 철학자들이 『장자』를 진지하게 다루기 시작했다. 채드 한센이 말했듯이 장자의 걸작은 '동서 어디에서도 다른 철학적 저작에서 해내지 못한 이미지와 논의의 조화'일 뿐 아니라, 플라톤 이후 서양에서 해 왔던 철학하기와는 다른 도발적

American Academy of Religions 47(3) (1979); A. C. Graham (trans.), *Chuang-tzu: The Inner Chapters* (London: Harper Collins, 1981). 비록 劉笑敢은 *Classifying the Zhuangzi Chapters* (Ann Arbor, MI: University of Michigan Press, 1994)에서 텍스트에 대한 어떤 중요한 대안적 관점을 제시했지만, 이 두 저작(내편과 외·잡편) 모두 『장자』에 대한 새로운 연구에 지대한 공헌을 해 왔다.
95) *The Speaker* 8 (1890. 2).

사고방식이다.96) 철학자 우광밍(吳光明, Wu Kuang-ming)은 유럽의 학자만이 아니라 중국의 지식인들조차도 『장자』를 『노자』의 부록으로, 일종의 히피 은둔자의 호기심의 대상 정도로 다루었다고 지적하며, 특히 일부 중국학 연구자(sinologist)들이 『장자』 및 중국철학 일반을 서양식 사고유형 안에 제한시키려는 방식에 대해 비판한다. 예를 들면 그레이엄은 『장자』에 지나치게 학적 접근을 하기 위해 그것을 현대 분석철학적 언어로 바꾸려고 애썼고, 크릴은 유사한 맥락에서 『장자』가 '적절하게 체계화될' 필요가 있다고 주장하였다. 이러한 견해가 가지는 문제는 그들이 일종의 '인지적 문자주의'(cognitive literalism)에 빠져서 텍스트가 제공하는 넓은 의미의 가능성을 인식하고 탐구하기보다는 번역에만 갇혀 있다는 것이다. 우광밍의 관점에서 장자는 당연히 주요한 철학자이고, 장자의 문제 제기는 우리의 관습과 상식의 뒤에서 찌르는 풍자적 검으로 '치명적'이고 '만능적'이다.97)

마지막으로 『역경』에 대해 몇 마디 언급해야 하겠다. 『역경』은 중국의 지적 문화적 생활 전반에 주도적인 지위를 누려 왔다. 따라서 엄격한 의미에서 전문적인 도교 텍스트는 아니지만 도교 전통과 밀접하게 연관되어 있

---

96) C. Hansen, "Language in the Heart-mind" (1989), R. E. Allinson, *Understanding the Chinese Mind: The Philosophical Roots* (Hong Kong: Oxford University Press, 1989b), p.116.

97) Wu Kuang-ming, *Chuang Tzu: World Philosopher at Play* (New York: Scholars Press, 1982), pp.1~14; Wu Kuang-ming, *The Butterfly as Companion: Meditation on the First Three Chapter of the Chuang Tzu* (Albany, NY: State University of New York Press, 1990), p.12. Wu의 해석에 대한 재검토는 P. Kjellberg, "The Butterfly as Companion", *Philosophy East and West* 43(1) (1993) 참조. 이 논의의 확장은 J. R. Herman, *I and Tao: Martin Buber's Encounter with Chuang Tzu* (Albany, NY: State University of New York Press, 1996), pp.129~137 참조. Herman은 Gadamer와 Paul Ricoeur의 해석학적 사고를 끌어들여 해석의 본질이 권위적 목적에서 어느 정도 독립된 단순한 식견이라기보다 텍스트와 독자 사이의 '놀이'(play)에 있다고 주장했다.

으며, 중국에서든 서양에서든 『역경』의 기원은 도교를 낳은 문화적 정신과 착종되어 있다. 『역경』은 도교와 완벽하게 조화로운 철학을 다양한 방식으로 표현하고 있다. 대중적 종교 행위의 맥락에서 예언을 목적으로 도교 승려들이 오랫동안 『역경』을 사용해 오기도 했다. 『역경』의 핵심 경전은 공자나 초기 도교의 작품보다 앞선다. 그런데 최근 연구에서 '십익十翼'이라는 이후에 통합된 후기 해석을 제시하는데, 이것이야말로 도교적 전망을 확실하게 보여 준다. 1882년 레게는 십익을 도교에서 기원한 것으로 보았다. 하지만 그 후 100년이 지나 중국학 연구자(sinologist) 윌러드 피터슨(Willard Peterson)이 이 보충 텍스트 십익이 전통적으로 공자의 작품이었다는 것을 확인하였다. 스티븐 카처(Stephen Karcher)도 『역경』이 정신적 수행으로 이후 도교가 된 전통과 밀접하게 연관되었지만, 결국 유가들의 전유물이었다고 주장한다.[98] 카처가 보기에 『역경』은 진정한 '해석학의 전쟁터'였다. 거기에서 두 개의 위대한 중국 고유의 전통이 중국의 정신을 위해 싸웠고 그 의미에 대한 논쟁은 20세기까지 반복되어 왔다.[99]

한대漢代 초 이러한 주석(十翼)이 텍스트 말미에 첨부된 것 같다. 이는 『역경』이 오랜 시간을 거치며 확대되고 정교화되었다는 것을 말해 준다. 기원전 2천 년 전부터 예언을 목적으로 사용되면서 오랜 세월 진화하고 풍부해졌다. 수 세기에 걸쳐 아직도 예언의 책으로도 쓰이지만 그것은 복잡하

---

98) W. J. Peterson, "Making Connections: 'Commentary on the Attached Verbalizations' of the Book of Change", *Harvard Journal of Asiatic Studies* 42(1) (1982), p.310; S. Karcher, "Journey to the West", *Oracle: The Journal of Yijing Studies* 2(9) (1999); T. Cleary (trans.), *The Taoist I Ching* (Boston: Shambhala, 1986); E. Shaughnessy (trans.), *I Ching: The Classic of Change* (New York: Ballantine, 1996).

99) S. Karcher, "Journey to the West", *Oracle: The Journal of Yijing Studies* 2(9) (1999), pp.8 · 17.

고 다층적인 상징적 철학적 우주적 의미의 저작으로 변형되고 체계화되어 왔다. 한나라에 와서는 '오경五經' 중 첫 번째 경經으로 지정되면서 『역경』은 기본적인 텍스트로서 중국의 모든 학파 사상가들이 사용하게 되었다. 특히 도교사상 초기 발전에 강한 영향을 미쳤다.[100] 변화와 변형의 중심 개념이나 인간 세계와 우주적 과정의 통합을 강조하는 『역경』의 핵심 음/양 양극성이 그 예이다.

최근 서양에서는 음양을 학적 철학적으로 광범위하게 해석하면서 거의 예찬 수준에서 흥미로운 주제로 다루고 있다. 하지만 유럽에서 초창기 연구는 단편적인 것이었다. 예수회 선교사들은 『역경』에서 발견한 것에 당황하면서도 흥미로워했다. 하지만 1687년에 출판된 중국 고전 번역 선집이자 1710년경 한정판으로 출판된 레기스 신부(Fr Régis)의 라틴어 번역판 『중국의 철인 공자』(Confucius Sinarum Philosophicus)에서는 『역경』에 대해 지나가는 말로 잠깐 언급했을 뿐이다. 이렇게 복잡하고 다양한 모습을 가진 저작에 대해 다양한 반응이 생기는 것이 당연할지도 모른다. 이러한 초기 탐구에서 어떻게 텍스트가 유입되고 해석되었는지 여러 유럽의 기획을 통해 알 수 있다. 일부는 『역경』을 기독교 교리의 수수께끼 같은 예측으로 보기도 했고 어떤 이들은 형이상학이나 우주론적 저작으로 보기도 했다. 하지만 대부분의 사

---

100) Cheng Chung-ying, "Chinese Metaphysics as Non-metaphysics: Confucian and Taoist Insights into the Nature of Reality", R. E. Allinson, *Understanding the Chinese Mind: The Philosophical Roots* (Hong Kong: Oxford University Press, 1989b); I. Robinet, *Taoism: Growth of a Religion* (a translation and adaptation by Phyllis Brooks of Robinet 1991, Stanford, CA: University of Stanford Press, 1997), p.15. T. Cleary (trans.), *The Taoist I Ching* (Boston: Shambhala, 1986), pp.8~9 · 25를 보면 Thomas Cleary는 『易經』을 도가들을 위한 정신적 연금술의 도구로서 그리고 자연과 조화하는 삶의 비결로서 읽는다.

람은 최근까지도 단순한 예언의 책으로 생각했을 뿐이다. 초기 서양의 해석
가인 폴 카러스(Paul Carus)는 이것을 '신비학'의 범주에 놓고 '세상에서 가장
난해한 자료 중 하나'이면서 동시에 '존재의 이성적, 아니 철학적 심지어
수학적 개념에 기초했다'고 생각했다.101) 이후『역경』을 속담모음집, 사전,
파일시스템(a filing system), 남근숭배 우주창조론, 논리서와 역사적 연대기 등
다양한 방식으로 해석해 왔다.102)『역경』을 진지하게 받아들인 최초의 유럽
철학자는 라이프니츠였다. 그에게 레기스의 번역은 무엇인가 새로운 발견
으로 다가왔다. 그는『역경』이 그의 이분법적 수학이론의 역사적 전례였다
고 생각했다. 그리고 그것을 자신의 유기체론적 철학의 독특한 형태를 위한
토대로 삼았다.103)

  『역경』은『도덕경』만큼이나 난해한 텍스트로 악명 높았다. 마스페로는
『역경』을 '거의 번역할 수 없는 저작'이라고 선언했다.104) 하지만 다루기 어
려운 저작임에도 불구하고 19세기에 에른스트 파버(Ernst Faber)의 독일어판
(1877년), 할레츠(Charles de Harlez)의 불어판(1889년)과 레게(James Legge)의 영어판

---

101) P. Carus, *Chinese Thought: An Exposition of the Main Characteristic Features of the Chinese World-Conception* (Chicago: Open Court, 1907), pp.25~26.
102) I. K. Shchutskii, *Researches on the I Ching* (Princeton, NJ: Princeton University Press, 1979), p.55. 이것은 1차 세계대전 시작까지『易經』해석사의 유용한 연구를 제공하는, 서양에는 오랫동안 숨겨져 온 선구적 저작이다.
103) D. E. Mungello, *Leibniz and Confucianism: The Search for Accord* (Honolulu, HA: University of Hawaii Press, 1977); D. Cook and H. Rosemont, "The Pre-established Harmony Between Leibniz and Chinese Thought", *Journal of the History of Ideas* 42(3) (1981); D. Cook and H. Rosemont (eds.), *G. W. Leibniz: Writings on China* (La Salle, IL: Open Court, 1994). Régis의 번역은 이후 1834년과 1839년에 독일에서 출판되었다. C. T. Jackson, *The Oriental Religions and American Thought* (Westport, CT: Greenwood, 1981), pp.129~134 참조.
104) H. Maspero, *La Chine antique* (Paris: Presses Universitaires de France, 1965[1927]), p.444.

(1882년 처음 출판), 그리고 서문이 달린 『동양의 성서』(Sacred Books of the East) 시리즈(1899년)를 포함해서 여러 번역본이 나왔다. 레게는 번역 작업을 진행했지만 『역경』은 "기괴한 텍스트이며 거의 이해할 수 없었다"라고 고백했다. 러시아 중국학 연구자 슈츠스키(J. Shchutskii)는 『역경』이 서양에서는 다소 '유치하고' '무의미한' 것으로 보였다고 지적했다. 1924년 빌헬름(Richard Wilhelm)의 번역으로 비로소 『역경』이 나름의 지위를 얻으면서 이 저작의 지적 중요성에 대해 유럽인들이 공감하기 시작했다.[105] 1950년 영역본이 나오자 500만 부 이상이 팔리고 40여 개의 언어로 번역되면서 대중적으로 상당한 성공을 거두게 되었다. 빌헬름은 이 책을 '인간의 심성의 유일한 표명이며……세계문학사에서 가장 중요한 책 중 하나'라고 생각했다.[106] 칼 융도 이러한 견해에 동의하고, 『역경』은 '단지 오래된 마술적 주문에 불과한 것'이라는 중국인 지인의 주장을 무시했다.[107] 융은 개인적으로 그의 환자들과도 수년간 이 책을 활용했다. 빌헬름의 1950년 영역본 서문은 서양에서의 『역경』의 인기에 상당한 영향을 미쳤고 서양 반문화운동이 지속적인 지위를 차지하는 것에도 도움을 주었다. 융에게 텍스트는 예언의 책이 아니라 오히려 '무의식을 탐구하는 방법으로 비범한 의미의 치료 도구'였다.[108] 또한 기계론

---

105) I. K. Shchutskii, *Researches on the I Ching* (Princeton, NJ: Princeton University Press, 1979), p.35.

106) R. Wilhelm (trans.), "foreword" (C. G. Jung), *I Ching or Book of Changes* (London: Arkana, 1989), pp.xvi~xvii · xlvii. Shchutskii는 Wilhelm이 이 책을 충분히 이해하였고, 그의 번역은 '유럽에서 번역된 것 가운데 최고'라고 하였다.(I. K. Shchutskii, *Researches on the I Ching*, Princeton, NJ: Princeton University Press, 1979, p.45) Karcher에게 Wilhelm의 번역은 원래 유교적 해석일지라도 '읽을 수 있고 유용한…… 길잡이'였으며, 정신적 기록과 심리학적 도구로 진지하게 다루어졌다.(S. Karcher, "Journey to the West", *Oracle: The Journal of Yijing Studies* 2[9], 1999, p.7) Cary F. Baynes가 번역한 Wilhelm의 영역본은 이후 Jung의 경향에 분명히 영향을 받았다.

107) C. G. Jung, J. J. Clarke (ed.), *Jung on the East* (London: Routledge, 1995), p.121.

적 패러다임에 심각한 전체론적(holistic) 이론을 대안으로 제공하였다. 그는 『역경』의 중심 개념을 그만의 개념인 동시성(synchronicity)과 동의어로 보았다. 『역경』의 핵심은 인과적으로 연관되지 않은 사건 사이의 의미심장한 우연의 일치에 관한 것으로, 예상되는 직선적 인과관계보다는 동시적인 사건 사이의 우연적 연관성에 초점을 맞춘다고 믿었다. 이러한 연관성(동시 발생)이 융에게는 상당히 중요한 문제였다. 왜냐하면 그는 동시성(synchronicity) 관념을 (과학혁명 시기 이후 서양의 사고를 형성했던) 기계론적 패러다임을 깨부수는 열쇠라고 생각했기 때문이다. 또한 동시성 관념이 사건의 의미 있는 패턴이라는 점에서 자연과 인간 본성에 대한 대안적 이해의 기반이 된다고 생각했다.[109]

『역경』에 대해 더 열정적인 해석자들도 있다. 니덤은 『역경』과 자연 철학의 연관성에 대해서는 전반적으로 호의적이다. 하지만 『역경』을 자연 세계의 관찰을 통해서가 아니라 중국 관료사회의 환상적 거울 이미지를 기반으로 사건을 '사이비적으로 해석'하는 것이라고 비판하기도 한다. 결국 『역경』은 중국의 과학적 사고 발전에 '악영향을 미치는 장애물'이었다는 것이다.[110] 또한 닐란(Michael Nylan)과 시빈(Nathan Sivin)도 『역경』을 '예언, 운문의 속담, 수수께끼와 역설 등 잡다한 잡동사니 기록'으로 보았다.[111] 최근에 와

108) C. G. Jung, J. J. Clarke (ed.), *Jung on the East* (London: Routledge, 1995), p.122.
109) C. G. Jung, J. J. Clarke (ed.), *Jung on the East* (London: Routledge, 1995), pp.120~136; J. J. Clarke, *Jung and Eastern Thought: A Dialogue with the Orient* (London: Routledge, 1994), pp.89~102 참조.
110) J. Needham, *Science and Civilization in China* Vol. 2 (Cambridge University Press, 1956), p.336.
111) M. Nylan and N. Sivin, "The First Neo-Confucians: An Introduction to Yang Hsiung's 'Canon of Supreme Mystery'", C. Le Blanc and S. Blader (eds.), *Chinese Ideas about Nature and Society: Studies in Honour of Derk Bodde* (Hong Kong University Press,

서야 『역경』이 번역자나 주석가들에게 진지하게 주목받고 있다. 다양한 방식으로 원래의 의미와 텍스트의 중요성을 재고하고, 서양과 중국 간 앙금 아래에 있는 문맥을 회복하기 위해 노력하고 있다.[112] 하지만 『역경』이 위험한 미신으로 가득 채워진 것이라는 인식은 아직도 중국에 만연하며 학술적 연구에서는 아니지만 『역경』을 사용하는 것이 법으로 금지되어 있다.

1987), p.43.

112) 예를 들면 J. Blofeld (trans.), *The Book of Change* (London: Allen & Unwin, 1965); T. Cleary (trans.), *The Taoist I Ching* (Boston: Shambhala, 1986); R. Ritsema and S. Karcher (trans.), *I Ching: The Classic Chinese Oracle of Change* (with Concordance, Shaftesbury: Element, 1994); E. Shaughnessy (trans.), *I Ching: The Classic of Change* (New York: Ballantine, 1996); I. K. Shchutskii, *Researches on the I Ching* (Princeton, NJ: Princeton University Press, 1979) 참조. Wu Jung-nuan은 자신이 번역한 *Yi Jing* (Washington, DC: The Taoist Centre, 1991)에서 Legge와 Wilhelm의 번역이 신유가적 해석(텍스트)의 산물이라고 비판하였다. 그리고 더 많은 도교적 해석을 제공할 것을 추구하였다. Ritsema와 Karcher의 판본은 알파벳 색인이 있는 텍스트의 유교화된 모습을 넘어 예언적 중심부까지 가려고 했다. (최근 발견된 마왕퇴본에 기초한) Shaughnessy의 번역은 符籙에 대한 도교적 분위기를 강조한다. Blofeld 판본은 확실히 예언적 상담을 위해 만들어졌다.

제4장 위대한 대지

THE GREAT CLOD[1]

도교 자연철학

1. 혼돈 속의 질서

앞서 보았듯이 음양우주론적 사고는 현대의 사고방식과는 거리가 먼 것 같다. 그런데 최근 중국의 자연관이 서양사상에서 상당히 생산적인 반응을 보이고 있다. 좀 더 넓게 보면 서양 우주론과 형이상학은 다양한 시대와 역사를 통해 기존 사고방식을 반성하고 도전과 변화를 유도하기 위해 비유럽적 전통을 끌어들여 왔었다. 초기 기독교는 플라톤을, 중세철학은 아리스토텔레스를 끌어들였고, 르네상스사상가들은 헤르메스 전통과 유대인 신비철학 카발라(Kabbala)에 관심을 가졌으며, 초기 현대과학은 그리스 원자론과 헬레니즘사상을 다시 찾았고, 낭만주의자들은 초기 난해한 그노시스 전통에 다시 주목했다. 최근에는 도교가 소규모이기는 하지만, 자연과 우주와

---

1) 역주: 道에 대한 Creel의 표현이다. 그는 莊子가 도는 똥과 오줌에도 있다고 한 말에서 미루어 도는 '무한한 정신'이나 '절대이상'이 아니라 '똥이나 오줌'과 동일시되며, 'The Great Clod'라고 하였다. 이 장의 '환경주의'를 다루는 부분에서 이것을 인용하고 있다.

거기에 사는 인간의 삶의 장소에 대한 사고방식을 합리화하고 설득력 있는 변화를 일으키기 위한 시도에서 비슷한 역할을 하기 시작했다. 무관심과 신비적 사고로 악명 높은 철학으로서의 도교가 이러한 역할을 제대로 수행할 것 같지는 않다. 그러나 과거의 기계론적 패러다임을 넘어 최근 과학의 발전과 형이상학적 사고방식의 대안 사이에 새로운 동맹을 찾고 있는 당대 사상가들에게 도교는 낯선 매력을 보여 주고 있다.

'낯선 매력'이란 말은 물론 혼돈이론에서 비롯된 것이다. 이 말이 최근 유행하는 주제가 되었고 도교와 현대 자연과학이라는 소원한 두 세계의 핵심으로 등장했다. 현대과학 이전을 돌아보면, 서양철학 전통에서 '혼돈'은 부정적 개념으로 다루어져 왔다. 고대 그리스 세계까지 거슬러 가면 '혼돈'이란 개념은 두려움과 경멸을 일으키는 별난 것으로, 때로는 조화로운 질서와 로고스의 법칙에 반하는 형이상학적 도덕사회적 위협으로 생각되었다. 두 현대 비평가들의 논쟁에서 혼돈은 '반이성적이고 비원리적이며 무정부적인 것, 정의 내리기 어려운 것, 법칙이 없고 무질서인 것, 끝없이 빌려 쓰는(begging) 한계'를 상징한다.[2] 니체는 이러한 사고방식에 도전한 최초의 현대 철학자 중 한 사람이었다. 그의 유명한 경구가 있다. "춤추는 별을 낳으려면 자신들 속에 혼돈을 가지고 있어야 한다."[3] 도교와 현대 우주론적 사고가 서로 낯설지만 매혹하는 것은 어떤 초월적 질서나 원리, 로고스 또는 이성이라기보다 종교 역사학자 지라드로(Norman Girardot)가 말한 '혼돈 속 숨겨진 질서'였다. 지라드로는 비교문화 관련 분야의 대표적 인물이다. 그

---

2) D. L. Hall and R. T. Ames, *Anticipating China: Thinking through the Narratives of Chinese and Western Cultures* (Albany, NY: State University of New York Press, 1995), p.10.

3) 역주: 니체의 『차라투스트라는 이렇게 말했다』 제1부 차라투스트라의 머리말에서 인용.

는 도교적 사고와 중국 우주론과 종교적 사고 전반에서 혼돈이란 주제를 중심적 역할로 보았으며, 혼돈이론과 도교 우주론적 개념 사이에 '아주 단순한 수사학적 조화' 이상의 확정적인 언급을 피한다. 그러면서도 그는 "현대과학의 혼돈이론은 전통 중국의 '도道', 즉 자연의 복잡하고 끊임없이 변화하는 흐름과 변화로서의 도道의 예측불허의 자발성에서 조화로운 우주를 낳는 것이라는 의미를 재발견한 것"이라고 말한다.[4] 혼돈이론과 도교 우주론적 연관성은 과학적 측면에서도 다루어져 왔다. 산타페 연구소(Santa Fe Institute)의 미첼 월드롭(Mitchell Waldrop)은 혼돈이론을 '완전히 도교적인 것'(total Taoist)으로 묘사하면서 둘 사이의 광범위한 구조적 유사성을 지적한다.[5]

배경지식으로 혼돈이론에 대한 간단한 언급이 필요할 것 같다. 우리는 세계가 어떤 근본적 질서 원리의 증거로 현현한 것이며, 그 질서는 영원하고 사물의 본질에 어느 정도 새겨져 있다고 생각해 왔다. 그런데 혼돈이론과 관련된 자기조직화시스템(self-organizing system)에 대한 최근 연구는 이런 기존의 사고방식에서 벗어날 수 있게 해 주었다. 질서는 창발적이고, 질서적인 구조는 자발적으로 생기는 것이라는 시각으로 우리를 환기시켰다.[6] 예를 들면 복잡계과학에서는 복잡하고 혼돈스러운 움직임을 카프만(Stuart Kauffman)의 표현대로 '혼돈의 가장자리'에 위태롭게 서서 질서구조를 생성하

---

4) N. J. Girardot, *Myth and Meaning in Early Taoism: The Theme of Chaos (hun-tun)* (Berkeley, CA: University of California Press, 1983), pp.xi~xii.

5) M. Waldrop, *Complexity: The Emerging Science at the Edge of Order and Chaos* (London: Viking, 1993), p.330.

6) E. Jantsch, *The Self-Organizing Universe* (New York: Pergamon, 1980) 참조. 이 책은 dissipative structures에 대한 Prigogine의 이론에 기초한 자기조작 시스템을 간단하게 추려낸 저작으로, 이 책의 이론은 복잡계 신수학의 발전으로 인해 이제는 낡은 이론이 되었다.

는 것으로 본다. 카프만이 지적하듯이 이러한 생각을 생명의 진화에 적용시켜 말하면 '진화론적 우주의 최고 탐사가 일종의 질서와 무질서 사이의 이행 단계에서 일어난다.'[7] 이런 세상에서는 초월적인 시계공이나 맹목적인 우연의 원리를 가정할 필요가 없다. 그 세계에서 우리는 '편하게…… 다윈이후 상상도 못했던 방식으로' 느낄 수 있다.[8] '오토포에시스'(자기창조, autopoeisis)[9]로 불려 왔던 자기조직화시스템(self-organizing system)이란 관념은 진화론에서만이 아니라 더 넓은 범위의 물리학과 우주론에서 중요한 함의를 갖는다. 예를 들면 물리학자 프리고진(Ilya Prigogine)의 '소산구조'(dissipative Structure) 연구에서 이것은 이론적 지형을 그린다. 거기서 자기조직화(self-organizing)하는 구조는 (살아 있든 그렇지 않든 간에) 역동적 흐름과 불균형 상황 속에서 질서와 안정성을 이룰 수 있는 것으로 보인다.[10] 최근 우주론자들은 우주가 '빅뱅' 때 무無(nothing) 또는 이른바 '양자진공'(quantum vacuum) 상태에서 생겨난 것이라고 생각해 왔다. 이와 관련하여 물질과 에너지 양자 입자는, 최저 상태 또는 진공 상태는 사실상 아무것도 없는 것과 같은, 양자장의 진동이다. 이러한 관점에서 전 우주는 거대한 무無를 배경으로 한 하나의 미세한 파동으로 보일 수 있다.[11]

---

7) S. Kauffman, *At Home in the Universe: The Search for the Laws of Self-Organization and Complexity* (Harmondsworth: Penguin, 1995), p.27.
8) S. Kauffman, *At Home in the Universe: The Search for the Laws of Self-Organization and Complexity* (Harmondsworth: Penguin, 1995), pp.26 · 86 · 92.
9) 이 용어는 Humberto Maturana와 Francisco Varela가 새로 만든 것이다. F. Capra, *The Web of Life: A New Synthesis of Mind and Matter* (London: HarperCollins, 1997), pp.97~99.
10) I. Prigogine and I. Stengers, *Order out of Chaos* (New York: Bantam, 1984).
11) 엄밀하게 말해서 혼돈이론은 궁극적으로 결정론적 가정에 의존하며, 양자 진공(quantum vacuum)의 비어 있음은 대체로 절대적 의미에서의 無(nothing)가 아니라 결정적 무언가의 부재(as the absence of anything determinate)로 보아야 한다.

카오스 이론은 자연 세계에 관한 가장 최근에 전개된 사고이며 금세기에 일어난 진정한 혁명으로 보아야 한다. 이 혁명은 많은 과학적 분야에서 19세기에 완전하게 실현되어 온 기계론적/결정론적 모델로부터 벗어나 전체론(holism), 유기체론과 자기조직화유기체시스템(self-organizing system)과 같은 개념을 둘러싼 관념적 태도 변화에 결정적 역할을 보여 주었다. 이러한 변화는 환원론적, 원자론적, 기계론적인 것에서 전체론적(holistic), 유기체론적, 생태론적인 세계관으로의 인식 변화 즉 보텀업(bottom-up)에서 탑다운(top-down)으로의 사고방식의 변화라고 말할 수 있다. 이것은 모든 것이 영원한 법칙에 의해 정해졌다는 '블록 우주'(block universe)에서 본래의 새로움과 창조가 가능할 수 있는 열린 우주(open universe)로의 이행으로도 볼 수 있다. 카오스 이론은 양자물리학에서 생태학에 이르기까지 다양한 분야에서 분명하게 현상의 상호 연관성과 서로 주고받는 움직임(corresponding move)을 강조한다. 이는 추상적 전체의 시각에서 세상을 보고 모든 과정을 구성된 요소로 분석하려는 방법론과는 다른 것이다. 게다가 카오스 이론은 더 큰 변혁을 가져올 수 있다. 모든 서양철학적 사색은 오랫동안 존재와 실체를 강조하면서 전개되어 왔지만 이제 생성과 과정을 중시하는 것으로 변화하고 있다. 또한 개별적 단위에서는 보편 법칙에 따라 행동하는 것이라는 사고에서 자발적으로 형성되고 체계 안에서 많은 단계를 거쳐 분열되는 것이라는 생각으로 변화하고 있다.[12]

겉보기에 무질서하고 혼란한 것에서 위태롭고 불현듯이 나타나는 질서

---

12) A. E. Gare, *Postmodernism and the Environmental Crisis* (Routledge: London, 1995a); D. R. Griffin (ed.), *The Reenchantment of Science: Postmodern Proposals* (New York: State University of New York Press, 1988).

정연하고 조화로운 구조의 의미, '우주는 본래 자신의 유기체적 원리와 자신의 창조적 에너지를 가지고 있다'는 생각이 도교 연구에서 점점 강조되고 있다.13) 홀(David Hall)과 에임스(Roger Ames)에 의하면 '도교는 일상적 의미에서가 아니라 무질서한 자발성에 근거를 둔 견해이다.' 그리고 지라드로에게 이것은 '혼돈을 위한 낯선 갈망'이고 '혼란을 위한 미신적인 진지한 열정'이다.14) 철학적이든 종교적이든 도교의 관점에서 보면 우주는 끊임없는 자발적 변형의 움직임으로 물질/에너지(氣)를 낳고, 역으로 음양 원리를 매개로 하여 '만물'로 나누어지는 원시의 혼돈 모체에서 나온 것으로 보인다.15) 이것은 직선적이라기보다 순환적 과정, 발산과 복귀의 과정, 혼돈에서 출현하고 태고의 조건으로 복귀하는 과정, 지속적으로 시작하고 복귀하는 '다수의 우주'개념으로, 즉 우주는 유일한 질서의 총체가 아니라 세계 질서의 중층(a multiplicity of world orders)으로 보인다.16) 게다가 바로 이러한 우주의 발원은 무

---

13) J. Gernet, *China and the Christian Impact: A Conflict of Culture* (Cambridge: Cambridge University press, 1985), p.210. 나는 여기서 'cosmology'라는 용어를 우주의 기원을 연구하는 우주의 생성론 개념을 포함하는 것으로 사용하고 있다. 이하에서 논의되는 우주론적 개념과 이론은 중국 문화 전반에서 일반적이다. 그러나 도교의 사고는 중요한 방식으로 그들과 연관되어 있다. 『장자』는 때로 기원의 문제를 제기하는 것을 단지 역설로 끌어들일 뿐이라고 주장한다. A. C. Graham (trans.), *Chuang-tzu: The Inner Chapters* (London: Harper Collins, 1981), p.105 참조.

14) D. L. Hall and R. T. Ames, *Anticipating China: Thinking through the Narratives of Chinese and Western Cultures* (Albany, NY: State University of New York Press, 1995), p.230; N. J. Girardot, *Myth and Meaning in Early Taoism: The Theme of Chaos (hun-tun)* (Berkeley, CA: University of California Press, 1983), p.2.

15) 『列子』에서 이러한 사고방식의 예를 보려면 A. C. Graham (trans.), *The Book of Lieh Tzu* (London: John Murray, 1960), pp.18~19 참조.

16) N. J. Girardot, *Myth and Meaning in Early Taoism: The Theme of Chaos (hun-tun)* (Berkeley, CA: University of California Press, 1983), chap.2; D. C. Yu, "The Creation Myth and its Symbolism in Classical Taoism", *Philosophy East and West* 31(4) (1981). Hall과 Ames는 도교 관념을 무질서한(acosmic) 사고형태라고 말한다. D. L. Hall and R. T. Ames, *Thinking from the Han: Self, Truth, and Transcendence in Chinese and*

無(emptiness)에서 비롯된다. 왜냐하면 『도덕경』에 의하면 '있음'(有)은 '없음'(無)에서 나온다.[17] 이름 할 수 없는 도道는 영원하고 형언할 수 없는 실재가 아니라 엄격하게 말해서 무無인 것이다.[18] 도교가 보여 주는 자연의 이미지는 "왕 중 왕인 천상의 명령을 통해서가 아니라 우주의 모든 존재의 자발적 협력을 통해 이루어지고, 그들 자신 본성의 내적 요구를 따르며 우주론적 조화를 이룬다."[19] "도는 일을 낳고 일은 이를 낳고 이는 삼을 낳고 삼은 만물을 낳는다."[20]

해석자들은 이러한 "저절로…… '있음'은 '없음'에서 나온다(有生於無)"는 자기창조적 과정(a creatio continua)에 참여하는 우주 관념으로[21] 도교 우주론을 현대 과정철학과 제휴시키고, 심지어 현대 진화론적 사고와 비교하였다.[22] 주로 화이트헤드(A. N. Whitehead)와 연관된 사고방식인 과정철학에서는

Western Culture (Albany, NY: State University of New York Press, 1998), pp.61 · 125 참조. 기원전 2세기에 제설혼합주의자/도교 텍스트인 『淮南子』는 창조, 쇠퇴와 복귀의 순환론적 우주론을 제공한다. N. J. Girardot, *Myth and Meaning in Early Taoism: The Theme of Chaos (hun-tun)* (Berkeley, CA: University of California Press, 1983), chap.5 참조. 도교적 사고는 이러한 면에서 Plotinus의 발산적 우주론(emanationist cosmolgy)과 비교될 수 있다. 몇몇의 최근 우주론적 사고, 예를 들면 Andrei Linde와 Lee Smolin의 저작에서는 우주를 순환론적이고 자기재생산적인 것으로, 과거의 우주의 죽음에서 새우주로 부활하는 진화론적 관점에서 보고 있다.

17) 역주: 『道德經』, 40장, "有生於無."
18) 無는 때로 'non-being', 'non-existence', 또는 'void'로 번역된다. 도를 분명하게 emptiness(空)와 동일시한 것은 불교철학의 영향 아래 王弼과 僧肇 같은 신도가들에 의해서였다.
19) J. Needham, *The Grand Titration: Science and Society in East and West* (London: George Allen & Unwin, 1969), p.323.
20) 역주: 『道德經』, 42장, "道生一, 一生二, 二生三, 三生萬物."
21) Fung Yu-lan, D. Bodde (ed.), *A Short History of Chinese Philosophy* (New York: The Free Press, 1966), p.221.
22) A. C. Graham (trans.), *Chuang-tzu: The Inner Chapters* (London: Harper Collins, 1981), p.183; J. Legge, "The Tao Teh King", *Britisch Quarterly Review* 78 (1883), p.107. 『열자』에서 '진화론적' 사고의 예를 보려면 A. C. Graham (trans.), *The Book of Lieh Tzu*

우주의 흐름과 개방된 창조적 우주 개념을 강조한다. 거기에서 질서는 상승 작용하는 전체 속에 자연적인 과정의 상호 적응에서 나오는 '창발적인 것' (emergent)으로, 누군가 말했듯이 '논리적인 것' 또는 '초월적인 질서'이기보다 '심리적인 것'이다.[23] 데이비드 홀은 도교를 화이트헤드의 과정철학과 비교 하면서 전통적인 서양 사고와 선명하게 대조하고, '합리화를 통해 혼돈을 극복하는 것', 도교의 자발성, '창조자 없는 창조'를 강조하면서 '대항해서 싸우기보다 서로 협력하는 긍정적이고 조화로운 혼돈'을 강조하였다. 이런 관점에서 전반적으로 질서와 조화를 보여 주고 있기는 하지만, 이러한 자연 의 질서와 조화는 필수적이거나 영원한 법칙 또는 신성한 의지의 행동에 의 해서가 아니라, 자기창조와 자기실현의 과정인 것이다. 이러한 도교적/화이 트헤드의 관점에서 자연은 "창조적 잠재력의 지칠 줄 모르는 장場이다."[24]

도교 우주론에서 보는 자기창조적(autopoeic) 사고방식의 핵심은 도道가 어떤 예정된 질서를 의미하지 않는다는 것이다. 도道라는 개념을 유럽 용어 로 번역할 때 전통적인 서양의 초월적 질서 개념인 신, 로고스, 형상(Forms), 자연법, 자연법칙 등으로 번역해야 했다. 결국 도道라는 용어는 이미 존재 하고 미리 결정된 질서정연한 원리로 언급될 수밖에 없었다. 서양에서 후기

(London: John Murray, 1960), pp.21~22 참조. 우주의 광대무변함과 자연현상의 무한 한 다양성도 Graham이 강조하고 있다. A. C. Graham (trans.), *The Book of Lieh Tzu* (London: John Murray, 1960), chap.5 참조.

23) D. L. Hall and R. T. Ames, *Thinking through Confucius* (Albany, NY: State University of New York Press, 1987), pp.131~138. Whitehead 자신이 그의 과정철학과 중국 우주 론적 사고의 유사성을 언급하였다. A. N. Whitehead, *Process and Reality* (London: Collier Macmillan, 1978), p.7 참조.

24) D. L. Hall, *The Uncertain Phoenix: Adventures Toward a Post-Cultural Sensibility* (New York: Fordham University Press, 1982a), pp.186·225; D. L. Hall, "Process and Anarchy: A Taoist Vision of Creativity", *Philosophy East and West* 28(3) (1978); C. Hartshorne, "Process Themes in Chinese Thought", *Journal of Chinese Philosophy* 6(4) (1979) 참조.

기계론적 사고의 등장과 함께 나타나고 있는 최근 번역은 이러한 관점을 바꾸려고 노력해 왔다. 예를 들어 피런붐(Peerenboom)에게 도교적 우주는 미리 설정된 것이 아니라 개방적이고 창조적이며, 우주의 질서는 창발적이고 예상할 수 없는 것이다. 나중에 다시 보겠지만, 도교는 법칙 윤리학과 도덕의 절대성을 반대한다. 이것은 관용과 열린 마음의 태도와 부합한다.[25] 이 점은 니덤(Needham)도 강조해 왔다. 그는 초기 예수회 선교사들의 노력으로 비롯된 중국의 형이상학적 개념을 기독교 신학이나 서양철학에 일치시키는 위험을 정확하게 알고 있었다. 그리고 천상의 입법자라는 개념과는 완전히 모순되는 도교적 우주론의 특징을 강조했다. 하늘은 자연의 과정을 명령하는 법칙에 의해서가 아니라, 작동시키지도 않고 강요하지도 않는 무위無爲의 원리에 의해 움직이는 것이다. 그렇기 때문에 '인간 정신을 나타내며…… 초인격적 초이성적 존재에 의해 나온 칙령'으로서의 자연현상의 지배 원리를 보여 주고자 했던 뉴턴이나 데카르트 등의 형이상학적 가정에서 보면 기묘한 것일 수밖에 없다.[26]

그래도 고대 중국과 현대 서양 우주론을 비교할 때 중국과 서양사상의 일반 개념 간에 중요한 차이가 있다는 것을 염두에 두고 신중하게 접근해야 한다. 서양 우주론은 초월적이고 신성한 원리라는 점에 주목해서 표현할 수 있다. 앞서 보았듯이 예수회 선교사들은 중국의 사고를 자신의 기독교적 논의와 일치시키려고 노력하면서 중국 용어와 기독교 신학의 개념을 너무 성급하게 동일시했다. 서양은 도교를 현대 우주론적 논의로 끌어들이려고

---

25) R. P. Peerenboom, *Law and Morality in Ancient China: The Silk Manuscripts of Huang-Lao* (Albany, NY: State University of New York Press, 1993), pp.191~196.
26) J. Needham, *Science and Civilization in China* Vol. 2 (Cambridge University Press, 1956), pp.562~564.

할 때 도교의 신화적 요소를 제거하고 중국사상의 범위와 복잡성을 무시하려는 경향이 있다. 요즘 중국 역사에는 창조자인 신이라는 개념이 없고 도교 자체는 비초월적 철학이라는 단순한 주장이 제기되곤 한다. 하지만 실제로 대중적 종교의 문맥에서만 아니라 지적 전통 속에서도 초월적 창조의 흔적이 있다는 인식이 있다.[27] 대중적 종교의 맥락에 관한 한 창조자 신의 관념은 넓은 범위의 종교적 도교 속에 분명히 존재한다. 실제로 노자 자신도 후한시대에 신성화된 이후 우주의 창조자로 묘사되곤 하였다. 중국의 식자층 사이에서는 초월적 창조자의 개념이 그다지 중요하지 않았던 것도 사실이다. 그레이엄(Graham)이 지적했듯이, 중국사상에는 기독교적 중세와 르네상스사상가들이 경애했던 '예정설'(argument from design)이나 '신인동형설'(doctrine of signatures)과 유사한 개념이 없다.[28]

장자에게 세상은 기원이 없고 자발적으로 영원히 창조하는 것이다. 하지만 우주가 '조물주'에 의해 창조된 것이라고 주장하는 도교 텍스트도 일부 있으며, 종교적이고 신비적인 문제에는 무관심한 것처럼 보였던 장자도 인격신/창조주라는 개념을 암시한다.[29] 게다가 정신세계는 종교적 도교 전통 및 대부분의 중국 종교행위에서 중심적 역할을 해 왔다. 그리고 창조하

---

27) 예를 들면 『列子』에서 그런 것을 찾아볼 수 있다. A. C. Graham (trans.), *The Book of Lieh Tzu* (London: John Murray, 1960), pp.97·100 참조.

28) A. C. Graham (trans.), *The Book of Lieh Tzu* (London: John Murray, 1960), pp.178~179. 이 단계에서 Graham이 당시 실증 철학적 사고의 전례에 영향을 받았을 것이다. 그는 도교 저작의 신화적 측면을 문자 그대로 읽지 않고 '우화'로 보려고 하였다. A. C. Graham (trans.), *The Book of Lieh Tzu* (London: John Murray, 1960), pp.16~17 참조.

29) 초기 도교사상의 신화적 범위는 N. J. Girardot, *Myth and Meaning in Early Taoism: The Theme of Chaos (hun-tun)* (Berkeley, CA: University of California Press, 1983), pp.6~7에 강조되어 있다. B. I. Schwartz, *The World of Thought in Ancient China* (Cambridge, MA: Harvard University Press, 1985), pp.226~229도 참조.

지는 않았지만 모든 것을 통치하는 것은 도교 신전의 삼신三神 중 옥황상제였다. 이 세상에는 물질과 정신이라는 이분법적 구분이 없는 하나의 체계 속에서 삶의 모든 측면을 지배하는 옥황상제가 있으며, 그의 명령에 따라 관료 체계를 모방하고 입법을 제공하는 눈에 보이지 않는 많은 존재(神)가 살고 있다. 그들(神)은 불, 바람, 물과 천둥 등 자연현상과 인간 세계의 전쟁, 부와 문학 그리고 개개인의 내적 구원까지도 관장했다. 뒤에서 살펴보겠지만, 그들(神)은 도교의 정신수양에 중요한 역할을 하였다.30) 중국학 연구자 보켄캄프(Stephen Bokenkamp)가 주장한 것처럼 "여기 그리고 지금(here-and-now)과 신성 사이를 쉽게 구분할…… 없다." 그리고 정신세계는 "별만큼이나 멀면서도 너의 코만큼이나 가까이에 있다."31)

이러한 (철학적 그리고 종교적 형식에 있어) 정신과 자연 세계와의 통합이 도교사상의 핵심적 특징이다. 도교의 우주론적 사고는 단순한 과학적 사색의 과정이 아니다. 보통의 중국사상과 마찬가지로 그것은 인간의 삶을 더 넓은 영역의 자연과 우주에 둔다. 인간의 행복이 자연과 연관되어 있고 그것에 의해 운명 지어져 있으며, 심지어 "문화적 질서 안의 인간의 삶마저도 우주적 문맥에서 그 의미를 상기시킨다."32) 『도덕경』의 신비로운 시의 관점에서나 대중적인 도교의식 진행에서나 모든 목적은 자유와 해방이고, "세속의 관심으로부터 보이지 않지만 질서의 힘을 가진 조화로 이끌어" 궁

---

30) H. Maspero, *Taoism and Chinese Religion* (trans. of Maspero 1971, Amherst: University of Massachusetts Press, 1981).

31) S. R. Bokenkamp, "Declarations of the Perfected", D. S. Lopez (ed.), *Religions of China in Practice* (Princeton, NJ: Princeton University Press, 1996), p.268.

32) N. J. Girardot, *Myth and Meaning in Early Taoism: The Theme of Chaos (hun-tun)* (Berkeley, CA: University of California Press, 1983), p.258.

극적으로 "인간성을 원초의 도와 다시 연결한다."[33] 심지어 도교적 사고에서 혼돈을 강조하고 있는 것이 단지 지적 흥밋거리로 보일 수도 있지만, 인간의 구원적 열망을 우주적 변형과 잇고 정신성을 자연 연금술과 연결시키는 한, 난해하지만 구세론적 의미를 갖는다. 다음 장에서 실질적인 함의를 검토할 것이다.

2. 우주론

대우주 안에 소우주(인간의 힘)의 배치, 이는 '상관적'(correlative) 사유로 알려진 우주론적 개념의 일부이다. 이는 서양에서 흥미로운 해석과 논의를 불러 일으켰다.[34] 이 우주론적 묘사는 상호 대응(interlocking correspondences)이라는 자연에 대한 관념이 핵심이다. 이는 복잡하고 정교한 유추적 상관성을 매개로 다른 단계의 실재를 서로 대응시킨다. 인간과 사회 그리고 자연 세계가 상응한다는 가정 속에 인간의 중요성이 부각되고, 순환과 리듬, 더 넓은 우주질서의 유형 속에 인간과 정치적 삶을 이해하는 형이상학적 묘사이

---

33) S. R. Bokenkamp, "Declarations of the Perfected", D. S. Lopez (ed.), *Religions of China in Practice* (Princeton, NJ: Princeton University Press, 1996), pp. 268~269.

34) 상관적 사유라는 개념은 처음 M. Granet의 *La pensée chinoise* (Paris: Albin Michel, 1934)에서 보였는데, 거기서는 이것을 '중국 정신'의 특징으로 묘사하고 있다. 이후 J. Needham의 *Science and Civilization in China* Vol. 2 (Cambridge University Press, 1956)에서 중국 우주론의 기초로 정교화하였고, 전근대적 서양의 우주론적 사고와 비교했다. 그리고 고대에 기원하지만 漢代에 체계화된 우주론적 모델은 중국사상 전반에 기초가 되며 도교사상가들도 그것을 이용하였지만 결코 그들만의 것은 아니었다. 오히려 사마천의 분류에서 음양학파(또는 우주론)는 사실 도교와 아주 다르다. 그들의 혼돈에 대한 감각으로는 단 하나의 우주적 질서를 상술하는 가능성에 대해 회의적일 수밖에 없다.

다. 여기서는 인간의 몸 그 자체가 우주의 힘과 하나씩 상응하는 것으로 묘사된다. 심지어 궁극적 목표인 도道와 하나 되는 도교적 의식행위가 전체의 상징으로 고안되었다.35) 한대漢代에 와서는 천문학 이론과 연결되고 정교화되면서 이 모델에 좀 더 강력한 두 관념이 보태진다. 첫째는 세계가 다섯 개의 원소(나무, 불, 흙, 금속, 물) 또는 과정인 오행五行으로 구성되었다는 믿음이고, 둘째는 이 세상의 이행은 두 개의 상반되면서 보완적인 힘인 음과 양에 의해 움직인다는 믿음이다.

앞서 음양오행은 다양한 정신성을 보여 주고 있다고 말했었다. 그런데도 몇몇 서양사상가들은 여전히 이 모델이 자연세계에 대한 중국적 사고가 본질적으로 원시적이라는 증거라고 주장한다. 뒤르켐(Emile Durkheim)과 모스(Marcel Mauss)는 중국의 우주론적 체계는 원시적 분류 체계에서 독특하게 출현하였다고 주장했다. 이러한 견해는 20세기 초반에 널리 퍼졌고 '원시적' 사고의 일반적 범주를 모든 초기 사회의 특징으로 인정하려고 했던 인류학적 이론에 들어맞았다. 그리고 중국의 상관 체계를 호주 원주민의 것과 비교했다. 이러한 입장을 인류학자 레비브륄(Lévy-Bruhl)이 되풀이했는데, 중국의 상관적 우주론을 '감금된 발전' 또는 '논리 이전의 사고', 심지어 헛소리 (balderdash)라고 비하했다.36) 중국의 상관적 사유에 대한 이러한 묘사는 과정

---

35) J. Lagerwey, *Taoist Ritual in Chinese Society and History* (New York: Macmillan, 1987), chap.3; L. Kohn (ed.), *The Taoist Experience: An Anthology* (Albany, NY: State University of New York Press, 1993), chap.6.

36) E. Durkheim and M. Mauss, *Primitive Classification* (Chicago: University of Chicago Press, 1963), pp.73~74. 중국의 상관적 사유가 '논리 이전의 것'이라는 Lévy-Bruhl의 주장에 대한 논의는 J. B. Henderson, *The Development and Decline of Chinese Cosmology* (New York: Columbia University Press, 1984), p.35와 J. Needham, *Science and Civilization in China* Vol. 2 (Cambridge University Press, 1956), pp.284~287 참조.

과 사회적 진화에 대한 유럽 중심적 이론과 멋지게 맞아떨어진다. 그리고 사람들은 마음속으로 중국적 세계상은 계몽된 진보의 힘으로 없애 버려야 할 과거의 미신적인 유물에 지나지 않는다는 믿음을 확고히 했다.

최근 몇 년 사이에 중국과 서양사상 간 역사적 평형과 지속성에 초점을 두려는 노력은 이러한 가정에 도전하고 있다. 여러 학자가 중국의 상관적 사유는 서양의 중세와 르네상스의 우주론과 상당히 유사하다고 주장한다. 특히 르네상스의 주요 개념인 '존재의 대사슬'(Great Chain of Being)에서는 실재의 소우주와 대우주가 서로를 비추고 있다. 그레이엄은 더 나아가 전통 중국과 유럽 전통에서 일반적인 상관적 사유는 언어 기능의 기초가 되는 보편적 특징이며, 일련의 용어가 다른 것과의 상호 연관을 통해 의미를 갖게 되는 방식의 형식화된 표현이라고 주장한다.[37]

이러한 논의를 가장 명료하게 밝히고 있는 것이 바로 니덤의 저작이다. 니덤은 중국의 우주론을 연구하면서 중국의 상관적 사유와 유럽의 유기체론적 사유의 유사성에 자극을 받았다. 갈릴레오 이후 강력한 기계론적 패러다임 속에서도 유기체론적 사유는 여전히 유행하고 있었다. 게다가 생물학적 체계와 컴퓨팅 시스템 사이의 초기 관계를 다룬 위너(Norbert Wiener)의 저작은 인공두뇌학의 개념 속에서 시스템의 원리가 자연적이든 인공적이든

---

37) A. C. Graham, *Disputers of the Tao: Philosophical Argument in Ancient China* (La Salle, IL: Open Court, 1989), pp.318~325; J. B. Henderson, *The Development and Decline of Chinese Cosmology* (New York: Columbia University Press, 1984), p.41 참조. 또한 오랫동안 서양에서 공격받았던 Graham의 상관적 사유는 Ryle, Wittgenstein, Derrida 같은 사상가들에 의해 언어 자체에 깊게 각인된 것으로 다시 인정받았다. Jung의 개념 '동시성'에도 다시 등장한다. 중국과 다른 문명권의 우주론적 사유 사이에 유사성을 발견하려고 처음 진지하게 시도한 것은 A. Forke, *The World-Conception of the Chinese: Their Astronomical Cosmological, Physico-Philosophical Speculations* (London: Probsthain, 1925)에 보인다.

통시적 우연성보다는 공시적 상호성과 균형의 언어로 이해되는 중국의 우주론적 사유를 알게 해 주었다.[38] 그러나 니덤에게 동서 접촉에서 가장 중요한 점은 라이프니츠의 모나드론이었다. 이 이론은 세계를 하나의 기계가 아니라 살아 있는 존재로 이해하였다. 그것의 부분(모나드들) 또한 살아 있는 존재이며 각각은 우주를 반영하며 다른 모나드와 조화롭게 작용한다. 이 모든 것이 우주의 다양한 부분과 단계가 서로 조화롭게 협력한다는 중국의 상관적 시스템을 '어쩔 수 없이 생각나게 했다.' 그는 또한 영원히 펼쳐진 그러나 딱히 시작도 끝도 없는 우주의 연속적 흐름에 관한 라이프니츠의 이론이 창조나 파괴가 없고 오직 모이고 흩어지는 '취산聚散'(densification, rarefaction)[39]만이 있는 도교의 개념과 일치하는 방식에 주목하였다.[40] 니덤에게 이것은 단순하고 신기한 우연의 일치가 아니라, 이 길을 통해 중국의 사유가 라이프니츠의 사고만이 아니라 (대부분 비정통적이지만) 현대 서양 사고의 흐름에 분명히 들어왔다는 것을 확인할 수 있는 중요한 감응점을 상징했다. 니덤은 라이프니츠가 예수회의 자료를 제공받았기 때문에 중국의 상관적 우주론을 피상적으로 알게 되었다고 지적하면서 세부사항보다는 전반적인 정신에서 중국 우주론과 라이프니츠의 모나드론의 유사성은 중국의 형이상학적 사유에서 일부 영향을 받았을 것이라고 주장한다. 게다가 현대 서양철학에서 라이프니츠의 중요성을 고려할 때 (과학 분야 특히 그의

---

38) J. Needham, *Science and Civilization in China* Vol. 2 (Cambridge University Press, 1956), pp.289 · 344.

39) 역주: "느긋함과 급함이 서로 부딪치기도 하고 모이고 흩어지면서 이루어 간다."(『莊子』, 「則陽」, "緩急相摩, 聚散以成.")

40) J. Needham, *Science and Civilization in China* Vol. 2 (Cambridge University Press, 1956), pp.499~500.

미적분학의 발명을 제쳐 두고) 이러한 영향력은 당연히 이후 헤르더, 헤겔, 셸링 그리고 콜리지(Coleridge)에서부터 스머츠(Smuts)[41], 알렉산더(Alexander)와 화이트헤드에게 이르는 유기체론적 사상가 계열에까지 확장된 것으로 보인다. 게다가 우리가 유기체론적 사유방식을 화이트헤드로부터 추적한다면 라이프니츠에 이르게 되지만 그다음에는 사라진 것처럼 보일 것이다. 확실히 풀리지 않는다면, 이 순간 그 맥락을 동양으로 옮긴다면, 퍼즐은 쉬워진다.[42]

니덤은 서양 사고와 중국 우주론 오행설과의(영향이 아니더라도) 관련성을 탐구하는 데도 관심을 가졌다. 이것은 엄격히 말해서 원소 즉 다섯 가지 물질이 아니라, 서로 혼합하고 흘러들어 끊임없이 활동하고 변하면서 특성화되고 계속 순환하는 과정에서 모이고 흩어지는(聚散) 다섯 가지 과정 또는 에너지라는 것을 알고 있다.[43] 오행설은 음양이론과 마찬가지로 역동적 원

---

41) 역주: J. C. Smuts(1870~1950): 남아프리카연방의 정치가. 'holism'이라는 말을 만든 사람이다. 그에 의하면 '전체'는 부분의 총화라고 설명할 수 없는 성질을 가지고 부분의 상호 관계에 의존하는 동시에, 그러한 것들의 결합 양식으로 부분을 통제한다. 물은 수소나 산소와는 다른 성질을 갖고, 세포는 물리·화학의 법칙만으로는 설명할 수 없는 성질을 갖는다. 그는 자연의 대상은 각각 이와 같은 '전체'이며 자연은 동질적인 연속체가 아니라고 생각하였다. 또한 그는 우주의 진화에 관해서는 창조적 진화를 지지하고, 전체론은 기계론과 생기론의 대립이나 심신 문제 또는 자유와 필연성의 문제를 해결하고 있다고 주장하였다.
42) 직접적으로 도교보다는 주희와 같은 신유학자들에게 더 영향을 받았다. 하지만 도교는 신유학자들의 종합에 공헌했다. J. Needham, *Science and Civilization in China* Vol. 2 (Cambridge University Press, 1956), pp.297~292·496~505 참조. Mungello는 "발생적으로 직접 영향을 받았다기보다 확인하는 정도"였다고 본다. D. E. Mungello, *Leibniz and Confucianism: The Search for Accord* (Honolulu, HA: University of Hawaii Press, 1977), p.15 참조. D. Cook and H. Rosemont, "The Pre-established Harmony Between Leibniz and Chinese Thought", *Journal of the History of Ideas* 42(3) (1981)도 이 견해를 지지한다.
43) 오행은 다섯 가지 'phases', 'agents', 'powers', 'actions', 'movements'로 다양하게 번역되어 왔다.

리이며 우주 상관적 과정에 모체를 제공한다. 그것은 살아 있는 유기체와 마찬가지로 균형과 끊임없는 상호작용적 변형, 카프만을 다시 인용하면 '혼돈의 가장자리'에 있는 우주적 체계를 말한다. 이러한 의미에서 니덤은, 오행설은 엠페도클레스(Empedocles)의 4원소론이나 양자론 이전 시대의 원자론과는 기본적 개념에서 완전히 다르고 경향적으로 최근의 사유와 훨씬 가깝다고 말한다. 최근까지 서양의 철학적 과학적 사고는 물질세계의 기본 구성요소를 뉴턴 물리학에서 완전히 수동적이고 불활성인 물질로 보는 불가입성인 극미분자로 보았다. 이제는 이러한 경향이 훨씬 더 역동적이고, 심지어 기계론적 유물론과 데카르트와 뉴턴을 넘어 주류 과학에서 자연계의 유기체론적 관념으로 확실히 이동하고 있다. 니덤은 이렇게 추측하면서 그의 논의를 마무리한다. 이것은 "좀 더 연구하기 위한 가설"일 뿐이며 "대부분 현대 '유럽' 자연과학의 이론적 기초는 지금까지 세상에 알려진 것보다 훨씬 더 중국사상가들에게 빚지고 있을 것이다."[44]

그러나 이런저런 제한에도 불구하고 니덤은 상관적 사유를 서양의 유기체론 철학과 연관시킴으로써 자신의 유기체론적 관점을 정당화하려고 했다. 그러는 과정에서 그는 도교와 서양 사고 간의 중대한 차이점을 간과했다. 그는 오행의 과정이 '고대 중국인들이 생각할 수 있었던 가장 궁극적 원리'를 구성한다고 언급했다.[45] 하지만 이것이 잘못된 방식의 적용이었을 수 있다. 이것이 소크라테스 이전이나 이후 서양의 우주론적 관점에서는 적절할지 모르겠지만, 중국의 경우에는 적용되지 않는 일종의 근원주의

---

44) J. Needham, *Science and Civilization in China* Vol. 2 (Cambridge University Press, 1956), pp.292 · 505.
45) J. Needham, *Science and Civilization in China* Vol. 2 (Cambridge University Press, 1956), p.232.

(foundationalism)를 암시하고 있기 때문이다. 소크라테스 이전부터 현대 물리학에 이르기까지 자연의 기본적인 구성요소에 대한 질문이 서양 사고를 대표해 왔다. 하지만 중국 사고에서는 물질의 기본적인 구성요소라는 관념이 발견되지 않는다. 슈워츠(Benjamin Schwartz)가 지적했듯이, 여기서 중국이 초기 그리스의 철학자들처럼 세계를 구성하는 '물질'은 무엇인가?라는 동일한 질문을 하고 오행이라는 다섯 가지 요소나 과정으로 이른바 물질세계의 궁극적 구성요소를 환원적으로 분석하고, 그 결과 최종 잔재로서 기능했을 것이라고 가정할 위험이 생긴다.46) 슈워츠에 의하면 중국인들은 다양한 우주의 이력을 다섯 가지 기본 구성요소로 환원하거나 '드러난' 세계를 넘어 궁극적 '실재' 저 너머에까지 관통하는 것을 추구하는 데 관심이 없었다. 오히려 중국인들은 평범한 경험의 현실들을 상호 연관 지음으로써 '드러난' 세계를 그들이 찾은 것처럼 받아들이려 했다. 그들은 복잡한 세계의 경험을 의미 있고 유형화된 전체에 상호 연관 지으려는 '심신상관적' 기도에 더 관심을 가졌다.47) 초월적 원리에서든 내재적 실재의 관점에서든 존재의 궁극적이고 이성적인 설명을 드러내기 위해서 어떤 시도도 하지 않으려는 '반근원적'(anti-foundationist), '비우주적'(acosmic) 관점은 노자와 장자의 관념과 잘 어울리는 것으로 보인다. 이것은 또한 궁극의 구성요소보다 역동적 사건의 유형화에 더 관심을 갖는 카오스 이론과 복잡계에 대한 최근 관념과도 공명한다.

---

46) 그렇지만 그리스인에게도 자연세계의 물질(physis)은 어떤 의미에서는 살아 있는 것으로 여겨졌다는 것을 기억해야 한다.

47) B. I. Schwartz, *The World of Thought in Ancient China* (Cambridge, MA: Harvard University Press, 1985), pp.358~360. 그러나 묵가학파가 원자론을 개략한 것은 주목할 가치가 있다.

이 공명은 우주적 관념의 최종 쌍인 음/양이라는 양극성을 접할 때 더욱 강화된다. 원래는 어둠과 밝음, 계곡의 어두운 면과 밝은 면 사이의 대조를 나타냈던 음/양이라는 용어가 기원전 4세기경 철학적으로 사용되었다. 상관적 사유와 마찬가지로 음/양은 중국 문화와 사고 전반에 중심적 역할을 했는데, 특히 『역경』의 우주론적 사고와 도교철학에 결정적 역할을 했다. 실로 대우주에서 소우주에 이르는 모든 범위의 현상을 관통하는 양극성 원리는 중국사상에서 중요한 자리를 차지한다. 자연 전반에 있는 보완적 힘은 상호성과 균형을 나타내며, 행복·건강·선한 정치적 질서를 얻기 위해, 인간과 사회·생명 간의 조화를 위해 필요하다. 중국의 음/양이라는 이분법적 구분은 절대적으로 상호 반대나 배타적인 것이 아니라 오히려 상호 의존적이다. (Heraclitus와 Blake와 Schelling 같은 예외적인 경우도 있지만) 반대의 쌍을 상호 배타적으로 보는 서양의 경향과는 대조되는 방식이다. 중국의 음/양 관념은 보완적 쌍의 개념을 보여 준다. 상호 반대 또는 경쟁이 아니라 창조적 긴장과 상호적인 관계 속에 있는 것이다. "음과 양은 가장 위대한 에너지"라는 『장자』의 말[48]대로 이것은 과정이며, 그 과정 속에서 "음이 극에 달하면 양이 되고 그리고 그 반대도 마찬가지이다."[49]

음/양론이 전통적인 유럽의 사고방식과는 대조적이라서 서양인에게 더욱 매력적으로 보였고 그래서 다양한 논쟁을 불러온 것 같다. 음/양론은 서양에서 고질적이라고 생각하는 성 불균형(gender imbalance)을 해결하기 위

---

48) 역주: 『莊子』에는 음양에 관한 이런 언급이 없다. 아마도 『周易』, 「繫辭上傳」, " 一陰一陽 之謂道"를 말하는 것 같다.

49) A. C. Graham (trans.), *Chuang-tzu: The Inner Chapters* (London: Harper Collins, 1981), p.151; K. Schipper, *The Taoist Body* (Berkely, CA: University of California Press, 1993), p.35.

한 대안을 제시하는 것으로도 보인다. 도교의 여성적 성격의 수양이 서양의 과도한 남성성의 평형추로 보인다. 예를 들어 니덤은 기독교나 남성적 군주적 신에서 나타나는 압도적인 양陽과는 대조적으로 물과 여성적 정신을 중심으로 하는 도교적 음陰이 현대 서양 세계에 많은 교훈을 준다고 주장해 왔다.50) 한편 음/양이론을 낭만적인 양극성의 관념과 연결시키려는 경향이 있었다. 이는 괴테(Goethe), 셸링(Schelling), 콜리지(Coleridge)의 작품에서 두드러진다. 이들은 역동적 상호작용 속에 각 요소들은 상호적이든 전체로서의 과정이든 분리될 수 없는 것이라고 보고 유기체론적/전체론적 전망과 관련지어 생각했다.

이러한 접근은 특히 칼 융(C. G. Jung)에게 매력적으로 보였다. 융도 선배들과 마찬가지로 괴테와 셸링에게 영향을 받았다. 그는 양극성 관념을 근대 서양 사고를 지배했던 기계론적/유물론적 패러다임을 반박하기 위해 사용

---

50) J. Needham, *Three Masks of Tao: A Chinese Corrective for Maleness, Monarchy, and Militarism in Theology* (London: The Teilhard Centre for the Future of Man, 1979). 이러한 관점을 좀 더 대중적으로 표현한 연구를 보려면 D. Wile, *Art of the Bedchamber: The Chinese Sexual Yoga Classics Including Woman's Solo Meditation Texts* (Albany, NY: State University of New York Press, 1992), pp.61~69 참조. 도교 우주론에서의 여성성의 언어적 역할에 대해서는 B. I. Schwartz, *The World of Thought in Ancient China* (Cambridge, MA: Harvard University Press, 1985), p.200 참조. 수동적이면서 동시에 강한 자발성과 수용력의 개념인 중국 종교에서의 여성의 역할에 대해서는 J. Paper, *The Spirits are Drunk: Comparative Approaches to Chinese Religion* (Albany, NY: State University of New York Press, 1995), chap.8 참조. 거기서 저자는 중국 종교에서 남성과 여성의 동등한 지위와 힘을 강조함으로써 초기 유럽 중심적 편견을 반박하려고 하였다. 특히 중국의 여성 신에 대한 연구는 J. Boltz, "In Homage to T'ien-fei", *Journal of the American Oriental Society* 106(1) (1986); S. Cahill, *Transcendence and Divine Passion: The Queen Mother of the West in Medieval China* (Stanford, CA: Stanford University Press, 1993); D. Paul, "Kuanyin: Savior and Savioress in Chinese Pure Land Buddhism", C. Olson (ed.), *The Book of the Goddess, Past and Present* (New York: Crossroad, 1985) 참조.

하였다. 그는 심리학적 상징이론(theory of psychological types)을 고안하는 데 있어 음양론을 사용했는데, 반대쪽 힘이 상호 조화와 균형을 찾는 과정으로 설명했다. 이것은 융의 '개성화(individuation) 이론'과 '자기'(the self)를 일종의 항상성 체계(homeostatic system)로 생각해 내는 데 크게 영향을 미쳤다. 또한 말년에는 동시성(synchronicity, 의미심장한 동시 발생)에 관한 가설과 만연한 기계론적/유물론적 세계관에 대한 전체주의적 대안의 가능성을 생각하는 데도 음양론이 그 역할을 했다. 중국사상의 주요한 성격 중 하나는 상황의 전체를 포착하는 직관적 감각이었다. 좀 더 분석적이고 환원적인 서양의 접근법이나 '그리스에 길들여진 서양의 정신'과는 달리 "중국의 정신은 자신을 위하여 구체사항을 포착하는 것이 아니라 세부사항을 전체의 일부로 보는 관점에서…… 그리고 세부적인 것을 우주의 배경(음과 양의 상호작용)에 배치하는 것을 지향한다."[51]

이러한 융의 생각은 저명한 양자물리학자 파울리(Wolfgang Pauli)의 도움으로 형성되었고 뉴에이지와 반문화 사회에서 폭넓은 반향을 받았다. 과학계에서는 그다지 격려하지 않았지만, 니덤의 추측과 마찬가지로, 그들도 스스로 우주에 대한 이해에 변화를 겪으면서 서양에 미치기 시작한 도교의 충격에 주목하고 있었다. 도교와 서양 사고와의 융합을 좀 더 넓게 도교와 현대 과학 간의 관계에서 조망한다면 이 충격은 더욱 분명해질 것이다.

---

51) C. G. Jung, *Synchronicity: An Acausal Connecting Principle* (London: Routledge, 1985), p.49.

3. 과학: 새로운 패러다임인가?

도교와 과학이 서양인의 시선에서 항상 우호적 관계를 유지해 온 것은 아니다. 최근 연구 분위기가 일어나기 전 1956년에 니덤은 글을 쓰면서 이렇게 한탄하였다. "도교사상이 유럽 번역가나 저자들에 의해 거의 대부분 완전히 오해되어 왔다." 그것은 "단순한 종교적 신비주의와 미신으로 해석되어 왔으며…… 과학적 또는 '원형'(proto)에서 보이는 과학적 측면이 대부분 간과되었다."[52] 도교만이 아니라 중국 문명 전반에 과학적 사고가 없었다는 것은 많은 해석자의 비방으로 보인다. 세기 전환기에 독일학자 드 그루트(J. J. M. de Groot)는 어떻게 "그렇게 많은 인종이…… 진정한 자연의 법칙에 대한 기본적인 지식에도 미처 이르지 못하고서 인간으로 성장해 왔는가"라며 황당해했다. 그리고 "중국인은 고대의 형식과 신비적 도식에 기초한 사변적 체계 이상 이룰 수 없었다." 이 시스템은 "너무 비과학적이고 너무 유치해서 웃음밖에 나오지 않는다"[53]라고 단언했다. 이러한 관점은 1925년에 출판된 화이트헤드의 유명한 저서 『과학과 근대세계』에 반영되어, 중국인은 본래 과학을 추구할 수 없다고 결론짓고 "중국의 과학은 실제로 보잘 것 없다"라고 선언하였으며, 중국은 결코 "과학에서 어떤 진보도 이루어 낸 적이 없었다"라고 폄하하였다.[54]

20세기 후반에 이러한 견해에 대한 반대의 목소리가 높아졌고 심지어

---

52) J. Needham, *Science and Civilization in China* Vol. 2 (Cambridge University Press, 1956), p.34.

53) J. J. M. de Groot, *The Religious System of China* Vol. 3 (6 Vols., Leiden: Brill, 1892~ 1910), p.1050.

54) A. N. Whitehead, *Science and the Modern World* (Cambridge: Cambridge University Press, 1925), pp.8~9.

'서양과학의 카운터파트 중국'으로 묘사될 정도로 도교에 대한 태도가 분명하게 달라졌다.[55] 중국 과학의 정교함을 인정한 최초의 서양 주석자 중 한 사람은 독일 중국학 연구자 포르케(Alfred Forke)였다. 그는 1920년대에 처음으로 중국 우주론을 설명했다. 그는 혼돈 개념의 중요성을 알고 '절망적으로 뒤섞여 있는' 잡동사니 도교 개념에 대해 좀 더 엄밀하고 과학적인 방식으로 체계화할 필요성을 표명하였다. "미래의 세계는 이미 혼돈 속에 있고…… 신화적 우주론에 의존할 필요 없이 혼돈에서 하늘과 땅이 생겨났다."[56] 웰치(Holmes Welch)는 도교에 대한 열광적 분위기가 있기 전에 도교에서 흥미로운 요소를 발견했다. 도교는 신이나 신화적 존재보다는 비개인적, 비목적론적 법칙에 초점을 주고 있다는 점, 그리고 유교가 물질세계를 직접 다루는 것을 비속한 것으로 생각한 반면 도교는 의학 분야와 도자기, 화약 생산 등 실험의 활용과 응용 가능성에 주목했다는 점을 들었다.[57] 1960년에 그레이엄은 도교와 현대과학의 전망과 부합에 대해 이렇게 말했다.

거대한 우주 속에 왜소한 인간
만물이 따르는 무정한 도道
아무런 목적도 없이 인간의 요구에는 무관심하게
삶의 무상함, 죽음 뒤에 무엇이 올지 알 수 없는 것
끝없는 변화와 그 안에 진보의 가능성을 생각조차 않고

---

55) 19세기에 과학에 대한 서양의 논의에 불교를 끌어들인 것과 유사하게 흥미롭다. P. C. Almond, *The British Discovery of Buddhism* (Cambridge: Cambridge University Press, 1988), chap.4 참조.

56) A. Forke, *The World-Conception of the Chinese: Their Astronomical Cosmological, Physico-Philosophical Speculations* (London: Probsthain, 1925), p.40.

57) H. Welch, *Taoism: The Parting of the Way* (Boston: Beacon Press, 1957), pp.134~135.

가치의 상대성, 결정론과 가까운 운명론
심지어 인간의 유기체가 기계와 같은 것이라는 암시조차[58]

이러한 견해는 어느 정도 너무 과장된 것이고 명확하지 않을 수 있다. 융은 과학적 방법론에 대한 20세기 논의의 궤도 안에 도교를 끌어들여 좀 더 구체적으로 논의하려 했다. 방법론적으로는 상세하지 않지만, 중국 과학은 넓은 철학 용어로 후기 기계론적 과학 사유와의 대화 가능성이 열려 있다고 생각했다. 융이 "어떻게 그렇게 교양 있는 중국인들이 과학을 일으키지 않았나?" 하는 질문을 한 적이 있다. 이에 대한 그의 대답은 이것이 시각상의 착각일 뿐이었으며, 이미 중국인에게는 진정한 과학이 있었고 그 표준 텍스트가 『역경』이었는데, 앞에서 보았듯이 『역경』은 기계론적 인과론의 의미가 '편견'이었음을 알게 해 주는 데 이용될 수 있다는 것이다.[59]

이러한 맥락을 따라 좀 더 구체적인 상황을 카프라(Fritjof Capra)가 그의 저서 『현대 물리학과 동양사상』(The Tao of Physics)에서 주장했다. 이 책은 엄청난 인기를 얻었고, 일정한 범위에서의 도교 추종만이 아니라 현대과학의 폭넓은 종교적 형이상학적 중요성에 관한 사색을 유행시키는 데도 도움을 주었다. 도교가 과학적 사고 발전에 적절한 분석적 방법인가 하는 의혹이 있었다. 그럼에도 불구하고 카프라는 그의 철학에서 도교는 본질적으로 자연에 대한 역동적 현상의 상호 관련성을 강조함으로써 현대과학이론에 분명한 암시를 주었다고 보았다. 그는 현대 물리학에서 우주는 "관찰자가 없어서는 안 되는 역동적이고 불가분의 전체"이고, 거기서 "시간과 공간, 고

---

58) A. C. Graham (trans.), The Book of Lieh Tzu (London: John Murray, 1960), p.13.
59) C. G. Jung, J. J. Clarke (ed.), Jung on the East (London: Routledge, 1995), p.74.

164   서양, 도교를 만나다

립된 대상과 원인과 결과라는 전통적인 개념들은 의미가 없으며" "동양의 신비주의 관점과 본질적으로 모순되지 않고 완전히 조화"하고 있는 개념이라고 주장했다.[60] 요컨대 경험적 세목, 방법론과 전반적인 목표에서는 차이가 있지만, 도교의 운동, 흐름 그리고 변화와 같은 자연의 역동적 개념, 물질보다 에너지(氣)를 강조하고 인간과 우주의 모든 현상을 연결시키는 상호 연관의 그물을 포착하고 엄격한 법칙과 절대적 경계를 거부한 것은 특히 현대 물리학의 정신과 밀접하다.

카프라의 목표는 도교는 물론 힌두와 불교 개념을 포함해서 동양의 신비주의를 서양 물리학 세계의 가장 발전한 이론에 적용시킬 수 있는 '철학적인 틀'로 세우는 것이었다. 그렇게 해서 갈릴레오와 데카르트 시대 이후 널리 퍼진 기계론적/원자론적 패러다임을 대체할 '새로운 패러다임'의 개념을 조성하고, 이원론적이고 이성적인 가설을 가진 전통적인 서양철학의 문제와 싸우는 데 관심이 있었다. 그는 새로운 정신적/종교적 전망에 대한 요구를 충족시켜 종교와 과학의 분리된 전통을 통합적이고 우주적인 호소로 다시 연결시킬 수 있는 사상적 대안을 제시하고자 하였다. 이러한 접근은 기독교와 과학 이성주의 전통에 환멸을 느끼면서 단순하게 과학을 거부하지 않는, 새로운 구세의 길을 갈망하는 집단에게 호응을 받았다. 이러한 움직임으로 도교와 동양적 사고는 전반적으로 폭넓게 지지받는 뉴에이지사상의 중심에 있게 되었다.[61]

---

60) F. Capra, *The Tao of Physics: An Exploration of the Parallels between Modern Physics and Eastern Mysticism* (Oxford: Fontana/Collins, 1976), pp.86 · 321. 카프라의 논제에 대한 초기 견해는 R. G. H. Siu, *The Tao of Science: An Essays on Western Knowledge and Eastern Wisdom* (London: Chapman & Hall, 1957) 참조.
61) 뉴에이지사상에 도교 개념을 이용하는 것에 대한 비판에 관해서는 M. Palmer, *The*

이러한 접근은 많은 비판적 논의를 불러오기도 했다. 도교 성자들과 현대 물리학자들의 문화적 맥락 사이에는 엄청난 간극이 놓여 있으며, 그들의 목표와 방법론을 비교하는 것은 어떤 유용한 의미도 없다는 주장이 제기되었다. 두 전통 사이에 어떤 모호한 유사성이 있다는 주장도 있지만, 두 사상 체계를 세밀하게 검토해 보면 카프라가 인정했던 것보다 내적으로 복잡하고 산만할 뿐만 아니라 다양한 방식으로 서로 빗나간다는 것이다. 그렇기 때문에 둘 사이에 유사성을 보여 주려고 시도하거나, 한쪽을 지지하거나, 확인하기 위해 다른 쪽을 이용하는 것은 장점이 없다는 것이다. 이러한 비판은 중요하다. 특히 공간적으로나 시간적으로 완전히 다른 전통에서 가져온 개념을 비교할 때 야기되는 해석학적 질문에 대해 방심하지 않게 한다는 점에서 그러하다. '전체주의'와 '참여 우주'(participatory universe)[62]와 같은 개념을 양자 역학과 신비주의에 적용하는 것은 위험할 수 있다. 그렇지만 카프라를 변호하자면 이렇게 말할 수 있다. 카프라는 이 분야의 다른 주도적 인물들의 절충주의적 사상과 마찬가지로 현대 물리학을 넓은 시각과 철학적 함의를 가지고 납득할 수 있는 광범위한 상호 문화 간 비교를 시도했으며, 신비적인 전통과 과학적인 것 모두를 언급함에 따르는 약점이 있을 수 있지만, 그렇더라도 그의 저작은 중요하다. 오늘날 정통적인 관점의 한계를

Elements of Taoism (Shaftesbury: Element Books, 1991), pp.127~128 참조.

62) 역주: '참여 우주'(participatory universe)는 미국의 물리학자 John Archibald Wheeler (1911~2008)가 제시한 개념이다. 그는 핵분열 이론을 만들었고 독창적인 다우주론을 제기하였으며 블랙홀이라는 용어를 처음으로 사용했다. 참여적 우주는 우리를 생성할 뿐만 아니라 우리가 함께 생성하는 세계를 뜻한다. 우리는 단순히 세계를 발견하는 것이 아니라 우리가 그것을 창조하고 형성한다. 그렇다고 해서 '바깥' 세계의 존재 자체를 부정하는 것은 아니다. 우리는 저 바깥에 무언가가 존재한다는 것을 확실히 알고 있다. 우리는 우연히 그것을 알게 된다. 이 우연은 우리가 만들어 낼 수 있는 게 아니다. 우연은 우리 없이도 자기 길을 찾아내 현실로 나아간다.

넘어설 필요성을 주장한 점에서 유사성을 이용해서 새로운 모델과 이론의 발전을 도모하고 신비적 심지어 비술적 요소들조차 때로는 현대 물리학의 전개에 촉매 역할을 해 왔다는 것은 상기해 볼만한 가치가 있다.[63]

도교가 어떤 의미에서 서양과학과 상응한다는 카프라의 견해는 나중에 카프라의 접근 방식에 폭넓게 동의한 니덤에 의해 예견되었던 것이다.[64] 그렇지만 그들은 아주 다른 전제와 가정에서 시작했다. '녹색물리학자'로 묘사될 수 있는 카프라와는 대조적으로 니덤은 생화학자였다. 니덤의 문화적 문제에 대한 생각은 분명 마르크스주의적 전제에서 출발했고, 순수 과학적 동기만큼이나 정치적인 것에서 비롯되었다. 그 방향은 『중국의 과학과 문명』(Science and Civilisation in China) 서문에 분명하게 드러난다. 거기서 그는 '관대하고 서로 돕는 공동체 안에서 모든 인류의 노동자들을 결합시킬 새우주론의 여명'을 예상하고 있다.[65] 동시에 그의 사상은, 이미 주목한 바 있지

---

63) E. R. Scerri, "Eastern Mysticism and the Alleged Parallels with Physics", *American Journal of Physics* 57(8) (1989), p.690. 카프라의 관념에 대한 많은 비판적 검토와 연구가 있다. R. K. Clifton and M. G. Regehr, "Capra on Eastern Mysticism and Modern Physics: A Critique", *Science and Christian Belief* 1(1) (1989); D. H. Esbenshade, "Relating Mystical Concepts to those of Physics: Some Concerns", *American Journal of Physics* 50(3) (1982); E. R. Scerri, "Eastern Mysticism and the Alleged Parallels with Physics", *American Journal of Physics* 57(8) (1989) 참조. 이 중 Scerri의 저서는 카프라 저작에 관해 발표된 비판을 유용하게 요약해 주고 있다.

64) J. Needham, *Three Masks of Tao: A Chinese Corrective for Maleness, Monarchy, and Militarism in Theology* (London: The Teilhard Centre for the Future of Man, 1979), p.12.

65) J. Needham, *Science and Civilization in China* Vol. 1 (Cambridge University Press, 1954), p.9. 1930년대 Needham은 Aleksandr Bogdanov와 Boris Hessen과 같은 러시아 마르크스주의 사상가들에게서 영향을 받았다. 그리고 미국의 사회학자 Robert Merton 및 J. B. S. Haldane와 J. D. Bernal 등과 함께 자연과학을 사회발전과 더 밀접하게 연관 지어 탐구하고 과학적 사고의 출현과 전개를 설명하는 데 사회적 정치적 조건과 같은 요소를 강조하는 과학사 편찬에 좀 더 '현상론적' 접근을 선도해 온 영국의 과학자 그룹에 참여했다. 그의 '마르크스주의'는 완전히 정통은 아니었다. 중국에 대한 서양의 인종주의적 태도를 계속 논박하는 것에서 보여 주는 강한 자유주의적 인간주의적 가치와 함

만, 화이트헤드의 유기체론 철학에 의해 형성되었다. 그는 유기체론 철학을 마르크스와 엥겔스의 변증법적 접근과 필적할 만한 것으로 보았을 뿐 아니라, 포스트역학(post-mechanistic) 패러다임의 철학적 기초로 보았다.[66]

당시 도교와 과학은 도저히 비교될 수 없는 두 전통으로 생각되었다. 니덤은 이러한 일반적 태도와는 완전히 다른 전반적이고 전략적인 목표를 추구하면서 중국 과학의 발전과 서양과학사를 비교할 만한 기반을 마련할 수 있는 방식으로 중국 과학사 구성에 착수했다. 그의 조사범위는 중국의 지적 문화적 삶에 걸친 다양한 스펙트럼을 대상으로 하지만, 그중 도교가 연구의 중심 역할을 했다. 서양에서 도교를 신비한 비전주의로 보는 진부한 이미지와는 달리 그는 이렇게 주장한다. "우리가 중국에서 과학적 사유의 뿌리를 찾아야 하는 것이 도교에 있다."[67] 니덤은 자연계에 대한 기본적인 개방성이나 연금술 과정 등을 보면서 도교를 연구해 볼 가치가 있다고 생각했다. 그는 기술적 발전에 도움을 받기 위해서만이 아니라 과학이론으로 일관성 있고 명확한 설명을 하기 위해서도 도교에 의존할 수 있다고 보았다. 그러나 이러한 이론은 기계론적 사고보다는 유기체적인 것에 기반하고 있으며, 분석적, 수학적, 실험적 도구가 부족하다는 점에서 현대과학과는

계 짝을 이루었다. 반뉴턴적인 유기체론적 경향은 A. N. Whitehead에게서 영감을 받은 것으로 보인다. 좀 더 복잡하게 말하면 그는 또한 성공회 신도였다. J. Needham, *The Grand Titration: Science and Society in East and West* (London: George Allen & Unwin, 1969), pp.214~215; A. E. Gare, "Understanding Oriental Cultures", *Philosophy East and West* 45(3) (1995b); S. Nakayama and N. Sivin, *Chinese Science: Explorations of an Ancient Tradition* (Cambridge, MA: MIT Press, 1973) 참조.

66) J. Needham, *The Grand Titration: Science and Society in East and West* (London: George Allen & Unwin, 1969), p.129.

67) J. Needham, *Science and Civilization in China* Vol. 2 (Cambridge University Press, 1956), p.57.

다르다. 그리고 이성과 논리의 힘을 믿지 않기 때문에 그들이 자연법칙 개념과 같은 어떤 것을 발전시키지는 못했다. 그렇지만 "도교의 상대주의 인정과 우주의 신비함과 광대함을 볼 때 (도교사상가들이) 뉴턴적인 기반 없이도 아인슈타인적 세계 그림을 모색하고 있었다"는 점에서 서양과학사와 함께 폭넓은 비교를 할 수 있었다.[68] 게다가 도교에는 과학적 사상이나 현대과학적 방법이라는 근본적 요인이 부족하다. 그런데도 니덤은 물리학, 생물학, 심리학, 그리고 정치과학 분야 등의 발전에 도교의 영향이 확대되고 새롭고 역사적인 공헌을 해 왔다고 주장한다. 오랜 진화의 과정 속에서 도교는 "과학적 태도의 중요한 특징을 발전시켰고" 우리는 "화학, 광물학, 식물학, 동물학과 제약학의 초기…… " 도교에 빚지고 있으며, "소크라테스 이전의 자연철학자들이나 에피쿠로스학파의 철학자들과 많은 유사성을 보여 준다."[69] 요컨대 도교의 주요한 영향 아래에 중국인들은 유럽의 인과적이고 '강제적'이거나 보편법칙적인 사고와는 근본적으로 다른 연상적이고 대등한 사고에 기반을 둔 유기체적 모델인 '극적이고 명확하게 질서 잡힌 우주의 그림'을 발전시켰다. 그러나 최근 과학 발전에 입각해 '원시과학적 자연주의'라고 쉽게 평가될 수 있는 그런 태고의 그림은 결코 아니었다.[70]

니덤이 이러한 대담한 논제를 연구하는 데 있어 흥미로운 질문 하나가

---

68) J. Needham, *The Grand Titration: Science and Society in East and West* (London: George Allen & Unwin, 1969), pp.311·328; J. Needham, *Science and Civilization in China* Vol. 2 (Cambridge University Press, 1956), p.291 참조.

69) J. Needham, *Science and Civilization in China* Vol. 2 (Cambridge University Press, 1956), p.161.

70) J. Needham, *Science and Civilization in China* Vol. 2 (Cambridge University Press, 1956), pp.164·286. 도교와 현대 생물과학의 관련성에 대해서는 R. Barnett, "Taoism and Biological Science", *Zygon* 21(3) (1986), p.315 참조. 둘 사이의 유사성은 '충분히 놀랄 만하다'고 주장하고 '인간의 마음에 정신적 과정의 근본적인 연속성'을 지적한다.

있었다. 체계적, 현대 유기체론적 과학이 원자론/기계론의 매개 단계 없이도 생길 수 있는가? 환언하면 중국 과학이 포스트뉴턴과학(post-Newtonian science)으로 직접 나아갈 수 있는가 하는 것이었다. "중국이 뉴턴의 자리를 거치지 않고 이후 러더퍼드(Rutherford)와 보어(Bohr)가 섰던 자리 가까이 화살을 쏠 수 있을까?"[71] 중국 과학 발전이 서양과 유사하지만 다른 방식이라는 점에서 과학 발전의 유일한 보편적인 과정을 가정할 필요가 있는가? 서양에서와 같이 기계론적인 단계를 거치지 않고 유기체론적/전체론적 패러다임을 통해 완전히 다른 길을 따라 발전할 수 있을까? 그것은 그리스에서 갈릴레오와 뉴턴을 통해 다윈과 아인슈타인 그리고 그 이후에 이르기까지 서양의 과학 발전 과정이 우연이 아니었다고(오직 이런 식으로만 일어날 수 있었다고) 가정하기 쉽다. 그러나 만일 우리가 니덤의 사고 과정을 따른다면 우리는 "그리스사상이 과학 발전을 위한 기반으로 역할을 할 수 있는 유일한 관념체계인지"를 물리학 노벨상 수상자인 유카와 히데키에게 물어볼 수도 있을 것이다.[72]

---

71) J. Needham, *Science and Civilization in China* Vol. 2 (Cambridge University Press, 1956), p.467.

72) H. Yukawa, "The Happpy fish" (1983), V. H. Mair (ed.), *Experimental Essays on Chuang-tzu* (Honolulu, HA: University of Hawaii Press, 1983a), pp.58~59; J. Needham, *Science and Civilization in China* Vol. 2 (Cambridge University Press, 1956), pp.582~583. 이 문제에 대한 논의는 D. Bodde, *Chinese Thought, Science and Society: The Intellectual and Social Background of Science and Technology in Pre-modern China* (Honolulu, HA: University of Hawaii Press, 1991), pp.354~355 참조. 그는 근대과학은 오로지 기계론적 가정에서 나올 수 있었다고 주장한다. D. L. Hall and R. T. Ames, *Anticipating China: Thinking through the Narratives of Chinese and Western Cultures* (Albany, NY: State University of New York Press, 1995); C. Hansen, *A Daoist Theory of Chinese Thought* (New York: Oxford University Press, 1992), p.29; N. Sivin, "Science and Medicine in Chinese History", P. S. Ropp (ed.), *Heritage of China: Contemporary Perspectives on Chinese Civilization* (Berkeley, CA: University of California Press, 1990)

니덤이 단순한 흥미로 추측했던 이 문제는 그의 모든 저작의 일관된 동기가 된다. 다음 장에서 언급될 막스 베버의 주요한 질문과도 연관되어 있다.[73] 말하자면 다음과 같다. "왜 현대과학이 중국 문명에서가 아니라 유럽에서만 발전되었는가?" 중국에서 과학과 기술의 발전에 대한 수년간의 연구 결과 이 질문이 제기되었다. 이 과정에서 그는 이렇게 결론지었다. 과학혁명 바로 이전 시기에는 중국의 과학기술이 유럽보다 실제적으로 우세했다. 그때까지 베이컨(Francis Bacon)이 말한 (화약, 인쇄, 나침반의) 3대 발명을 포함해서 잘 알려지지 않은 긴 목록의 발견 등 실로 많은 대단한 발견을 해 왔다. 그런데 왜 유럽만이 과학혁명을 통해 중국이 오랜 세월 능가했던 분야에 역사적으로 결정적인 선두를 차지했을까?[74] 그는 이 질문에 대해 여러 가지로 대답하지만, 다음 문장으로 요약되는 사회학적 설명을 훨씬 선호하였다.

중국의 과학과 기술의 초기 선점과 유럽만의 근대과학의 후기 부흥도……
(중국과 서유럽의) 사회경제적 유형의 차이가 결국 조명할 것이다.[75]

참조. 과학이 반드시 '보편 논리적 유형과 일치해서 발전하지는 않는다'고 주장한 Gaston Bachelard와 Georges Canguilhem이 Needham의 사고과정을 넓은 의미에서 지지하고 있다.

73) Needham과 Weber 사이의 비판적 비교에 대해서는 B. Nelson, "Sciences and Civilizations, East and West: Joseph Needham and Max Weber", *Boston Studies in Philosophy and Science* 11(4) (1974) 참조.

74) J. Needham, *The Grand Titration: Science and Society in East and West* (London: George Allen & Unwin, 1969), p.190. 이 질문은 실제로 1897년 J. de Groot이 처음 제기했다. 그의 대답은 중국이 고대의 것에 대한 무한한 외경심에 갇혀 있었다는 것이다. J. J. M. de Groot, *The Religious System of China* Vol. 3 (6 Vols., Leiden: Brill, 1892~1910), p.1050 참조.

75) J. Needham, *The Grand Titration: Science and Society in East and West* (London: George Allen & Unwin, 1969), p.217. Needham의 설명도 중국사상에서 자연법칙에

유교-지배 사회의 고유한 보수주의적 관료체제에서는 상류사회의 개인적인 동기는 매우 제한적이었고 물질세계를 직접 다루는 것이 종종 지배 엘리트에 의해 경시되었다. 이는 과학적 사고와 실천에 있어 새롭고 혁명적인 사회 발전이 심각하게 축소된다는 것을 의미했다. 이와는 대조적으로 유럽에서는 구봉건질서 속에 제한되었던 것이 르네상스 시기에는 모든 분야에서 개인의 노력에 유리한 조건으로 바뀌었다.

지적 논의에 있어 내적 요소에 집중하는 것과는 대조적으로 이러한 (결코 배타적이 아닌) 외적 접근은 일반적으로 니덤의 연구를 시작으로 하여 과학사학자들의 방법론으로 받아들여지고 있다. 그러나 "왜 현대과학이 중국이 아니라 유럽에서 처음 발전했는가?"라는 질문 방식에 대해서는 이의가 제기되곤 했다. 그레이엄은 이 질문이 '의사문제'(pseudo-problem)를 보여준다고 믿는 학자 중 한 사람이다. 그는 역사 연구에서 우리가 통상적으로 왜 사건이 일어났고 왜 일어나지 않았는가를 묻는 것에 대해, 예를 들어 "왜 이집트 문명은 (중국이 그런 것처럼) 현대사회에 살아남지 못했을까"라는 것은 생뚱맞은 질문이라고 주장한다.[76] 결국 니덤의 질문에 대한 이러한 문제 제기는 바로 유럽문화가 문화 발전의 전형을 대표한다는 것을 전제하는 것으로 보인다는 것이다. 니덤은 정말로 역사적으로나 문화적 개념에 있어 유럽에 주어질 수 있을 만한 권위적 지위는 어디에도 없다고 주장한

대한 관념의 부재와 같은 지적인 요인을 고려했다.
76) A. C. Graham, *Disputers of the Tao: Philosophical Argument in Ancient China* (La Salle, IL: Open Court, 1989), p.317. A. C. Graham, "China, Europe, and the Origins of Modern Science: Needham's Grand Titration", S. Nakayama and N. Sivin, *Chinese Science: Explorations of an Ancient Tradition* (Cambridge, MA: MIT Press, 1973)도 참조. 그리고 확장된 비평은 N. Sivin, *Science in Ancient China: Researches and Reflections* (Aldershot: Valiorum, 1995a) 참조.

다. 그는 "우리가 사람이다. 그리고 지혜는 우리에게서 나온다"라고 뽐내는 지적 오만에 대항해서 "서양과학"이라기보다는 "근대 보편과학"이라고 말하기를 선호했다.[77] 그렇지만 그를 비평하는 입장에서 보자면 그의 저작도 서양의 기준에서 중국 문화를 평가하는 시도를 하고 있는 것이다. 즉 '근대 보편과학'은 어떤 의미에서는 (문화에 영향을 받지 않는) 문화배제(culture-free)라는 검토되지 않은 가정에서 이루어지는 실험으로 보일 수 있다.[78] 호주철학자 개어(Arran Gare)는 이러한 근거에서 니덤을 비평한다. 그는 "(니덤은) 사이드가 오리엔탈리즘으로 확인한 모든 약점을 가지고 있는 것으로 보인다.…… 왜냐하면 그는 서양을 정의하기 위해 중국이라는 관념을 설정하고 있기 때문"이라고 주장한다. 다른 말로 하면 중국이 서양식 표준 개념에 부합되지 못했다는 것을 보여 줌으로써 서양의 '우월성'을 드러내고 있다는 것이다.[79]

여기서 이런 질문도 야기된다. 어쨌든 '과학으로'라는 것이 무엇을 의미

---

77) J. Needham, *The Grand Titration: Science and Society in East and West* (London: George Allen & Unwin, 1969), p.54.

78) Lin Tong-qi, H. Rosemont, and R. T. Ames, "'Chinese Philosophy': A Philosophical Essay on the 'State of the Art'", *The Journal of Asian Studies* 54(3) (1995), p.748.

79) A. E. Gare, "Understanding Oriental Cultures", *Philosophy East and West* 45(3) (1995b), p.312. 그럼에도 불구하고 당시 Gare는 이러한 비난에 대항해서 Needham을 계속 옹호했다. Gare는 그의 저작이 서양과 동양의 사고를 뛰어넘는 새로운 통합의 노작으로 중국이 서양의 문화적 지배로부터 벗어나는 데 공헌한 것이라고 평가한다. 그렇지만 다른 맥락에서 Needham이 진보적 역동성이라는 서양의 개념에 반해 중국의 '정체성'을 언급한 초기 시도는 결정적으로 잘못된 것이라고 지적한다. 왜냐하면 그들은 중국에서 초창기 시대 이후 일어났던 지속적 문화 변화를 신뢰하지 못했고, 중국 역사에서 일종의 문화적 항상성 메커니즘(cultural homeostatic mechanism)에 굴복하지 않고 주기적인 혼란에 대처할 수 있게 해 주는 '인공두뇌학적'(cybernetic) 요인을 간과했기 때문이다. J. Needham, *The Grand Titration: Science and Society in East and West* (London: George Allen & Unwin, 1969), pp.118~121 · 284 참조.

하는가? 니덤은 도교를 '원시과학'(proto-science)이라고 어렵지 않게 말한다. 많은 이가 '도교사상가들은 과학자들이다'라는 주문을 반복하면서 니덤을 따랐다. 도교사상가들이 유학자들보다 확실히 연금술을 실험하고 자연과정에 좀 더 관심을 가졌던 것으로 보인다. 그러나 카프라가 주목했던 것과는 달리, 이들의 노력에 대해서 현대과학과 완전히 어긋나는 방법으로 다른 목표를 향하고 있다고 공격하는 사람들이 있다. 예를 들면 슈워츠는 중국에서 자연에 대한 주의 깊은 관찰은 번성했지만, 『노자』에서 보는 통찰과 연관되었다고 할 만한 근거가 거의 없다고 말한다.[80] 중심적 역할은 관찰보다는 직관에 의한 것으로 일부 도교사상가들은 관념적 지식과 분석적 사고를 거부하고 어떤 계시적 권위를 수용하는데, 이런 것들은 방법론상 현대과학과는 기본적으로 다르다는 것이다.[81] 게다가 도교사상가는 원인보다는 의미에 관심을 갖는다. 이는 중국의 상관적 우주론과 관련하여 말한 바 있는데, 자연현상의 복잡성에 대처하기에는 전혀 적절하지 않은 것이다. 게다가 도교의 궁극적 목표인 자기변화(self-transformation)는 자연세계의 객관적 지식을 위해 하는 질문과는 목표가 완전히 다르다. 더크 보드(Derk Bodde)가 중국인들의 자연탐구는 "과학과는 상반되는 것"이며 도교사상가들에게 "이성적 분석을 시도하는 것은 도道라는 시각을 파괴하는 것"이라고 주장한 것도 이런 이유 때문이다.[82]

---

80) B. I. Schwartz, *The World of Thought in Ancient China* (Cambridge, MA: Harvard University Press, 1985), p.205. 그러나 『장자』와 『열자』에서는 자연현상에 좀 더 주목하고 있다.

81) 이 견해에 대한 John Lagerwey의 비평(*Taoist Ritual in Chinese Society and History*, New York: Macmilan, 1987, p.255) 참조. 그리고 A. C. Graham (trans.), *The Book of Lieh Tzu* (London: John Murray, 1960), p.16도 참조.

82) D. Bodde, *Chinese Thought, Science and Society: The Intellectual and Social Back-*

니덤이 '유기체적'(organic), '유기체론'(organism)이란 용어를 사용하는 것 또한 문제를 야기했다. 이러한 개념은 생태철학, 환경철학 문제와 마찬가지로 과학에서 최근 새로운 모델과 패러다임에 대해 논의하는 일에 중요한 역할을 했다. 주지하듯이 니덤도 이것을 전통 중국과 현대과학 간의 통약성(commensurability), 나아가 영향 과정을 보여 주기 위해 사용했다. 그러나 도교의 자연 개념이 어떤 의미에서 유기체적인 것인가? 사실 이러한 생각은 자연이라는 언어와 은유에 근거하고 있다. 현상을 변화시키고 상호 관련되게 본다는 것은 생물학적 사고방식을 드러낸다.[83] 그러나 도교에 일관된 유기체론적 철학이 있는지, 유럽에서 라이프니츠 이후 등장한 유기체론적 사고와의 유사성 이상의 무언가가 있는지 여전히 의심스럽다.[84] 니덤이 중국과 서양의 지성사를 관념적으로 연결시킨 것, 그리고 '유기체론'이라는 용어를 서양철학 전통에서 독특한 모델과 연결시켜 사용하는 것에 대해서는 다시 논의해 볼 여지가 있다. 이런 맥락에서 홀과 에임스는 도교적 우주는 "서양

ground of Science and Technology in Pre-modern China (Honolulu, HA: University of Hawaii Press, 1991), pp.329~330. 노자에게는 자연에 대한 냉담한 관찰이나 사물의 원인을 알고자 하는 어떤 열망의 성향이 없다고 주장한 B. I. Schwartz, The World of Thought in Ancient China (Cambridge, MA: Harvard University Press, 1985), pp.201~205 도 참조. 그리고 N. Sivin은 Review of Needham 1969, Journal of Chinese Philosophy 30(4) (1971)에서 과학과 기술의 차이를 명확하게 하지 않았다고 주장하였다. 또한 Needham에게 중국의 과학적 성과의 범위를 과대평가하는 경향이 있다고 주장하였다. N. Sivin, "On the Word 'Taoist' as a Source of Perplexity, With Special Reference to the Relationship between Science and Religion", History of Religions 17(3) (1978) 참조.

83) D. Bodde, Chinese Thought, Science and Society: The Intellectual and Social Back-ground of Science and Technology in Pre-modern China (Honolulu, HA: University of Hawaii Press, 1991), p.123; I. Robinet, Taoist Meditation: The Mao-shan Tradition of Great Purity (Albany, NY: State University of New York Press, 1993), p.156.

84) D. Bodde, Chinese Thought, Science and Society: The Intellectual and Social Back-ground of Science and Technology in Pre-modern China (Honolulu, HA: University of Hawaii Press, 1991), pp.345~355.

에서 발전시켜 온 것과 같은 유기체론적 이론과 유사한 것이 거의 없다"라고 주장한다. 그들은 중국의 우주론자들이 전개한 모델은 생명유기체론보다는 전통 중국의 정부 관료주의와 훨씬 더 유사하다고 주장하는데, 이는 오래 전에 "(중국인들이) 세계의 보편구조라고 생각하는 사회구조 모델이었다"라고 비평한 그라네(Marcel Granet)의 생각이다.[85]

게다가 니덤은 유기체론이란 개념에 몰두하면서 중국이 (그가 중국이 기계론적 과학을 발전시킬 수 없었던 중요한 요소라고 생각했던) '자연법칙'이란 개념을 명확히 제시했다는 것을 부정한다. 니덤은 서양의 과학 발전에 중요한 기초를 제공한 자연법칙에 대한 그리스-기독교적 관념과 상응하는 것이 중국에는 없었다고 생각했다. 중국에는 최고 입법자란 개념이 없기 때문이다. 유기체로서의 우주 모델은 자연을 자기운동(self-activating)으로 보는 것을 의미하기 때문에 그것의 작동을 설명하기 위한 외인적 원리가 필요 없다. 그러므로 중국의 자연철학에는 부가적(superimposed) 질서라는 개념이 없다고 니덤은 보고 있다.[86] 하지만 니덤은 주장이 너무 강하다는 비판을 다시 한 번 받는다. 중국의 지배적인 관점에서 본다면 외부 입법자 관념이 없다는 그의 논의는 정확하다. 그러나 실제로 자연 질서 기반으로

---

85) D. L. Hall and R. T. Ames, *Anticipating China: Thinking through the Narratives of Chinese and Western Cultures* (Albany, NY: State University of New York Press, 1995), pp.270~271; M. Granet, *The Religion of the Chinese People* (Oxford: Blackwell, 1975 1924)), p.48. 'organistic'이라는 용어보다 '심신상관적'이라는 용어를 선호한 D. L. Hall and R. T. Ames, *Thinking from the Han: Self, Truth, and Transcendence in Chinese and Western Culture* (Albany, NY: State University of New York Press, 1998), pp.35~37; B. I. Schwartz, *The World of Thought in Ancient China* (Cambridge, MA: Harvard University Press, 1985), pp.416~418도 참조.

86) J. Needham, *Science and Civilization in China* Vol. 2 (Cambridge University Press, 1956), chap.18.

생각되는 자연법칙이란 관념에 동의하는 도교사상가가 있다는 증거가 있다.[87]

그렇다고 중국 문화를 이해하는 데 있어 니덤의 공헌을 과소평가할 수는 없다. 다만 그들이 지적하는 것은 중국과 도교 개념이 서양만의 이데올로기적 렌즈를 통해 굴절되는 범위이다. 그리고 중국 연구가 유럽의 자기반성을 위한 매개가 될 수 있는 방식에 주목하는 것이다. 반면 이러한 과정은 분명 긍정적인 측면도 있다. 오늘날 논쟁을 불러일으키는 분야에서 계속 논의할 강력한 자극제가 될 수 있고, 서양의 지성사에 깔려 있는 몇몇 가정들을 재고하게 할 수도 있다.

4. 환경주의: 새로운 방법인가?

이러한 자기반성적 잠재력은 물리학이나 우주론 분야보다 환경론적 사유에서 더 설득적이다. 도교의 심신상관적 특성은 신체와 정신의 절대적 분리를 거부하고 자연과의 조화와 모든 생물체 간의 친밀성(closeness) 그리고 자연현상의 상호적응(interlocking fittingness)에 대한 인식을 강조한다. 이는 분명 생태적 성격을 가지고 있으며 최근 몇 년간 환경과 인간, 자연 간의 관계에

---

87) D. Bodde, "Chinese 'Laws of Nature', a Reconsideration", *Harvard Journal of Asiatic Studies* 39(1) (1979); D. Bodde, *Chinese Thought, Science and Society: The Intellectual and Social Background of Science and Technology in Pre-modern China* (Honolulu, HA: University of Hawaii Press, 1991), pp.332~345; R. P. Peerenboom, "Natural Law in the Huang-Lao Boshu", *Philosophy East and West* 40(3) (1990b), p.80; R. P. Peerenboom, *Law and Morality in Ancient China: The Silk Manuscripts of Huang-Lao* (Albany, NY: State University of New York Press, 1993), pp.81~84.

대한 논의에서 특징을 이루기 시작했다. 게다가 몇몇 서양 해석자들이 전통 유럽식 형이상학적 가정에서 도道개념을 초월적 실재로 보려는 경향이 있어 왔지만, 도道의 현세적(earthly) 성격을 강조해 온 학자들도 있다. 예를 들어 크릴(Creel)은 도道는 '무한한 정신'이나 '절대이성'이 아니라 '똥이나 오줌'과 동일시되며, '위대한 대지'(The Great Clod)라고 할 수 있다고 하였다.[88] 진정한 반문화시대 이전에도, 환경주의적 개념이 우세했던 때에 앨런 와츠(Alan Watts)와 미국의 비트 시인 개리 스나이더(Gary Snyder) 같은 작가들은 자연에 대한 서양의 공격성과 파괴적 태도에 대항하기 위해 장자 및 다른 중국철학자와 결연했다. 도교나 다른 오리엔탈 철학이 현대 서구의 병든 상황을 치유하기 위해 이용되었다는 이러한 주제는 1960년대 이후 환경에 관한 학문적 저작이든 대중적인 것이든 거의 진부한 것이 되었다. 환경사에 대한 유명한 고전에서 로더릭 내시(Roderick Nash)는 서양과는 대조적으로 고대 중국적 사유에서는 "인간-자연관계가 사랑에 가까운 존경으로 보인다.……(그리고) 도교사상가들은 자연세계에 있는 무한하고 자애로운 힘을 당연한 것으로 인정한다"라고 기술하고 있다.[89] 최근에 팔머(Martin Palmer)는 "우주의 부활 기도와 도교의 우주론적 모델은 오늘날 환경적 위기라는 관점에서 자연 속의 우리의 위치를 평가하는 새로운 방법을 제공할 수 있다"는 믿음을 표현했다. 그리고 마샬(Peter Marshall)은 생태적 사유의 역사에서 도교가 "진정한 생태적 사회를 위한 철학적 기초와 세계를 계속 괴롭혀 온 인류와 자연 사이의 고대적 반감을 해결해 줄 방법을 제공한다"라고 주장한다.[90]

---

88) H. G. Creel, *What is Taoism, and Other Studies in Chinese Cultural History* (Chicago: University of Chicago Press, 1970), pp.31·36.
89) F. Nash, *Wilderness and the American Ideal* (New Haven, CT: Yale University Press, 1967), pp.192~193.

좀 더 현실적인 관심에서 본다면, 도교의 생태적 잠재성에 대해 흥미를 끄는 것으로 풍수에 대한 관심만한 것이 없다. 흙점의 경우는 고대 예언술, 상관적 사유, 그리고 건강과 조화로운 삶에 대한 물음과 연관되지만 도교와는 배타적이고 일치하지 않는다. 그러나 풍수는 도교와 강한 역사적이고 철학적인 연관이 있다. 니덤은 이것을 '사이비과학'(pseudo-science)이라고 말하면서, 도교는 과학적 사고와 조화하는 것이며 특히 나침반 발명에서 중국 자연철학에 중요한 공헌을 했다고 주장한다.[91] 그리고 고결한 유학자들은 이를 경멸했고[92] 서양에서는 "유치한 부조리의 혼돈…… 우스꽝스러운 과학의 모방…… 어리석은 잡동사니"라고 오랫동안 조롱했다.[93] 하지만 풍수는 아시아 및 서양에서 많은 사람에게 현대 도시생활과 자연의 원초적 에너지를 조화시키는 비결이 되고 있다. 풍수를 적용하는 범위가 넓어지는 것은 어느 정도 현실적인 목적이 있다. 건물의 설계와 배치와 같은 좀 더 전통적인 주제는 물론이고 사랑과 명성에 관한 관심에서부터 아이와 교육에 관한 주제를 다룬 저서 등, 풍수학에서 주로 다루는 환경문제보다는 부와 건강에 대한 질문에 대답한다. 그렇지만 풍수는 원래 무덤의 위치를 정하는 것과

90) M. Palmer, *The Elements of Taoism* (Shaftesbury: Element Books, 1991), p.128; P. Marshall, *Nature's Web: An Exploration of Ecological Thinking* (London: Simon & Schuster, 1992b), p.23; Ip Po-keung, "Taoism and the Foundations of Environmental Ethics", *Environmental Ethics* 5(4) (1983); H. Smith, "Tao Now: An Ecological Testament", I. G. Barbour (ed.), *Earth Might be Fair: Reflections on Ethics, Religion, and Ecology* (Englewood Cliffs, NJ: Prentice-Hall, 1972) 참조.

91) J. Needham, *Science and Civilization in China* Vol. 2 (Cambridge University Press, 1956), pp.359~363.

92) S. D. Feuchtwang, *An Anthropological Analysis of Chinese Geomancy* (Laos: Vithagna, 1974), p.5.

93) J. J. M. de Groot, *The Religious System of China* Vol. 2 (6 Vols., Leiden: Brill, 1892~1910), pp.15~16.

관련이 있었다. 이 고대 관습이 자연과 인간의 관계가 친밀하다는 것 그리고 우리의 행동을 자연적 요소와 연결하는 것이 필요하다는 것에 주목하게 했다. 더구나 돌, 물과 바람에 대한 관심은 고도로 도시화된 환경이라는 배경에서 좀 더 삶의 자연적 방식에 대한 향수를 갖게 하며, 자연의 뿌리로부터 도시 속으로 소외된 현대인의 불안을 반영한다. 물론 이러한 전통에 대해 부정적이던 초기 연구자들의 주장에 여전히 동의하는 사람들도 있다. 예를 들면 런던선교회(London Missionary Society)의 아이텔(Ernest Eitel)은 풍수에 대해 호의적으로 설명한 후 놀랍게도 미신과 원시과학의 혼합물이라고 비하하고 있다.[94] 그러나 최근 환경에 대한 관심이 높아지면서 많은 사람이 풍수를 구시대적인 유물로만 바라보지는 않는다. 윙(Eva Wong)의 말을 빌리면, "세상을 향한 우리의 감수성을 재발견하고…… 우주의 숨겨진 비법을 보여 주고 우리에게 우주와 조화롭게 사는 방법을 제공해 주는 (것)"이라고 할 수 있게 되었다.[95]

이런 표현에서 도교가 자연 환경과의 관계에서의 이슈를 설명하는 데 용이한 개념을 보여 주고 있음을 알 수 있다. 일부 주장처럼 서양에서 자란 세계관은 실패했다. 이제 우리에게는 인간중심주의를 넘어서고 서양의 계몽주의 전통의 특징인 지배 의지를 넘어서는 데 철학적 영감을 주는 대안적 원천이 필요하다. 비계급적 우주론과 자기창조와 자발성이라는 이상을 실

---

94) E. Eitel, *Feng-shui: The Science of Sacred Landscape in Old China* (with commentary by John Mitchell, Bonsall, CA: Synergetic Press, 1984[1873]), p.69.
95) E. Wong, *Feng-Sui: The Ancient Wisdom of Harmonious Living for Modern Times* (Boston: Shambhala, 1996), p.255; N. Pennick, *The Ancient Science of Geomancy* (London: Thames & Huston, 1979); D. Walters, *Chinese Geomancy* (excerpted from de Groot 1892-1910, Shaftesbury: Element, 1989).

현하고 물질/정신이라는 이분법을 넘어서는 데 도교가 훌륭한 지지자로 보인다. 인간이 자연을 정복하거나 지배하는 것이 아니라, 자연과의 균형과 협동의 가치에 주목하는 철학으로서의 도교는 '환경윤리의 문제를 재고할 대안적 범주'를 제공할 것으로 보인다. 그리고 서양의 세계관을 재건할 열쇠까지도 제공할지 모른다. 도교와 현대 세계와의 거리감이 여기서는 오히려 중요한 것으로 보인다. 중국으로 정신적 여행을 할 때, 도교가 '서양철학 전통에서 벗어나 상대적으로 중립적 기반에서' 자신을 볼 수 있는 자리에 서게 해 줄 것이다. 이 자리에서 서양은 그 물려받은 지적 편견과 가정을 더 깊은 반석 위에서 좀 더 분명하게 깨달을 수 있을 것이다.96)

이러한 도교에 대한 비평적 전개는 몇몇 생태여성해방론자의 저작에서도 보인다. 그들은 도道가 모성적 생명출산(life-producing) 에너지인 여성성(a feminine reality)으로 해석될 수 있으며, 다른 아시아적 체계와 함께 도교가 서양의 가부장적 태도나 서양의 대립적 이원론에 대한 계몽적 대안의 표본이 된다고 주장한다. 도교는 인간 자신과 인간관계를 '심신상관적 통합, 상호관계성, 구체화, 배려와 사랑을 존중하는 방식'으로 다시 개념화하는 데 도움을 주는 철학이라고 주장한다.97) 또한 도교가 철학적 재건을 위한 '개념적 원천'이라고 생각하는 철학자들이 있다. 이들은 심층생태론(Deep Ecology)98)

---

96) J. B. Callicott and R. T. Ames (eds.), *Nature in Asian Tradition of Thought: Essays in Environmental Philosophy* (Albany, NY: State University of New York Press, 1989), pp.113 · 115 · 288.

97) M. E. Tucker and J. A. Grim (eds.), *Worldviews and Ecology: Religion, Philosophy, and the Environment* (Maryknoll, NY: Orbis, 1994), p.187.

98) 역주: 심층생태론(Deep Ecology)은 노르웨이의 철학자 Arne Naess가 만든 용어이다. 이 이론은 생태운동의 한 부류이다. 그는 현대 환경문제는 기술적 대응을 넘어서 (정치, 경제, 문화 등) 사회제도나 개인의 세계관과 가치관 등의 깊은 수준의 변혁이 불가결하다는 생각을 가지고 있다. 이 운동은 생명평등주의 전체론적(holistic) 세계관 공생

의 지지자들이다. 주창자인 안 네스(Arne Naess)를 시작으로 그들은 그들의 사유체계를 정교화하는 데 도교 개념을 끌어들이려 주목해 왔다. 실반(Richard Sylvan)과 베넷(David Bennett)과 같은 철학자들은 "심층생태론과 도교의 주제가 서로 수렴하는 데 주목할 만하고 주목된다"라고 하면서 "도교의 오랜 지혜가 그의 현대적 유사본인 심층생태론을 정교하고 풍부하게 하는 데 유용할 것"이라고 주장한다.[99]

생태학적인 사유를 하는 사람들에게 흥미를 끄는 핵심적인 도교 개념은 무위無爲이다. 이것은 문자 그대로 '아무것도 하지 않음'을 의미하지만 철학적 개념으로는 의식적 계획이 없는 행동의 자발성과 자연성을 나타내기 위해 사용된다. 『도덕경』에서 무위無爲는 다음 구절로 요약되는 분명한 정치적 의미를 가지고 있다. "도는 항상 애써 하지 않아도 안 되는 것이 없다. 왕과 제후가 이를 지킬 수 있다면 만물은 저절로 이루어질 것이다."[100] 무위無爲 개념은 한때 서양에서 세상의 요구에 냉담한 무관심의 전형으로 오리엔탈적 태도를 조장한다고 무시되었다. 하지만 이제는 자연을 지배·통제하려는 서구적 경향에 대한 균형추로서 그리고 '지속성'과 '성장 한계'와 같은 현대가 선호하는 환경 개념의 지지대로서 주목받고 있다. 철학자 굿맨(Russell Goodman)은 현대 생태적 문제에 적용하기 위한 연구를 하면서, 도교

개념에 기반하고 있다.

99) R. Sylvan and D. Bennett, "Taoism and Deep Ecology", *The Ecologist* 18(4-5) (1988), p.148; J. B. Callicott, *Earth's Insights: A Multicultural Survey of Ecological Ethics* (Berkeley, CA: University of California Press, 1994), p.86; M. E. Tucker and J. A. Grim (eds.), *Worldviews and Ecology: Religion, Philosophy, and the Environment* (Maryknoll, NY: Orbis, 1994), pp.150~156; M. Zimmerman, *Contesting the Earth's Future: Radical Ecology and Postmodernity* (Berkeley, CA: University of California Press, 1994), pp.51~ 52.

100) 역주: 『道德經』, 37장, "道常無爲, 而無不爲. 侯王若能守之, 萬物將自化."

원리에 대해 무위無爲는 기이한 정적주의를 의미하는 것과는 다르며, 생태 문제를 해결하기 위한 넓은 범위의 실제적인 함의를 가지고 있다고 한다. 결국『장자』도 우리에게 "애써 하지 않아도 안 되는 것이 없다"[101]라고 하면서 현재 상황을 단순히 받아들이기보다는 더 자연스러운 삶의 방식을 권장하는 것으로 받아들일 수 있는 격언을 말한다. 우리는 자연의 자연스러운 순환을 정복하기보다는 협동하는 것이 이상적인 것이다. 무위無爲는 이것을 알게 함으로써 바로 재활용이라는 실질적인 활동을 지지한다. 무위는 자연을 간섭하고 통제하려고 하기보다는 자연세계에 있는 힘과 창조물에 대한 존경심을 가지게 함으로써 유기재배를 실천하게 한다. 무위는 환경에 최소한으로 개입하는 반사적 태양에너지 시스템과 같은 국부적 대체에너지 계획을 강조한다. 무위를 강조하기 위해 굿맨은 기원전 2세기 도교철학서『회남자』를 인용한다. "성인은 그들의 모든 행위방식에서 사물의 본성을 따른다."[102]

'사물의 본성'에 따른다는 것은 단순한 삶의 이상, 장인과 솜씨의 축하, 그리고 단순하고 작은 것에 대한 강조를 의미한다. 도교는 우리가 너무 멀리 거대함과 복잡성으로 끌려오면서 "문명화 과정에서 잃어버린 중요한 것들, (도교사상가들이) 지키려 애썼던 것들을 회복하기 위해 다시 돌아가는 것"이 필요하다고 가르친다.[103] 이것은 삶의 단순성을 의미한다. 불교와 마

---

101) A. C. Graham (trans.), *Chuang-tzu: The Inner Chapters* (London: Harper Collins, 1981), pp.151 · 185~187 · 204 · 209. (역주: 이 내용이『莊子』內篇에는 없다. 하지만「知北遊」, "無爲而無不爲也";「則陽」, "無爲而無不爲" 등 外篇과 雜篇에 나온다. 원래는『道德經』37장에 나오는 구절이다. A. C. Graham, *Disputers of the Tao: Philosophical Argument in Ancient China*, La Salle, IL: Open Court, 1989에서는『道德經』을 인용하고 있다.)
102) R. B. Goodman, "Taoism and Ecology", *Environmental Ethics* 2(1) (1980), p.80.
103) M. LaFargue, *The Tao of the Tao Te Ching: Translation and Commentary* (Albany, NY:

찬가지로 거기에는 시기, 공격과 투쟁으로 이끄는 자아의 필요성은 자기패배로 보인다. '기본적으로 모든 것을 사랑하고 존경하고 공감하며, 불필요한 것을 버리고 본래적인 것과 조화하면서 지나친 것을 피하고 단순성과 겸손함을 추구하는' 대안적 삶의 방식을 지지한다. 그리고 모든 관념이 '권력, 명예, 경쟁, 소유, 과도한 일용품, (그리고) 쓸데없는 지식을 향한 서양의 질주'를 부인한다.[104] 사회경제적 단계에서 이것은 대규모에서 소규모로, 중앙에서 지방으로의 힘의 변화를 함축하고 있다. 에임스가 주장했듯이 무위無爲라는 관념은 단지 우리의 개인적 관계를 자연세계에 적응시키는 것만이 아니라 권위주의적 지배가 강하고 창조적 자기인식이 줄어드는 제도에 대해 재고하는 것이다.[105]

이러한 적용이 얼마나 유용하고 타당한가? 서양이 해석하는 도교의 자연주의 형식이 정말로 현대 환경문제에 적절한 것인가? 다른 경우와 마찬가지로 아주 다른 배경을 가진 고대 개념을 현대 생태학적 논의에 끌어들이는 전략이 현실적이고 방법론적 문제를 자극하고 명확하게 하는 데 도움을 줄 수 있지만 여전히 확신하기 어렵다. 우선 전통 중국에서 자연법칙(天道)을 따르는 것이 바람직한가 하는 논의가 있었다는 것에 주목할 필요가 있다. 예를 들어 고대 유학자 순자荀子는 인간의 본성에 대해 비관적 견해를 갖고 도덕적 문제에 대해서 준실용적인 견해를 지지했다. 그는 자연을 미화

State University of New York Press, 1992), p.189.
104) R. Sylvan and D. Bennett, "Taoism and Deep Ecology", *The Ecologist* 18(4-5) (1988), p.152. 삶의 겸손과 단순함의 이상은 거의 모든 고전적 중국 사상학파에 일반적이다. 유학자를 포함해서 무역과 해외여행을 불필요한 풍요를 조성하는 것으로 반대했다.
105) R. T. Ames, "Taoism and Nature of Nature", *Environment Ethics* 8(4) (1986), pp.342~347.

하는 도교적 견해를 비웃고 자연법칙에 따르기보다는 자연계를 지배하고 통제하는 것이 필요하다고 주장했다. 피런붐(Peerenboom)은 순자를 애써 반박한다. 그는 순자의 이러한 시각과 도교를 순수한 자연주의 형태로 보는 현대의 견해는 『도덕경』과 『장자』를 잘못 해석한 것이며, 『도덕경』과 『장자』는 인간을 넘어서는 자연의 특권이 아니라 인간과 자연계의 균형과 조화를 말하고 있다고 주장한다.106) 오늘날 환경 토론에서도 유사한 논쟁이 있다. 이는 인간과 자연세계와의 관계에 대한 폭넓은 논쟁의 일부이다. 우리는 인공적 장치들에 둘러싸여 있고, 행복과 자유를 보장할 것 같았던 고안품들이 해악과 종속의 원인이 되기 시작했다. 이런 시대에 자연법칙과 조화롭게 살라는 이런 충고는 호소력이 크다. 근대성의 위대한 신화 중 하나는 우리가 인간의 번영을 위해 자연을 통제할 모든 수단을 우리 힘으로 이용할 수 있고 해야 한다는 것이었다. 그러나 이제 우리가 이러한 힘의 장점이 단점을 뛰어넘는지 의심하기 시작했다는 것도 논쟁거리이다.

우리는 근대성의 동력을 역전시켜 자연과 공생하는 단일체, 문명 이전의 세계로 돌아갈 것을 추구해야 한다는 말인가? 전원의 이상향이라는 도교 이미지는 단순히 불가능한 꿈, 환상적인 황금시대의 낭만적 이미지가 아닌가? 무위無爲라는 매력적 이상은 당면 과제로부터 우리를 위안해 주는 것 이상 무언가를 할 수 있는가? '자연으로의 복귀'나 도道와 하나 되기를 추구하는 것에는 모순이 없는가? 결국 도교는 우리가 자연의 일부라는 것, 그러니 어떻게 자연을 거스르는 방식으로 살 수 있겠는가를 가르치고 잃어버린 자연성을 회복하도록 내버려 두는 것인가? 『장자』는 말한다. "우리가

---

106) R. P. Peerenboom, *Law and Morality in Ancient China: The Silk Manuscripts of Huang-Lao* (Albany, NY: State University of New York Press, 1993), pp. 219 · 224.

걷는 곳에 어떻게 길이 없을 수 있는가?"107)라고. 그리고 에임스는 이렇게 묻는다. "만약 모든 것이 도道이고, 도道가 자연스러운 것이라면, 도대체 자연스럽지 않은 움직임의 원천, 본질, 존재론적 지위는 무엇인가?"108) 그리고 만일 도道가 어떤 것도 거기에서 벗어날 수 없는 궁극적 실체라면 어떻게 자발적이지 않은 행위가 있을 수 있는가?109)

문제는 이러한 질문에 대한 대답이 서양철학적 논의의 맥락에서만 가능하다는 것이다. 서양철학의 논의는 (어떤 원리이든지) 윤리적 원리가 스스로 타당한 이성적 방법으로 지지되는 형이상학적 기초에 근거해야 한다고 가정한다. 이러한 방식에 대해 피런붐은 흥미롭게 접근한다. 그는 도교철학을 우주의 작동원리에 대한 믿음을 가정한 자연주의의 한 형태라고 주장한다. 그래서 '자연과 조화롭게 행위하는 것'이 도교의 기본 윤리라고 생각한 니덤과 펑유란(馮友蘭) 같은 철학자를 비판한다. 이러한 관점은 우리가 방금 언급한 자기모순에 이를 수밖에 없다. 피런붐은 반대로 살아가는 옳은 방식에 대해 도교 개념은 절대적으로 인식론적 기초에 의존하지 않는다고 주장한다. 이와는 반대로 자연적인 것과 인간적인 것을 알 수 있는지, 그리고 안전한 윤리적 건축물을 세울 공고한 철학적 기반이 될 수 있는지의 가능성을 의심한다. 그는 기초적인 형이상학에서 찾는 그럴듯한 확실성을 포기하고 대신 '가치 상대적' 실용주의적 해석을 선택하라고 하면서 도교 자연주의에 대안적 해설을 제안한다. 이러한 관점에서 보면 도道는 스스로 약속한

---

107) 역주: 『莊子』, 「齊物論」, "道行之而成"을 이렇게 표현한 것 같다. A. C. Graham (trans.), *Chuang-tzu: The Inner Chapters* (London: Harper Collins, 1981), p.52.
108) R. T. Ames, "Taoism and Nature of Nature", *Environment Ethics* 8(4) (1986), p.342.
109) 신이 무한히 완전하고도 악이 일어나는 세상을 만들었다는 기독교 신학의 유사한 말장난이 떠오른다.

예정된 질서가 아니라 자발적으로 출현하는 질서이다. 그래서 거기에는 고정된 유형이 없고 정언적 명령이나 윤리적 절대성이 없다. 오히려 우리와 나머지 자연이 열망하는 조화를 스스로 발견하는 이미지가 있다. 이러한 설명은 (서양의 저작에서 들리는) 도교가 근대세계가 직면한 환경적 질병을 치유할 만병통치약을 제공해 줄 완전한 철학일 수 있다는 숭고한 가정을 피한다. 대신 우리에게 지적이고 민감하고 사례별 방식으로 문제를 접근하게 격려하는 조화로운 삶의 전망을 보여 준다.[110] 이러한 논의가 모든 것을 도道의 현현顯現으로 보는 도교의 입장에서 우리의 삶을 타락한 것으로 보는 모순을 해결할 수 있을지, 또는 이러한 맥락에서 '자연'이란 용어를 사용하는 문제점이 명확해질지는 확실하지 않다. 그렇지만 피런붐의 주장은 우리가 자연세계와 관련하여 행동하는 방식을 재검토하게 만드는 도교의 실용주의적 역할을 지지한다.

도교에 고무된 환경주의를 생각할 때 중국 고대 철학이 현대 환경 관념과 어떻게 조화할 수 있는가라는 의문이 든다. 누군가 주장하듯이 도교가 친자연적인가? 다음 장에서 도교적 기술이 현대의 관점에서 인공적이고 심지어 반자연적으로 보일 수 있는 훈련과 자기통제를 요구한다는 것을 알게 될 것이다. 예를 들면 억압적으로 생각되는 서양의 태도보다 자연의 방식과 좀 더 일치한다고 과시했던 도교의 성행위를 좀 더 가까이 살펴보면 자연스

---

110) 이것은 '자연적'이란 무엇인가에 대한 다른 도교학자를 고무시키는 관점에 대한 논의를 포함한다. '자연을 따른다'는 것에 대하여 권고적이고 관대한 해석을 한 H. Rolston III, "Can and Ought we to Follow Nature", *Environmental Ethics* 1(1) (1979) 참조. R. T. Ames는 도교는 우리에게 형이상학적 시스템, 자연에 대한 논리적이고 일관성 있는 이해보다는 '미학적인 것에 기반을 둔 예술적 문맥'을 제공하고 있다고 주장한다. ("Taoism and Nature of Nature", *Environment Ethics* 8[4], 1986)

러운 성적 에너지의 흐름에 맡기기보다는 제한을 요구하는 것으로 보인다. 그리고 6장에서 살펴보겠지만, 도교의 불사나 장수의 추구는 자연에 따라 흐르는 것이라기보다 자연적 과정을 극복할 것을 요구하는 것처럼 보인다. 여기에는 자연환경을 다루는 데 있어 중국 자체 기록의 논쟁적 문제가 있다. 『장자』를 인용하거나 중국 산수화를 생태적 유토피아로 지목하는 것 모두 아주 좋다. 그러나 역사는 우리에게 자주 다른 모습을 보여 주고, 중국인들은 그들의 이상을 실현하는 데 능숙하지 않았으며 이러한 이상은 때로 생각하는 것처럼 자연을 친절하게 다루지도 않았다고 말한다. 한 전거에 의하면 중국의 환경보존에 대한 명성은 최악이다. (단지 20세기 중국의 근대화 과정의 산물일 뿐만 아니라 과거로 소급되는) 삼림훼손, 토양침식, 경작지 유실, 산업화 도시 오염, 그리고 물 부족 등 많은 증거 사례가 인용된다. "자연에 대한 존경심…… 인간을 만물 자연 질서의 일부로 보는 시각이 오랜 세월 중국의 역사에 분명히 흐르고 있다." 동시에 자연세계에 대한 "명확하게 드러난 파괴와 정복 경향" 또한 엄연히 있었다.[111] 가정된 관념을 실제로 실천함에 어려움이 따르지만 (여기서 초점이 되는 문제는) 그의 본질적 성격이 어떻든 간에 도교 관념이 환경을 파괴하는 관념과 행위를 상대로 대결하는 데 도움이 될 어떤 가치를 가지고 있는가 하는 질문으로 돌아갈 수밖에 없다는 것이다. 현대의 생태적 위기로 인해 기독교의 이성주의와 과학적 원천을 포함한 서양 관념이 자주 비난받았다. 그러나 중국의 예는 그들이 사는 방식과 그들이 생각하는 방식 간의 고리가 생각보다 느슨하다는 것을 보여 준다.[112]

---

111) V. Smil, *The Bad Earth: Environmental Degradation in China* (Armonk, NY: Sharpe, 1977), pp.6~8.

여기서 이르게 되는 또 다른 결론은 우리가 도교 관념을 이용한다면 그 관념은 근본적으로 변형되어야 한다는 것이다. 도교는 전근대적 문화에서의 전원생활을 다루면서 적당한 권고를 하고 있는 것 같다. 하지만 환경철학자 홈스 롤스턴(Holmes Rolston)이 주장했듯이 이는 소비와 성장 윤리에 균형을 맞추기 위한 분위기나 풍조에 불과할 수도 있다. 근대 세계에서 이 이상을 성취하려면 "그것이 현대적 지혜를 포함하는지를 시험하기 위한 탈신화화(혹은 재신화화)가 필요"하고, "동양이 서양에 많은 것을 가르치기 이전에 그 원천에 대한 상당한 재정리가 필요하다."[113] 한편 도교를 우리의 의지와 조화하도록 조작하고 재구성할 수 있는 '자원'으로 다루려는 사고방식은 도교의 치료대상 목록에 있는 착취적이고 남성적인 태도 속으로 정확히 빠지는 것일지도 모른다. 예로 철학자 제럴드 라슨(Gerald Larson)은 이러한 기획을 서양의 경제적 이익을 위해 식민지 시대에 일어난 아시아의 물질적 자원 수탈의 단순한 외삽법 정도로 보고 있다. 그는 오늘날의 쟁점을 조명하기 위해 동서양의 관념을 비교하는 것에도, 그렇게 해서 우리 자신의 뿌리 깊은 가정에 대해 비판적 이해의 폭을 넓히는 것에도 반대하지 않는다. 하지만 그는 아시아를 우리가 '개발하는' '자원' 정도로 생각하는 것뿐만이

---

112) 이것에 대한 좀 더 풍부한 논의는 J. B. Callicott and R. T. Ames (eds.), *Nature in Asian Tradition of Thought: Essays in Environmental Philosophy* (Albany, NY: State University of New York Press, 1989)의 에필로그와, 중국에서의 환경파괴를 일관성 없는 사회적 태도 및 믿음과 연관시키지만 도교보다는 강력한 정치적인 것이라고 주장하는 Tuan Yi-fu(段義孚), "Discrepancies between Environmental Attitude and Behaviour: Examples from Europe and China", *The Canadian Geographer* 12(2) (1968)도 참조.

113) H. Rolston Ⅲ, "Can the East Help the west to Value Nature", *Philosophy East and West* 37(2) (1987), pp.181 · 189. 논쟁의 여지가 있지만, 도교 저작에 있는 '상고주의적' 인용문은 어떤 경우에는 여전히 문자 그대로 받아들이려는 의도가 아니라 오히려 널리 퍼진 문명화의 맥락에서 좀 더 자연적 삶에 연결시키려는 의도를 포함한다.

아니라, 관념의 구조 밖에서 이성적으로 계획된 목적을 향해 구조를 조종할 수 있다는 사고방식을 벗어나는 것이 필요하다고 강조한다.114)

라슨의 주장은 오리엔탈리즘적 과오가 가장 분명하고 좋은 맥락에서도 다시 행해질 수 있다는 것, 그리고 우리가 후기 식민시대라고 생각하는 때에도 식민지적 태도가 여전히 존재할 수 있다는 것을 상기시킨다. 그러나 이전 착취시대부터 경제적 이익과 함께 유입된 아시아의 관념이 오늘날 지구촌 생활을 구성하고 있는 정도를 완전히 알 수 없다. 이는 낯선 먼 나라에서 들어오는 단순한 이국적 수입품 정도가 아니다. 우리가 직면하고 있는 급격한 생태적 위기의 자연에 접근하는 데 동양의 개념 도구이든 서양의 것이든 이러한 도구에 대한 (롤스턴이 주장한) '상당한 재정리'가 반드시 요구된다. 고대 도교철학이 우리의 현재 요구에 정확하게 부합할 것이라고 기대하는 것이 소용없을지도 모른다. 그러나 이러한 중국적 사고방식은 서양의 문화유산으로써 해낼 수 있는 것으로 보이지 않는다. 이는 자연에 대한 우리의 태도를 재고하도록 고무하는 잠재력을 가지고 있는 것으로 보인다. 문명을 완전히 거부하는 것은 현실적 선택권이라고 할 수 없다. 그러나 도교 개념에서 보여 주는 이런 식의 옹호는 적어도 현재의 삶의 방식을 새로운 관점에서 검토하게끔 해 줄 수는 있다. 한쪽에서는 인간의 삶을 삶의 우주적 배경이라는 의미에서 재고하게 한다. 또 다른 쪽에서는 정신적인 태도에 변화를 줌으로써 비공격적인 삶의 태도를 고양하게 한다. 이는 '진보'라는 이상으로 달려 온 그리고 세계를 바꾸기 위해 열심히 노력해 온 삶의 방식보다 좀 더 생태적으로 좋은 삶의 방식을 위한 열쇠가 될 것이다.

---

114) G. J. Larson, "'Conceptual Resources' in South Asia for 'Environmental Ethics', or The Fly is still Alive and Well and in the Bottle", *Philosophy East and West* 37(2) (1987).

도교에 있어서의 '삶의 길'(way of life)에 대해서는 바로 다음 장에서 검토할 것이다.

제5장 소요유

GOING RAMBLING WITHOUT DESTINATION[1]

도덕적 탐구들

1. 도교의 도덕적 전망

서양에서 도교에 주목하는 것이 도덕적 견해 때문은 아니다. 도교는 도덕적 의무에 전념하기보다는 무관심과 은둔의 학설로 인식되어 왔다. 빌헬름(Richard Wilhelm)은 도교를 "공직의 부담에서 벗어나 시골에서 한가로운 삶에 은둔하는 무위無爲의 철학"이라고 요약하였다.[2] 막스 베버도 세속적 유위有爲의 중요성을 최소화한 '무관심'의 윤리라고 단정하였다.[3] 고대 중국에서도 도교사상가들은 정적주의를 가르치고 사회적 책임으로부터 은둔한다

---

1) 역주: 저자는 『莊子』의 첫 편 「逍遙遊」를 본 장의 제목으로 삼고 있다. 이 책의 영역본은 A. C. Graham (trans.), *Chuang-tzu: The Inner Chapters* (London: Harper Collins, 1981)를 참조했다.

2) R. Wilhelm (trans.), *Confucius and Confucianism* (London: Kegan Paul, Trench, Trübner & Co, 1931), p.140.

3) M. Weber, *The Religion of China: Confucianism and Taoism* (New York: The Free Press, 1951[1916]), p.187. 단순성을 위해 최근 경향에 따라 여기서 '도덕적인'(moral) 그리고 '윤리적인'(ethical)이란 용어를 호환할 수 있게 사용할 것이다.

고 비판받았다. 모든 의무와 의식은 물론 인간의 사회적 삶의 범주를 가장 중요한 것으로 여겼던 유학자들 사이에서 늘 하는 비판이었다. 장자와 동시대인이었던 도교철학자 양주는 머리털 하나로 세상을 구할 수 있다고 하더라도 하지 않겠다는 말로 악명 높았다.[4] 또한 장자도 종종 사회적 요구를 무시하는 이기적이고 향락주의 철학을 대표하는 것으로 보였다.[5]

한편 도교적 풍경이 낭만적으로 보일 때도 있었다. 앞서 보았듯이 마음 맞는 친구들끼리 대나무 숲에서 술을 마시고 시를 읊고 거문고를 타면서 묵화를 그리는 이국적 이미지는 중국인의 정신에 원형적 역할을 했다. 이렇게 묘사되는 도교가 최근 일부에서 호의적 반응을 보이기도 했다. 린위탕(林語堂)의 빈둥거리기를 즐기고 삶을 심각하게 받아들이기를 거부하는 '장난꾸러기'(scamp), 인습에 무관심한 온화한 반항자, '야생의 인간' 또는 모든 인습을 뒤집어 놓는 '성스러운 바보'라는 이미지들은 중국인이든 유럽인이든 간에 도덕적 진지함에 나름의 해독제를 제공해 왔다. 서양인들은 도교는

---

4) 역주: 맹자는 楊朱의 爲我주의는 군주를 없애자는 것이라고 하였다. 그는 양주가 금수와 같다고 맹비난하였다.(『孟子』, 「滕文公下」 참조)

5) 고대 중국의 정적주의에 대한 비판은 A. Waley, *The Way and Its Power: The Tao Te Ching and its Place in Chinese Thought* (London: Unwin, 1977[1934]), p.43 참조. 이 견해에 대해 장자를 재고한 것은 Wu Kuang-ming, *Chuang Tzu: World Philosopher at Play* (New York: Scholars Press, 1982), pp.6~8 참조. 장자가 허무주의자나 이기주의적 향락주의자였다는 생각을 반박한다. 양주의 '이기주의'에 대해서는 A. C. Graham, *Disputers of the Tao: Philosophical Argument in Ancient China* (La Salle, IL: Open Court, 1989), pp.59~64; R. Smullyan, *The Tao is Silent* (New York: HarperCollins, 1977), pp.124~127 참조. 『장자』에 있는 '양주' 구절은 A. C. Graham (trans.), *Chuang-tzu: The Inner Chapters* (London: Harper Collins, 1981), pp.221~253 참조. 양주의 생각은 도교철학과 연관된 어떤 신비주의를 피하는 것으로 보이고 오직 '나에게 진정으로 중요한 것이 무엇인가?'라는 질문에만 관심이 있다. 장자의 유명한 관직 거절 원문은 A. C. Graham (trans.), *Chuang-tzu: The Inner Chapters* (London: Harper Collins, 1981), p.122 참조.

흐름이 따라가고 영원한 현재의 망각상태에서 어린아이처럼 사는 강요 없는 무사태평한 방식을 제안한다고 믿었다.[6]

이러한 낭만적 이미지는 근대 유교적 도덕주의자들을 자극할 수밖에 없었다. 단토(Arthur Danto)는 도교가 1960년대 반문화운동과 연관되기 시작할 때 도道의 추종자는 '독불장군'임에 틀림없고 도교는 편협한 개인주의적 윤리를 제공하는 철학이므로 '하고 싶은 대로 하라'(do your own things)고 권고하는 이상 도덕적 길잡이가 되지 못한다고 비판한다.[7] 케스틀러(Arthur Koestler)는 일찍이 '도교가 저속한 캘리포니아 정신성에 수사적으로 활용되어' 결국 초자연적이고 추종적인 것과 위험하게 연결되었다고 우려한 바 있다. 강한 무정부주의적 성향의 사회생태학자 북친(Murray Bookchin)도 이를 다시 강조한다.[8] 그가 생각하기에 이것은 '생명 중심 일원론'(biocentric monism)을 지지하는 철학이다. 심층생태론(Deep Ecology)의 근대적 전망처럼 인간을 "많은 것 가운데 단 하나의 생명 형태로만 축소시켜 가난한 자와 허약한 자 모두 노골적 전멸…… 또는 야만적 착취를 위한 공평한 게임을 하게 만들고 마는 것이다."[9] 동양철학 숭배자인 머튼(Thomas Merton)도 비슷한 맥락에서 도교적

---

6) Lin Yu-tang, *The Important of Living* (London: Heinemann, 1938); A. Watts, *Tao: The Watercourse Way* (London: Arkana, 1979). 이 간략한 요약이 칠현의 사상의 정교함을 충분히 설명할 수는 없다. 단순한 자기중심적 개인주의나 향락주의와 동일시할 수 없다. '야생의 인간'과 '성스러운 바보'라는 주제에 대해서는 N. J. Girardot, *Myth and Meaning in Early Taoism: The Theme of Chaos (hun-tun)* (Berkeley, CA: University of California Press, 1983), pp.271~274 · 300~301; M. Strickmann, "Saintly Fools and Chinese Masters", *Asia Major* 7(1) (1994) 참조.

7) A. Danto, *Mysticism and Morality: Oriental Thought and Moral Philosophy* (Harmondsworth: Penguin, 1976), p.118.

8) M. Bookchin, *Re-enchanting Humanity* (London: Cassell, 1995), p.100. 도교적 사유의 일면을 끌어들인 일본의 선불교와 관련이 있는 A. Koestler, *The Lotus and the Robot* (London: Hutchinson, 1960) 참조.

정적주의가 정치적 사회적 활동성을 방해해서 전체주의로 향하게 하는 것
은 아닌지 의심한다.[10]

　도교가 도덕적 판단을 위한 어떤 움직임을 억제하는 결과를 낳는, 위험
한 상대주의적 견해를 지지한다는 의혹이 이런 생각 아래 깔려 있다. 크릴
(Herrlee Creel)도 도교는 세상에 긍정적 행위를 위한 어떤 근거를 제공하지 못
할 뿐 아니라, '모든 것이 상대적인 것이고 '옳다' '그르다'는 우리가 아는
일부 관점에 의존하는 단어일 뿐'이라고 가르친다는 것이다.[11] 『장자』는 특
히 모든 윤리적 주장이 동등하게 타당하다는 믿음의 악명 높은 예로 자주
거론된다. 대부분 서양철학자들은 도교를 강력하게 반대해 왔고 많은 사람
이 사회적 위협으로 보았다. 겔너(Ernest Gellner)의 불길한 기술처럼 도교는
'유럽에 출몰한 새로운 유령'으로 간주되는 정신적 태도였다.

　도교의 윤리적 규범에 대한 거부나 무관심은 서양인들을 당혹하게 하고
많은 유학자를 불쾌하게 했다. 유학자들에게 예禮는 개인 간의 타당한 행위
원리이자 인간 실현과 사회 조화가 달려 있는 기반을 상징한다. 예禮는 원
래 '종교적 의식'을 뜻했다. 그러나 공자와 그의 제자들에게 예禮는 우주와
사회 질서를 연결하는 의례적 행위만이 아니라 '도덕적 함의를 갖고 사회적
연대를 공고하게 하는 전통적이고 사회적인 관례 전반'을 표현하는 것이었
다.[12] 그러나 도교가 예禮 개념에 깔린 특히 조화로운 삶과 자기수양과 연

---

9) M. Bookchin, *Remaking Society* (Montreal: Black Rose, 1989), p.12.

10) T. Merton, *Mystics and Zen Masters* (New York: Delta, 1961), p.50.

11) H. G. Creel, *What is Taoism, and Other Studies in Chinese Cultural History* (Chicago:
University of Chicago Press, 1970), p.3.

12) H. G. Creel, *Chinese Thought from Confucius to Mao Tse-tung* (London: Eyre &
Spottiswood, 1954), p.32. 유교 전통에서 禮는 인간의 온정을 연마하고 동료를 돌보는
仁이란 관념과 옳은 것을 의미하는 義란 관념, 그리고 이름을 바르게 사용하는 名이란

관된 관념들을 거부하지 않았다는 것은 확실하다. 뒤에서 살펴보겠지만 이 점에 대해서 유교와 도교 사이에 많은 공통점이 있다. 그렇지만 이들 간에는 중요한 차이도 있다. 특히 도교가 개인적 행위와 사회적 조화에 전반적으로 부적절하다고 생각한 예의범절에 관한 규범에 대해서 그렇다. 도교의 관점에서 보면 이런 규범은 인위적인 강제로 인간 생명의 자연스러운 기능을 왜곡하는 것이었고, 장자의 말을 빌리면 '인간의 본성을 파괴시키는 것'이고 도道와 조화로운 삶을 사는 데 유해한 것이었다. 유교의 전례적 측면은 서양에도 거의 호소력이 없었다. 하지만 무정부주의적 도교의 방식보다 유교의 도덕적 원리에 대한 교훈과 인간 수양 및 수행의 문명화된 형식에 대한 강조는 놀라우리만큼 서양인에게 더 매력적으로 보였다.[13] 특히 중국의 관념이 유럽에서 유행하던 계몽시기에는 상식적 합리성과 실질적이고 인간주의적인 가치를 밝히고 형이상학적 또는 신비적 권능이 없는 유교의 도덕적 가르침이 철학자들의 모임에서 유행하면서 종교적 토대에 기반을 둔 도덕적 가르침을 대신할 만한 매력적 대안으로 보였다.

이런 관점에서 보면 도교의 도덕철학이 서양에서 무시되거나 무의미한 것으로 소외된 것이 놀랄 일도 아니다. 그러나 최근 연구는 이러한 태도를 재검토하게 한다. 도덕철학의 발전과 함께 도교의 인간행위에 대해 좀 더 긍정적인 시각에서 조망하기 시작했다. 도교가 도덕을 공격한 것이라기보다는 규범과 명名을 우선시하는 특별한 형태의 윤리이론과 싸우는 데 노력했다는 것을 비평가들이 깨닫기 시작했다. 도교의 인간행위에 대한 사고는

관념과 밀접하다.
13) A. C. Graham (trans.), *Chuang-tzu: The Inner Chapters* (London: Harper Collins, 1981), pp.128 · 174~175 · 188 · 205 참조.

서양사상의 핵심적 성격과는 아주 다르며 흥미롭고 상상력이 풍부한 대안을 제공한다. 모든 것이 조화와 만족을 지향해야 한다는 믿음에 대해서 도교는 유교와 논쟁하지 않는다. 오히려 이러한 조화가 사회적으로 공표된 규범이나 전례적 형식주의의 강요에 의해서가 아니라 어린아이로 연상되는 순수한 자발성의 내적 변화와 회복에 의해서 성취된다는 신념이 있다. 도교의 조화는 예정된 법이나 규칙을 통해서가 아니라 인간의 활동(praxis) 영역을 배경으로 나오는 것이며, 관습의 도道가 아니라 자연의 도道를 따름으로써 이루어지는 것이다. 실제로 『도덕경』에는 '도덕적인' 교훈이 풍부하다. 그러나 이것은 정직과 공평과 같은 좀 더 전통적인 것보다는 부드러움, 고요, 비움, 유연과 여성성과 같은 덕목으로 수양과 연관되어 있다. 그리고 행동의 정확한 유형보다는 안과 밖의 조화를 격려하는 방식으로 이끈다. 실제로 유교적 교훈 속에도 규범에 단순하게 기계적으로 순응하기보다는 옳은 동기와 태도를 양성할 필요성을 강조하고 있다. 그러나 실제로 옳든 그르든 개인적 진정성보다는 사회적 순응을 격려하는 것처럼 보인다. 이러한 교훈은 서양에서도 찾아볼 수 있다.

도교의 도덕에 대한 인식이 유교와 다르다는 것을 특히 강조하는 서양의 해석자들도 있다. 이들은 감성과 동정보다는 규범과 법을 강조하는 근대 서양문화에서 지나치게 남성적인 것이라고 여겨진 것을 타도하기 위해 이를 이용하려 했다. 예를 들어 니덤(Needham)은 유기체론 어젠다를 연구하면서 유교와 도교의 도덕적 교훈을 너무 심하게 대비시켰다. 그는 윤리적 물음에 대한 도교식 생각은 "명령하는 능동성과 대조하여 받아들이는 수동성 그리고 일련의 사회적 관습에 집착하는 것과 대비되는 모든 예상되는 이론으로부터의 자유"를 의미한다고 주장한다. 그리고 "남성적이고 주도적이고

거칠고 지배적이고 공격적이고 (그리고) 이성적인" 유교와 법가의 가르침
과는 대조적으로 도교는 "여성적이고 용서하고 양보하고 허용하고 물러나
고 신비적이고 수용적인 것을 강조한다"라고 주장한다.[14]

그러나 우리가 여기서 마주하고 있는 것이 자유롭고 관대하기는 하지만
이런 식으로 표현을 나열하는 것은 결국 뭔가 행동의 명확한 길잡이로는
부족한 도덕적 결함이 있는 체계라는 신념을 단순히 강화시킬 수도 있다.
이러한 걱정으로 최근 흥미로운 검토가 있었다. 예로 철학자 웡(David Wong)
은 이렇게 주장한다. "도덕적 규범 또는 절대성에 대해 무관심한 것이 도교
의 관념이 도덕적 삶에 무익하다는 것을 의미하는 것은 아니다. 추상적이고
비개인적인 규범에 적응하는 것보다 마음의 변화가 인간의 행동을 변화시
키는 좀 더 유효한 요소일 수 있기 때문이다." 뿐만 아니라 그는 오히려
어떤 이성적 계획으로 윤리학을 기초하려는 시도를 포기함으로써 비도덕적
인 길이 아니라 동정과 관용의 길로 인도해 주고 모든 개인의 평등한 가치
를 깨닫게 해 줄 것이라고 주장한다.[15] 역으로 규범에 기초하는 가치론적
윤리학이 무관심과 심지어 비인도적인 행위로 나아갈 수 있는 엄격하고 냉
정한 태도를 격려할 수도 있다. 칸트(Kant)가 도덕법칙에 기초한 보편적이고

---

14) J. Needham, *Science and Civilization in China* Vol. 2 (Cambridge University Press, 1956),
p.59. 도교와 유교의 이상은 Needham이 이 문장에서 생각한 것보다 정신적으로 훨씬
더 가깝다. 도교가 예정된 법칙과 처방에 대한 비판을 강조한 것에 관해서는 R. P.
Peerenboom, *Law and Morality in Ancient China: The Silk Manuscripts of Huang-Lao*
(Albany, NY: State University of New York Press, 1993), p.191과 B. I. Schwartz, *The
World of Thought in Ancient China* (Cambridge, MA: Harvard University Press, 1985),
pp.209~210 참조.
15) D. Wong, *Moral Relativity* (Berkeley, CA: University of California Press, 1984), pp.175~
198; P. J. Ivanhoe, "Was Zhuangzi a Relativist?" (1996b), P. Kjellberg and P. J. Ivanhoe
(eds.), *Essays on Skepticism, Relativism, and Ethics in the Zhuangzi* (Albany, NY: State
University of New York Press, 1996), pp.202~211 참조.

이성적인 것과 인간 심성의 우연적 성향 이 둘을 엄격히 구별한 것이 (유럽에서 철학적, 신학적 가정과는 일치했지만) 보편성과 객관적 합리성이란 개념이 문제가 되고 있고 인간 마음의 문제가 전례 없이 중요해진 이 시기에 논쟁의 여지가 없는 것은 아니다. 근대 중국인 학자 장쭝위안(張宗源, Chang Chung-yuan)에 따르면 이것은 "도교가 인仁을 버려야 사람들이 다시 서로 사랑할 수 있을 것이라고 선언했던 것처럼 (유교의 이상인 仁의) 인위성과 냉담함 때문이다." 그리고 장자는 덕德이 실현되려면 인仁이 없어져야 한다고까지 주장했다.16)

이러한 논의는 서양과 도교의 윤리적 담론에 대한 근본적인 논쟁을 암시한다. 도교는 언어 중심적 원리에 기초한 도덕규범을 위협하는 것으로 보이기도 한다. 또한 자기인식과 자기수양이 아닌 규율에 피상적 순응을 강요하는 것을 거부하는 것처럼 보인다. 예를 들어 쿠아(Arthony Cua)는 중국의 윤리사상에서 '실천이성의 우위'를 주장한다. 나아가 에노(Robert Eno)는 "중국사상에서는 이성의 특권을 거부하고 실용적 지식을 세계를 이해하는 주요 수단으로 생각한다"라고 언급한다.17) 우리는 『장자』에서 명확하게 언급한 도덕적 처방이나 기초적 원리를 발견할 수 없다. 오히려 신랄하게 빈정대면서 전통적 도덕 언어와 범주에 심각하게 의문을 제기하고 '우리가 세계를 생각하고 느끼는 방식에 변형'을 주도하고 있다.18) 규범 또는 관념

---

16) Chang Chung-yuan, *Creativity and Taoism* (London: Wildwood House, 1975a), p.23.
17) A. S. Cua, "The Concept of Li in Confucian Moral Theory", R. E. Allinson, *Understanding the Chinese Mind: The Philosophical Roots* (Hong Kong: Oxford University Press, 1989b), p.209; R. Eno, "Cook Ding's Dao and the Limits of Philosophy", P. Kjellberg and P. J. Ivanhoe (eds.), *Essays on Skepticism, Relativism, and Ethics in the Zhuangzi* (Albany, NY: State University of New York Press, 1996), p.128.
18) J. Kupperman, "Spontaneity and Education of the Emotion in the Zhuangzi", P.

적 지식 또는 추상적 원리와 가르침에 입각한 것이 아니라 자연스럽게 일어나는 인간의 숙련성을 양성하는 데 기반을 둔 도덕적 전망 정도를 제공하는 것 같다. 이론적 지식의 관점으로가 아니라, 평정과 자발성 그리고 세계와 조화되는 감각을 연마하는 것을 목표로 하는 조각, 활쏘기, 수영과 같은 기술처럼 어떤 실제적 기술을 터득하는 것과 유사한 방식으로 도교적 윤리를 이해하는 것이 쉬워 보인다.[19]

비슷한 맥락에서 장자 및 그 밖의 도교 저작은, 도덕적으로 행동하는 것에서 벗어나지 말고 절대적이고 엄격한 보편원리에서 벗어나라고 우리에게 충격을 주는 것 같다. 그들은 타자 그리고 자연 세계와의 자연스러운 친근감을 회복할 것을 격려하고, 니덤이 웅변적으로 주장했던 '여성적, 관용적, 양보하고 수용하는' 품성으로 우리를 유도한다. 그레이엄은 도교는 "명명命名에 의해 관습적으로 만들어진 범주의 통제를 줄이고 차이와 동화를 좀 더 유연하게 받아들이며 사고의 흐름을 자유롭게 한다"라고 주장한다.[20] 이런 주장을 하는 사람들도 있다. "장자는 일반적 시각과 달리 도덕적 회의주의나 상대주의를 가르치는 것이 아니다. 그는 광인, 기인, 범죄인, 장애인, 불구자 등 틀에 박히지 않은 행동을 여러 부류의 사람을 통해 그 예를 생생하게 들며, 우리의 표준적 가치를 표현하는 환상과 기만의 단단한

Kjellberg and P. J. Ivanhoe (eds.), *Essays on Skepticism, Relativism, and Ethics in the Zhuangzi* (Albany, NY: State University of New York Press, 1996), p.188.
19) P. J. Ivanhoe, *Confucian Moral Self-Cultivation* (New York: Peter Lang, 1993a); P. Kjellberg and P. J. Ivanhoe (eds.), *Essays on Skepticism, Relativism, and Ethics in the Zhuangzi* (Albany, NY: State University of New York Press, 1996), chaps.6~7; A. C. Graham (trans.), *Chuang-tzu: The Inner Chapters* (London: Harper Collins, 1981), pp.135 ~142.
20) A. C. Graham, *Disputers of the Tao: Philosophical Argument in Ancient China* (La Salle, IL: Open Court, 1989), p.235.

구조를 밝혀내려는 니체식 전략을 구사한다. 이는 관습적 도덕성에 숨겨진 역사적 뿌리를 드러내는 니체의 계보학적 방법이다. 도덕적 원리는 실용적인 목적을 위해 역사적 순간에 만들어지는 것이며, 봉건질서의 붕괴가 보여주는 것처럼 이러한 목표를 획득하는 데 비효율적임이 드러난다."[21] 중국 철학자 천구잉(陳鼓應, Chen Gu-ying)이 주목했듯이 니체와 장자 둘 다 그들이 물려받은 역사적 전통과 가치에 대해 통렬하게 비판하는 자들로 난해한 기벽과 개인주의적인 성향이 있다. "니체는 기독교와 전통적 서양의 가치에 맞서 자신의 가치횡단(tmasvaluation)을 제안했고, 한편 장자는 전통적 유교 도덕의 통속적 가치에 대항해 가치횡단을 주장했다."[22] 유교 가르침에 반대가 될지는 모르지만, 도교의 도덕철학에는 악이나 죄라는 관념이나 죄의식, 동정과 자기비하와 같은 의심스러운 기독교적 관념이 없다는 것이다. 비슷한 맥락에서 에임스는 니체의 위버멘시(Übermensch) 또는 자기극복(self-overcoming)이라는 개념과 도교의 도道 또는 덕德(virtuality)이라는 개념을 직접 비교한다. 그는 둘 다 도덕법칙에 순응하기보다는 자기변화의 윤리를 표현하는 것이며, 억압된 적의보다는 창의적 표현을 보여 주는 것이라고 본다.[23]

---

21) H. Roetz, *Confucian Ethics of the Axial Age: A Reconstruction under the Aspect of the Breakthrough Toward Postconventional Thinking* (Albany, NY: State University of New York Press, 1993), p.252.

22) Chen Gu-ying, "Zhuang Zi and Nietzsche: Plays of Perspectives", G. Parkes (ed.), *Nietzsche and Asian Thought* (Chicago: University of Chicago Press, 1991), p.126; J. C. Cooper, *Taoism: The Way of the Mystic* (London: HarperCollins, 1990), pp.22~23 참조.

23) R. T. Ames, "Nietzsche's 'Will to Power' and Chinese 'Virtuality'(De): A Comparative Study" (1991b), G. Parkes (ed.), *Nietzsche and Asian Thought* (Chicago: University of Chicago Press, 1991), p.147.

2. 자기수양(self-cultivation)의 윤리학

도교에 관습에 대한 냉소적 경멸 말고 무언가가 더 있느냐고 물어볼 수도 있다. 도교의 저자들은 기존 사고 성향을 뒤엎고 유교 윤리 용어를 조롱하는 데 익숙하다. 그러나 건설적인 도덕 시각의 윤곽이 여기에서 나온 것이다. 벤더(Frederic Bender)의 말에 따르면, '덕이나 의무를 가르치는, 인간 행위의 부자연스러운 지침을 만드는 유교 윤리학'과는 달리 도교는 "자기수양(self-cultivation)의 '윤리학'을 가르친다."[24] 이는 서양의 종교적 철학적 전통과도 다르다. 도교는 객관적 이상의 절대적 틀도, 영원한 도덕적 원칙도, 권리와 의무가 가정될 수 있는 어떤 도덕적 초월성도 제안하지 않는다. 오히려 자기변화와 자기실현의 방법을 권한다. 특히 『장자』가 이러한 대안적 관념을 위한 풍부한 원천이다. 철학자 앨린슨(Robert Allinson)이 묘사했듯이 『장자』란 책은 '독자의 자기변화'(self-transformation)를 목표로 하는 책이다. 이 책의 주제는 진리로 추정되는 어떤 체계에 대한 믿음이 아니라 해부학적 사고의 침묵에 의존하고 정신적 변모 또는 의식 수준의 변화 그리고 믿음보다는 인간됨과 시각의 변화를 끌어내는 것이다.[25] 여기에 자연의 도道에 비추어

---

24) F. L. Bender, "Taoism and Western Anarchism", *Journal of Chinese Philosophy* 10(1) (1983), p.16. R. T. Ames, "The Common Ground of Self-Cultivation in Classical Taoism and Confucianism", *Qing Hua Journal of Chinese Studies* 17(1-2) (1985); Chan Wing-tsit, *A Source Book in Chinese Philosophy* (Princeton, NJ: Princeton University Press, 1963a); P. J. Ivanhoe, *Confucian Moral Self-Cultivation* (New York: Peter Lang, 1993a); D. S. Nivison, "Hsün Tzu and Chuang Tzu", H. Rosemont (ed.), *Chinese Texts and Philosophical Contexts: Essays Dedicates to Angus Graham* (La Salle, IL: Open Court, 1991); Tu Wei-ming, *Confucian Thought: Selfhood as Creative Transformation* (Albany, NY: State University of New York Press, 1985)은 모두 유교사상에서 자기수양이라는 이상이 중심이 된다는 것을 강조한다. Tu Wei-ming은 이러한 이상을 청 왕조에 일어난 유교와 도교 사이의 융합의 접점으로 본다.

보며 자신을 수양하는 성인聖人 개념이 있다. 성인은 구속력 있는 말로 다른 사람에게 도道를 가르치지 않는다. 예술가처럼 그들의 자기창조행위로써 모방이 아닌 감화를 준다.

도교는 규범에 따르기보다 자기수양을 강조하는데, 흥미롭게도 현대 서양사상이 도교와 유사하다. 최근 서양철학자들 사이에 관심의 변화가 있다는 점에 주목할 만하다. 칸트적/자유주의 원칙, 정의, 권리, 자율이라는 도덕적 개념에 대한 언급에서 이제는 성격형성, 자기실천, 인간적 탁월성의 양성이라는 논의로 바뀌고 있다. 이것이 인간행위에 있어 도덕적 원리의 적절성을 거부하는 것은 아니다. 오히려 우리가 도덕적 선택을 함에 적어도 어떤 범위에서 우리가 어떤 사람이고 어떤 사람이 되고 싶은지를 표현하고 창조하자는 것이다. 한 병사가 그의 도덕적 의무라는 것을 알고 있어서만이 아니라, 겁쟁이가 되고 싶지 않기 때문에 비겁한 행동을 피할 수 있다는 것이다. 매킨타이어(Alasdair Macintyre)가 말했듯이, 도덕적 결정을 할 때 추상적 원리만이 아니라 구체적으로 사회적 역할과 덕목과 연관해서 우리는 어떤 사람인가를 자각하는 것과 우리의 삶을 돌아보는 서술감각(narrative sense)에 의지할 수 있다. 요컨대 "계몽주의적 도덕이론이 법칙에 매달려 놓치고 만 것은 '내가 어떤 사람이 될 것인가?'라는 질문이었다"라고 그는 주장한다.26) 캐나다의 철학자 테일러(Charles Taylor)의 저작에도 유사한 주장이 보인다. 그는 '진실성'(authenticity)이라는 고유의 도덕 가치를 옹호한다. '진실성'이란 자신만의 개인적 정체성에 자기만의 방식으로 진실하고자 하는 이상이

---

25) R. E. Allinson, *Chuang Tzu for Spiritual Transformation* (Albany: State University of New York Press, 1989a), pp.7~8 · 24.

26) A. MacIntyre, *After Virtue: A Study in Moral Theory* (London: Duckworth, 1981), p.112.

다. 그가 언급하는 '자기진실'(self-truth) 과 '자기온전성'(self-wholeness)이라는 이
상은 자기만의 삶을 위해 책임을 다하려는 개인의 열망이다. 이는 때로 이
를 좌절시킬 수 있는 관습적 도덕규범과 충돌할 수 있다. 근대 영어권 철학
은 '무엇이 있으면 좋은가보다는 무엇을 하면 옳은가'에 너무 좁게 초점을
맞추는 경향이 있다. 그렇기 때문에 테일러는 스스로 '인간의 존재론'에 다
시금 닻을 내려야 한다고 믿는다.[27] 여성주의 철학자들도 이런 생각을 적극
적으로 지지한다. 예를 들면, 길리건(Carol Gilligan)은 도덕성의 결정적 요소는
자신과 타자에 대한 책임감과 배려나 조화와 같은 덕목이며, 도덕적 발전은
추상적 보편적 원리에 적응하는 능력보다는 개인의 감정 성숙의 문제라고
말한다.[28]

---

27) C. Taylor, *Sources of the Self: The Making of Modern Identity* (Cambridge: Cambridge University Press, 1989), pp.3 · 5. Nietzsche, Herder와 Schiller 같은 낭만주의자와도 연결시키는 C. Taylor의 *The Ethics of Authenticity* (London: Harvard University Press, 1992)도 참조. '진실성'이 이기적 '자기중심세대'의 표현이라는 전형적 비판과는 달리, Taylor는 "내 자신의 정체성은 결정적으로 나와 타자와의 대화의 관계에 의존한다"라고 주장하고,(*The Ethics of Authenticity*, p.48) 예를 들어 워즈워드의 시에서와 같이 (*The Ethics of Authenticity*, p.88) 자기수양을 자연과의 연대감과 연결시킨다. R. L. Taylor, "Chu Hsi and Meditation", I. Bloom and J. A. Fogel (eds.), *Meeting of Minds: Intellectual and Religious Interaction in East Asian Traditions of Thought* (New York: Columbia University Press, 1997) 참조.

28) C. Gilligan, *In a Different Voice: Psychological Theory and Women's Development* (Cambridge, MA: Harvard University Press, 1982). 자기수양을 문제 중심적인 도덕개념으로 보는 일반적 논의에 대해서는 예를 들면 J. W. Chapman and W. A. Galston (eds.), *Virtue* (New York: New York University Press, 1992); J. Schneewind, "The Misfortunes of Virtue", *Ethics* 101(1) (1990); L. H. Yearley, "Recent Work on Virtue", *Religious Studies Review* 16(1) (1990) 참조. 도교와 관련해서는 R. E. Allinson, *Chuang Tzu for Spiritual Transformation* (Albany: State University of New York Press, 1989a); C. Hansen, "Duty and Virtue" (1996), P. J. Ivanhoe (ed.), *Chinese Language, Thought, and Culture* (Chicago and La Salle, IL: Open Court, 1996a); P. J. Ivanhoe, "Was Zhuang-zi a Relativist?" (1996b), P. Kjellberg and P. J. Ivanhoe (eds.), *Essays on Skepticism, Relativism, and Ethics in the Zhuangzi* (Albany, NY: State University of New York Press,

이러한 변화는 윤리적 이론의 적절성에 대해 더 의심하게 만든다. 기초적이고 타당한 원리의 탐구보다는 전반적인 역사 서술과 함께 적절한 심리태도 조성을 강조하는 윤리학으로 변하고 있다.[29] 넓게는 인간 심리학과 심신상관적 건강에 대한 다양한 움직임을 수용하면서 자기인식(self-realization), 개인의 성숙과 개성화(individuation)를 기본 도덕의 목표로 삼는 경향이 뚜렷하게 등장하고 있다. 매슬로(Abraham Maslow)의 '자기실현'과 같은 대중적 개념은 동양의 오래된 전통과 대화할 수밖에 없게 한다. 말하자면 순수한 자의식을 넘어서 존재의 초개인적 상태를 추구하는 것에 관심 있는 사상가들은 동양사상을 이론적 모델과 실천적 지침의 원천으로 삼는 것이 필요하다고 느꼈다.[30] 전근대(pre-modern)에는 아이반호(Philip Ivanhoe)가 '인간 성숙(flourishing)의 다원론적 윤리'라고 말한 관념을 도교만이 지지한 것은 아니다.[31] 모든 중국철학의 주요 학파가 자기수양의 과정을 주장했고, 유교의 성인이

1996); M. LaFargue, *The Tao of the Tao Te Ching: Translation and Commentary* (Albany, NY: State University of New York Press, 1992); K. O. Thompson, "Taoist Cultural Reality: The Harmony of Aesthetic Order", *Journal of Chinese Philosophy* 17(2) (1990); T. T. Tominnaga, "Possibility of a Taoist-Like Wittgensteinian Environmental Ethics", *Journal of Chinese Philosophy* 21(2) (1994) 참조.

29) D. Furrow, *Against Theory: Continental and Analytic challenges in Moral Philosophy* (London: Routledge, 1995).

30) Kuo You-yuh, "Taoist Psychology of Creativity", *Journal of Creative Behaviour* 30(3) (1996)에는 도교와 Abraham Maslow의 자기실현이론 사이의 연계가 서술되어 있다. Coward는 Jung이 그의 개성화(individuation) 개념과 자아가 심리발전의 목표라는 믿음을 형성하는 데 도교 개념의 영향을 받았다고 주장한다. H. Coward, "Taoism and Jung: Synchronicity and the Self", *Philosophy East and West* 46(4) (1996), pp.483~491 참조.

31) P. J. Ivanhoe, "Was Zhuangzi a Relativist?" (1996b), P. Kjellberg and P. J. Ivanhoe (eds.), *Essays on Skepticism, Relativism, and Ethics in the Zhuangzi* (Albany, NY: State University of New York Press, 1996), p.211; P. J. Ivanhoe (ed.), *Chinese Language, Thought, and Culture* (Chicago and La Salle, IL: Open Court, 1996a) 참조.

라는 이상적 인물은 의례적 행위만큼이나 개인의 기질 고양과 인간다움을 수양하는 데에 전념하였다.[32] 게다가 서양의 전통 종교적 철학적 사유에서는 자기수양이라는 목표가 무시되는 경향이었다고 주장하지만 반드시 그렇지는 않다. 낭만주의 시대 사상가들 가운데는 주목할 만한 선례가 있다. 그들은 거의 종교적 열정으로 자기수양을 추구했다.[33] 하지만 내외의 조화라는 오래된 이상과 수 세기 동안 유행해 온 요가 수련으로 인간의 성숙 (flourishing)을 위한 유용한 모델을 분명하고 쉽게 제공해 온 것은 역시 도교이다.

이렇게 사회적 행위 규정보다 개인의 발전을 강조하는 것이 중국의 문맥에서는 모순처럼 보이기도 한다. 서양인의 눈에 전체로서의 중국 문화는 개성 없는 집단성을 조장하는 것으로 보였기 때문이다. 다니엘 데포가 중국인의 성격을 '노예근성'으로 묘사한 것이 서양인의 마음에 각인되어 왔다. 전제정치 문화에서 오랜 세월 '기계의 톱니바퀴'로 길들여진 개개의 중국인은 서양의 귀중한 가치인 개인(individuality)은 없는 것처럼 보이고 사회적 연대와 정치적 단결의 요구가 가장 중요한 것으로 보인다. 이러한 일반적 편견은 모스(Marcel Mauss)와 같은 사회학자들에 의해 강화되었다. 그는 1938년

---

32) R. T. Ames, "The Common Ground of Self-Cultivation in Classical Taoism and Confucianism", *Qing Hua Journal of Chinese Studies* 17(1-2) (1985); P. J. Ivanhoe, *Confucian Moral Self-Cultivation* (New York: Peter Lang, 1993a); D. J. Munro (ed.), *Individualism and Holism: Studies in Confucian and Taoist Values* (Ann Arbor, MI: Centre for Chinese Studies, University of Michigan, 1985) 참조.
33) 도덕적 과업으로 자신을 성숙시킨다는 관념은 루소의 『에밀』에 분명히 나타나고, 그 전에 스토아철학도 self-discipline(ascesis)을 실행할 것을 주장했다. 일찍이 Wilhelm von Humboldt 같은 낭만주의 사상가들이 전개한 '본래적 잠재성의 표명으로서의 자기교육'이라는 의미인 Gadamer의 Bildung이란 개념과도 비교하라. 비록 미리 형성된 인간 본질의 전개는 아니지만 자기창조라는 윤리적 이상은 Isaiah Berlin과 Jean-Paul Sartre의 사고에서 중요한 역할을 한다.

강연에서 "중국은 한 국가로서나 전통적인 문화로서나 진보한 서양과는 대조적으로 개인주의적 자율성이 부족하고 개인을 타자로부터 독립된 완전한 존재로 생각하지 못했다"라고 주장했다.[34]

그렇다고 현대 서양식 개인주의가 전통 중국에도 있었다고 주장하는 것 역시 역사적 오해일 것이다. 그러나 도교가 전형적인 서양 윤리의 이상과 근사한 주관주의 정신성을 발전시켰다는 것은 흥미롭다. 이것은 개인주의와 집단주의 양극단 사이의 중도를 도모하는 것으로 개인이라는 계몽적 관념에 대한 오늘날의 문제와도 관련되어 있다. 또한 중국 역사상 이기주의와 같은 강한 관념은 중국사상의 고전시대로 거슬러 올라간다. 다양한 방식으로 개별 개인이 지혜를 추구하는 이상을 주창한 장자나 또는 양주 같은 기인만이 있었던 것은 아니다. 맹자 같은 유학자들까지 기원전 3세기에 자기수양의 이상을 지지하고 자기반성을 장려했다. 게다가 정신적 변화라는 이상은 기원전 400년경 도교의 스승이 편집한 것으로 추정되는 『역경』의 '십익'에 분명하게 보인다. 그리고 자기수양의 이상이 당시 진정한 가치의 횡단(transvaluation)을 보여 주는 것이었는지는 논쟁의 여지가 있다. 이는 전사戰士들의 가치 강조에서 도덕적 이성적 자아 수련으로 전환한 고대 그리스사상에 필적할 만한 것이다. 특히 도교의 자아와 개인이란 관념은 약 600년 이후 한漢 왕조의 몰락으로 사회적으로 분열되고 각성하던 시기에 등장한 신도교운동과 함께 성장하게 된다. 이 시기는 기존의 사회적 구속으로는 지지받지 못했던 인간 생명에 대한 관심이 늘어나는 격동과 무정부 시대였다. 혼돈의 가장자리에 놓여 있었던 세계 안에서 많은 사람이 자연自然이란

---

34) M. Carrithers, S. Collins, and S. Lukes (eds.), *The Category of the Person: Anthropology, Philosophy, History* (Cambridge: Cambridge University Press, 1985), pp.13~14.

개념을 활용하여 내적 진실성과 의미를 추구하게 되었다.[35] 또한 나중에 신유학에 편입되는 명상(quietsitting)과 자기성찰(self-examinating)을 장려하는 천사도와 같은 형식적 조직이 등장하는 시기이기도 했다.

자아 수양이 사회와의 단절을 추구하는 양주식의 자기충족만을 의미하는 것은 아니다. 도교사상에서 인간 주체는 고립된 자기구성적 존재(self-constituting entity)가 아니라 역동적 과정에서 전체와의 조화와 자신 내면의 조화를 추구한다. 안 네스(Arne Naess)의 말로 '환경적 자아'(econological self)라는 것이 도교사상 속에 들어 있다. 초기 우주론자처럼 인간 개개는 그 안에 대우주가 반영되는 소우주와 같다. 넓은 맥락에서 우선하거나 독립적 목표를 형성하고 추구하는 자율적 주체라는 유교적 관념이 도교사상에는 없다. 장자 스스로 말한 것처럼 "타자 없이는 자신도 없다."[36] 이는 특히 현대적 문맥에서 말하는 탈중심화된 자아 관념과 유사하다. 이것은 단순한 정신의 문제만이 아니다. 자기수양은 몸의 수양을 포함하기 때문이다. 이것이 특히 서양의 관심을 끌었던 도교사상의 일면이다. 전통 서양철학에서는 도덕적 삶에서의 몸의 중요성이 인간 지식의 한 주변적 요소로 다루어져 왔을 뿐이었다. 그러나 니체와 근래 메를로 퐁티(Maurice Merleau-Ponty)의 영향으로 뚜렷한 변화가 시작되었다. 이제 몸은 인식론과 현상학 그리고 윤리학 같은 분야에서 점점 중요해지고 있다. 이러한 변화는 데카르트 이원론을 거부하는

---

35) R. B. Mather, "the Controversy over Conformity and Naturalness during the Six Dynasties", *History of Religions* 9(2) (1969~1970); Yü Ying-shih(余英時), "Individualism and the Neo-Taoist Movement in Wei-Chin China", D. J. Munro (ed.), *Individualism and Holism: Studies in Confucian and Taoist Values* (Ann Arbor, MI: Centre for Chinese Studies, University of Michigan, 1985).

36) A. C. Graham (trans.), *Chuang-tzu: The Inner Chapters* (London: Harper Collins, 1981), p.51.

것만이 아니라 인간 행위에 있어 신체적 과정과 성욕과 감정의 역할에 대한 이해가 넓어지고 있음을 보여 주는 것이다. 삶을 좀 더 건강하고 균형 있게 살라는 도교적 처방은 몸과 마음의 안녕과 정신적 성장을 위한 신체의 역할에 대해 긍정적으로 평가하는데, 오늘날 서양에서의 변화와 잘 공명하는 것 같다. 도교는 체조, 호흡법, 식이요법과 섹스요가와 같은 것을 실행한다. 이는 기독교의 몸에 대한 불신과 선명하게 대조되며 정신수양 과정에 신체적 건강과 장수를 중요한 요소로 포함시키는 종교로, 사실 세계종교 가운데 유일하다.[37]

사실 도교사상가들이 몸에 가치를 두는 것은 자신을 위해서가 아니라 몸이 신들이 머무는 장소이고 그 힘에 의해 우주 대부분을 투사하고 현시하기 때문이었다.[38] 그렇지만 그들은 인간존재의 정신적인 차원과 신체적 차원이 동일한 존재론적 연속체를 형성하고 있다고 생각했다. 서양에서 때로 신체적 차원을 무시하거나 심지어 멸시했던 정신/몸이라는 근본적인 이원론의 성질과는 다르다. 그렇다고 그들이 신체적 탐닉이나 방탕을 부추겼던 것은 아니다. 대부분 도교 전통에는 성행위를 포함해서 강한 자기단련과 억제의 요소가 여전히 남아 있다. 그러면서도 인간 생명의 내적 가치에 대해서는 확실하게 긍정하고 서양사상을 괴롭혀 온 종교적 비관주의나 존재론적 불안 따위를 거절한다. 도교사상가에게는 몸/정신이 모두 우주 안에서

---

37) L. Kohn, *Taoist Mystical Philosophy: The Scripture of Western Ascension* (Albany, NY: State University of New York Press, 1991a), p.8; K. Schipper, *The Taoist Body* (Berkely, CA: University of California Press, 1993), chap.6. 생리학적 과정이 자기수양에서 차지하는 역할에 대한 도교의 이해는 다음 장에서 좀 더 충분하게 다루어질 것이다.

38) I. Robinet, *Taoism: Growth of a Religion* (a translation and adaptation by Phyllis Brooks of Robinet 1991, Stanford, CA: University of Stanford Press, 1997), pp.110~113.

'편안하다.' 그리고 수양과 무한한 생의 연장까지 모두 이런 식으로 긍정한다. 이것은 인간존재의 고통과 무상성을 강조하는 기독교나 불교 같은 종교와는 완전히 다른 이상이다. 장수와 건강의 가치를 찬양하고 성취하는 방법에 대한 실용적 길잡이를 제공함으로써 서양인들에게 주목을 받을 수밖에 없었다.39)

이러한 도교의 가르침에 대한 관심은 자발성에 관한 가르침과 함께 서양에서 증폭되고 있다. 우리가 살펴보았듯이 자기수양은 인위적으로 강요된 규범에 동화하는 것이 아니라, 자연과 조화롭게 행동하는 것을 의미한다. 다시 홀(David Hall)의 말을 인용하면 "도교의 윤리학은 가정된 원칙이나 규범을 멀리하는 윤리로서 자발적으로(自然) 사물과 조화를 이루는 미적인 것이다."40) 도道와 조화롭게 살고 싶다면 무위無爲를 수양하는 것이 필요하다는 것을 의미한다. 앞서 보았듯이 무위는 문자로는 '하지 않는 것'(not-doing)을 의미하지만 완전한 무행위가 아니라 '의식적으로 노력하지 않으면서 하는 것'이란 함의를 갖는다. 이러한 도교적 개념은 한때 무위를 게으른 정지상태로의 유혹이나 운명 앞에 체념으로 보는 경향이 있었다. 이것이 서양의 해석자들에게 난제였다. 그러나 최근에는 무위 관념이 훨씬 긍정적 시각에서 해석되고 있는데, 전통적·도덕적·제한적 속박보다는 자연과 좀 더 조화로운 충만함과 삶과 자아를 표현하는 이상에 전념하는 것으로 간주되고 있다. 이러한 이상은 지라드로(Norman Girardot)가 잘 포착했다.

---

39) Wu Kuang-ming, *The Butterfly as Companion: Meditation on the First Three Chapter of the Chuang Tzu* (Albany, NY: State University of New York Press, 1990), p.81.
40) D. L. Hall, "On Seeking a Change of Environment: A Quasi-Taoist Proposal", *Philosophy East and West* 37(2) (1987), p.170.

초기 도교사상가들 중 일부 외고집 천재는 제왕의 시각에 의해 강요되는 유교적 윤리학과 중국 언어의 일반적인 문화망에 대한 우주론적 결정론에 의심을 품었다. 그들은 관습적 언어와 문화 뒤에 숨겨진 더 깊고 원초적인 삶(life-order)으로 돌아가기를 바랐다. '그들이 표현할 순간을 침묵으로 기다리면서.'[41]

카처(Stephen Karcher)는 무위無爲를 더 정신적인 시각에서 보았다. 그가 볼 때 무위는 '자아가 비워지면서 도道가 영혼에 가득 차는 행위'이다. 자아를 비우는 것은 자유와 상상력과 독창성을 갖게 하는 것이다.[42] 융(Jung)은 이것을 "무언가 일어나게 그냥 두는 방법", "이성적 의식의 불신적이고 간섭적 습관을 넘어서는(circumvent) 내적 자유의 열쇠"라고 말했다.[43]

무위無爲라는 개념에서 실천적 함의가 흘러나오고 있다. 이는 부와 권력이라는 진부한 허세를 거부하는 소박한 삶의 선택을 의미하고 자연과의 조화, 겸손과 이기심 없는 삶을 옹호하는 것이다. 또한 무저항 비폭력적 태도와 "억지로 하지 마라(Practice Non-Action). 관대함을 실천하라. 너의 여성성을 지켜라. 결코 주도하지 마라"라고 요약되는 유연함과 동정이란 '여성적' 덕목을 지지한다.[44] 나아가 바쁘고 활동적이고 분투하는 자아를 넘어서는 삶과 도 자체의 본질인 비움과 공空을 실천하는 것을 의미했다. 이는 자신에게 힘을 부여하는 것이 아니라 주고 비우는 것의 문제였다. 왜냐하면 '영광,

41) N. J. Girardot, *Myth and Meaning in Early Taoism: The Theme of Chaos (hun-tun)* (Berkeley, CA: University of California Press, 1983), p.2.
42) S. Karcher, "Journey to the West", *Oracle: The Journal of Yijing Studies* 2(9) (1999), p.8.
43) C. G. Jung, J. J. Clarke (ed.), *Jung on the East* (London: Routledge, 1995), p.89.
44) K. Schipper, *The Taoist Body* (Berkely, CA: University of California Press, 1993), p.127 에 있는 육조 원전에서 인용.

권력, 성공과 부'로 자신을 채우는 것은 하이데거의 '해방'(releasement)과도 비교되는 관념인 도道와는 반대로 가는 것이기 때문이다.[45]

유대 기독교적 도덕성을 강압적인 남성적 에토스로 생각한 비평가들 또는 근대주의적 사고를 도덕적 제국주의로 생각하고 그것을 뛰어넘는 길을 찾고 있던 사람들은 윤리학에 대한 이러한 사고방식에 긍정적 반응을 보였다. 그러나 이것은 의문과 논쟁을 불러 일으켰다. 지난 장과 유사한 논의를 반영하기 위해 이렇게 질문하는 것이 좋을 것 같다. 자연과 조화롭게 자발적으로 행동하라고 권하는 것이 어떤 유용한 도덕적 취지를 갖는가? 바른 행동을 위한 길잡이를 제공할 수 있는가? 자연 자체는 도덕과 무관하게 보인다. 결국 『노자』에서도 도는 인간을 풀강아지처럼 여긴다[46]고 하면서 어떤 도덕적 길잡이를 제공하지 않는다고 보았다. 그리고 도교사상가들이 주장하듯이 만약 모든 것이 도에서 생겨난다면 어떻게 도의 지시에 따라 조화롭게 행동하지 않을 수 있는가? 여기에 도교사상에서는 해결되지 않을 것으로 보이는, 서양철학의 관점에서 제기되는 자유의지와 결정론 또는 운명론의 문제가 분명히 있다.[47] 비록 자유의지에 대한 날카로운 쟁점을 제쳐

---

45) M. Saso, *Taoism and the Rite of Cosmic Renewal* (Pullman, WA: Washington State University Press, 1990), p.117. 도교철학을 'things'을 향한 인간의 자유로 인도하는 것이라고 말한 하이데거와의 연계에 대해서는 Chang Chung-yuan, "The Philosophy of Taoism According to Chuang Tzu", *Philosophy East and West* 27(4) (1977), p.412 참조. 8장에서 다시 살펴볼 것이다.

46) 역주: 『道德經』, 5장, "天地不仁, 以萬物爲芻狗."

47) Graham은 자유의지의 문제가 도교에서 그다지 쟁점이 아니었다고 주장한다. 하지만 그는 비록 그것이 심각하게 운명의 법칙에 경도되는 것으로 보이더라도 일반적으로 중국사상들 사이에 선택의 자유에 대한 가정이 있었다고 결론짓는다.(A. C. Graham [trans.], *The Book of Lieh Tzu*, London: John Murray, 1960, pp.118~121) W. J. Peterson, "Some Connective Concepts in China in the Fourth to Second Centuries B.C.E.", *Eranos Jahrbuch* 57 (1988)은 기원전 4세기에서 2세기 사이에 운명과 예정이

두고라도 자발성(自然)이란 개념이 근거 없는 것으로 보이기도 하고 언어와 같은 사회적 성향에서 나온 행동과 대조해서 타당성을 끌어내는 것도 의심스럽게 보인다.[48] 게다가 자발성과 자기수양이란 말이 주제넘은 이기주의 윤리로 이끄는 것은 아닌가? 이것은 다른 사람을 위해 머리털 하나도 희생하지 않겠다는 양주의 이기주의적 거절은 물론이고, '비움과 고요, 침착, 무관심, 정지, 무위無爲가 도道(Way)와 덕德(Potency)의 최고 경계인 천지天地(자연)와 동등하다'는 것이 모두 장자가 말한 함의가 아닌가?[49]

더욱이 자발적 행동을 권하는 수준이 위험할 정도로 끝이 없어 보인다. 도덕적인 행동과 마찬가지로 악한 행동도 양립할 수 있는 것처럼 보이기 때문이다. 실제로 도덕적 행위가 악한 것보다 인간의 자연적 성향과 대결한다는 것이 논의의 여지가 있다. 결국 처음부터 도교사상가들은 자비심, 효, 정의 그리고 동정심과 같은 덕목의 필요성에 대한 언급을 회피해 왔다. 『도덕경』은 우리에게 도덕적 판단을 막았다. 우리가 따라야 할 명확하고 단순하고 보편적인 방법을 규정하지 않는 도교의 개방성과 무규정성은 최근의 현대적 감성을 유혹하는 것이었다. "그 길이란 존재하는 것이 아니다"라고 한 니체의 말을 반복하면서. 그러나 이 길은 니체 자신도 경고했듯이 허무주의로 나아갈 수 있다. 크릴(Creel)은 계몽적 도교를 '선악을 넘어서'라고 주장하면서 이 철학이 '진정으로 무서운 결과'를 초래할 수도 있다는 것을 경

란 관념에 대한 찬반 논쟁이 실제로 있었다고 주장한다.

48) Derrida가 생각하는 '자발성'에 대한 해체적 분석은 Fu Hong-chu, "Deconstruction and Taoism: Comparisons Reconsidered", *Comparative Literature Studies* 29(3) (1992), p.312 참조.

49) A. C. Graham (trans.), *Chuang-tzu: The Inner Chapters* (London: Harper Collins, 1981), p.259.

고했다.[50] 그리고 듀랜트(Will Durant)는 『문명이야기』(문명사에 대한 대중적 저서)에서 자연과 조화로운 행동을 하라는 도교적 권유를 따르는 사람은 "철학을 실천하기보다 그의 적을 죽이고 침범하기가 훨씬 쉽다"라고 말했다.[51]

그러나 도덕적 규칙을 공표하는 것이 항상 도덕의 폭동으로 귀결되는 것은 아니다. 자기수양의 윤리가 추상적 원리보다 인간 심성에 더 깊게 뿌리내리는 것처럼 보일 수도 있다. 위에서 개괄한 자기수양 과정에 전념한 사람인 도의 진정한 추종자는 "분노, 탐욕과 이기심에 낯선 사람이라고 정의할 수 있다.…… (그리고) 타자에게 해를 입히는 것은 바로 무위無爲와는 반대이다."[52] 마찬가지로 내적 조화를 추구하는 실천은 타자와의 조화를 의미하는 것이라고 할 수 있다. 자신 안의 에너지(氣)의 순환은 이기주의적 열망에서 벗어나 타자를 향한 순환을 포함하며, 칼텐마르크(Kaltenmark)의 말처럼 (자기수양으로) 장수하는 것은 "결국 도덕적으로 사는 것"이다.[53] 이것은 비도덕적 태도를 낳는 것과는 아주 거리가 멀다. 철학자 노스럽(F. S. C. Northrop)이 말한 것처럼, 자기수양은 "도교적 인간이…… 모든 인간에 대해 다정한 동류의식을 갖게 해 주는" 인간행위에 대한 접근이다.[54] 다른 말로 하면 가치론적 태도보다 오히려 존재론적 격려가 자신과 타자 사이의

50) H. G. Creel, *Chinese Thought from Confucius to Mao Tse-tung* (London: Eyre & Spottis-wood, 1954), p.124.

51) W. Durant, *Our Oriental Heritage* (*The Story of Civilization* Vol. 1, New York: Simon & Schuster, 1942), p.657.

52) J. Blofeld, *Taoism: The Road to Immortality* (Boston: Shambhala, 1985), p.187. 마찬가지로 자각을 개인적이고 이기적인 성향을 확장하는 것보다는 약화시키는 수단으로 본 Arne Naess의 Deep Ecology에서의 자각 개념과 비교하라.

53) M. Kaltenmark, "The Ideology of the T'ai-p'ing Ching", H. Welch and A. Seidel (eds.), *Facets of Taoism* (New Haven, CT: Yale University Press, 1979), p.41.

54) F. S. C. Northrop, *The Meeting of East and West: An Inquiry concerning Human Under-standing* (New York: Macmillan, 1946), p.332.

이분법적 사고에 의한 판단을 극복하고 이기적이고 자기중심적인 성향을 줄일 수 있게 한다. 도교는 때로 실존주의와 비교되기도 한다. 그러나 자연의 리듬이라는 더 넓은 문맥 안으로 편협한 자아(narrow self)를 통합할 것을 강조하는 도교의 가르침은 인간과 사물을 감싸고 있는 세계와 맞서 독립적으로 추구되는 진정한 개인이라는(적어도 사르트르의 입장에서) 실존주의적 개념과는 명백하게 대조된다. 또한 최근 개인 건강을 지나치게 추구하는 이른바 '치유적(therapeutic) 개인주의'와도 다르다. 여기서 자아성(selfhood)이라는 도교적 개념을 다시금 강조할 필요가 있다. 도교의 자아(self)는 생태학적 함의를 가지며 더 넓은 문맥에서 주체성이란 개념을 포함한다. 이러한 자아에 대한 더 넓은 의미는 "도교의 성인은 이기적이지 않다. 그의 본성에 따라 행동하거나 도덕적 원리를 따라서가 아니라 자아와 타자를 포함하는 모든 구분을 꿰뚫어 보기 때문이다."[55] 더구나 도교에서 도덕적으로 순수한 삶은 결과이면서 동시에 도道와의 일체를 추구하는 필수적 전제조건이기도 하다. 초기 천사도와 같은 도교 종파에서는 선행(good works)을 강조했다. 고아를 보살피는 것, 공공도로를 유지하는 것, 환자를 돌보는 것, 가난한 사람에게 자선하는 것과 같은 행위를 주장하고 이러한 모든 것을 정신 수양의 길로 들어서는 중요한 전제로 생각했다.[56]

55) A. C. Graham, *Disputers of the Tao: Philosophical Argument in Ancient China* (La Salle, IL: Open Court, 1989), p.193.

56) T. Boehmer, "Taoist Alchemy: A Sympathetic Approach through Symbols", M. Saso and D. W. Chappell (eds.), *Buddhist and Taoist Studies* I (Honolulu, HA: University of Hawaii Press, 1977), p.73; T. Kleeman, "Taoist Ethics", J. Carman and M. Juegensmayer (eds.), *A Bibliographic Guide to the Comparative Study of Ethics* (Cambridge: Cambridge University Press, 1991), p.163; H. Maspero, *Taoism and Chinese Religion* (trans. of Maspero 1971, Amherst: University of Massachusetts Press, 1981), pp.273 · 323~324. S. R. Bokenkamp, *Early Daoist Scriptures* (Berkeley, CA: University of Cali-

게다가 관습에 동조하지 않고 은둔한다는 세평에도 불구하고 도교는 실제로 중국사에서 중요한 사회적 역할을 해 왔다. 술과 시를 좋아하는 죽림칠현의 행동에서든 산속에서 명상하는 은둔자의 이미지에서든 도교의 낭만적 이미지는 확실히 도교의 중요한 일면을 보여 준다. 그렇지만 이런 것은 도교 전체의 그림과는 거리가 있다. 도교의 정치적 측면이 다음 절에서 다루어질 것이다. 그러나 여기서 도교의 사회적 역할이 자주 무시되어 온 것에 주목할 필요가 있다. 도교는 중국의 수백만 명을 위한 도덕적이고 구원론적인 틀을 실제로 제공해 왔지만 서양에서는 최근까지도 무시되었다. 우리는 도교에 대한 뿌리 깊은 시선을 경계할 필요가 있다. 도교의 난해한 측면에 대해 반사회적 입장일 것이라는 시선 또는 도교의 심미적인 측면을 낙오자의 생활방식이라고 보는 시선이 그것이다. 이러한 시선들은 처음에 유교적 비평가에 의해 시작되었지만 나중에는 서양에서 상투어가 되어 버렸다. 리앙쿠르(Amaury de Riencourt)는 공자를 역사의식이 있고 삶을 실천에 바친 사회적 정치적 인물로 그리고…… (노자는) 혼자 은신처를 찾고 역사를 없애기를 갈망하는 세상에 지친 개인주의자로 묘사했다.[57] 그러나 콘(Livia Kohn)은 이와는 대조적으로 평가한다. "도道와 하나 되는 무아지경의 도피는 성자가 세상의 삶에서 도피하는 것을 의미하는 것이 아니라 오히려 그가 처한 상황이 어떻든지 내적 본성에 여전히 충실한 것이며…… 진정한 성자는 하늘과 하나가 되며 세상에 적극적이다."[58] 그리고 버크슨(Mark Berkson)은

---

fornia Press, 1997), pp.49~50은 『道德經』의 초기 주석에서 인용한 윤리적 교훈의 긴 목록을 보여 준다. 이 책의 53쪽에서 주석의 저자는 유가의 윤리가 피상적이고 성의가 없다고 비판한다.

57) A. de Riencourt, *The Soul of China: An Interpretation of Chinese History* (New York: Harper & Row, 1965), p.32.

도교 성자의 궁극적 목표는 "세상에 있는 것이지 다른 것이 아니다. 세상에서 도피하기보다는 세상 속에서 현명하고 능숙하게 살아가는 것"이라고 주장한다.[59] 일반적 관점과는 달리 이와 비슷한 맥락의 주장이 있다. 도교는 원초적인 문명화 이전의 상황으로 회귀할 것을 지지한 것이 아니라 오히려 충분히 문명화된 삶 자체 안에서 원초성을 회복할 것을 지지한 것이다. 그리고 반드시 그러한 사회로부터 물러설 것을 지지한 것이 아니라 다만 관습에 대해 좀 더 회의적 태도를 선택하고 상습적이고 억압적인 가치들을 전도시킬 것을 지지한 것이다.[60] 이것 역시 주목할 만하다. 도교 사원은 단순한 도피처나 추방의 장소가 아니다. 여행자들을 위한 숙소로, 의료 진료소로, 상담 복지 센터로, 그리고 학자·관료들을 위한 명상과 재충전의 장소로 중요한 사회적 기능을 수행하는 곳이다.[61]

---

58) L. Kohn, *Taoist Mystical Philosophy: The Scripture of Western Ascension* (Albany, NY: State University of New York Press, 1991a), pp.159~160; L. Kohn, *Early Chinese Mysticism: Philosophy and Soteriology in the Taoist Tradition* (Princeton, NJ: Princeton University Press, 1992), pp.172~176 참조.

59) M. Berkson, "Language: The Guest of Reality-Zhuangzi and Derrida on Language, Reality, and Skillfulness", P. Kjellberg and P. J. Ivanhoe (eds.), *Essays on Skepticism, Relativism, and Ethics in the Zhuangzi* (Albany, NY: State University of New York Press, 1996), p.119.

60) R. C. Neville, "The Chinese Case in a Philosophy of World Religions" (1989), R. E. Allinson, *Understanding the Chinese Mind: The Philosophical Roots* (Hong Kong: Oxford University Press, 1989b), pp.63 · 70; C. Hansen, *A Daoist Theory of Chinese Thought* (New York: Oxford University Press, 1992), pp.211~214.

61) J. Blofeld의 *The Sacred and the Sublime: Taoist Mysteries and Magic* (London: Allen & Unwin, 1973)과 P. Goullart의 *The Monastery of the Jade Mountain* (London: John Murray, 1961)은 공산주의 혁명 이전의 도교사원에 살면서 직접 얻은 정보를 제공하고 이 제도가 20세기까지도 지속되고 있음을 증언한다.

3. 무정부주의 정치학

도교가 중국인의 생활에 미친 윤리적 사회적 범위와 가치는 지금까지 알려진 것과는 아주 다르다. 도교는 중국인의 일상적 관습이나 행위와 불가분적이며 고대 철학적 뿌리와도 밀접하다는 것을 최근 쉬퍼(Kristofer Schipper) 등 여러 학자가 주장한다.[62] 이들은 도교를 정치에 무관심하고 유교적 사회 실천에 반대하는 개인주의와 동일시하며 사회 정치적 의무에서 '이탈'한다는 전형적 묘사에 의문을 제기하고 있다. 물론 도교사상가들이 유학자들과 정치적 사회적 입장에 대해 서로 논쟁해 왔지만 이들의 관심사는 여러 면에서 역사적으로 서로 교차하고 보완적이었다. 심지어 제왕의 후원을 위한 경쟁에서도 유학자들이 알려진 것보다 덜 보수적이고 더 비판적이기도 했다.[63] 그런가 하면 도교사상가들은 급하게 불러도 조정에 가는 것을 거절했다는 평판과는 달리 자주 국정에 관여하고 왕에게 충고도 하면서 2천여 년에 걸친 중국의 정치적 논쟁에 중요한 요인을 구성했다.[64] 도교의 가르침이

---

62) J. Ching, *Chinese Religions* (London: Macmillan, 1993), pp. 217~223; K. Schipper, *The Taoist Body* (Berkely, CA: University of California Press, 1993).

63) 유교의 좀 더 급진적인 측면에 대해서는 R. P. Peerenboom, *Law and Morality in Ancient China: The Silk Manuscripts of Huang-Lao* (Albany, NY: State University of New York Press, 1993), p. 205; I. Bloom and J. A. Fogel (eds.), *Meeting of Minds: Intellectual and Religious Interaction in East Asian Traditions of Thought* (New York: Columbia University Press, 1997) 참조. 유교가 정치학의 전제적인 방식을 지지했다는 믿음을 W. T. de Bary는 반박한다. W. T. de Bary, Chan Wing-tsit, and B. Watson, *East Asian Civilization: A Dialogue in Five Stages* (Cambridge, MA: Harvard University Press, 1988), p. 115 참조.

64) 도교 성자가 제왕의 상담자 역할을 한 것에 대해서는 A. K. Seidel, "Chronicle of Taoist Studies in the West 1950-1990", *Cahier d'Extrême Asie* 5 (1989~1990), pp. 273~278; F. Verellen, "Taoism", *Journal Asian Studies* 54(2) (1995), pp. 326~327 참조. 唐朝의 국가 철학인 도교에 대해서는 C. D. Benn, "Religious Aspects of Emperor Hsüan-tsung's Taoist Ideology", D. W. Chappell (ed.), *Buddhist and Taoist Practice in Medieval*

유교의 가르침과는 다르지만 『도덕경』은 분명한 정치 철학을 담고 있는 것으로 알려져 왔다. 그리고 '전국시대'의 철학사상은 사회적 정치적 목표에 근거했으며 이후 도교는 주기적으로 정치적 논쟁에서 중요한 역할을 담당하였다.[65)]

그렇다면 도교 전통이 보여 주는 정치학이란 어떤 것일까? 긴 역사의 여러 시대를 걸쳐 도교사상가들과 도교 원리가 제왕 권력의 은밀한 서재로 스며들었다. 그럼에도 불구하고 도교 원전은 국가와는 거리를 두거나 반대의 입장에 있는 반항아 심지어 전복자의 기질을 드러낸다. 유교적 제도권에서는 몽상가의 폭로나 종교로 또는 저항운동으로 의심받으면서 중앙집권적 권력에서 벗어난 앎과 행동의 모델을 보여 주었다. 한 중국 정치사상사 학자가 지적했듯이 초기 도교철학자들은 "역사상 결코 존재하지 않았던 자유 사회의 이상을 제시"하였으며 이것이 반란의 주된 영감으로 작용하였다.[66)] 이는 도교의 은둔적 경향이나 기벽이 국가에 대한 무관심한 태도를 지지하는 것만이 아니라, 정부 간섭이 없는 원시적 상황으로 돌아가려는 그들의 꿈이 기성 정치질서의 이해관계를 계속 위협하고 있었음을 보여 준다. 문명

Chinese Society (Honolulu, HA: University Hawaii Press, 1987) 참조.

65) 중국의 정치적 논쟁에서 도교사상의 역할에 대해서는 A. C. Graham, *Disputers of the Tao: Philosophical Argument in Ancient China* (La Salle, IL: Open Court, 1989); L. Kohn, *Laughing at the Tao: Debates amongst Buddhists and Taoists in Ancient China* (Princeton, NJ: Princeton University Press, 1995) 참조.

66) K. S. Hsiao, *A History of Chinese Political Thought* Vol. 1 (Princeton, NJ: Princeton University Press, 1979), p.20. 법과 처벌에 대한 지나친 강요를 반대하고 교육과 의식을 강제와 협박보다 선호하라고 가르쳐 온 유교와 대조해서 지나치게 강조하지 않는 것이 중요하다. 고전 도교 경전에서의 원시적 유토피아 인용의 예로는 『道德經』 80장; A. C. Graham (trans.), *The Book of Lieh Tzu* (London: John Murray, 1960), pp.102~103; A. C. Graham (trans.), *Chuang-tzu: The Inner Chapters* (London: Harper Collins, 1981), pp.171~175 참조.

화된 도시생활의 사악함과 몰인정을 비판한 루소처럼, 권력자들의 위협과 불신에 대한 사회적 불만을 분명하게 보여 주었다. 기원전 4세기부터 도교는 봉건사회와 이후 제국 통일로 이어지는 관료적 경제적 중심주의를 지속적으로 반대해 왔다. 그들은 중국사 전반에 걸쳐 도교사상가들에게 나타나는 검소하고 소박함, 사회적 평등과 자발적 집단주의 성격의 초기 신화적 사회로 되돌아가려 했다. 그리고 『도덕경』이 지배자와 지배자의 충고자들의 관심사에 대해 설교해 왔다면, 서양에서 외롭고 패배주의적 은둔의 저작으로 여겨진 『장자』는 "계속 반역자, 사회 추방자, 속세의 야망을 저버린 자들이 선호해 온 것이었다."[67] 최근 『구원의 경전』(*Scripture of Salvation*)이라는 『장자』의 번역본에서도 마찬가지로 사회 전 계층 사람들에게 널리 읽히고 부자와 가난한 자 모두에게 구원을 가르친다.[68]

기원전 2세기 도교 '사원'의 등장으로 초기 철학적 도교가 정치적으로 활동하게 되었다. 그 움직임은 지식 계급의 권위적 범위를 넘어 대중적 운동으로 종교적 도교가 정착한 것뿐만이 아니라, 힘없는 대중의 목소리를 명확하게 표명하고 『노자』의 심오한 말이 어느 정도 일반인의 삶에 적절하도록 도왔다. 또한 조직된 종교로서의 도교에는 권위에 대항하고 대중적 반란을 선동하는 구세적인 지복천년의 요소가 있었으며, 지라드로가 언급하듯이 도교는 "중국이라는 '사실상의 나라'에서 계속 살아온 대중들의 '비공식적' 세상을 '공식적'으로 합법화하는 데 기여해 왔다."[69] 특히 기원전

---

67) A. C. Graham (trans.), *The Book of Lieh Tzu* (London: John Murray, 1960), p.10. 사회적 사상가로서의 장자에 대해서는 Wu Kuang-ming, *Chuang Tzu: World Philosopher at Play* (New York: Scholars Press, 1982) 참조.

68) S. R. Bokenkamp, *Early Daoist Scriptures* (Berkeley, CA: University of California Press, 1997), p.376.

5세기 '태평도'의 통치를 실현하기 위한 도교적(Daoist-inspired) 반란이 그러하다. 억압적 정부 간섭이나 경제적 약탈이 없는 사회로 돌아가려는 꿈을 가지고 문명화되기 이전의 상황을 부활시키고자 했다. 태평도와 철학적 도교와의 연관은 단순한 것이 아니다. 철학적 도교는 언어와 사회적 관습에 대한 구속적이고 조작적인 힘을 의심했고 개인의 변화 가능성을 조화로운 삶을 향한 방법으로 믿었다. 이런 점에서 태평도와 구별될 수 있다. 이러한 반란 가운데 가장 중요한 것은 (2장에서 언급했던) 모든 계층의 지지를 받았던 182년 황건적의 난(Yellow Turban)이었다. 중국의 여러 지역으로 전개된 이후 진압되었지만 한 왕조를 약화시키고 많은 자치적이고 준민주적인 공동체를 세우는 데 도움을 주었다.70)

그러나 유교적 전제주의와 비교해서 도교를 자유와 해방을 위한 영원한 힘과 연관시키는 것은 위험할 수 있다. 첫째, 유교도 천명에 기초한 선군정치를 지지했다. 개인 통치자의 현실적 통치와는 별개로 유교는 일반적으로 국가의 존재 이유인 백성의 복지(welfare)를 이론적 전제로 하였다. 이러한 관점은 중국을 절대권력의 전체주의로 보는 일반적인 서양의 시각과 다르다.71) 둘째, 황건적의 난 이후 마지막 중국 왕조에 이르는 수 세기 동안

---

69) K. Schipper, *The Taoist Body* (Berkely, CA: University of California Press, 1993), p.xv; S. R. Bokenkamp, "Time after Time: Taoist Apocalyptic History and the Founding of the T'ang Dynasty", *Asia Major* 7(1) (1994); A. K. Seidel, "The Image of the Perfect Ruler in Early Taoist Messianism: Lao-tzu and Li-hung", *History of Religions* 9(2) (1969b) 참조.

70) Needham은 17세기 영국의 종교적/정치적 반대자와 르네상스 유토피아 운동과 비교한다. J. Needham, *Science and Civilization in China* Vol. 2 (Cambridge University Press, 1956), pp.89~98 참조. Schipper는 초기 도교 자치구를 '어느 정도 고대 그리스의 민주주의와 비교할 만한 것'으로 본다. K. Schipper, *The Taoist Body* (Berkely, CA: University of California Press, 1993), p.9 참조.

71) R. P. Peerenboom, *Law and Morality in Ancient China: The Silk Manuscripts of Huang-*

도교는 대부분 순응적인 도덕적 견해를 지지하고 가족, 공동체, 사회와 신에 대한 책임감을 주장하면서 권력의 중심부와 화해를 추구했다. 클리만 (Terry Kleeman)의 주장대로 "주요 세계종교에서 볼 수 있듯이 윤리적 규범을 세우고 그것을 정당화하고 강화하는 것은 처음부터 도교의 핵심이었다."[72] 하지만 도교 관념은 반대를 고무하고 반란 세력과 결탁하기도 하면서 중국 사회의 저항과 반란을 여러 번 부추겼다. 원元나라 때에는 도교사상가들이 몽고의 점령에 대항하는 소극적 저항의 토대를 제공했고, 14세기 농민 반란 때는 도교적 백련교와 연계했다. 최근 세기에는 도교 경향의 단체들이 이민족의 왕조를 세운 만주인에게 대항하는 선동활동에 관여했다. 그리고 의화단 사건(1900~1901) 때에는 도교의 완전한 국가 이미지, 도교적 비밀결사단체, 전쟁기술과 불사신의 '마술적' 기술 등 모두 급진적 사상과 반제국주의적 반란을 지지하는 역할을 했다.[73]

Lao (Albany, NY: State University of New York Press, 1993), pp.98~102; K. Turner, "Sage Kings and Laws in Chinese and Greek Traditions", P. S. Ropp (ed.), *Heritage of China: Contemporary Perspectives on Chinese Civilization* (Berkeley, CA: University of California Press, 1990); Yan Shou-cheng, "The Parting of the Tao: On the Similarities and Differences between Early Confucianism and Early Taoism", *Journal of Chinese Philosophy* 21(2) (1994).

72) T. Kleeman, "Taoist Ethics", J. Carman and M. Juegensmayer (eds.), *A Bibliographic Guide to the Comparative Study of Ethics* (Cambridge: Cambridge University Press, 1991), p.163.

73) Liu Da, *The Tao in Chinese Culture* (New York: Schocken, 1979), pp.53~65; K. Schipper, *The Taoist Body* (Berkely, CA: University of California Press, 1993), p.14; H. Welch, *Taoism: The Parting of the Way* (Boston: Beacon Press, 1957), p.157. Y. Muramatsu, "Some Themes in Chinese Rebel Ideologies" (1960), A. Wright (ed.), *The Confucian Persuasion* (Stanford, CA: Stanford University Press, 1960a)에서는 18, 19세기에 대중 반란을 고무시킨 도교의 역할을 강조한다. 19세기 중엽 태평의 난이 주로 기독교적 이데올로기와 연관되지만, 도교 저작과 수행 또한 영향을 주었다. W. Franke, *A Century of Chinese Revolution* (Oxford: Blackwell, 1970), p.33 참조. 다른 관점으로는 N. Sivin, "On the Word 'Taoist' as a Source of Perplexity, With Special Reference

이러한 관점에서 본다면 도교를 서양의 무정부주의적 논의 궤도에서 바라보는 것이 놀랄 일은 아니다. 노자가 서양에 알려지자 무정부주의자들은 "노자를 무정부주의자라고 주장해 왔다."[74] 사실 노자를 무정부주의자와 동일시하는 것은 거의 상식이 되었다. 어떤 저자는 『도덕경』을 "위대한 무정부주의적 고전 중 하나"라고 주장하기도 했으며, 도교는 "여러 면에서 (서양의) 무정부주의를 예상하게 하는 순수한 비종교적이고 사회적인 견해를 가지고 있다"라고 보는 학자도 있다.[75] 하지만 이러한 비교는 흥미로운 논쟁과 토론을 야기했다. 서양의 무정부주의적 사상 가정을 시험하는 데 유용한 수단이 되는 도교적 개념과 서양의 것과의 거리감, 뿐만 아니라 이 문화 간의 비교라는 함정을 드러낸다. 도교와 무정부주의 이론 간의 근본적인 차이점과 특히 도교적 사고가 의지하는 철학적 기반에 대해서 충분히

---

to the Relationship between Science and Religion", *History of Religions* 17(3) (1978) 참조. 그는 도교 종파가 漢대 이후 반란에 적극적인 역할을 하지 못했다고 주장한다. 그리고 M. Strickmann, "History, Anthropology, and Chinese Religion" (review article on Saso, 1978), *Harvard Journal of Asiatic Studies* 40(1) (1980), p.211은 '전복적인 도교들의 끈질긴 신화'라고 말한다. 도교와 모택동 정치사상의 흥미로운 연계는 J. Ching, *Probing China's Soul: Religion, Politics, and Protest in the People's Republic* (San Francisco: Harper & Row, 1990), p.91 참조.

74) A. C. Graham, *Disputers of the Tao: Philosophical Argument in Ancient China* (La Salle, IL: Open Court, 1989), p.299.

75) J. P. Clark, "On Taoism and Politics", *Journal of Chinese Philosophy* 10(1) (1983), p.65; P. Zarrow, *Anarchism in Chinese Political Culture* (New York: Columbia University Press, 1990), p.11; R. T. Ames, *The Art of Rulership: A Study in Ancient Chinese Political Thought* (Honolulu, HA: University of Hawaii Press, 1983a); R. T. Ames, "Is Political Taoism Anarchism?", *Journal of Chinese Philosophy* 10(2) (1983); A. Bahm, *Tao Teh King: Interpreted as Nature and Intelligence* (New York: Ungar, 1958); P. Marshall, *Demanding the Impossible: a History of Anarchism* (London: HarperCollins, 1992a) 참조. Ames는 분명하게 도교를 Proudhon과 Colin Ward의 무정부주의적 이론과 함께 배열한다. R. T. Ames, *The Art of Rulership: A Study in Ancient Chinese Political Thought* (Honolulu, HA: University of Hawaii Press, 1983a), pp.113~114 참조.

고려하지 않은 채, 몇 가지 구체적 유사성을 제시하면서 둘의 관련성에 서
양의 자유주의적 관념을 무비판적으로 투사하고 있다는 비판이 있다.76) 에
임스(Roger Ames)에 의하면 도교는 인간존재에 대한 유기체론적 관념을 가지
고 있다. 개인을 유기체적 전체와 관련지어서만 완전히 표현될 수 있는 관
계, 모체(matrix)로 이해한다. 이와는 달리 서양의 무정부주의는 대체로 개인
을 '개인적인 자유와 집단적 의지 사이의 긴장'을 의미하는 '자치적이고 분
리되어 있고 불연속적인 원자론적(atomistic) 개별성'으로 생각해 왔다.77) 두
전통 사이에는 자유라는 관념에 대한 중요한 함축적 차이가 있다. 예를 들
어 바쿠닌(Bakunin)과 스터너(Stirner)의 경우 서양의 무정부주의는 종종 이성적
자기결정과 행동의 자유라는 관념을 전제로 한다. 반면 도교의 관념은 공동
체 그리고 자연과의 조화를 통한 자기실현이라는 비이기적인 관념을 수반
한다.78) 계몽주의의 인간적 가정이 문제가 되고 인간과 자연과의 관계가
정치적인 의제로 떠올랐을 때 이러한 관념은 호고적 관심 이상이 되었다.
이러한 생각은 홀에게로 이어진다. 그는 분명한 유기체적 우주론의 맥락에
서 무정부주의의 형식을 생각할 때 도교는 인간중심적이 아니라 '다중심
적'(polycentric)인 견해를 보여 주며 인간의 특정 계급은 물론이고 인간에게조

---

76) 자유의지론의 형성으로 해석하는 것에 대한 비판으로 S. Bradbury, "The American
    Conquest of Philosophy Taoism", N. Moore and L. Lower (eds.), *Translation East And
    West: A Cross-Cultural Approach* (Honolulu, HA: University of Hawaii Press, 1992),
    p.34 참조.
77) R. T. Ames, "Is Political Taoism Anarchism?", *Journal of Chinese Philosophy* 10(2)
    (1983b), p.32.
78) 특히 Stirner의 경우 개인주의적 사고가 무정부주의적 사상에 유행한 반면, Bakunin과
    Kropotkin의 사상에서는 공동체적/집단주의적 경향이 강하다. 예를 들면 고전적 자유
    주의적 사상의 개인주의와는 반대이며 유기체론적 은유가 Kropotkin의 저작에서 중요
    한 역할을 한다. 더욱이 Murray Bookchin의 저작처럼, 최근 무정부주의적 저작에서는
    개인주의적/자유주의적 가정에 대항하여 심각하게 반응해 왔다.

차 어떤 권위적 지위도 부여하지 않는다고 주장한다. 이것은 플라톤(Plato)까지 거슬러 올라가 서양 전통에서 말하는 외부에서 부여되는 조화와는 다르다. 도교의 조화는 자발적으로 생기고, '자기창조적 사상事象의 조화'인 우주론적 조화를 의미한다.[79]

정부와 국민과의 관계에 대해서도 아주 다르다. 서양 무정부주의자들의 이상적인 사회에서는 정부의 역할이 최소화되거나 없어진다. 그러나 도교 사상가들은 국가를 완전히 폐지하기보다는 국가의 자발적이고 자연스러운 작용을 위해 인위적인 장애물을 없애는 데 주목한다. 『도덕경』도 일부 치국책과 군사전략에 대한 내용을 담고 있으며 "지배자를 향한 충고와 권고로 가득하다."[80] 도교 정치이론의 출발점은 근본적으로 사회적 단계에서의 변화가 아니라 통치자의 자기변화라고 주장하는 학자들도 있다. 적절하게 질서 잡힌 국가에서 통치자는 본보기를 보이는 것 외엔 아무것도 하지 말고 건전한 충고와 효율적인 관료제를 신뢰해야 한다는 생각이다.[81] 서양의 계몽적 전통에서 (국가 권력과 정통에 도전할 수 있는) 시민의 권리라는 추상적인 관념과는 반대로 도교사상가들의 치국책은 조화로운 태도를 지지하는 보수적 접근을 강조했다. 통치자든 피통치자든 권력과 조작이 아니라 모범을 보여 줌으로써 정치적 권위를 갖게 된다. 정치학에 대한 완전히 다른 도교식의 접근을 통해 우리는 무정부주의에 대한 이해의 폭을 넓힐 수 있

---

79) D. L. Hall, "The Metaphysics of Anarchism", *Journal of Chinese Philosophy* 10(2) (1983), pp.51 · 62.

80) B. I. Schwartz, *The World of Thought in Ancient China* (Cambridge, MA: Harvard University Press, 1985), p.210.

81) F. L. Bender, "Taoism and Western Anarchism", *Journal of Chinese Philosophy* 10(1) (1983), pp.9~10; H. G. Creel, *What is Taoism, and Other Studies in Chinese Cultural History* (Chicago: University of Chicago Press, 1970), chap.4.

다. 게다가 "다양한 권위가 있고 어떤 권위는 특별한 관료집단의 구성원들이 권력을 갖지 않고도 가능하며 심지어 어떤 의미에서는 '권위주의'조차 포함하지 않는다는 것을 알게 해 준다."[82]

이러한 국가관은 결국 도교적 이상을 이루려는 반란을 고무시키곤 했다. 이는 유럽식 의미에서의 혁명과는 다르다. 초기 도교 반란은 제왕의 위임권에 반대하거나 강압적인 가족, 부족, 또는 국가의 제도를 전복하려는 이데올로기적 입장이 아니었다. 제왕의 실정으로 통치 능력을 상실했다고 보이면 특정 통치자를 바꿀 수 있는 것이었다. 사실 도교는 사회적 법적 통치에 순응할 것을 요구하는 법가의 준전체주의적 이상과 역사적 결탁을 해 왔다고 주장하는 학자들도 있다. 도교는 자연적인 질서에 완전하게 적합한 통치를 하는 통치자의 이미지를 강조하면서 봉건적 귀족정치의 권위와 의식 관행에 반대했다. 하지만 도교와 법가 모두 사람들이 자발적으로 절대 복종하는 정치적 질서를 이상화했다. 사실 하이너 로츠(Heiner Roetz)는 도교가 순박하고 실질적 도덕 원리가 부족했기 때문에 부덕한(unscrupulous) 법가에 이용당했다고 말한다.[83] 하지만 도교가 말하는 자발적 질서는 힘과 강압

---

82) J. P. Clark, "On Taoism and Politics", *Journal of Chinese Philosophy* 10(1) (1983), p.83. 다른 종류의 권위가 무정부주의 저자들에 의해 인정된다는 것을 주목해야 한다.
83) H. Roetz, *Confucian Ethics of the Axial Age: A Reconstruction under the Aspect of the Breakthrough Toward Postconventional Thinking* (Albany, NY: State University of New York Press, 1993), p.268. 법가와의 연계에 대해서는 A. C. Graham, *Disputers of the Tao: Philosophical Argument in Ancient China* (La Salle, IL: Open Court, 1989), pp.285~292; S. Vandermeersch, *La formation du Légisme* (Paris: Publication de l'EFEO, 1965), pp.241~270; A. Vervoon, "Taoism, Legalism, and the Quest for Order in Warring States China", *Journal of Chinese Philosophy* 8(3) (1981) 참조. Amoury de Riencourt는 노자를 루소에 비유하면서 둘 다 문명적 구조를 경시하며 무의식중에 독재자의 길을 걸었다고 한다. A. de Riencourt, *The Soul of China: An Interpretation of Chinese History* (New York: Harper & Row, 1965), pp.33~34 참조. 중국에서의 도교와 무정부주의의

적인 국가 활동이 필요 없는 것을 의미했다. 그들의 관점에서 보면 힘과 강압에 의한 질서는 사회적 무질서의 원인이지 치유책이 아니었다. "힘으로 질서를 강요하는 것은 무질서만 낳을 뿐이었다."[84]

그래서 도교사상이 정치학에서 무간섭주의(laissez-faire)적 태도를 지지하는 것으로 보일 수도 있다. 실제로 무간섭주의라는 용어는 도교의 무위無爲 개념을 18세기에 번역한 것이다. 이것은 구속 없는 이성적 힘의 자유주의적 이상이라기보다는 자기수양과 자기성취를 격려하는 것이었다. 더욱이 조화와 균형이라는 사고에 기반을 둔 자기수양을 생각하는 이러한 사고방식에서는 (국가를 비판하거나 심지어 전복하기 위한 발판으로 이용될 수 있었던) 개인주의적 인간권리라는 관념은 쉽게 나올 수 없었다. 그러므로 서양의 논의로 분명해지는 도교의 성격은 "서양의 무정부주의에 근거한 개인의 절대적 가치 또는 보편적 자유주의 사상이 아니다. 일종의 조화롭고 자연스러운 '전체'의 범위 안에서 자기실현의 이상을 옹호하는 '온정주의적(paternalistic) 무정부주의'이다."[85] 여기서 '전체'는 모든 우주를 받아들이고 우리가 앞에서 도교 우주론의 핵심 개념이라고 인정했던 '혼돈'개념이 정치적 사유에 명확하게 반영되며 사회적 질서 가운데 개인의 이상적 역할을 포함하는

일반적인 역사 서술에 대해서는 P. Zarrow, *Anarchism in Chinese Political Culture* (New York: Columbia University Press, 1990); A. Dirlik, *Anarchism in the Chinese Revolution* (Berkeley, CA: University of California Press, 1991); M. Gasster, *Chinese Intellectuals in the Revolution of 1911* (Seattle, WA: University of Washington Press, 1969) 참조. 이들은 일반적으로 무정부주의 이론, 구체적으로는 도교의 관념이 많이 알려지지 않았지만 중국에서 20세기 정치사상을 형성하는 데 중대한 역할을 했다고 주장한다.

84) A. C. Graham, *Disputers of the Tao: Philosophical Argument in Ancient China* (La Salle, IL: Open Court, 1989), p.308.

85) A. C. Graham, *Disputers of the Tao: Philosophical Argument in Ancient China* (La Salle, IL: Open Court, 1989), p.303. Graham은, 이러한 관점에서는 심지어 공자도 무정부주의자로 여겨질 수 있다고 주장한다.

것이다.[86] 그러므로 도교적 모델은 예정된 질서도 완전한 개인주의도 아니다. 오히려 우리가 앞서 말한 우주의 자기조직적 체계의 경우에서처럼 '혼돈의 가장자리로부터', 자기 안의 구속받지 않는 힘으로부터 질서를 이루는 것이다.

클라크(J. P. Clark)에 의하면 현대 무정부주의의 가장 선명한 맥락 중 하나가 공동사회(communitarianism)이다.[87] 도교가 간혹 무정부주의 이론에 중요한 공헌을 했다고 보는 이유이다. 도교는 전형적으로 문명을 자기실현의 능력을 감소시키는 인위적이고 무효한 것이라고 비판한다. 그래서 단순히 자유를 속박하는 것을 제거하는 것만이 아니라 욕망을 줄이는 소박한 사회, 소규모 집단, 거의 간섭하지 않고 지방자치를 지지하는 중앙정부를 목표로 한다. 줄리아 칭(Julia Ching)도 도교는 도道에서 벗어나 잃어버린 삶의 중요한 가치와 방법을 회복해야 할 것을 주장한다고 본다. 도교는 '작은 정부를 가진 작고 평화로운 마을'을 그리며 '자연의 낭만성을 회복할 것'을 강조한다는 것이다.[88] 이 안에는 개인적 변화와 정치적 변화 사이의 의식적인 동일구조(isomorphism)가 있다. 궁극적으로 도와 하나 되려는 자기수양의 목표와 사회적 관계 영역에서 한때 유행했던 원시공동체로의 복귀 사이의 동일구조이다. 그리고 철학과 종교 전통 간의 연속성을 다시금 강조하는 동일구조

---

86) 사회사상에서의 혼돈의 긍정적인 역할에 대해서는 Hall과 Ames가 강조한다. D. L. Hall and R. T. Ames, *Anticipating China: Thinking through the Narratives of Chinese and Western Cultures* (Albany, NY: State University of New York Press, 1995), pp.9~10.

87) J. P. Clark, "What is Anarchism?", *Nomos* 19 (1978), p.23.

88) J. Ching, *Chinese Religions* (London: Macmillan, 1993), pp.89~90. Julia Ching은 '정치적 권위주의'에 빠질 수 있는 이러한 믿음의 위험성에 대해서 언급한다. 그리고 비록 Schipper에게는 천사도가 활동 중심적이고 거의 민주적인 지방정부의 형태를 지지하는 것이었지만, Thomas Merton은 도교의 무정부주의적 경향을 극우적 편향성으로 본다. T. Merton, *Mystics and Zen Masters* (New York: Delta, 1961), p.50 참조.

가 있다. 다른 비평가들은 문명의 팽창적이고 중앙집권적인 경향에 반대하고 잃어버린 낙원을 동경하는 도교의 상고적 경향을 강조해 왔다. 예를 들어 니덤은 '무정부주의'보다 상고적 집단주의(primitive collectivism)를 선호한다. 그는 도교의 유토피아를 19세기 무정부주의자들의 자유주의적 개인주의가 아닌 마르크스주의 시각에서 상고적 공동체주의로 보는 경향이 있다. 그가 보기에 도교의 정치적 이상은 사유재산제도나 사회계급의 발전보다는 삶의 자연스러운 조건을 반영하는 유기체론적 공동체, 일종의 전前 봉건적 농업 집단주의이다. 게다가 니덤은 20세기 초반에 부각된 미드(Margaret Mead)와 같은 인류학자의 이론과 연관해서 "사회적 윤리적 사고체계가 남성적이고 주도적이고 강압적이고 지배적이고 공격적인 유교와 법가에 대한 반작용으로 도교는 평등주의적이고 비공격적이고 협동하는 사회를 지향한다"고 본다.[89] 지라드로의 주된 해석 모델은 유기체론보다는 주로 혼돈이다. 그런 그도 도교를 '오래된 과거의 완전한 조화'를 이룬 최초의 국가 관념을 갖게 하는 '신비적 상고주의'(mystical primitivism)로 보고 있다. 도교는 잃어버렸지만 아직도 우리가 개인적으로나 집단적으로 열망하고 있는 새로운 삶의 전주로 돌아가야 할 이상향을 그리고 있다.[90]

　　니덤의 해석에서 강조하는 도교의 평화주의적 경향은 많은 관심을 불러

---

89) J. Needham, *Science and Civilization in China* Vol. 2 (Cambridge University Press, 1956), pp.59 · 104~105 참조.

90) N. J. Girardot, *Myth and Meaning in Early Taoism: The Theme of Chaos (hun-tun)* (Berkeley, CA: University of California Press, 1983), p.68. Girardot에 의하면, 이것은 문명생활의 자유로운 파괴를 의미하는 것이 아니라 문명화로 인해 변경할 수 없게 되어 버린 삶에 상고적 충격을 재발견함을 의미한다. 장자의 '상고주의'를 국가의 억압과 유교적 성인의 무용한 도덕주의의 반작용으로 보는 A. C. Graham, *Disputers of the Tao: Philosophical Argument in Ancient China* (La Salle, IL: Open Court, 1989), pp.306~311 참조.

일으켰다.[91] 이는 도교가 자아(self)의 개체적 의미 때문이라기보다 오히려 자기중심적 개인주의와 인간중심적 형이상학을 혐오하고 생태적 의미를 옹호했기 때문이다. 평화와 반전反戰의 정서는 도교 저작 속에, 그리고 초기 종교적 도교의 위대한 구세적 텍스트인 『태평경』에서도 반복된다. 『태평경』은 문명 이전의 평화사상이 다시 지배할 미래를 기대한다. 중국 도교는 19세기 유럽의 무정부주의와 20세기 혁명적 정치학의 맥락과 연관된 허무주의적 성향의 폭력주의나 공격적 대결주의와는 공통점이 거의 없다. 그리고 초기 도교 경전들은 감각 있는 존재들을 해치는 것에 반대하는 불교적 금지를 반영하는 경향이 있다. 로비넷이 지적했듯이 도교적 가르침에 의해 고무된 주기적 반란은 항상 '태평'이란 구호를 수반했고 실패한 왕조에 의해 위태로워진 질서를 회복하는 데 목표를 두고 있었다.[92] 『도덕경』에 있는 군사 전략의 예나 지난 천년 동안의 도교 계열 군사 기술의 발전은 이런 주장과는 다른 것처럼 보인다. 도교사상가들이 전쟁에 관여한 적이 없고 그들이 원칙적으로 평화주의였다고 주장하는 것은 오해일 수 있다. 그러나 그들은 폭력을 피할 수 없음을 인식하고 군사적 전투 방법에 있어 파괴를 최소화하는 방식을 모색하였다. 즉 폭력의 사용을 바람직하게 본 것이 아니라, 그것을 최소화하는 방어 기술의 연마를 중시한 것이다. 여기서 다시 한 번 이러한 맥락에서 그것이 함의하는 무위無爲의 원칙을 새겨보는 것이 적절하다. 모든 실제적 투쟁을 단순히 회피하는 것이 아니라, 적이나 상대가 스스로 패배하도록 만드는 페이비언(Fabian)식 전술(지연 전술)을 택하는 것이다. 이러

---

91) J. Needham, *Science and Civilization in China* Vol. 2 (Cambridge University Press, 1956), pp. 105 · 126~127.

92) I. Robinet, *Taoism: Growth of a Religion* (a translation and adaptation by Phyllis Brooks of Robinet 1991, Stanford, CA: University of Stanford Press, 1997), p. 185.

한 관점은 다음 구절에서 전형적으로 표현된다. "무력으로 세상을 정복하지 않는다. 무력은 대가를 치러야 하기 때문이다."[93] "세상에서 가장 부드러운 것이(예를 들면 물이) 세상에서 가장 강한 것을 이긴다."[94] 도교사상과 실천에서는 전쟁, 전투, 군사적 위업을 칭송하지 않았다. 실제로 중국 문화에서는 일반적으로 용사의 덕목이 유럽 전통에서보다 훨씬 평가받지 못했다. 도교의 이러한 태도나 치명적 처벌을 반대하는 것은 비폭력에 대한 절대적 가르침이나 고유한 권리 또는 생명의 희생에 관한 어떤 원리에 기반을 둔 것이 아니다. 폭력은 더 큰 폭력을 낳으며 그래서 결코 의도한 목표를 성취할 수 없다는 믿음에 기초한 것이다. "힘으로 질서를 강요하는 것은 무질서를 초래할 뿐이다."[95] 더구나 도교 전통에서 비폭력운동과 태도를 명예롭게 여기는 것은 온유와 겸손의 미덕을 높이 평가해서가 아니다. 오히려 폭력이 강함이 아니라 약함의 형식이고, '수동적인 음의 힘이 직접적으로 행동하는 양의 힘보다 더 지속된다'는 믿음에서 나온 것이다.[96]

여기서 어떤 것이 오늘날 우리에게 실제로 적절한가? 『노자』 정치사상

---

93) 역주: 『道德經』, 30장, "不以兵强天下. 其事好還."
94) 역주: 『道德經』, 43장, "天下之至柔馳騁天下之至堅."
95) A. C. Graham, *Disputers of the Tao: Philosophical Argument in Ancient China* (La Salle, IL: Open Court, 1989), p.308. 이 원칙은 일반적으로 앞에서 지적했듯이 법가적인 가혹한 형벌을 부과하는 것에 반대하고, 교육과 의례를 법적 강제보다 사회질서를 위한 더 좋은 수단으로 믿었던 유교와 공유한다.
96) J. C. Cooper, *Taoism: The Way of the Mystic* (London: HarperCollins, 1990), p.40; Liu Da, *The Tao in Chinese Culture* (New York: Schocken, 1979), chap.5; R. P. Peerenboom, *Law and Morality in Ancient China: The Silk Manuscripts of Huang-Lao* (Albany, NY: State University of New York Press, 1993), p.63 참조. 물론 평화주의가 서양의 무정부주의 사상에 역할을 했다. 예를 들면 도교사상에 의해 영향을 받은 톨스토이의 작품에서 그렇다. D. Bodde, *Tolstoy and China* (Princeton, NJ: Princeton University Press, 1950) 참조. 그러나 그는 테러리스트적 폭력과 연관된다는 이유에서 '무정부주의자'라는 제목을 붙이는 것을 거부했다.

의 최초 해석자인 레게(James Legge)는 '실천할 수 없는'(impracticable)이란 개념으로 논의를 마무리한다. 그는 어떻게 공자의 선의의 원리를 공격하는 것이 사회적 정치적 질서를 회복할 수 있는 것인지에 대해 당혹해했다.[97] 많은 이가 『노자』를 실행할 수 없는 무정부주의적 이상의 우스운 추출물이라고 생각하고, 지라드로가 "초기 도교의 상고주의적 정치적 이상으로 불만스럽고 실천 불가능한 것(wistful impracticality)"이라고 말한 것에 여전히 동의할지도 모른다. 또는 머튼(Thomas Merton)이 도교철학을 '에덴의 동산에서나 실현될 수 있었을' 현실 세계의 도피로 처리한 것에 많은 사람이 아직 동의할 수도 있다.[98] 우리는 야생의 단순한 국가에서 욕구를 줄이고 자연과 조화하면서 사는 도교적 에덴의 동산으로 돌아가기를 원할 것인가? 우리의 현대적 시각에서 보면 이것은 긴장, 변화, 계속되는 진보를 위한 우리의 분명한 요구를 무효로 만드는 것은 아닌가? 문명으로 '낙하'한 후 우리는 다시 우주적 조화의 지루함과 타협할 수 있을까?

이러한 비판과 마주하며 상기해 볼만한 것이 있다. 도교적 이상국가가 후한後漢시대에 잠깐 천사도운동에서 실행된 적이 있다. 중국의 넓은 정치적 맥락 속에서 지지받을 수 없다는 것이 증명되었지만 여러 시대에 걸쳐 제왕의 흥미와 후원을 받기도 했다.[99] 유토피아적 청사진이나 체계적이고 정치적인 계획으로서가 아니라 대안적 조언으로서의 도교의 정치 관념은

---

97) J. Legge, "The Tao Teh King", *Britisch Quarterly Review* 78 (1883), pp.91~94.
98) N. J. Girardot, *Myth and Meaning in Early Taoism: The Theme of Chaos (hun-tun)* (Berkeley, CA: University of California Press, 1983), p.280; T. Merton, *Mystics and Zen Masters* (New York: Delta, 1961), p.50.
99) I. Robinet, *Taoism: Growth of a Religion* (a translation and adaptation by Phyllis Brooks of Robinet 1991, Stanford, CA: University of Stanford Press, 1997), pp.56~58.

오늘날 중요할 것 같다. 홀이 지적했듯이 "우리에게 열린 창조적 가능성의 범위를 확장하는 방법으로" 도교는 우리에게 정치적 사상과 실천에 근거한 가설을 재검토하게끔 한다.[100] 예를 들면 경쟁, 권력, 공격, 개인주의, 자연환경과의 관계 등 정치적 질서 안에 세워진 통치의 그물망을 벗기는 과정, 그리고 사회적 가치라는 측면에서 검증되지 않은 신념과 태도를 붕괴시키는 과정에 도움이 될 수 있다. 좀 더 개인적인 차원에서는 도교 저작에서 보이는 무정부주의적 열망은 문자 그대로보다는 비유적으로, 정치적 의도보다는 존재론적으로 읽힐 수 있다. 이러한 맥락에서 지라드로는 초기 도교는 '자연의 솔기 없는 비정함으로 돌아가도록 해체시키는 것' 또는 신화적 황금기로 도피하려는 것이 아니라 일상적 삶의 질병과 엔트로피를 해결하는 약이나 치료법을 제공하려는 것이었다고 주장한다. 문명의 도래 이전의 무정부주의적 최초의 혼돈으로 돌아가자는 것을 반드시 실현 가능한 정치적 목표로 해석하기보다는 현재의 인간존재와 사회의 현실적 삶 속에서 원래의 가상적인 균형 잡힌 전체성을 재발견하는 것으로 해석해야 한다는 것이다.[101]

4. 여성과 성

여성주의(feminist) 이론가들이 권력과 통치와 같은 요소에 의문을 제기하

---

100) D. L. Hall, "The Metaphysics of Anarchism", *Journal of Chinese Philosophy* 10(2) (1983), p.62.

101) N. J. Girardot, *Myth and Meaning in Early Taoism: The Theme of Chaos (hun-tun)* (Berkeley, CA: University of California Press, 1983), pp.40~42.

고 양보와 허용을 강조하는 도교에 주목하는 것은 당연했다. 게다가 도교 관념이 아직도 '실현되지 못했다는 아쉬움'(wistful impracticality)은 굳건한 기존의 성(Gender)에 대한 사고방식에 도전하는 자극제가 되었다. 도교와 여성해 방론과의 연계는 아직 불교만큼 확고하지는 않다.[102] 하지만 도교를 점점 사회제도적으로 확고한 권력구조만이 아니라 전통적 특권 남성의 편견에 대한 잠재적 비평의 가치를 가진 상징체계로 보고 있다. 도교의 양과 음의 보완원리는 성 문제에 관한 불화적 사고방식을 줄일 수 있는 가능성을 보인다. 그리고 현대 서양문화의 독단적 독립성과 경쟁적 남성적 가치와는 대조적으로 도교는 인간관계와 비폭력적 조화의 이미지를 상징한다. 이 문제는 도교와 서양과의 관계에서만이 아니다. 도교의 '여성성'은 유교의 '남성성'과 대조되기도 했고, 도교적 음에 대해 유교는 양의 역할을 하는 것으로 주장되기도 했다. 종교적 철학적 형식에서 규범과 훈육을 강조하는 유교의 고유한 남성다움과는 대조적으로, 도교에는 '여성적'인 특별한 지위가 주어진다.[103] 생태 문제와도 대응하는 면이 있다. 생태페미니스트(Ecofeminist, 생태 여성해방론자)들은 개인적인 인간의 삶이 와츠(Alan Watts)의 표현처럼 '피상적으로 봉인된 에고'(skin-encapsulated ego)가 아니라 사회적이고 자연적인 환경에 넓게 주목해 관계적 의미로 묘사하는 도교적 자아(self)에 집중되었음을 특히 주목했다. 자아에 대한 도교의 생태적 개념은 돌보고 협동하는 것이다. 이는 독립된 개체로 조작하고 통제하는 경향의 자아 개념과는 다르다.[104] 게

---

102) R. M. Gross, *Buddhism after Patriarchy: a Feminist History, Analysis, and Reconstruction of Buddhism* (Albany: State University of New York Press, 1993).

103) J. Ching, *Chinese Religions* (London: Macmillan, 1993), p.95; M. Kaltenmark, *Lao Tzu and Taoism* (Stanford, CA: Stanford University Press, 1969), pp.37 · 58~60. 여성이 도교 연구 분야에서 연구자의 수나 탁월성이라는 점에 뛰어난 것도 주목할 만하다.

다가 더 넓게는 (땅, 동물, 일반적으로 물질과 에너지 등의) 자연 정복을 여성 정복과 대응하는 것으로 보는 여성해방론자들도 있다. 이들은 자연을 추상적이고 과학적 범주로 변형시키는 남성적 방식과 자연세계를 친밀하고 감각적으로 이해하는 여성적 방식을 대조했다. 이는 넓은 의미에서 도교철학의 전망과 일치하는 견해이다.[105]

그러나 도교가 가부장적 태도에 대해 체계적으로 비판했다는 추론은 오해이다. 이는 완전히 시대착오적 해석이다. 도교뿐만이 아니라 중국 역사상 여성 해방이란 개념 자체가 없었다. 전근대적 중국은 엄격한 가부장적 부계 직계 사회였다. 여성들은 남성보다 낮은 지위에 있었고, 그 지위는 제도적으로 제왕부터 아래로 내려가는 중국 사회의 엄격한 계층구조 속에서 결정되었다. 유가적 가르침은 남편에게 순종하는 것을 왕에게 충성하는 것과 대응시켰다. 그런데도 음양 패러다임은 성의 의미와 역할을 놀랍도록 균형 있는 관념으로 표현하고 있다. 도교사상에서의 남성적이고 여성적인 성의 특성이 조화롭고 균형 있는 관계에서 완성되는 방식을 강조한 저자들도 있다. 이들은 도교의 배려와 사랑의 가치는 서양의 전형적인 '투쟁적 이분법'과 '날카로운 분리와 구별'을 넘어선다고 인정한다.[106] "여성이 남성보다 우월한 것은 물이 불을 이기는 것과 같다"라고 하면서 도교는 남성성보다 여성성을 우위에 두었다고 주장하는 학자들도 있다.[107] 예를 들어 그레이엄은

104) L. Olds, "Chinese Metaphors of Interrelatedness: Re-Imaging Body, Nature, and the Feminine", *Comtemporary Philosophy* 13(8) (1991), pp.20~21; M. Zimmerman, *Contesting the Earth's Future: Radical Ecology and Postmodernity* (Berkeley, CA: University of California Press, 1994), p.304.

105) S. Griffin, *Woman and Nature* (New York: Harper & Row, 1978).

106) M. E. Tucker and J. A. Grim (eds.), *Worldviews and Ecology: Religion, Philosophy, and the Environment* (Maryknoll, NY: Orbis, 1994), p.187.

강함과 거침이 복종과 양보보다 우위에 있다는 고정관념이 도교사상에서는 역전되는 것처럼 남성/여성의 양극성도 도교 경전에서는 여성을 남성의 우위에 놓는다고 말한다.[108]

물론 이러한 논의방식 모두 문제가 있다. '여성성'과 '남성성' 사이의 '균형 있는 관계'라는 언급('동양과 서양의 결혼')과 실제로 전자를 선호하면서 재균형화를 주장하는 것은 여성해방론자들이 성이란 성격 특성을 두 개 쌍의 목록으로 고정하고 구상화하면서 무비판적으로 이원론을 지속시키는 것이다. 또한 무한히 다양한 개성을 성 정체성이라는 오로지 두 개의 기본적 배치로만 생각하는 것은 다양성을 해칠 수 있다. 더구나 도교를 여성성과 동일시하는 것은 오리엔탈리즘이 일반적으로 식민지와 가부장적 억압 사이의 공모를 보여 준 방식을 상기시킨다. 서양에의 복종을 정당화했던 동양의 근본적인 타자성은 여성적 나약함과 남성적 강성을 대조함으로써 강화되었다.

그래도 역시 도교사상은 성 정체성과 차이를 개념화하는 데 여러 방식의 가능성을 열어 주고 있는 것 같다. 우리에게 자신의 경험을 되돌아볼 원천을 제공해 준다. 홀과 에임스가 지적했듯이 '실현된 개인'(修身)이란 중국적 개념은 '모든 범위의 인간 특성과 기질'을 나타낸다. 그리고 음양이론의 보완성은 성을 상호 배타적 범주로 양극화하는 전통 서양식 경향을 넘어서는 자아 관념을 제시한다. 그들은 중국적 사고방식에서의 성(gender)은 서양식 접근보다 '훨씬 유연하고 배타성이 적으며' 자기수양을 위해 '양성수

---

107) D. Wile, *Art of the Bedchamber: The Chinese Sexual Yoga Classics Including Woman's Solo Meditation Texts* (Albany, NY: State University of New York Press, 1992), p.11에 인용된 『素女經』 참조.

108) A. C. Graham, *Disputers of the Tao: Philosophical Argument in Ancient China* (La Salle, IL: Open Court, 1989), p.224.

용적, 다웅다자적'(polyandrogynous)일 수 있다고 주장한다.[109]

도교사상과 실천(practices)에서의 여성성의 중요성을 인식한 해석자 중에 반 훌릭(Robert van Gulik)이 있다. 그는 고대 중국의 성생활 연구에서 "도교는 전반적으로 여성에게 훨씬 더 신중하고 여성의 신체적이고 감성적 요구에 유교보다 사려 깊다"라고 주장하였다.[110] 프랑스 중국학 연구자(sinologist) 칼텐마르크도 『도덕경』에서 '여성의 우위'를 기술한 것에 주목하고 "여성성이 모든 인습적 사고에 부딪쳐 생명력을 잃어 갔다"라고 주장했다.[111] 이후 『도덕경』에서 '여성성'과 '모성'의 충만한 상징적 역할이 자주 강조되었다. 그는 "남성을 알고 여성의 역할을 지켜라"[112]라는 글귀에 자주 주목했다. 그리고 출산과 양육의 이미지를 도의 창조력으로 이해했다. 후자의 측면은 슈워츠(Benjamin Schwartz)도 강조한다. "섹스에서 여성의 역할이 겉으로는 수동적이지만 여성은 '무위無爲'로 출산에 주도적 역할을 하며 침묵으로 남성을 정복한다." 이런 식으로 여성은 "단정적이거나 계산적이지 않고 심각하지도 의도적이지 않은 출산과 양육의 과정, 즉 '비움'이 충만을 낳고 고요함이 활기를 낳고 '하나'가 '다수'를 낳는 과정을 대표한다. (그러므로) 여성은 무위의 화신이다."[113] 그리고 쉬퍼(Kristofer Schipper)에 의하면, "도道의 몸은

---

109) D. L. Hall and R. T. Ames, *Thinking from the Han: Self, Truth, and Transcendence in Chinese and Western Culture* (Albany, NY: State University of New York Press, 1998), pp.81 · 95.

110) R. H. van Gulik, *Sexual Life in Ancient China: A Preliminary Survey of Chinese Sex and Society from ca.1500 till 1644 AD* (Leiden: Brill, 1961), p.84.

111) M. Kaltenmark, *Lao Tzu and Taoism* (Stanford, CA: Stanford University Press, 1969), p.59; E. M. Chen, "Nothingness and the Mother Principle in Early Chinese Taoism", *International Philosophical Quarterly* 9(4) (1969); J. J. L. Duyvendak, "The Philosophy of Wu Wei", *Asiatische Studien* 1(1) (1947); A. Waley, *The Way and Its Power: The Tao Te Ching and its Place in Chinese Thought* (London: Unwin, 1977[1934]), p.57 참조.

112) 역주: 『道德經』, 28장, "知其雄, 守其雌."

한 여성의 몸이다. 여성의 몸은 임신한 어머니의 몸이다.…… 오직 하나 (이룰 수 있는)…… 도道의 작용이다."114)

여성 원리의 우주론적 중요성에 주목하는 학자들이 있는가 하면, 도교의 신념과 실천(practice)이 대중적 단계에서 작용하는 방식에 주목하는 저자들도 있다. 예를 들면 도교 신화에 나오는 수많은 여신이나 강의 요정, 용처녀와 비의 소녀는 도교 신전에서 서양의 여왕(Queen Mother)이나 영국(Bushell)의 어머니 같은 중요한 역할을 수행한다.115) 게다가 도교의 제도적 관행에서는 남과 여가 이례적으로 동등했었다. 천사도는 직책에 있어서도 남녀를 평등하게 인정하는 방식으로 조직되었다. 그리고 당唐대에는 남성에게만 배타적으로 적용되었던 정신수행의 기회를 여성에게도 제공한 적이 있었다. 이는 도교가 제한된 가정에서의 역할을 넘어 여성에게 성취감을 주는 삶의 가능성을 열어 주었다는 증거이다. 당시 많은 공주가 도교의 사제직을 맡았고 내단의 여성 수행자들은 남성과 유사한 정신적 수련을 따랐다. 이러한 도교의 중요한 면이 역사적 탐구로 드러났다. 학자들은 전통적으로 배타적인 남성적 해석에서 벗어나 여성의 목소리가 들리도록 여성의 삶을 설명했다.116)

---

113) B. I. Schwartz, *The World of Thought in Ancient China* (Cambridge, MA: Harvard University Press, 1985), pp. 200~201.

114) K. Schipper, *The Taoist Body* (Berkely, CA: University of California Press, 1993), p. 129. 여성의 창조적 원리를 도교의 無(없음) 개념과 연결하고 초기 중국에서 우세했던 모계제를 고찰한 E. M. Chen, "Nothingness and the Mother Principle in Early Chinese Taoism", *International Philosophical Quarterly* 9(4) (1969)도 참조.

115) S. Cahill, *Transcendence and Divine Passion: The Queen Mother of the West in Medieval China* (Stanford, CA: Stanford University Press, 1993); P. S. Sangren, "Female Gender in Chinese Religions Symbols: Kuan Yin, Ma Tsu, and the Eternal Mother", *Signs* 9 (1983); E. H. Schafer, *The Divine Woman, Dragon Ladies, and Rain Maidens* (Berkeley, CA: University of California Press, 1973).

서양의 학자들은 특히 이러한 도교의 양성 평등과 화해하기 어려웠다. 페이퍼(Jordan Paper)가 지적했듯이, 서양의 관점에서는 일반적으로 중국 종교는 남성 신이 우세하다고 믿어 왔다. 또한 중국 전통에서 남성과 여성의 정신이 동등한 중요성과 힘을 가질 수 있다는 생각을 받아들이기 어려웠다. 이러한 유럽 중심적 전망의 뿌리는 마테오 리치와 그의 동료 선교사들에게 거슬러 올라간다. 금욕적 종교집단의 일원으로서 그리고 일신교적 정통성을 충실히 받드는 사람으로서 그들은 불가피하게 '여성이 남성에게 복종하는 것은 신의 계획의 일부이며 문명화된 사회의 상징'이라는 가정에 충실했다.117) 그러므로 유교와 화해하려는 시도에서도 예수회 수사들은 중국에서 그들 자신의 가부장적 가설을 읽으려고 했다. 그 결과 서양은 중국 특히 도교에 대한 일반적 인식에 있어 오랫동안 오해를 하게 되었다.118)

페이퍼가 말한 역사 특유의 문화적 여성혐오에 대한 반작용이 실제로 있었다. 이러한 반작용은 여성의 도교적 견해를 이상화하게도 하였다. 서양의 전통적 태도와 비교해 볼 때 이는 개인적, 사회적, 그리고 정치적 영역에

---

116) C. D. Benn, *The Cavern Mystery Transmission: A Taoist Ordination Rite of A.D. 711* (Honolulu, HA: University of Hawaii Press, 1991); S. Cahill, "Practice makes Perfect: Paths to Transcendence for the Woman in Medieval China", *Taoist Resources* 2(2) (1990); S. Cahill, *Transcendence and Divine Passion: The Queen Mother of the West in Medieval China* (Stanford, CA: Stanford University Press, 1993); S. Mann, *Precious Records: Woman in China's Long Eighteenth Century* (Stanford, CA: Stanford University Press, 1997), pp.66~75; K. Schipper, *The Taoist Body* (Berkely, CA: University of California Press, 1993), pp.58 · 128 참조. C. Despeux, *Immortelles de la Chine ancienne: Taoïsme et alchimie féminine* (Paris: Pardès, 1990)에는 도교에서의 장소에 대한 역사적 조사와 여성의 이미지를 제공한다.

117) J. Paper, *The Spirits are Drunk: Comparative Approaches to Chinese Religion* (Albany, NY: State University of New York Press, 1995), p.219.

118) J. Paper, *The Spirits are Drunk: Comparative Approaches to Chinese Religion* (Albany, NY: State University of New York Press, 1995), chap.8.

서 '남성성'보다 '여성성'의 우위를 주장하는 것처럼 보이기도 했다. 이러한 경향은 특히 도교의 섹스요가에 대한 대중적 문화작품의 증가에서 뚜렷했다. 이는 다음 장에서 검토할 것이다. 한편 좀 더 학문적인 예로 니덤을 인용할 수 있다. 그는 유교의 '남성적'이고 '주도적인' 경향과 대조적으로 유기체론적 패러다임과 밀접하게 연계한 여성해방론자의 관점을 취하는 강한 편파성을 보인다. 그는 도교를 '자연을 관찰하는 데 있어 수동적이고 순종적 자세에서만' 보일 수 있는 여성성과 수용성으로 묘사한다.[119] 니덤은 고대 중국 사회는 '아마도 모계사회였을 것'이며, '모계사회에서는 여성적, 관용적, 순종적, 허용적, 양보적, 신비적, 수용적인' 것에 우선권을 부여하고 지배하는 태도보다는 수용하는 태도를 선호하는 인생철학을 가진 도교 전통이 생겨났다고 주장한다.[120] 도교의 상징인 물은 본래 여성적이다. 왜냐하면 물은 '순종적이고 어떤 그릇이든지 모양에 따라 거기에 머물기' 때문이다. 특히 도교에서 말하는 리더십이라는 관념은 유교나 법가와는 다르다. 이는 위에서부터 강제 없이 질서를 이루는 것이다. 그러므로 니덤의 관점에서 도교의 자연 관념은 여성적 자발성이나 순종과 연결되어 있을 뿐만 아니라 자연의 위대함(pre-eminence)은 조화의 비결이면서 '협동적 집단사회'의 예고자였음을 인간과 사회 관계에 알려주는 원칙이기도 했다.[121]

니덤이 사용하는 어휘 문제는 남겨 두더라도 앞의 내용이 도교의 관념

---

119) J. Needham, *Science and Civilization in China* Vol. 2 (Cambridge University Press, 1956), pp.33 · 59 · 152.

120) J. Needham, *Science and Civilization in China* Vol. 2 (Cambridge University Press, 1956), pp.59 · 105.

121) J. Needham, *Science and Civilization in China* Vol. 2 (Cambridge University Press, 1956), pp.57~58.

을 이해하는 데 얼마나 적절한가? 니덤과 스펙트럼의 반대편에서 크릴은
『노자』의 '여성해방적' 인용을 아주 다른 각도로 본다. 그는 텍스트를 주로
정치적 전략의 하나로 본다. 즉 여성 상징성과 초기 여성해방론적 정서는
자연과 사회질서의 중요성을 주장하는 것이 아니라 단순히 정치적 목표를
이루기 위한 교묘한 장치라는 것이다. 이러한 수사학적 장치를 이용하여
야망적 지배자는 백성들에게 수동적으로 받아들일 것을 조장함으로써 지배
의지를 관철시킬 수 있으며, 오늘날 여성성을 수동성과 순종으로 성격 짓는
여성해방론적 논의에서도 유사한 의구심이 반복된다는 것이다.[122]

　　니덤과 크릴을 대표로 하는 양극단 사이에 중도적 입장이 있다. 에임스
가 볼 때 크릴의 해석은 『노자』를 냉소적인 정치적 전략에 지나지 않는 것
으로 격하시켜 텍스트의 정신을 침해했다. 에임스의 입장에서 볼 때 도교의
중심적 가르침은 인간 개인이 자연과 통합함으로써 그들의 최상의 목표를
성취할 수 있으며, 그렇게 함으로써 도와 하나가 되고 우주적 조화를 이룰
수 있는 것이다. 인간적이든 우주적 단계이든 이러한 조화와 통합은 긴장상
태에 있기는 하지만 상호 보완적인 힘 사이의 균형이다. 이런 관점에서 볼
때, 양에 대한 음의 우위, 남성에 대한 여성의 우위와 같이 한 편을 다른
편의 우위로 그 가치를 두는 것은 명백한 실수일 것이다. 에임스는 『노자』
는 확실히 정치적 성향의 텍스트이지만 그 목표는 남성성을 여성성이 대체
하는 것이 아니며, 니덤이 주장했듯이 도道의 자연스러운 방식인(또는 Susan

---

122) H. G. Creel, *What is Taoism, and Other Studies in Chinese Cultural History* (Chicago: University of Chicago Press, 1970). H. Black, "Gender and Cosmology in Chinese Correlative Thinking", C. Bynum, S. Harrell, and P. Richman (eds.), *Gender and Religion: On the Complexity of Symbols* (Boston: Beacon, 1986)에서도 도교 저작에서 나타나는 성인 지배자의 이미지가 여전히 완고한 남성으로 남아 있다고 지적한다.

Cahill의 표현대로 '인간성의 陰의 본질적 중요성'을 강조하는 방식인) 균형 상태를 회복하는 것이라고 주장한다.[123] 그러므로 텍스트는 "우세한 남성적 가치를 여성성에 기반을 둔 일련의 가치로 대체하는 것을 주장하는 것이 아니라……균형과 조화를 유지하면서 상대방과의 긴장을 조정하는 개인적이고 정치적인 이상을 모두 (추구하는 것이다)."[124] 텍스트의 방향은 여성성을 강조하기보다는 남성성과 여성성을 둘 다 포용하고 화해하는 중성적(androgynous)인 것을 향한다.[125] 에임스에게 있어 이러한 논의의 중요성은 단순히 도교사상에 대한 오해를 반박하는 데 있는 것이 아니라 서양에서 도교가 일반적으로 더 오독되고 있다는 데 있다. 말하자면 도교가 지속적으로 부정적이고 현실도피적이며 정적주의적인 것으로 규정되고 있는 상황에서는 우리의 논의가 도교의 긍정적 가치와 이상을 이해하는 데 완전히 실패할 수밖에 없기 때문이다. 화해와 통합의 가치는 도교가 우리에게 제공하는 일면이다. 니덤의 경우는 다르지만 일부에서는 아직도 도교를 현실도피적인 면모로 계속 해석하고 있다. 하지만 도교는 "자연과 함께한다는 이상으로 완전한 인간존

---

123) R. T. Ames, "Taoism and Nature of Nature", *Environment Ethics* 8(4) (1986), p.168.

124) R. T. Ames, "Taoism and the Androgynous Ideal", *Historical Reflections* 8(3) (1981), p.33; D. L. Hall and R. T. Ames, *Thinking from the Han: Self, Truth, and Transcendence in Chinese and Western Culture* (Albany, NY: State University of New York Press, 1998), pp.90~100 참조.

125) R. T. Ames, "Taoism and the Androgynous Ideal", *Historical Reflections* 8(3) (1981). 이것과 유사한 관점이 E. Kleinjaus, "The Tao of Women and Men: Chinese Philosophy and the Women's Movement", *Journal of Chinese Philosophy* 17(1) (1990)에서 지지된다. Paper는 남성주의든 여성주의든 편협한 관점이라면 비판적이다. 그리고 다신론적 입장을 선호한다. 여성과 남성의 신성 사이의 평등을 지향하고 선과 악, 천상과 지상 등등의 유해한 이분법을 피하고 싶어한다. J. Paper, *The Spirits are Drunk: Comparative Approaches to Chinese Religion* (Albany, NY: State University of New York Press, 1995), pp.239~243 참조.

재의 긍정적인 이상형, 인간 실현을 대표한다."[126] 이러한 도교윤리의 긍정
적이고 자연스러운 기반은 다음 장 연금술에 관한 논의에서 더 분명해질
것이다.

126) R. T. Ames, "Taoism and the Androgynous Ideal", *Historical Reflections* 8(3) (1981), p.23.

제6장 물화

THE TRANSFORMATION OF THINGS[1)]

생명, 섹스, 그리고 건강 연금술

1. 불사의 도

죽을 수밖에 없는 운명과 인생의 덧없음을 어떻게 마주할 것인가? 언제가 될지 모르는 죽음으로 마감하는 존재의 부조리를 어떻게 이해해야 하는가? 이런 질문은 모든 종교의 중심 문제였고 도교의 핵심 주제이기도 하다. 그러나 도교는 이 질문에 대해서도 나름의 독특한 대답을 한다. 이에 대해 서양 해석자들은 상당히 불편해하면서 이중적 반응을 보인다. 기독교를 포함한 대부분의 종교는 죽음 너머의 삶에 관심을 갖고 찬양하면서 삶의 궁극적 의미를 찾는다. 그러나 도교는 육체적 불사, 영원한 젊음과 장생에 대해 관심을 갖고 유한한 신체에 완전히 집중한다. 이러한 성격의 종교는 지구상 거의 유일하다. 이러한 집중은 고차원적 목표를 위해 피상적으로 지향하는

---

1) 역주:『莊子』「齊物論」의 胡蝶夢에 나오는 말이다. "昔者莊周夢爲胡蝶, 栩栩然胡蝶也. 自喩適志與, 不知周也. 俄然覺, 則蘧蘧然周也. 不知周之夢爲胡蝶與, 胡蝶之夢爲周與, 周與胡蝶則必有分矣. 此之謂物化." Clarke는 A. C. Graham (trans.), *Chuang-tzu: The Inner Chapters* (London: Harper Collins, 1981)를 참조했다.

수단이 아니다. "자체가 바로 모든 과학 중 도교과학을…… 정의하는 일부이다."[2] 도교의 이러한 성향은 (생리적 과정을 강조하는 것을 포함해) 서양의 종교적 본질과 정신적 삶에 대한 동경이라는 전통적 시각에서는 어색하다. 영원한 운명에 대한 서양의 정통적인 믿음이 많은 사람의 마음속에서 사라지기 시작했다. 하지만 육체적 건강과 장수를 종교적 문제와 연결시키는 것은 기독교, 유대교, 또는 이슬람 전통에 뿌리박고 있는 많은 사람이 보기엔 기이할 수밖에 없을 것이다.

그렇지만 도교가 중국인을 위해 건강, 장수, 행복, 자손을 줄 뿐만 아니라 섹스행위에 개방적이고 긍정적이라는 발견은 확실히 서양인들에게 중국 고대 전통에 대한 흥미를 가지게 하였다. "도교 수행은 육체적 건강에서 시작한다"는 리비아 콘(Livia Kohn)의 주장은 종교가 신체적 요구에 무관심하거나 심지어 적대적인 것으로 보이던 문화권에 사는 많은 사람에게 참신하게 보인다.[3] 이러한 가르침의 매력이 전통 기독교 신도에게는 그다지 중요하지 않지만,[4] 그것은 몸이 정신적 성숙에 장애가 되기보다는 수단이 된다는 세속적인 포스트크리스천(post-Christian) 정신성을 형성하려는 최근의 노력과 조화를 이루고, 신체적 수양과 정신적 건강이 협조하는 것으로 보인다. 하지만 신체적 불사의 추구가 유럽 정신에서는 어느 정도 문제가 되는 것이 분명하다. 최근 발달된 저온과학이 신체의 부활가능성을 열었고 생명공학

---

2) J. Lagerwey, *Taoist Ritual in Chinese Society and History* (New York: Macmillan, 1987), p.272.

3) L. Kohn, *Taoist Mystical Philosophy: The Scripture of Western Ascension* (Albany, NY: State University of New York Press, 1991a), p.8.

4) 그래도 H. Küng and J. Ching, *Christianity and Chinese Religions* (New York: Doubleday, 1989) 중 도교에 대한 Hans Küng의 논의 참고. 이것이 확장된 도교-기독교 대화에 관한 시도 중 하나를 대표한다.

이 우리의 평균수명 연장에 대한 기대감을 주고 있다. 그러나 투약을 통한 무한한 생명 연장이라는 생각은 오늘날 대부분의 사람들에게 흥미를 끌지도 못하고 심지어 위험하게도 보인다. 한편에서는 오래 건강하게 사는 것과 특히 성에 대한 관심이 눈길을 끌었지만, 금, 은, 황, 납, 옥과 같은 물질의 혼합물과 화합물을 마시면서 불사를 추구하는 것은 엉터리 치료법으로 쉽게 결론이 났다. 심지어 마스페로(Henri Maspero) 같은 호의적인 학자도 도교의 불사에 대한 관심은 정신적 상상력의 부족을 드러내는 것이라고 생각했다. 그는 신체적 유지를 위해 "소심하고 지치게 하는 반복되는 수행으로 교양 있는 중국인들에게 '우수한 정신을 물리치고' 유교와 불교로 향하게 하고 말았다"라고 비판했다.5)

이러한 이중적 의식이 중국 전통 속에 있었고, 도교철학 안에 연금술의 본질과 역할에 대해서도 다양한 의견이 있었다. 문제는 연금술이 (죽음만이 아니라 자연 자체의) 초월을 뜻하는 것으로 보이고 '천지의 비밀을 도용하려는' 시도가 도교 기본 원리와 모순되는 것처럼 보인다는 것이다.6) 장생술의 역사는 적어도 진秦나라까지 거슬러 올라간다. 장생술 전반에 걸친 육체적 불사에 대한 강박적 관심은 생명 자체의 자연의 신비함을 왜곡하지 않고

---

5) H. Maspero, *Taoism and Chinese Religion* (trans. of Maspero 1971, Amherst: University of Massachusetts Press, 1981), pp.256 · 298.

6) Needham은 연금술의 과정을 완전히 자연스러운 것으로 생각하기 때문에 두 견해가 모순되지 않는다고 생각한다. J. Needham, *Science and Civilization in China* Vol. 5, Part 2 (Cambridge University Press, 1974), p.83 참조. D. Bodde, Review of Needham (*Science and Civilization in China* Vol. 5, Part 2), *Journal of Asian Studies* 35(3) (1976); A. C. Graham, *Disputers of the Tao: Philosophical Argument in Ancient China* (La Salle, IL: Open Court, 1989), pp.202~204; N. J. Girardot, *Myth and Meaning in Early Taoism: The Theme of Chaos (hun-tun)* (Berkeley, CA: University of California Press, 1983), p.84도 참조.

자연을 조작하거나 통제하지 않으며 자연의 흐름에 맡기는 무위無爲의 이상과 싸우려는 욕망으로 보인다. 그러나 우리는『장자』에서 '죽음을 극복하기보다는 감상적으로 수용하는' 완전히 다른 이상을 보게 된다.『장자』에서는 죽음을 끊임없이 순환하는 자연의 한 조각으로 본다. 심지어 죽음을 우리의 운명으로 기꺼이 받아들인다.[7]『열자』에서도 연금술에 매달리기는커녕 인생의 덧없는 순간을 살아가고 죽음 이후에 오는 것에 대해 무관심할 것을 조용히 권유한다. "생과 사가 자연 순환의 일부이다. 존재의 자연스러운 질서 안에서의 삶과 죽음은 우리가 지배할 수 있는 것이 아니다."[8]

이렇게 도교 안에서 서로 다른 주장을 하고 있다는 것이 오히려 흥미를 더해 준다. 도교 전통에 서양인이 그동안 잘 알지 못했던 다양한 견해와 전통이 있다는 사실을 보여 준다. 죽음에 대한 태도와 같은 주요 문제에서도 도교의 역사를 살펴보면 육체의 불사 추구가 주목표로 지속되지 않았다는 것을 알 수 있다. 그 기술의 비용과 정교함 때문에 연금술은 소수의 관심사일 수밖에 없었고 수 세기를 걸쳐 불사의 연금약이 실제로 효과가 있는지 믿을 만한 증거도 부족했다. 결국 불사에 대한 관심은 장수와 건강을 강조하는 것으로 대체되었다. 10세기에 와서 금속화합을 통한 불사의 비밀을 밝히려는 꿈은 막을 내리게 된다. 게다가 불사 예찬과 연금술에 대해 무관심하거나 적대적이기까지 한 도교 수행자들이 항상 있었다. 칼텐마르크(Max Kaltenmark)는 심지어 이렇게 말한다. "도교철학자들은 장생술을 경멸했다."

---

7) 이것은 H. Welch, *Taoism: The Parting of the Way* (Boston: Beacon Press, 1957), p.93 에 인용된 Arthur Waley의 구절이다. 장자가 아내의 죽음에 대하여 남긴 유명한 구절은 Graham의 저서를 보라.

8) E. Wong (trans.), *Lieh-tzu: A Taoist Guide to Practical Living* (Boston: Shambhala, 1995), pp.32 · 172.

중국에는 역사를 통해 장생술과 같은 믿음에 반하는 회의론자들이 많았다. 중국 문화사를 균질적인 관점에서 보려는 일반적인 서양의 견해와는 다르다.[9]

설상가상으로 앞에서 개괄한 이중성이 철학적 수준에서는 더 뚜렷하다는 주장도 있다. 초기 비평가들은 철학적 도교와 종교적 도교를 분명하게 구별하려고 했으며, 그들은 종교적인 불사를 추구하는 '타락한' 종파와 도교 경전에서 보이는 죽음에 대한 정제된 철학적 접근 사이의 간극으로 보는 것에 역점을 두었다.[10] 평유란(馮友蘭)도 '자연과 조화하는' 장자 철학과 '자연의 힘을 통제함으로써 목적을 이루는' 방식의 연금술 전통은 다르다고 대조하면서 연금술에는 "근본적으로 과학정신이 있었다"고 강조한다.[11] 그러나 불사 추구가 말 그대로 단순히 개인의 생의 기간을 무한히 연장시키는 일종의 프로메테우스나 프랑켄슈타인과 같은 자연 정복만을 의미하는 것이라기보다는 도와의 일체를 추구하는 것이라는 인식이 점점 확산되고 있다. 이례적이긴 하지만 불사는 완전히 자연스러운 것으로 보였고 자연과의 조화로운 삶이란 모든 기능이 건강한 상태로 생의 충분한 기간을 살아 내는 것이었다. 늙고 죽는 것 모두 삶의 세 원리(氣, 精, 心)의 상실과 소멸을 포함하는 자연스러운 것으로 보였다.

이를 이해하려면 (앞에서 보았듯이) 장생술에 대한 도교적 관심을 상관

---

9) M. Kaltenmark, *Lao Tzu and Taoism* (Stanford, CA: Stanford University Press, 1969), pp.94~95.

10) H. G. Creel, *What is Taoism, and Other Studies in Chinese Cultural History* (Chicago: University of Chicago Press, 1970), chap.1.

11) Fung Yu-lan, *A History of Chinese Philosophy* Vol. 2 (2 Vols., Prinston, NJ: Prinston University Press, 1952~1953), p.432.

적 우주론이란 넓은 문맥에 놓을 필요가 있다. 상관적 우주론은 한대漢代 이후 중국의 주요한 사상 체계였다. 중국인들은 인간의 몸/정신을 절대적으로 구분하지 않고 전체 우주의 소우주론 반영이라고 생각했다. 따라서 생명의 연장은 인간존재와 자연 간의 끊임없는 생명의 조화를 긍정하는 것으로 생각했다. 자신의 몸/마음을 돌보는 것과 생명을 부여하고 건강과 장수를 위해 에너지를 보존하는 것이 우주의 과정에 도움이 되는 것이다. 그러므로 "신체적인 몸 자체가 자연적 과정인 우주적 힘을 체현하기 때문에 자신의 몸과 몸속의 우주적 힘을 통제함으로써 죽음을 포함하는 자연의 전 과정을 제어할 수 있다." 좀 더 심각한 의미에서 장생에 대한 관심은 "우주적 과정의 재현이며 분화되지 않은 근원으로 돌아가는 것"을 의미했다.12) 서양에서 '불사'라는 용어는 개인의 육체에서 분리된 영혼의 존속을 의미한다. 이런 용어로 도道에 궁극적으로 일치하려는 도교의 불사를 제대로 이해할 수는 없다. 엄격히 말해서 도만이 불사이다. 모든 개별적 존재는 궁극적으로 변화·변형한다. 앞 장에서 보았듯이 도교는 근본적으로 변화를 자연의 근원적 속성으로 보는 변형(transformative) 패러다임을 보여 주며, 궁극적 영원성과 정지를 열망하는 서양의 종교 철학 전통의 전형과는 상당히 대조적이다.13) 도교의 연금술에서나 중국사상에서나 육체와 분리된 존재로서의 서

---

12) R. P. Peerenboom, *Law and Morality in Ancient China: The Silk Manuscripts of Huang-Lao* (Albany, NY: State University of New York Press, 1993), p.259; T. Boehmer, "Taoist Alchemy: A Sympathetic Approach through Symbols", M. Saso and D. W. Chappell (eds.), *Buddhist and Taoist Studies* I (Honolulu, HA: University of Hawaii Press, 1977), p.62; R. Bertschinger, *The Search for Everlasting Life* (Schaftesbury: Element, 1994); Liu Da, *The Tao in Chinese Culture* (New York: Schocken, 1979), p.130; I. Robinet, *Taoism: Growth of a Religion* (a translation and adaptation by Phyllis Brooks of Robinet 1991, Stanford, CA: University of Stanford Press, 1997), pp.4·87~88; K. Schipper, *The Taoist Body* (Berkely, CA: University of California Press, 1993), chap.6 참조.

양/기독교의 불사 개념이 없다. 방금 언급한 '몸/정신'이란 구도에서 육체를 떠나 따로 살아갈 수 있다는 정신이란 개념이 아예 없기 때문이다. 게다가 'immortality'라는 번역어도 오해를 낳는다. 중국어 선仙은 기독교 신학적 의미에서 영원한 삶을 의미하는 것이 아니라 특별히 오랜 시간 동안의 삶의 연장을 의미한다.

연금술이 도교와 동의어는 아니다. 하지만 지라드로(Girardot)의 말대로 "서양 사유에서는 도교에 대한 종교적 관심과 더불어 의심스러운 연상이 함께 있다." 때문에 중국 문화에서 연금술의 역할에 대해 명확하게 할 필요는 있다.[14] 중국사에서 최초의 연금술에 대한 언급은 기원전 2세기로 추정된다. 하지만 그 기원은 이전의 세공술, 전통 약초학과 고대 샤머니즘적이고 마술적인 행위로 거슬러 올라간다. 연금술은 연금약 제조, 건강약초와 식이요법, 호흡과 명상을 통한 불사의 요구를 주로 포함한다. 연금술사의 주요한 도구는 화로였고 주로 다루어진 물질은 금과 진사(수은의 원광)[15]였다. 연금술 화로로 이런 물질을 정제해서 불사의 약을 만들었다. 중요한 것은 이러한 행위와 상관적 우주론과의 연관성이다. 분명하게 독이 든 물질을 마시는 것은 인간의 몸이 대우주와 조화하고 그 복제라는 믿음에 근거한다. 그러므로 대우주의 어떤 속성(이 경우엔 불멸의 속성)을 인간의 몸을 강화하고

---

13) S. R. Bokenkamp, *Early Daoist Scriptures* (Berkeley, CA: University of California Press, 1997), p.22. 이런 이유로 Bokenkamp는 '불사'보다 '장생'이라는 용어를 선호한다.

14) N. J. Girardot, *Myth and Meaning in Early Taoism: The Theme of Chaos (hun-tun)* (Berkeley, CA: University of California Press, 1983), p.291. Girardot에게 Boehmer의 '분화되지 않은 근원으로의 회귀'는 혼돈의 원래 상황으로의 회귀처럼 이해된다. 인용서의 9장에서 Girardot는 중국과 유럽의 연금술 사이의 관계에 대해 흥미로운 견해를 보인다.

15) 진사(cinnabar)는 붉은색 결정의 수은황화물이다. 중국 연금술 용어로는 금단이며 의미는 금-진사(gold-cinnabar)이다.

완전하게 하기 위해 사용하는 것은 적절하고 당연했다. 연금술의 목표는 인간의 몸/정신이라는 소우주를 기르는 데 적합한 것을 주기 위해서 대우주에서 어떤 요소들을 정제하는 것이었다. 겉으로 보기에는 서양의 동종요법과 유사한 원리이다. 게다가 중국인에게는 실용적 중요성만큼이나 상징적 의미가 있는 과정으로, 쉬퍼(Kristofer Schipper)가 지적했듯이 '은유의 대향연'(a great play of metaphors)이었다. 유럽의 연금술에서와 같이 화학물질을 다루는 것은 신체적 변형만큼이나 정신적인 것을 함의한다. 그리고 간략하게 살펴보겠지만, 연금술의 화로처럼 종교의식이 내면으로 실행될 수 있는 것이었다.16)

20세기에 일어난 연금술 연구 혁명은 중국 연금술을 호의적으로 이해하는 데 도움이 되었다. 부르크하르트(Titus Burckhardt)와 엘리아데(Mircea Eliade), 그리고 융(C. G. Jung)과 같은 사람들의 노력으로 중세 연금술 행위를 엽기적이고 황당한 원시화학(proto-science)의 형태가 아니라 물질과 정신의 변화와 궁극적 조화를 추구하는 의식인 정신 순화의 전통으로 보게 되었다. 중국 연금술은 유럽의 것(European cousin)과는 구체적으로 다르다. 그러나 전반적인 목적과 과정에 있어서 서로 의미 있는 대화를 가능하게 하는 유사점은 충분하다.17)

---

16) K. Schipper, *The Taoist Body* (Berkely, CA: University of California Press, 1993), p.178. 연금술적 처방법에서의 문자적인 의미와 은유적 의미의 얽힘은 S. R. Bokenkamp, *Early Daoist Scriptures* (Berkeley, CA: University of California Press, 1997), pp.292~295 에서 강조한다. 유럽의 연금술사들은 "상징으로 말하고 있었다"라는 Jung의 견해를 비교하자.(C. G. Jung, *Memories, Dreams, Reflections*, London: Fontana, 1983, p.230) 중국 연금술에 대한 포괄적 연구는 J. Needham, *Science and Civilization in China* Vol. 5, Part 3 (Cambridge University Press, 1976); N. Sivin, *Chinese Alchemy: Preliminary Studies* (Cambridge, MA: Harvard University Press, 1968) 참조.

17) N. J. Girardot, *Myth and Meaning in Early Taoism: The Theme of Chaos (hun-tun)*

융은 이러한 대화에 참여한 최초의 사상가 중 한 명이다. 그는 연금술 텍스트 『태을금화종지』(The Secret of the Golden Flower)의 번역자인 빌헬름(Richard Wilhelm)에게서 심리학적 비평을 써 달라는 부탁으로 1928년에 이 책을 접하게 된다. 연금술 개념, 탄트라 요가, 도교철학과 불교 명상의 통합적 합성판인 텍스트 자체는 융에게 엄청난 충격을 주었고, 프로이트(Freud)와의 정신적 불화에 이어 자신만의 독자적인 심리학을 형성하는 과정에 있던 융에게 인간의 심리와 무의식 원형에 관한 자기만의 개념을 확립하게 했다. 『태을금화종지』를 읽으면서 융은 이러한 텍스트를 '병리학적 기행을 과장한 신비적 직관'이라고 무시하는 서양의 편견을 벗어 버리려고 노력하였다. 그리고 도교 연금술과 그만의 심리학적 고찰과의 이론적이고 실질적인 유사성에 주목했다. 이 텍스트를 읽으면서 융은 그가 '몇 세기 동안 동양의 훌륭한 정신에 자리 잡고 있었던 비법을 무의식적으로 따르고 있었다는 것'을 알게 되었다. 그리고 난 후 이런 결론을 내리게 된다. "인간 심리는 문화와 의식의 모든 차이를 넘어서는 공동의 실체를 가진다."[18] 융이 텍스트에서 주목한 것은 연금술 과정에서의 양과 음이라는 상반되는 요소의 결합이라는 관념이었다. 융은 서양 중세의 결합(coniunctio)과 같지는 않지만, 성스러운 결혼 개념에도 인간의 심리 특히 의식적 무의식적 요소들이 균형 있는 심리적 조건을 확보함으로써 인간 심리의 양극 요소를 보완한다는 생각과도 상응한다고 생각했다. 그러나 안타깝게도 융이 텍스트에서 취한 작업이 여러 면에서 부적절하다는 것이 드러났다. 새 번역의 소개 글에서 클리어리(Thomas

---

(Berkeley, CA: University of California Press, 1983), pp.294~298.

18) C. G. Jung, J. J. Clarke (ed.), *Jung on the East* (London: Routledge, 1995), pp.83 · 85~86.

Cleary)는 융이 『태을금화종지』가 무의식에 관한 그의 연구를 명확하게 해 줄 것이라고 믿고 있었지만, "그는 그 책이 원본의 개악된 교정본을 축약판 으로 아무렇게나 번역한 것인 줄 몰랐다"라고 말한다.[19] 그러나 이것이 융 에게는 그다지 중요하지 않았다. 그는 자신의 궁극적 관심은 역사적 재건이 아니라 인간의 고통에 있었다고 주장한다. 그러나 이는 '동서 간 이해를 위 해 교량을 건설하려는' 시도가 도덕적 노력 이상을 요구한다는 것을 다시금 일깨운다.[20]

2. 내적 수양의 도

융의 해석학적 노력에도 불구하고 장생의 묘약을 만드는 중국 연금술사 의 이미지는 여전히 서양 정신에 낯선 것이었다. 그런가 하면 내단술은 비 교적 수용할 수 있을 것 같았다. 중국에서는 연금술을 두 가지로 구분해 왔다. 하나는 지금까지 검토한 광물과 약초를 복용해서 불사를 추구하는 '외단外丹'이고, 다른 하나는 외부 물질의 도움 없이 신체적 에너지를 양성함 으로써 변화를 추구하는 '내단內丹'이다. 요즘 내단이 주목받고 있다. 칼텐마 르크가 지적했듯이 "오늘날 도교에 대한 현실적인 흥미는 특히 정신적 의 미에서의 (요가의) 심리적 가치에 있다."[21] 명상, 체조, 마사지와 섹스 순화

19) T. Cleary (trans.), *The Secret of the Golden Flower* (San Francisco: Harper & Row, 1991), p.3.
20) C. G. Jung, J. J. Clarke (ed.), *Jung on the East* (London: Routledge, 1995), p.117.
21) M. Kaltenmark, *Lao Tzu and Taoism* (Stanford, CA: Stanford University Press, 1969), p.148.

등 도교술은 다양한 방식과 정도로 서양에서 수용되었다. 세속의 시대에 형이상학적 경향에 지나치게 집착하지도 않으면서 탈기독교적, 탈근대적 에토스와 건강 및 심리적 웰빙에 대한 오늘날의 관심과도 잘 어울린다. 게 다가 도교는 치유의 종교로서 다양한 방식으로 묘사될 수 있었다. 융과 같 이 지라드로에게도 도교의 주요 논점은 인간 본성과 사회의 본래 모습인 균형 있는 전체성을 추구하는 치료법이었다. 이러한 관점에서 연금술적 장 치는 결코 단순한 정신적 추구의 분열이나 일탈이 아니다. '인간과 위대한 생명인 우주와의 치료적 재확인'을 추구하는 방법으로 현실적이면서 상징 적인 기능을 한다. 이는 "인간이 세상으로부터 구원받는 게 아니라 우주적 삶의 충만함으로 인간을 치료하는 문제이다."[22]

내단과 외단의 구별은 당대唐代 이후에야 일반화되었다. 당唐 말에 많은 사람이 독성으로 사망하면서 외단에 대한 신뢰가 무너지기 시작했다. 특히 연금술로 장생하려는 황제가 위험에 노출되어 있었다. 불사가 아니라면 장 생술이 바람직한 목표가 되었다. 식이요법과 약초를 이용한 외단도 여전히 보충되었지만 그 방법이 점점 내단술로 기울었다. 그러나 연금술의 두 형식 사이에 원리적인 논쟁은 없었다는 것이 중요하다. 이 둘은 공동의 우주론적 체계에 뿌리를 두고 상징적인 언어를 공유했기 때문이다. 두 방법 모두 몸 안에서 일어나는 생명 과정의 보존 및 증진과 관련되어 있다는 믿음에서 서로 통한다. 외단과 마찬가지로 내단의 목표도 생명에너지를 소모함으로 써 죽음으로 마감되는 과정을 역전시키기 위해 몸 안에서 만능약을 만들어 내는 내적 변형이었다. 결국 외단의 물질적 과정이 승화되고 내재된 변형판

---

22) N. J. Girardot, *Myth and Meaning in Early Taoism: The Theme of Chaos (hun-tun)* (Berkeley, CA: University of California Press, 1983), pp.42 · 298.

이 몸 안에 생명에너지를 집중하고 순환하는 것으로 묘사된 것이다. 두 형식에 관련된 언어 대부분이 일치한다. 화로와 화학적 과정의 기술적 어휘, 그리고 정제와 요소의 변형이라는 말은 외단 용어로도 내단 용어로도 번역될 수 있었다. 사실 이 둘은 중요한 의미에서 동일했다. 내단의 맥락에서 몸에 일어나고 있는 실험적 과정이 실제로 외단 연금술 실험실에서 일어나고 있는 것과 대응했고, 몸 안에서는 생명 과정을 유지하기 위한 변형이 일어나듯이 그러한 물질들을 정제하는 장비가 존재했던 것이다. 지라드로가 지적했듯이 "두 유형의 연금술은 도교사에서 모호하게 얽혀 내려왔다." 그래서 "내단과 외단의 구별이 결국 문제가 된다."23)

명상과 호흡법이 내단의 진수였다. 건강과 웰빙을 위한 목적으로『도덕경』편집 시기보다 훨씬 이전에 알려졌다. 그러나 이러한 기술과 관련된 초기 도교 경전은 후한後漢시대에 와서야 제작되었다.24) 거기에는 불교적인

---

23) N. J. Girardot, *Myth and Meaning in Early Taoism: The Theme of Chaos (hun-tun)* (Berkeley, CA: University of California Press, 1983), p.292.

24) 내단의 기원에 대한 설명은 T. Boehmer, "Taoist Alchemy: A Sympathetic Approach through Symbols", M. Saso and D. W. Chappell (eds.), *Buddhist and Taoist Studies* I (Honolulu, HA: University of Hawaii Press, 1977); R. Kirkland, "Varieties of Taoism: A Preliminary Comparison of Themesin the Nei Yeh and other Taoist Classics", *Taoist Resources* 7(2) (1997b); L. Kohn (ed.), *Taoist Meditation and Longevity Techniques* (Ann Arbot, MI: University of Michigan Press, 1989); H. Maspero, *Taoism and Chinese Religion* (trans. of Maspero 1971, Amherst: University of Massachusetts Press, 1981); J. Needham, *Science and Civilization in China* Vol. 5, Part 5 (Cambridge University Press, 1983); I. Robinet, *Introduction à l'alchimie intérieure taoïste de l'unité et de la multiplicité* (Paris: Cerf, 1995); I. Robinet, *Taoism: Growth of a Religion* (a translation and adaptation by Phyllis Brooks of Robinet 1991, Stanford, CA: University of Stanford Press, 1997); H. D. Roth, "Psychology and Self-Cultivation in Early Taoist Thought", *Harvard Journal of Asiatic Studies* 51(2) (1991a); E. Wong (trans.), *The Shambhala Guide to Taoism* (Boston: Shambhala, 1997b) 참조. Needham이 내단의 과학적 측면에 집중하는 것과 Kohn, Maspero와 Robinet이 좀 더 정신적으로 접근하는 것을 비교하는 것도 흥미롭다. 호흡을 조절하는 기술은『莊子』에서 언급되는 것이다. A. C. Graham

것도 들어 있었다. 그러나 우주적 일체로 돌아가는 방법으로서의 에너지 보존과 순화 같은 핵심적인 도교의 관심은 불교와 공유하지 않았다. 서양에서는 명상을 '도피주의적'이거나 '자기도취적'인 것으로 보아 부정적 태도를 보이곤 했다. 18세기 중엽 이러한 동양의 방식이 처음으로 서양에 알려졌다. 그 당시 명상은 스토아적 무감정, 무관심의 형식으로 비난받았다. 하지만 중요한 것은 이런 수행을 통해서 도교 수행자들이 자연에 은둔한 것이 아니라 오히려 더 넓은 자연 과정에 집중하고 조화를 추구했다는 것이다. 명상의 여러 형식에 대해 어떻게 말을 하든지 도교 전통을 현실 도피적이고 생명 거부적인 것으로 단순히 무시할 수는 없다. 명상이 '쓸모없는 공허 속의 은신처'라기보다는 생명의 재창조를 위한 요청이기 때문이다.25) 다른 하나를 위해 하나를 거부하는 것이 아니라, 정신과 신체 기능의 공생을 요청하는 방법이었다. 이러한 수행에는 정신과 육체라는 일반적 구분이 어렵다. 다이어트 체조와 신체적 웰빙과 같은 문제는 순수한 정신적 수양만큼 중요하며 정신 수양과도 밀접하게 연결되어 있다. 도교 수행자들은 금욕이나 절제로 명성을 얻으면서도 정신성을 추구함에 있어 육체를 거부할 필요가 없다.26)

게다가 도교 명상은 단순하고 일의적인 수행 형식이나 산속에 사는 몇몇 수행자들만 하는 것이 아니라는 것도 중요하다. 명상은 도교적 삶 전반에 깃들어 있다. 복잡한 도교 전통에는 몸/정신 구조 전반에 걸쳐 여러 가

(trans.), *Chuang-tzu: The Inner Chapters* (London: Harper Collins, 1981), pp.68 · 84 · 97.

25) I. Robinet, *Taoism: Growth of a Religion* (a translation and adaptation by Phyllis Brooks of Robinet 1991, Stanford, CA: University of Stanford Press, 1997), p.219.

26) S. Eskildsen, *Asceticism in Early Taoist Religion* (Albany, NY: State University of New York Press, 1998).

지 방법과 순서를 가진 다양한 명상 기술과 체계가 있다.[27] 조화롭고 단순한 삶의 수양과 연관된 '정좌靜坐'(quiet sitting)와 '좌망坐忘'(sitting in oblivion)으로 알려진 방법은 중국에서 널리 이용되었다. 이것은 도교 수행자만이 아니라 유학자들도 실천했으며 일반 대중에게도 어느 정도 퍼져 있었다. 이는 도에 완전히 몰입하기 위해 단순한 내적 고요함에 집중해 거기서 나오는 에너지를 모으고 보존하는 점진적인 동작을 가르치는 독특한 도교적 방법이다. 이러한 정신수행의 첫 단계는 혼란스럽고 탐욕적인 마음을 정화하는 것이다. 거기서부터 수행자는 생각의 부침과 감정 그리고 감각에 집중하면서 내적 성찰의 방법으로 계속 나아간다. 숙련자들은 마음을 중심에 모으고 도와의 일치를 갈망하는 '집중'(Focusing on the Centre)과 '합일'(Holding to the One)로 알려진 단계로 나아간다. 수행의 중추가 되며 연금술 원리와도 아주 밀접하게 조화를 이루는 방법은 호흡(氣)에 집중해서 아주 정교한 방식으로 몸의 여러 부분을 순환하는 것이다. 이것은 자궁 속 태아의 호흡을 모방해서 원초로 돌아가려는 느린 '태아호흡'을 시도했던 수련법으로 도교사상가들만의 방법이다. 명상법에도 도교의 우주론과 자연의 광대한 움직임을 인간행위에 적용하는 방식이 반영되었음을 알 수 있다. 이 과정에서 양에서 음으로 다시 역으로 우주적 흐름은 수행자의 호흡의 들숨과 날숨에 반영되

---

27) 유용한 요약으로는 J. Blofeld, *Taoism: The Road to Immortality* (Boston: Shambhala, 1985), chap.8; L. Kohn (ed.), *Taoist Meditation and Longevity Techniques* (Ann Arbot, MI: University of Michigan Press, 1989); Lu Kuan-yu, *The Secrets of Chinese Meditation* (New York: Weiser, 1964); H. Maspero, *Taoism and Chinese Religion* (trans. of Maspero 1971, Amherst: University of Massachusetts Press, 1981); I. Robinet, *Taoism: Growth of a Religion* (a translation and adaptation by Phyllis Brooks of Robinet 1991, Stanford, CA: University of Stanford Press, 1997); E. Wong (trans.), *The Shambhala Guide to Taoism* (Boston: Shambhala, 1997b), chap.12 참조.

고 신체의 호흡 순환은 대부분 세상의 기의 흐름과의 조화를 보여 준다. 이렇게 '빛을 모으고 순환하는'(Gathering and Circulating the Light) 방법에서 우주 상관적 과정이 분명하게 드러난다. 그 목표는 단지 빛을 응시하고 개심改心의 중요성을 생각하는 것이 아니라, 실제로 몸/정신에 순환하는 것을 떠올려 보고 경험함으로써 우주적 변화에 직접 참여하는 것이다.[28]

도교의 명상법은 한동안 유행했던 불교와 힌두교의 뒤를 이어 최근에야 서양에 알려지기 시작했다. 비교적 간단한 형식의 도교 요가의 가르침이 구미에서 사용되고 있다. 서양인의 기호에 맞게 잘 걸러지긴 했지만 이완, 호흡, 정신집중과 같은 기본 방식은 (도교 방식이 어느 정도 얻어 온) 불교 형식에서 더 잘 알려진 것도 있다. 그리고 도와의 합일이라는 궁극적 목표와 도교의 비전秘傳적 기술 일부는 여전히 알 수 없는 것(closed book)으로 남아 있다. 도교 수행을 하는 서양인들이 도교 종파에 속하거나 고대의 내단 비법을 전수한 것은 아니다. 그리고 호흡 순환을 원활하게 하기 위해서 단식을 한다거나 장수하기 위해 천 번의 심장박동 동안 한 번 호흡을 하는 것과 같은 외단의 고급 단계의 방식들은 오늘날 매력을 끌지 못한다.

그런데 한 분야에서 이색적인 풍경이 펼쳐지고 있다. '시각화'라는 말로 서양에 알려진 '내면 보기'(Inner Vision) 방식이다. 이 요가 형식은 도교 내단에서 중요한 내용으로 전통적인 서양 정신에는 없는 내면 탐구의 길을 열었

---

28) 내단의 전이단계에 대해서는 I. Robinet, *Taoism: Growth of a Religion* (a translation and adaptation by Phyllis Brooks of Robinet 1991, Stanford, CA: University of Stanford Press, 1997), pp.245~248 참조. 도교와 유사한 명상법이 상이한 문화의 교류와 인류 역사를 걸쳐 이루어진 것이라고 주장하는 H. D. Roth, "Evidence for Stages of Meditation in Early Taoism", *Bulletin of the School of Oriental and African Studies* 60(2) (1997), p.311 참조.

다. 이는 방금 언급한 '내면 보기'와 '상상하기'라는 실행 과정을 통해 호흡 또는 몸 안의 빛을 '순환'시키는 방법을 의미한다. 이러한 방법으로 숙련자 들은 내면의 신체 장기와 몸 전체를 관통한다고 생각하는 수많은 정신과 신을 응시하는 것을 배운다. 숙련자들은 시선을 내면에 돌리고 호흡을 따라 가면서 '자신의 몸에서 신들을 분명하게 지각할 수 있게 집중'시킬 수 있고, '내면세계를 통해 그들을 인도하는 일종의 성령이 발현하는 것처럼 그것들 을 시각화해서' 삶의 에너지를 정리하고 보존하고 도와 조화를 이룬다.[29] 이것은 자기도취적 내관 이상이다. 앞에서 보았듯이 도교는 소우주인 내적 세계와 상응하는 정신적 존재가 자연 세계인 대우주에 살아 활동하며 그것 이 소우주를 구성하고 작동하는 것이라 믿는다. 바로 내적 시각화를 통해 접촉하고 수행하는 것이 바로 이러한 존재들이다. 이러한 시각화 기술은 도교 역사를 걸쳐 점점 정교해졌다. 하지만 이것은 고대 샤머니즘적 수행에 기원하며 수도사나 은둔자들만의 독점적인 영역이 아니다. 지역 도교 사제 들이 지역 구민들에게 환심을 얻기 위해 정신과 소통하는 방법으로도 자주 이용했다.

융이 다시 한 번 중요한 중개자가 되고, 그의 해석학적 노력은 흥미로운

---

29) P. W. Kroll, "Body Gods and Inner Vision: The Scripture of the Yellow Court", D. S. Lopez (ed.), *Religions of China in Practice* (Princeton, NJ: Princeton University Press, 1996), p.149; K. Schipper, *The Taoist Body* (Berkely, CA: University of California Press, 1993), p.134. 도교의 시각화 기술에 대한 상세한 논의에 대해서는 L. Kohn (ed.), *Taoist Meditation and Longevity Techniques* (Ann Arbot, MI: University of Michigan Press, 1989); I. Robinet, *Taoist Meditation: The Mao-shan Tradition of Great Purity* (Albany, NY: State University of New York Press, 1993); K. Schipper, "The Inner World of the Lao-Tzu Chung-Ching", Huang Chun-chieh and E. Zurcher (eds.), *Time and Space in Chinese Culture* (Leiden: Brill, 1995) 참조. 그리고 정신의 내재성에 대한 자세한 언급 은 H. Maspero, *Taoism and Chinese Religion* (trans. of Maspero 1971, Amherst: University of Massachusetts Press, 1981) 참조.

통찰을 하게 해 준다. 그는 『태을금화종지』의 논평에서 인간 심리를 이해하기 위해 명상이 중요하다고 주장했다. 융은 상상의 내면세계를 심리적으로 연구한 최초의 인물은 아니지만 명상의 중요성을 말한 최초의 서양사상가였다. 그는 이 분야의 주요 개척자이며 이러한 방식을 불신해 온 문화에서 심리학적 이해와 치료적 실행에 있어 상상적 기능과 내면 탐구의 중요성을 주장한 초기 인물 중 한 사람이다.[30] 사실 서양에서는 시각화를 정신분열증으로 보기도 했었다. 그리고 융 자신도 적절한 관리 없이 시각화 기술을 사용하는 것이 경우에 따라 정신병적 상황으로 유도될 수도 있다고 우려했다. 실제로 어떤 시각화 경험은 때로 공중을 날거나 자신의 몸에서 떨어져 나오는 도인으로 묘사되곤 했는데, 그들이 마술의 형식으로 또는 단순히 환상으로 보이는 것은 당연하다.[31] 융의 『태을금화종지』와의 조우는 그가 구상하고 있었던 많은 관념을 강화하는 데 도움을 주었다. 건강한 인간 심리는 서로 다른 요소들이 완전하고 균형 있는 방식으로 발전되는 것이다. 그런데 융은 '의식의 일신교'(monotheism of consciousness)라고 하는 의식적 지성(conscious intellect)이 과잉 발전하면서 현대 서양문화는 무의식 속에 있는 본능의 근원에서 자신을 거세시켰다고 믿었다. 융이 이용하는 시각화 기술은

---

30) 현대 심리학에 있어서의 정신적 상상과 시각화에 대한 연구 및 이용의 역사에 대해서는 M. Watkins, *Waking Dreams* (Dallas: Spring Publications, 1986) 참조.

31) 도교의 시각화 기술에 대한 설명은 L. Kohn (ed.), *Taoist Meditation and Longevity Techniques* (Ann Arbot, MI: University of Michigan Press, 1989); L. Kohn, *Early Chinese Mysticism: Philosophy and Soteriology in the Taoist Tradition* (Princeton, NJ: Princeton University Press, 1992); I. Robinet, *Taoist Meditation: The Mao-shan Tradition of Great Purity* (Albany, NY: State University of New York Press, 1993) 참조. 정신적 무아지경에 대한 논의는 I. Robinet, *Taoism: Growth of a Religion* (a translation and adaptation by Phyllis Brooks of Robinet 1991, Stanford, CA: University of Stanford Press, 1997), pp.138~148 참조.

'적극적 상상'(active imagination)이라고 불리는 융 자신의 변형판이다. 이는 정신을 억압된 무의식적 단계에 개방함으로써 원형의 공상과 신비적 이미지를 상승시키고 의식의 턱을 낮추는 효과적인 방식이다. 여기서 핵심 개념은 도교의 '내버려 두는 방식', '빛이 나름대로 순환하는' 무위無爲 관념이다. 그리고 우리에게 의식이 언제나 간섭하는 것과는 달리 정신이 자신의 '자연스러운' 힘으로 전체성과 균형을 이루는 것을 믿도록 지지한다.32) 그러므로 융은, 도교 비술의 상상적 비상과 무아지경은 마법이 아니라 자신의 개념의 핵심이 되는 문두스 이마기날리스(mundus imaginalis) 즉 이미지의 세계 탐험, 자기실현 또는 '개성화'(individuation)라는 자기발견과 변화의 여행이라는 상징으로 보았다.33)

융이 도교 요가와 서양철학을 연결시킨 것을 많은 사람이 받아들였다. 예로 장쭝위안(張宗源)은 융이 도교를 '현대 심리학의 관점에서' 설명하는 방식으로 고대 관념을 탈신비화했다고 인정한다.34) 융은 인간성과 초개인적 다양성에 대한 초기 심리학적 통찰에서 중요한 이론적 접근과 실천적 방식의 원천을 일반적으로 동양철학에 기초했다. 그러나 오리엔탈리스트 사냥꾼들은 융에게서 식민지적 정신의 틀을 탐지하고 그가 서양이 주도적 지위를 점해 온 동서 이분법을 유포한다고 쉽게 비판하기도 했다. 그들에게 융

---

32) Jung이 발전시킨 것과 비슷한 기술이 Assagioli의 종합심리요법에 결합되었다. J. Hardy, *A Psychology with a Soul: Psychosynthesis in Evolutionary Context* (London: Routledge, 1987) 참조.

33) Livia Kohn은 이러한 도교 '여행'을 자세하게 조사하고, 그것을 '인간이 우주적 존재로 변환'하는 것을 상징하고 예증하는 것으로 본다. L. Kohn, *Early Chinese Mysticism: Philosophy and Soteriology in the Taoist Tradition* (Princeton, NJ: Princeton University Press, 1992), p.95·chaps.4~5 참조.

34) Chang Chung-yuan, *Creativity and Taoism* (London: Wildwood House, 1975a), p.5.

은 쉬운 먹잇감이었다. 융의 계획에 대해 도교의 관념을 자신의 우연한 목적을 위해 단순하게 인정하는 것은 아닌지 또는 완전히 그것을 왜곡하는 것은 아닌지의 의문을 던지는 학자들도 있었다. 한 비평가는 융의 고유한 분석심리학(analytical psychology) 이론의 복합 개념을 동양 종교 개념으로 대체하는 방식에 이의를 제기한다. 서로 다른 전통에서 유래한 용어를 교차시키는 것에 대한 적절성을 인정할 수는 없는가? 예를 들어 융 자신의 개성화(individuation) 개념은 순수한 심리학적 과정을 의미하며, 우주의 영혼이 내면 세계에 반영되는 도교 연금술에서 추구하는 우주론적 패러다임과 분명하게 연결되어 있다.[35] 융은 그 자신이 중국 전문가가 아님을 분명하게 밝히며, 서양의 사고방식과는 낯설고 이상한 『태을금화종지』에서 발견한 의미에 대해 권위 있는 설명을 하려 들지 않았다. 그렇지만 열정적인 서양의 모방자들이 도교 개념과 수행을 너무 단순하게 이해하는 것을 경계했다. 융은 조심스럽게 접근하면서도 도교의 가르침이 문자 그대로 어떤 형이상학적 함의를 전달하기 위해 기획된 것이 아니라 순수한 상징적 또는 심리적 용어로 이해되어야 한다고 생각한다. 융은 이 견해를 텍스트의 문제로 돌리기도 했다. "나는 그들이 상징 심리학자들이 아니었나 하는 생각을 해 본다. 그들의 텍스트를 문자 그대로 다룬다면 큰 잘못일 수 있다."[36] 이러한 생각은 융만의 이론적 가설은 아니다. 동양의 관념을 형이상학적으로 고찰할 때 생기는 당황함으로, 그것을 심리학적으로 분석하고 수용하려는 일반적인 서양식 접근과도 일치한다. 융은 종교적인 경험의 심리학적 연구로 그 범위를 제한한다. 한편 이러한 범위 설정은 그런 경험을 이해하는 데 정확하고

---

35) R. H. Jones, "Jung and Eastern Religious Traditions", *Religion* 9(2) (1979).
36) C. G. Jung, J. J. Clarke (ed.), *Jung on the East* (London: Routledge, 1995), p.113.

유일한 방법이라고 주장하기도 한다. 그동안 이 분야에서 서양식 고찰이 야기했던 문제들이 있어 왔다. 말하자면 정신적인 것에서 심리적인 것으로의 이행이 확실한가, 그리고 융식의 접근이 정신적인 경험과 종교적 경험을 단순한 심리학적 현상으로 최종 분석하는 일종의 심리주의(psychologism)로의 환원주의는 아닌가 하는 문제들이다.

여기서 자세하게 다루기는 어려운 문제들이다. 하지만 우리는 이異문화 간의 해석학에서 마주치는 문제에 대해 다시 주목하게 된다.[37] 융의 접근법은 오늘날 이론적 언어로 전환되는 '신비스러운 동양'만 우리에게 의미가 있을 수 있다고 암시하는 위험이 도사리고 있다. 한편 융의 경우와 같이 서양 용어로 전환된 도교의 개념은 서양 사고에 촉매 역할을 해 왔다. 그리고 역설적이게도 한 비평가의 지적처럼 융과 같은 사상가들이 "사실 아시아 종교 전통에 과분한 권위를 부여했고, 부정확한 설명은 축복으로 바뀌었다."[38] 이제부터 이러한 문제에 대해 살펴볼 것이다.

---

37) Jung과 관련된 이러한 쟁점에 대한 충분한 논의는 J. J. Clarke, *Jung and Eastern Thought: A Dialogue with the Orient* (London: Routledge, 1994), chap.9; L. O. Gómez, "Oriental Wisdom and the Cure of Souls: Jung and the Indian East", D. S. Lopez (ed.), *Curators of the Buddha: The Study of Buddhism under Colonialism* (Chicago: University of Chicago Press, 1995) 참조. R. Bertschinger, *The Search for Everlasting Life* (Schaftesbury: Element, 1994)에 Jung과 중국 연금술에 대한 해석도 참조.

38) L. O. Gómez, "Oriental Wisdom and the Cure of Souls: Jung and the Indian East", D. S. Lopez (ed.), *Curators of the Buddha: The Study of Buddhism under Colonialism* (Chicago: University of Chicago Press, 1995), p.232.

3. 섹스의 도

내단內丹은 명상에 한정되지 않는다. 이것은 도교 수행자들이 건강, 안녕, 장수, 도와의 일체를 추구하는 여러 방식 가운데 하나일 뿐이다. 서양에 더 많이 알려진 것은 섹스요가와 태극권 같은 체조법이다. 최근 섹스, 건강, 체조, 그리고 장수식(섭생법)과 연관된 중국 전통이 서양에 커다란 충격을 주었고, 주목할 만한 문학 작품에도 영향을 주면서 여러 문화적 쟁점과 관심을 야기했다. 또한 높은 수준의 연구, 이상화와 왜곡을 낳기도 했다. 섹스는 물론 서양문화를 포함해서 어떤 문화에서든 아주 중요한 문제이다. 하지만 유대-기독교 가치가 지배하는 전통적 서양의 세계관에서는 섹스, 건강, 수양법 등이 중요한 관심사가 아니었다. 그러나 중국에서는 달랐다. 중국만큼 섹스, 건강과 섭생에 대한 관심을 체계적으로 다룬 문명은 없다. 이런 관심은 지적으로나 대중 전통에서나 지배자에서 농민에 이르는 중국 문화 전반에 뿌리 깊게 반영되어 있다. 서양과는 아주 다르다.

섹스에 대해 먼저 다루자. 독자들이 주지하듯이 그동안 (몸, 신체성과 함께) 공개적으로 진지한 논의와 문화적 주목을 받지 못했던 섹스가 20세기에 와서 서양 사회에 주요 관심사가 되었다. 고대 아시아의 섹스에 대한 관념이나 방법이 서양의 상상력을 자극했다는 것은 놀랄 일이 아니다. 처음에는 탄트라요가와 카마수트라(Kamasutra)의 가르침이 서양에 소개되었다. 최근에는 도교 방중술이 소개되면서 서양에서 호평을 받고 있다. 이 주제에 관한 많은 서적이 출판되었고 관련된 수행(practices)을 교육적이고 치료적인 맥락에서 다양하게 배우고 있다. 이러한 양상의 이유는 추측하기 어렵지 않다. 서양 종교 전통에서는 섹스를 출산을 위해서는 필요하지만 엄격히 제한되어야 하는 것으로 보았다. 사회적 경계 안에 한정시키지 않으면 사악해질 수 있다고 생각했다. 섹스를 대체로 기능적인 것 또는 심지어 부정적인 용어로 다루었다. 심지어 섹스에 대해 생각하는 것조차 탐욕적이고 부도덕한 것으로 여겼다. 더구나 성스러운 사랑과 세속적 사랑, 아가페와 에로스 사이에 첨예한 차이가 있었다. 아가페 사랑을 에로스를 넘어 숭고함을 향하는 것으로 생각한 반면, 에로스 사랑을 육체적이고 성적인 것, 악으로 규정하면서 이단 집단과 연관시켜 생각해 왔다. 물론 낭만적이거나 고상한 사랑 또는 블레이크(William Blake)와 같은 기인을 연상시키는 반대 전통도 있었다. 그러나 대체로 서양의 종교적 문화적 배경은 최근까지도 성행위(sexuality)를 주변적이고 비밀스러운 영역으로 비하했다. 그리고 개방적이고 건강한 성에 대한 토론 또는 섹스 기술을 실제 교육하는 기회를 제한했다. 이전보다 섹스에 대한 중요성이 증가되고 신체적 즐거움과 성적 만족감, 사랑과 섹스의 심리적 중요성을 강조하는 세속적 시대에 사람들은 서양 전통에는 부족했던 관념적이고 실제적인 원천을 찾기 위해 자주 동양으로 눈을 돌리곤 했다. 1960년대와 1970년대의 해방운동은 전통적인 금지로부터의 혁명적인 해방과 유례없던 오르가슴의 찬사를 행복의 핵심으로 보았다. 이후 이것이 반드시 전통 방식으로의 회귀가 아니라 의심과 환멸의 상황으로까지 바뀌는 퇴보적 분위기가 있었다. 서양인의 도교 성이론(sexology)에 대한 흥미가 단순히 섹스에 대한 강박감의 현시일 수도 있고 지금까지 가능했던 것보다 좀 더 자유롭고 개방적으로 성에 대해 말하는 즐거움에 빠진 것일 수도 있다. 이러한 관점에서 도교는 금욕과 정절을 숭고한 가치로 여기는 것을 거부하고 섹스를 죄의식 없이 자연스럽고 건전하며 삶의 질을 고양하는 것으로 다루면서 서양 사고의 궤도에 진입한 뒤 서양 자체의 특유한 방식으로 바뀌었다.

그렇다면 섹스에 대한 도교적 관점은 무엇인가? 기원전 2세기까지 거슬러 올라가는 도교에서의 섹스 가르침은 그 우주론과 일치한다.[39] 섹스 행위는 즐거움이나 후손의 출산을 위한 것이 아니라 자연적 삶의 고양 과정에 적극적으로 참여하는 것이며 자기수양의 과정이다. 와일(Douglas Wile)이 지적했듯이 "도교 섹스학파의 추종자들은 형이상학적 중요성에서…… 성행위를 할 때마다 성 감각을 발전시킬 것을 주장했다."[40] 이것은 섹스 테크닉의 목적이 '성적 자극에 의해 가능한 만큼 생명을 주는 정精(sexual essence)을 증대시키면서 정精의 상실을 가능한 피하는 것'임을 의미한다.[41] 성행위의 능력을 촉진시키는 것은 삶을 고양시키는 것이고 사정은 생명에너지를 상실하는 것을 의미했다. 이러한 생각은 섹스요가 또는 에너지를 강화하고 동시에 보존하는 훈련의 발전과 연관된다. 결국 사정을 정신적 조절과 근육 조절의 방법으로 막는 보류 성교(coitus reservatus, 사정을 지연시키는 것)와 사정하는 순간에 음경의 낮은 부위에 압력을 주어 정액의 정낭에 직접 삽입하는 법을 권장했다. 남성과는 반대로 여성의 오르가슴은 여성 생명의 정精(essence)을 감소시키는 것으로 보지 않고 여성 자신을 강화하는 것으로 생각했다. 그래서 여성은 오르가슴에서 방출되는 정精을 흡수하기 위해 가능한 많은 파트

---

39) D. Harper, "The Sexual Arts of Ancient China as Described in a Manuscript of the Second Century B. C.", *Harvard Journal of Asiatic Studies* 34(2) (1987); D. Wile, *Art of the Bedchamber: The Chinese Sexual Yoga Classics Including Woman's Solo Meditation Texts* (Albany, NY: State University of New York Press, 1992), p.19.

40) D. Wile, *Art of the Bedchamber: The Chinese Sexual Yoga Classics Including Woman's Solo Meditation Texts* (Albany, NY: State University of New York Press, 1992), p.11.

41) J. Needham, *Science and Civilization in China* Vol. 2 (Cambridge University Press, 1956), p.149.

너와 성교하는 것을 바람직한 것으로 생각했다.

이러한 행위는 개인적인 것이면서 동시에 공식적이고 의식적인 규모를 가졌다. 도교 초기에는 한漢 멸망 이후 섹스 행위가 이상적인 부부생활에서처럼 공식적인 의식절차에 편입되기도 했다. 400년경에 이러한 의식은 흔히 형식적 춤을 추고 사원 뜰 옆에 있는 방에서 모임 구성원의 긴밀한 결합으로 마지막을 장식했다. 그 후 이러한 의식은 때로 섹스 파티로 바뀌고 도교 공동체 안에서의 반발과 함께 유교와 불교의 비난을 받으면서 17세기 이후 대부분 사라졌다.[42] 일반적으로 도교의 의식이나 수행과 구별할 수 없는 개인적인 수행이나 의식으로 변형되었다. 이렇게 해서 성행위를 공개적으로 노출시키는 것을 반대하게 되었다. 어떤 시기에는 이러한 반대가 개인적인 행위에까지 확장되었다. 도교의 이러한 면에 대한 일반적인 태도는 여전히 이중적이고 때로는 적대적이기까지 했다.

섹스 에너지의 중요성에 대한 믿음은 도교사상에 중심으로 남아 있다. 하지만 수 세기에 걸쳐 성행위가 이러한 믿음을 위해 정말로 필요한 것인가에 대해 심각한 논의와 의견의 차이가 있었다. 많은 도교 수도사는 완전히 금욕적인 생활을 하고 다른 내단의 '더 순수한' 수행으로 성행위를 승화시키는 것이 필요하다고 믿는다. 그러나 다른 맥락에서 도교 수도사와 수녀들은 그들끼리는 안 되지만 결혼해서 성관계를 하도록 허락받기도 한다. 캐힐

---

42) Maspero에 의하면 불교도들은 이러한 행위를 아주 해로운 오용이라고 비난했다. H. Maspero, *Taoism and Chinese Religion* (trans. of Maspero 1971, Amherst: University of Massachusetts Press, 1981), p.386 참조. Robinet은 섹스의식은 사실 엄격하게 통제되었으며 섹스 파티에 대한 세평은 단순히 도교의 명성을 손상시키는 불교도의 비난의 결과였다고 주장한다. I. Robinet, *Taoism: Growth of a Religion* (a translation and adaptation by Phyllis Brooks of Robinet 1991, Stanford, CA: University of Stanford Press, 1997), p.60 참조.

(Suzanne Cahill)은 송대 이후 성행위를 금욕적인 맥락에서는 대체로 신체적인 용어보다는 정신적인 것으로 표현해 왔지만, 도교 수녀들의 성행위가 완전히 과장된 것은 아니었으며, "그들 중 한 사람과의 성관계는 영원한 생명을 향한 즐거운 여정이었다"라고 말한다.[43] 그러므로 몇 종파의 수행과 이런 수행의 개인적 행위가 금욕주의적 맥락에서 비난을 받거나 고통을 받을 수 있다고 생각하기는커녕 도교의 일반적 관점은 성행위를 절제하는 것이 해로운 것이며 음과 양의 요소를 한데 모으는 것이 건강, 조화, 장수를 가져온다고 생각했다. 내단과의 연관도 중요하다. 이러한 행위의 목표가 바로 생명의 연장, 가능하다면 불사이고 궁극적으로 도와 합일하는 것이기 때문이다. 이러한 목표는 도교 전반 기도의 핵심이며, 따라서 도교 섹스 가르침이 도교철학에 밀접하게 통합되고 그 관념과 수행에 중추적인 역할을 하는 것이다.[44]

20세기 중반 마스페로, 반 훌릭(Robert van Gulik)과 니덤(Joseph Needham)의 저작을 통해 도교의 섹스 관념과 수행에 대한 상세한 지식이 서양에서 처음으로 주목받았다. 이후 많은 다른 중국학 연구자(sinologists)와 인류학자들이 이런 중국 문화의 일면에 흥미를 가지고 연구했다. 뒤이어 열성적 서양의 초심자를 위해 도교 섹스 지식을 중개하려는 탐구자, 이론가, 보급자들이 대거 등장했다. 이 주제에 대해 모든 저자가 열광적인 것은 아니었다. 초기

---

43) S. Cahill, *Transcendence and Divine Passion: The Queen Mother of the West in Medieval China* (Stanford, CA: Stanford University Press, 1993), pp.3 · 231.

44) 좀 더 상세한 역사 분석과 이러한 다양한 practices와 ideas에 대해서는 적절한 원전 텍스트와 D. Wile, *Art of the Bedchamber: The Chinese Sexual Yoga Classics Including Woman's Solo Meditation Texts* (Albany, NY: State University of New York Press, 1992) 를 참조하라. Wile도 이 문제와 관련해서 도교와 더 넓은 중국 문화와의 관계를 논의하고 있다.

연구에서는 도교 섹스 수행을 병리적 이상이나 심지어 사악한 마법(black magic)으로 보는 경향이 강했다.[45] 하지만 반 홀릭은 사정(ejaculation) 기술에 대해서는 당혹해했지만 대체로 호의적이어서 니덤이 초기의 고상한 관점을 바꾸어 도교 섹스요가를 긍정적으로 보는 데 도움을 주었다. 니덤은 도교 수행에 근거한 생리적 이론에는 비판적이었다. 그는 환정보뇌還精補腦라고 알려진 정액을 환류시켜 뇌를 양생하는 기술을 '원시적이고 비현실적'이라고 무시했다.[46] 그러나 도교 섹스요가의 다양한 계몽적인 측면은 긍정했다. 그는 섹스를 죄짓고 사악한 것으로 받아들이기보다는 자기변화 과정에서 통합적으로 수련되는 것으로 건강에 유익한 자연스러우며 고유한 과정이라고 생각했고, 도교적 방식을 서양의 기독교 전통뿐만 아니라 '유교의 가부장적 엄격함'이나 '불교의 냉담한 내세주의'보다 태생적으로 우수한 것이라고 인정했다.[47] 니덤은 기독교 교회를 괴롭혀 왔던 마니교사상을 넘어설 수 있는 '성행위(sexuality)의 새로운 신학'이 당장 필요하다고 생각했고, 도교를 따르면 에로스와 아가페 원리가 화해하는 원리인 '우주적 리비도'(cosmic libido)의 상태로 나아갈 수 있다고 믿었다.[48]

서양에서 중국의 섹스 수행(sexual practices)을 이상화하고 자연스럽고 자

---

45) R. H. van Gulik, *Sexual Life in Ancient China: A Preliminary Survey of Chinese Sex and Society from ca. 1500 till 1644 AD* (Leiden: Brill, 1961); D. Wile, *Art of the Bedchamber: The Chinese Sexual Yoga Classics Including Woman's Solo Meditation Texts* (Albany, NY: State University of New York Press, 1992), p.58.

46) J. Needham, *Science and Civilization in China* Vol. 2 (Cambridge University Press, 1956), pp.149·152.

47) J. Needham, *Science and Civilization in China* Vol. 2 (Cambridge University Press, 1956), pp.151~152.

48) J. Chang의 *The Tao of Love and Sex: The Ancient Chinese Way to Ecstasy* (Aldershot: Gower, 1995)에 있는 Needham의 후기 참조.

발적이고 별문제 없는 것으로 보는 경향과 반대로 쉬퍼는 비판적인 편이다. 그는 중국인이 (明代 이전에) 섹스에 대해 자유로웠다는 반 홀릭의 견해는 전혀 사실이 아니라고 주장한다. 그는 중국의 섹스 수행은 (도교이든 아니든) 항상 억제하는 규범과 조건으로 엄격하게 제한되어 왔다고 언급한다. 그러므로 '방중술'(Art of the Bedroom)이란 문헌을 성의 자유와 해방이라는 근대적 관점에서 이해해서는 안 되고, 오히려 '은닉과 억제라는 맥락에서' 이해해야 한다는 것이다. 그리고 여성을 위한다는 도교적 편견이 섹스 수련의 관점으로 단순히 전환될 수 없으며 그 안에는 사실 남성을 위한 왜곡이 여전히 남아 있다는 것이다.[49] 이러한 비판적 관점에서 본다면 19세기 후반부터 진보적인 중국 지식인들이 성과 여성의 자유를 위한 열망과 모델을 서양에서 찾으려 한다는 것은 아주 흥미롭다.[50]

도교 성과학의 장점을 극찬하면서 서양인에게 새로운 삶의 방식의 일부로 추천하는 대중적 문헌이 최근 확산되고 있다. 이러한 저작들은 전통 중국과 서양의 성행위에 대한 접근법을 하나는 건강하고 편견 없는 열린 (open-minded) 것으로 보고 다른 하나는 억압적이고 죄를 짓는 것으로 구분하면서 둘 사이의 새로운 종합을 주장하고 있다. 예를 들어 대만 거주 미국인으로서 중국 의학과 건강에 관련된 글을 쓰는 리드(Daniel Reid)는 섹스 행위에 대해 서양의 개방성과 긍정성을 지지하는 방식으로 사랑의 행위에서 새

---

49) K. Schipper, *The Taoist Body* (Berkely, CA: University of California Press, 1993), p.147. Gulik과 Needham의 것과 마찬가지로 Schipper의 견해에 대한 비평은 D. Wile, *Art of the Bedchamber: The Chinese Sexual Yoga Classics Including Woman's Solo Meditation Texts* (Albany, NY: State University of New York Press, 1992), pp.57~61 참조.

50) D. Wile, *Art of the Bedchamber: The Chinese Sexual Yoga Classics Including Woman's Solo Meditation Texts* (Albany, NY: State University of New York Press, 1992), p.51.

롭고 고양된 감수성으로 남성과 여성 모두에게 오르가슴에 대한 새롭고 강한 전환적 태도를 주창한다. 남성 오르가슴과 바람직한 사정(ejaculation)이 강조되는 전통에서 남녀 간의 성 경험의 차이가 더욱 명백했고, 그에 반해 도교 방법은 경쟁과 투쟁이 아니라 양성 간의 조화가 조성되고 남성우월주의가 제한되는 '쌍무(호혜)적 관계'(two-way street)이다. 그러므로 이러한 전통에서 강조하는 것은 근대 서양 의미에서의 낭만적 사랑이 아니라 정확한 기술과 생명 에너지의 배양이다. 근대적 관점에서는 여성의 희생 대가로 남성 오르가슴을 지나치게 인정해 왔다. 그러나 그는 이제 파트너 둘 다의 만족을 향상시키는 것을 지지하는 중국의 방법이 필요하다고 믿었다.[51]

남녀 간 균형과 상호 만족감의 중요성, 그것을 넘어 일상적 사랑의 행위를 능가하는 황홀한 경험의 가능성은 치아(Mantak Chia)의 저작에서도 볼 수 있다. 그는 대만 출신 중국인으로 지금은 미국에서 도교 수행(practices)을 가르치고 있다. 그의 저작은 현대적으로 유용하게 설명된 도교의 정신적인 것과 치료행위 모두를 다루고 있다. 리드의 것과 마찬가지로 섹스 문제를 다룬 그의 저작은 강한 개종적인 공격 성향을 가지고 있으며, 도교의 관념과 수행을 단지 건강이나 신체적 느낌을 강화하기 위한 것만이 아니라 새로운 정신적 각성을 위한 수단으로 서양의 궤도 안에 끌어들일 필요성을 주장한다. 서양이 위기에 처해 있다는 식의 의견은 이러한 책에서는 이제 의례적(de rigueur) 기술이 되었다. 그리고 그는 근대 서양에서 자연 자원을 낭비하고 함부로 처리하는 것을 남성의 섹스 에너지 보존 수단을 발전시키지 못한 것과 상응시킨다. 환경적으로 상응하는 것과 마찬가지로 자연의 방식과 좀

---

51) D. Reid, *The Tao of Health, Sex and Longevity: A Modern Practical Approach to the Ancient Way* (London: Simon & Schuster, 1989), Part 2.

더 균형 있고 조화로운 삶의 방식을 이루려면 섹스 에너지는 보존되고 순환되어야 한다는 것이다.[52]

이 주제에 대해 도교 원리와 근대 서양의 성 과학자들의 견해가 일치한다고 주장하는 저자들도 있다. 1970년대 중반 졸란 창(Jolan Chang, 張忠蘭)은 그의 저술에서 사정 조절, 여성 만족의 중요성, 남성 오르가슴과 사정이 반드시 일치하는 것은 아니라는 등의 원리가 이제는 성 과학적 사고에 지배적인 것이 되었고, 여성운동과 킨제이(Kinsey), 마스터즈(Masters), 그리고 존슨(Johnson) 등의 과학 연구에 중심이 되었다고 주장한다.[53] 치아의 저작도 전통 중국 이론과 현대과학이론을 함께 엮어 나가는 유사한 경향을 보여 준다. 현대과학적 태도와의 관련은 특히 도교와 신물리학 세계관의 조화(compatibility)에 대한 카프라(Capra)의 주장에서 볼 때 흥미롭다.

그러나 역사적 배경, 언어, 이론적 가정이 아주 다른 두 전통을 한 자리에 모을 수 있을지는 다시 한 번 물어야 한다. 섭생법(dietetics), 약초학과 침술을 포함한 도교 건강법 등을 다양하게 다룬 스테판 창(Stephen Chang) 저작의 경우에서 그러한 질문이 생긴다. 와일(Wile)은, 이러한 저작은 모든 고대 도교 언어를 근대의 생물학적 언어로 너무 쉽게 전환시켰으며, 이는 결국 피상적인 '서양의 병에 중국의 알약을 담아 포장한 것이며' '두 체계 속에

---

52) Chia Mantak, *Taoist Secrets of Love: Cultivating Male Sexual Energy* (New York: Aurora, 1984); D. Wile, *Art of the Bedchamber: The Chinese Sexual Yoga Classics Including Woman's Solo Meditation Texts* (Albany, NY: State University of New York Press, 1992), pp.63~65 참조.

53) J. Chang, *The Tao of Love and Sex: The Ancient Chinese Way to Ecstasy* (Aldershot: Gower, 1995), p.17. Robert van Gulik도 고대 중국의 관념과 근대 서양의 성과학 시기의 대응을 언급했다. R. H. van Gulik, *Sexual Life in Ancient China: A Preliminary Survey of Chinese Sex and Society from ca.1500 till 1644 AD* (Leiden: Brill, 1961), p.156 참조.

많은 차이를 희석시켜 버린 간편한 균질화'가 되어 버리고 만다고 주장한
다.54)

창(Chang)의 책을 호의적으로 본다면 전통 중국 문화의 수행 정신에서
새로운 통합을 시도한 것으로 볼 수도 있다. 그렇지만 우리가 도교적 성과
학을 자세히 살펴보면 너무 이상적인 서양의 태도에서 보고 있음을 알 수
있다. 결국 섹스에 대한 도교사상의 기본적 방향은 우리가 알고 있는 성에
대한 지혜(sexual wisdom)와는 대조적이다. 서양식 사고인 낭만적 의미에서 감
각적인 만족을 향하는 것이 아니라, 지금은 낯설고 우습기도 한 목표를 향
하고 있다. 라거위(John Lagerwey)는 "초기 도교는 성의 즐거움을 위해서가 아
니라 불사를 위해 방중술을 가르쳤다"라고 간단하게 지적한다.55) 그리고
실제로 섹스에 관한 '사랑'이란 말이 중국 작품에서는 거의 보이지 않는다.
더구나 전통 문학에서 볼 때 알아챌 수 없을 정도로 가끔 나타나는 섹스
수행(sexual practice)과 정신 고양과의 밀접한 관련성에 대해 근대 서양은 관심
이 거의 없다. 쉬퍼가 제안하듯이 성행위(sexuality)와 일치하는 숭고함이나
성스러움은 근대 세계에서 중시해 온 개인의 자유와는 별개의 것이다.56)
또한 정액 보유가 활기를 준다는 것은 어떻게 보일까 하는 도교적 강박 관

54) D. Wile, *Art of the Bedchamber: The Chinese Sexual Yoga Classics Including Woman's
Solo Meditation Texts* (Albany, NY: State University of New York Press, 1992), p.65;
S. Chang, *The Tao of Sexology* (San Francisco: Tao Publishing, 1986) 참조.
55) J. Lagerwey, *Taoist Ritual in Chinese Society and History* (New York: Macmillan, 1987),
p.272.
56) K. Schipper, *The Taoist Body* (Berkely, CA: University of California Press, 1993), p.146.
Bokenkamp가 명상경험에서 몽상적으로 보여 주는 도교의 sexual practice의 승화된
version을 그들의 몰아경이 때로 sexual 용어로 해석되곤 하는 성 테레사나 성 버나드
같은 기독교 신비론자와 비교했다. S. R. Bokenkamp, "Declarations of the Perfected",
D. S. Lopez (ed.), *Religions of China in Practice* (Princeton, NJ: Princeton University
Press, 1996), p.168.

념에서 의문이 제기된다. 무엇보다도 프로이트나 라이히학파에서는 당연히 이러한 행위를 장기간 실행한다면 완전히 위험한 보류 성교라고 여길 것이다. 우리는 이미 사정(injaculation)에 대해 의문을 갖는 니덤의 회의적 태도를 보았고, 사소(Michael Saso)도 이러한 행위는 "정액을 방출하는 것이 수명을 단축하고 정액을 방출하지 않는 것이 장수하게 한다는 잘못된 관념에 근거"한 것이라고 주장하면서 "많은 여성과 끊임없이 성교를 하거나 발기 상태를 지속하는 남성우월주의적 행위는 의학적으로 건강에 대해 무지한 것이고 남성의 자만심을 강화하는 것 뿐"이라고 계속 비난했다.[57] 일부 도교사상가들 중에는 여성이 남성보다 우월하다는 견해를 보이며 분명히 여성 중심적(feminine-oriented)으로 접근하고 있는데도 실제로 사소를 포함해 도교 성과학이 결국 남성 오르가슴을 강조하는 남성중심주의적인 것이 아닌가를 우려하는 자들도 있었다. 더구나 졸란 창과 치아 같은 학자들은 도교 원리가 상호적 감수성과 사랑을 기본으로 하는 성 경험과 성적 요구에 있어 남녀 동등함을 중요하게 여긴다고 본다. 그러나 이와 다르게, 도교의 성에 대한 가르침은 상호적 사랑과 존경을 지지하지 않는 것이 확실하며, 실제로는 어떤 윤리적 의미를 강조하는 몰개성적 성관계이고, 그것을 추상적인 목표를 위한 수단으로 삼는다는 지적도 있다.[58] 도교의 성에 대한 가르침은 여성을 착취하는 것이라고 비난하기도 한다. 그리고 와일(Wile)은 보류 성교 방법이 다른 사회에서 행해지는 음핵 절제(clitorectomy)에 상응하는 것으로, 남성이 여성의 리비도(libido)를 '지배'하는 수단일 수 있다고 본다.[59]

---

57) M. Saso, *The Golden Pavilion: Taoist Ways to Peace, Healing, and Long Life* (Boston: Tuttle, 1995), p.171.
58) D. Wile, *Art of the Bedchamber: The Chinese Sexual Yoga Classics Including Woman's Solo Meditation Texts* (Albany, NY: State University of New York Press, 1992), p.71.

이러한 비판은 고대 도교와 근대 서양의 관심 사이에 넘을 수 없는 간격을 보여 주는 것일 수 있다. 그러나 도교의 관념과 수행은 단 하나의 완전한 가르침이 아니라 중국의 다양한 지적 문화적 삶과 마찬가지로 오랜 시간 변화하고 변형되고 확산되어 왔다는 것을 기억해야 한다. 니덤이 주목했듯이 "도교사상가들의 특별한 섹스 기술은 일반적인 것과 그 차이를 선명하게 구획할 수 없다."[60] 그리고 자기변화(self-transformation)와 성 에너지의 숙련이 도교 수행자(adepts)들에겐 목표일 수도 있지만, 이러한 가르침이 일반인들에게는 덜 필요하고 더 지루한 것이었다. 도교 수행자들이 신봉하는 세련되고 난해한 성 이론과 대중을 위해 여과된 섹스 행위는 그 간격이 '헐렁할' 수 있다. 그러므로 일상화된 도교적 테크닉이 반드시 정신적 고양을 목표로 하는 것은 아니며, 건강과 만족스러운 삶을 위한 단순한 보조수단으로 간주되고, 대부분 도교철학과는 그다지 연관 없는 문화적 태도와 성격을 보여준다. 그러나 어느 단계에서는 성행위(sexuality)가 존재의 자연스러운 질서의 일부로 건강한 삶의 수단이라고 확신하며 현대 문화와의 조화로운 반향을 찾기 위해 전통을 바라보고 있는 것 또한 분명하다.

우리는 삶과 자연 속에서 성행위의 핵심적 지위를 인정하고 그 사상과

---

59) D. Wile, *Art of the Bedchamber: The Chinese Sexual Yoga Classics Including Woman's Solo Meditation Texts* (Albany, NY: State University of New York Press, 1992), p.15. 이 책은 여성이 '혼자' 내단 수련을 하는 것에 대한 상세한 번역을 달고 있으며, Schipper가 지적했듯이 '중국의 sex manual은 남성의 관점에서만 sexuality를 기술하지 않은 이 주제에 관한 세계에서 유일한 고대 서적'이다. K. Schipper, *The Taoist Body* (Berkely, CA: University of California Press, 1993), p.126 참조. Kaltenmark에 의하면, 파트너의 희생을 통해 활력을 증진시키려고 경험이 없는 여성을 이용하는 일종의 '흡혈귀의 소행'(vampirism)은 이단으로 비난받았다. M. Kaltenmark, *Lao Tzu and Taoism* (Stanford, CA: Stanford University Press, 1969), p.126 참조.

60) J. Needham, *Science and Civilization in China* Vol. 2 (Cambridge University Press, 1956), p.147.

수행에 주목하고 있는 전통에 확실히 끌리고 있다. 유대교나 기독교의 의식과는 달리 성교를 "천지조화를 모방하고 아름답고 건강에 유익하고 옳은 것으로 확신하게끔 한다"는 생각을 보이고 있다.[61] 더구나 서양에서는 섹스요가 전통이 없었다는 점에서 (도교 이론의 비전적인 면은 고려하지 않고) 순수한 실행 단계에서 얻을 수 있는 것이 많다. 최소한 남성의 사정을 지연하고 다양한 자세를 시도함으로써 여성의 만족감을 강화하는 중국의 테크닉은 이미 서양에서 수용되고 있으며 더 확산되고 있다. 특히 섹스 행위의 최고선(summum bonum)으로 여기는 오르가슴은 근대 서양의 선입견을 깨는 데 도움을 줄 수 있다. 성행위를 포괄적이고 명료한 세계관 안에 두는 도교의 섹스 전통은 유대-기독교 계몽 유산과는 아주 달리 현대인에게 분명한 매력을 보인다. 넓게는 이러한 전통과의 조우가 초기의 성 해방운동과 최근의 에이즈(AIDS)나 성전환에서 야기된 성과 성행위에 관한 근대적 혼란을 어느 정도 완화시킬 것이다. 누군가는 중국의 가르침은 진정한 패러다임 전환과 "참되고 평등한 성적 서약을 강화하는 데 공헌하고…… 감수성과 제어력을 강화시켜서 육체적 감각을 소통하는 데 아주 풍부한 어휘를 제공한다"라고 주장하는[62] 와일과 계속 논쟁할 수도 있다.

---

61) K. Schipper, *The Taoist Body* (Berkely, CA: University of California Press, 1993), pp.144~145.
62) D. Wile, *Art of the Bedchamber: The Chinese Sexual Yoga Classics Including Woman's Solo Meditation Texts* (Albany, NY: State University of New York Press, 1992), p.73.

4. 건강의 도

도교의 섹스요가는 건강과 웰빙에 대한 관심과 안과 밖의 감각의 조화
를 이루는 것과 밀접하게 연관되어 있다는 것을 앞에서 살펴보았다. 중국
요가의 대부분이 정신과 신체의 일치를 전제한다. 사실 건강과 성교 치유력
은 마음과 몸의 조화를 의미하고, 단순한 신체적 관점에서 섹스를 다루는
것을 배제한다. 섹스요가만이 아니라 최근 서양에서 유행하는 다양한 체조
(callisthetic)와 무술도 이러한 심신상관적 접근을 한다는 것이 흥미롭다. 지금
까지 개괄한 섹스 방법(sexual methods)은 서양의 감수성에 낯설 수도 있다.
하지만 '태극권'(boxing of the highest ultimate)과 같은 명상적 체조나 관련 호흡법
그리고 신체운동 방법인 '기공'(working the energy)은 서양인의 구미에 잘 맞는
다. 이들은 서양문화 전통 속에 동화되어 개인을 위한 심신상관적 방법이
확실히 필요한 건강과 피트니스 문화에 쉽게 적용되고 있다.[63]

또한 최근 전통 중국 의학에 대한 관심도 증폭되고 있다. 중국 의학은
이 장에서 논의하는 관념과 철학을 대체로 공유한다. 신체 건강의 심신상관
적 관념이나 인간과 자연의 공생적 일치감을 예로 들 수 있다. 중국 의학은
일반적으로 중국 문화라는 넓은 맥락 속에서 이해되어야 한다. 그러나 많은
부분이 도교에 빚지고 있는 것도 사실이다.[64] 중국 의학이 인기를 끄는 것

---

63) 태극권의 역사와 방법에 대한 소개는 E. Wong, Feng-Sui: The Ancient Wisdom of
Harmonious Living for Modern Times (Boston: Shambhala, 1996) 참조. 기공은 호흡과
신체적 운동을 결합한 명상 수련이다. 기공의 역사와 도교와의 관련성은 K. Miura,
"The Revival of Qi: Qigong in Contemporary China", L. Kohn (ed.), Taoist Meditation
and Longevity Techniques (Ann Arbot, MI: University of Michigan Press, 1989) 참조.
64) P. U. Unschild, Medicine in China: A History of Ideas (Berkeley, CA: University of
California Press, 1985), p.101.

은 치유력과 침술 등의 확실한 효험 때문이다. 하지만 건강을 보는 방식을 완전히 다르게 함으로써 서양 의학의 문제에 도전하는 것과도 연관되어 있다. 전설적인 왕인 황제黃帝의 저작으로 여겨지는 의학 고전 『황제내경』에 의하면, 건강의 비결은 율동적인(rhythmic) 조화와 균형, 정신적인 요소와 신체적인 것의 일치이다. 이러한 생각은 최근 서양에서 다양한 형식으로 점점 인기를 더해 간다. 여기서 나타나는 운명의 역전이 흥미롭다. 한때 서양 의학은 비서구적인 다양한 형식들을 부적절하다고 무시하고 비하했었다. 그런데 이제는 중국 의학 체계가 어떤 면에서 서양의 근대 의학적 방법보다 우월하다는 것을 인정하고 있다.[65] 그러나 이러한 광범위한 논점은 이 책의 범위를 넘어서는 분야이다. 여기서는 의학적이지 않은 건강의 측면에만 집중할 것이다.

역사적으로 중국의 체조법은 도교와 밀접하게 연관되어 왔다. 섹스요가와 마찬가지로 이 둘 사이에도 딱 들어맞지 않는 헐렁한 면이 있다. 호흡과 체조법은 도교만이 아니라 유학자들이나 도교와 관련 없는 사람들도 수련했다. 비록 근원은 도교보다 앞서지만 그 목표가 에너지(氣)의 내적 순환을

---

[65] 전통 중국 의학의 역사와 이론 소개는 M. Porkert with C. Ullmann, *Chinese Medicine* (New York: Henry Holt, 1990) 참조. 그는 유럽과 아시아의 의학 전통에 대한 경쟁적 접근보다 협력적 접근을 지지한다. Unschild의 중국 의학의 '사상사'적 접근은 Porkert 와 Needham이 중국 의학이 서양 자신의 가설과 들어맞는 것으로 강조한 것을 비판하고 있다. P. U. Unschild, *Medicine in China: A History of Ideas* (Berkeley, CA: University of California Press, 1985), p.2 참조. 건강과 질병에 대한 서양식 패러다임과 연관시켜 중국 의학을 논의한 것은 F. Capra, *The Turning Point* (London: Wildwood, 1982), chap.10 참조. 중국 의학과 도교 섹스 연금술의 관련성에 대해서는 D. Wile, *Art of the Bedchamber: The Chinese Sexual Yoga Classics Including Woman's Solo Meditation Texts* (Albany, NY: State University of New York Press, 1992), chap.3 참조. N. Sivin, "Science and Medicine in Chinese History", P. S. Ropp (ed.), *Heritage of China: Contemporary Perspectives on Chinese Civilization* (Berkeley, CA: University of California Press, 1990) 참조.

통해 건강과 장수를 이루려는 것과 관련되어 있어 도교철학 속에서 이해하기 쉽다. 아마도 그 기원은 주술적 행위(magical practices)에 있을 것이다. 특히 춤은 생명 에너지를 활성화하고 무아지경을 유발하는 샤머니즘과 연관된 것이다.[66] 이후 치료적 성격이 도교 속에 통합되었다. 유사한 기술 가운데 태극권은 송대 장삼풍張三豐이라는 도교 대주교에서 기원한다고 한다. 하지만 그가 200년 이상 살았고 불후의 인물이 되었다고 알려진 것에는 신화적 요소가 있을 것이다. 이러한 유형과 사고는 분명히 더 오래전에도 있었을 것이다. 태극권은 어떤 동물을 모방한 느린 동작을 통한 정신적이고 신체적인 수련과 연관되어 있는 수행이다. 이것은 기의 순환, 음양의 균형과 내적 강인함에 도달하는 것을 목표로 한다. 분명한 정신적인 목표를 향한 수단만이 아니라 적이 공격해 올 때 자기방어적 형태로도 사용된다. 또한 공격적 대응으로서가 아니라 적의 움직임의 흐름과 조화시키는 전략으로, 적 스스로 패배하도록 유도하는 것이다. 이것은 결국 무위無爲 철학의 이상을 실제로 보여 주는 것이다.

무술적인 것과 정신적인 것을 상호 배타적 범주로 보는 서양의 관점에서는 이 둘의 조화가 역설적으로 보일 수도 있다. 그러나 도교사상가에게 신체의 안전과 방어는 건강과 마찬가지로 더 높은 목표를 추구하는 필수조건이다. 쉬퍼가 지적했듯이 "조화와 웰빙을 추구하는 이러한 방법은 내면 세계의 방어를 위한 무술이다."[67] 사실 도교 입장에서 체조는 내단의 명상적 수행보다는 못하거나 단순한 방식이라고 여겨졌다. 그러나 장자 시대부

---

66) 내단 전통 형성에서 샤머니즘의 역할은 L. Kohn, *Early Chinese Mysticism: Philosophy and Soteriology in the Taoist Tradition* (Princeton, NJ: Princeton University Press, 1992), chap. 4에서 논의된다.

67) K. Schipper, *The Taoist Body* (Berkely, CA: University of California Press, 1993), p.138.

터 오늘날까지 기공이나 마사지(self-massage)와 함께 중국의 치료 문화에 중요한 역할을 계속해 오고 있다. 따라서 도교 수행자들의 행위와 역사적 철학적으로 연관되어 있지만 그렇다고 이것을 단순히 도교 내단술로만 보는 것은 경계해야 한다. 태극권이나 기공을 수련하기 위해 당신이 도교 수행자가 될 필요는 없듯이 현대 중국을 찾는 누구에게도 분명한 사실이다. 태극권이나 기공은 전통 도교에 관심이 없는 사람들로 이루어진 넓은 지지층을 확보하고 있다.

그렇지만 쉬퍼가 태극권은 "도교의 정수로 들어가는 훌륭한 입문"이라고 말한 것은 확실히 옳다. 어떻게 이러한 중국 문화에 뿌리 깊은 테크닉이 서양에서 그렇게 대중적이게 되었는지는 의문이다. 섹스요가의 경우와는 다르지만 서양에도 체조나 무술 분야에서 자신을 충분히 개발하는 고유한 전통이 있었다. 그러나 서양의 체조법은 전형적으로 경쟁적이고 공격적인 성격이었다고 할 수 있다. 그리스 올림픽 전통은 원래 신체적으로 훌륭한 솜씨의 발전이 개인의 힘과 우수성을 강화하는 격렬한 연습과 확실하게 연관된 경쟁의 방식이다. 그리고 다른 사람보다 더 멀리, 더 빨리 또는 그 이상을 목표로 한다. 프랑스의 중국학 연구가 카트린 데스퍼(Catherine Despeux)가 지적했듯이 현재는 이러한 것들에 의문을 제기하고 있으며, 중국의 체조 방법은 (무술과의 연관성에도 불구하고) 본질적으로 비경쟁적이고 훨씬 '여성적인' 정신을 보여 주고 비길 만한 서양의 수행보다 일반적인 건강과 웰빙의 목표에 좀 더 통합적으로 연관되어 있다.[68] 그들은 또한 심신상관적으로 보이는데, 심리학적 · 생리학적 과정을 융합해서 웰빙이라는 통합적 의

---

68) C. Despeux, "Gymnastics: The Ancient Tradition", L. Kohn (ed.), *Taoist Meditation and Longevity Techniques* (Ann Arbot, MI: University of Michigan Press, 1989), p.258 외.

미에 목표를 둔다는 점에서 정신적인 것과 신체적인 것 또는 영혼적인 것과 세속적인 것을 절대적으로 구분하지 않는다.

심신상관론(holism)이란 관념이 상당히 유행하고 있다. 남아프리카공화국의 철학자이자 정치가인 스머츠(Jan Smuts)가 1920년대에 고안한 'holism'이란 말은 비교적 신선한데, 최근에 많은 영역에서 무비판적으로 좋고 지혜롭고 유용한 모든 것을 의미하게 되었다. 어떤 사상가들은 물리학의 원자론이나 철학의 심신 이원론적 세계와 삶에 대한 예전의 사고방식을 붕괴하는 패러다임의 변환을 위한 해결책으로 보기도 한다. 그렇다고 여기서 이러한 관념에 대한 비판적 논의를 시도하지는 않겠다. 이 관념에 대한 비판적 논의보다는 오히려 지적이고 문화적인 무게감을 더할 수 있으며 실제로 바람직한 대중적 아이콘으로 이해하고자 한다. 심신상관론이란 관념은 좀 더 조화로운 삶을 제안한다. 중국의 체조 수련에 대한 서양의 태도는 거의 종교적이다. 이것은 태극권이 종교를 대신할 수 있다거나 이러한 수련이 서양 정통 교리와 양립할 수 없다는 것을 의미하는 것은 아니다. 하지만 정신집중과 명상을 강조하는 심신 통합이라는 설계에서 의식 상태의 내적 조화와 웰빙이란 의미가 저절로 나오게 되어 있다. 이 모두 전통적인 종교적 경험과 연관시키는 것이 목표는 아닐지라도 적어도 종교적 요청의 부산물인 것으로는 보인다. 이러한 점에서 중국의 체조는 일부 신이나 신앙 없는 종교적 경향으로 보일 수 있다. 이는 믿음의 서약이나 제도적 검증이 없는 웰빙과 자기초월이라는 의미의 수양이다. 여기에는 신체적 수련과 정신적 탁월함에 분명한 간극이 없다.

태극권과 기공에 단순한 신체적 건강 추구를 넘어 더 넓고 깊은 의미가 있다는 것이 최근 여러 저작에서 강조되었다. 서양에서는 태극권과 기공

모두를 근대 서양문화에 적합한 단순한 형식으로 가르치고 있다. 하지만 둘 다 기본적으로 자연과의 균형과 조화라는 도교 원리와 연관되어 있다. 일반 건강과 웰빙을 증진시키는 것처럼 정신적인 목표를 향한 수단으로 제공되는 것이다. 이 기술은 전통적으로 비밀스럽게, 이해하기 어렵게 코드화된 언어로 쓰인 고전 텍스트로 전수되었다. 이러한 사실 때문에 가끔 믿을 수 없는 혈통의 마스터가 오도하고 함부로 과장하기도 했다. 그렇지만 최근 수많은 관련 저서는 삶을 더 넓은 철학 속에서 배우기 위한 테크닉을 찾는 진지한 태도를 보여 준다. 예를 들어 리드는 삶의 완전한 체계 안에서의 역할을 강조하는 기공에 대한 자신의 책에서 "당신의 몸, 에너지와 마음 모두 당신의 목표를 이루고 도의 길에서 확고하게 지키기 위해 한 팀으로 함께 나아가고" 기공의 요점을 자세하게 설명하기 전에 이 운동(exerscises)이 '영원한 자연의 길과 우주의 초월적 법칙을 본뜬' 자기수양의 고대 체계 속에 어떻게 구성되어 있었는지를 보여 주고 있다.[69] 서양으로 전달되면서 이러한 고대의 기술은 이론적 전제와 함께 부득이 변형되는 부분이 있었다. 하지만 '몸과 마음의 치료법 또는 내외 에너지의 통합, 명상, 조화, 균형의 강조, 무엇보다도 자연의 리듬에 가까운 존재의식'이라는 기본 요소는 이러한 테크닉이 서양에서 계속 인기를 누릴 것임을 시사한다.

---

69) D. Reid, *Harnessing the Power of the Universe* (London: Simon & Schuster, 1998), pp. 25 · 281.

제7장 도는 말할 수 없다

THE WAY IS INCOMMUNICABLE[1)]

초월

1. 신비주의

"사유함에 있어 자기기만이나 공상적 혼란"이라는 신비주의(mysticism)에 대한 옥스퍼드 영어 사전의 정의에 우리는 오랫동안 감동해 왔다. 그러나 신비주의라는 용어는 딱히 정의하기 어려운 것으로도 악명 높다. 우리는 아직도 이 용어를 일상적 의식의 가장자리로 밀어 버리거나 '비합리주의', '미신' 또는 '신비학'과 동의어 정도로 사용하곤 한다. '신비주의'라는 용어가 동양의 맥락에 적용될 때는 특히 논쟁이 되는데, 오리엔탈리스트의 상투어이거나 아시아 정신에 선천적으로 비이성적인 무언가가 있다는 믿음을 인정하는 수단이 된다. '합리적 서양'과 대조되는 '신비적 동양'이라는 식의 정식화는 원형적 지위까지 올라가기도 했다. 서양을 동양보다 권위적인 위치에 고정시키든지 아니면 동양을 (서양을 뛰어넘는) 우월한 지위로 고양시

---

1) 역주: 『莊子』, 「知北遊」, "道不可言, 言而非也."

키든지 간에 서로의 거리만큼이나 동양과 서양을 구분하는 이분법적 대조와 함께 '합리적 서양'과 '신비적 동양'을 대칭적으로 고정시켰다. 한편에서는 '신비적인 오리엔트'라는 상투어가 '합리적인 서양'의 주도권을 확고히 하는 데 이용되기도 하고, 또 다른 편에서는 동양을 심오하고 영원한 지혜의 초월적 원천으로 낭만화하기 위해 이용되곤 했다.

'신비적'이란 용어는 도교의 파트너가 되었다. '도교의 신비주의'란 구절은 '신비적 오리엔트'만큼이나 친숙하다. 이러한 연결은 오랜 지적 기원을 갖고 있다. 하나는 도교를 주변화하고 훼손시키려는 예수회 선교사로 거슬러 올라간다. 그들에게 유교는 적당히 재구성되면 기독교와 생산적인 관계를 가질 수 있는 것으로 보였다. 그러나 예수회 선교사들에게 도교는 그들의 사고방식과는 아주 다른 문화적 경험 형식이었다. 그렇다고 '신비적인'이란 칭호를 받을 정도는 아니었다. 헤겔도 도교를 '신비적인' 것으로 분명하게 규정하지는 않았다. 하지만 도교를 합리 이전의(pre-rational) 정신성이며 보편성이 부족하다고 비판하였다. 이는 19세기에 선호하게 되는 신비적－이성적/동양－서양의 이원론을 받아들이는 데 영향을 주게 된다. 이후 1906년 라이오넬 자일스(Lionel Giles)가 도교를 '다소 환상적이고 신비주의의 별난 생각'이라고 말했을 때는 이미 굳어진 생각을 확인한 것일 뿐이었다.[2] 20세기 저작들은 도교를 이런 식으로 계속 생각해 왔다. 아마도 가장 영향력이 컸던 것은 도교를 '세계 부정의 신비주의'(world-denying mysticism)로 규정한 막스 베버(Max Weber)였을 것이다.[3] 학문적 경계를 넘어서 영향력을 갖는 크릴

2) L. Giles (trans.), *Musings of a Chinese Mystic: Selections from the Philosophy of Chuang Tzu* (London: John Murray, 1906a), p.36.
3) M. Weber, *The Religion of China: Confucianism and Taoism* (New York: The Free Press, 1951[1916]), pp.178~190.

(Herrlee Creel)의 저서에서도 마스페로(Henri Maspero)의 권위에 기대어 "도교는······ 신비적인 철학"이라고 단정한다. 최근 슈워츠(Benjamin Schwartz)도 도교는 "신비주의라는 용어가 적용된 다른 문화들과 마찬가지로 신비주의적 요소를 갖고 있다"라고 주장했다.[4] 서양에서와 마찬가지로 중국에서도 도교의 신비주의적 경향에 대한 태도는 이중적이다. 이런 태도는 고대로 거슬러 올라간다. 중국에서의 신비주의는 샤머니즘적 행위에 그 뿌리를 두고 있다. 의식의 과정에서 유도되는 신들린 것 같은 상태가 일반인에게 거부감을 주고 지식인들이 기피하는 이유도 되었다. 사실 3세기부터는 철학적 도교 저작들도 신비적 전통의 저작으로 여겨졌고 난해한 것이라고 무시되기도 했었다. 예를 들어 『도덕경』의 현묘함(dark profundity)[5]은 기원전 2~1세기 역사학자 사마천의 저작에서처럼 유교의 명쾌함이나 실용적 분별력과 대조되곤 하였다. 카처(Stephen Karcher)의 지적대로 한대漢代에 들어와서야 새로운 유교적 정치질서와 조화하기 위해 『역경』이 도교의 신비주의적 암시를 적당히 정리하게 된다.[6]

그러면 도교를 '신비주의'라는 말로 규정하려는 시도에서 우리가 알 수 있는 것은 무엇일까? 이것이 비교문화(Cross Cultural) 연구에 도움이 되는 것인가 아니면 방해가 되는 것인가? 최근 논의에서 야기되는 중요한 이슈는 신

---

4) H. G. Creel, *Chinese Thought from Confucius to Mao Tse-tung* (London: Eyre & Spottiswood, 1954), p.101; B. I. Schwartz, *The World of Thought in Ancient China* (Cambridge, MA: Harvard University Press, 1985), p.193; I. Robinet, *Taoism: Growth of a Religion* (a translation and adaptation by Phyllis Brooks of Robinet 1991, Stanford, CA: University of Stanford Press, 1997), p.33 참조.

5) 역주: 『道德經』, 15장, "微妙玄通, 深不可識."

6) S. Karcher, "Journey to the West", *Oracle: The Journal of Yijing Studies* 2(9) (1999), p.8.

비주의라는 용어가 단순히 말로 할 수 없는 경험을 말하는 것으로 다양한 문화(cross-culturally)에 보편적으로 적용될 수 있는 것인지, 아니면 분명한 문화적 맥락에서만 이해될 수 있는 것인지에 대한 질문이다. 이는 '보편주의자'와 '개별주의자'(particularist) 또는 '맥락주의자'(contextualists) 사이의 논쟁이다. 후자는 신비주의라고 표현되는 경험은 문화적으로 특수한 현상이며, 다른 언어와 가치 그리고 신념체계에 의해 다르게 형성된다고 주장한다. 이러한 입장은 '신비주의'라는 말 자체가 사회적 복합 개념이며 '순수한' 것이 아니라는 것이다. 그리고 특수한 문화적 믿음과 기대로 만들어진 경험을 말하는 것이라고 주장한다.7) 그러나 최근 몇십 년까지도 보편주의적 패러다임이 우세했다. 윌리엄 제임스(William James), 언더힐(Evelyn Underhill), 스테이스(W. T. Stace)와 하폴드(F. C. Happold) 등은 신비주의에 대한 20세기 대표적인 연구자들이다. 이들은 신비주의를 본질적이고 보편적으로 적용할 수 있는 성격으로 보려는 경향이 강하다. 이러한 보편주의적 성격은 전형적으로 언어를 넘어 표현할 수 없는 성격, 존재의 영원성, 성스러움, 만물과의 일체에 대한 신념, 그리고 확신과 직관적 통찰의 압도적인 경험을 신비주의에 포함시킨다.

이러한 보편주의적 패러다임으로 도교를 연구한 학자들이 있다. 마스페로는 그의 처녀작 『종교 경험의 다양성』(The Varieties of Religious Experience)에서 윌리엄 제임스(William James)가 규정한 대로 노자, 장자, 열자가 모두 신비주

---

7) 후자의 관점이 유력한 언급으로는 S. T. Katz (ed.), *Mysticism and Philosophical Analysis* (New York: Oxford University Press, 1978) 참조. 이 문제의 일반적 논의는 R. K. C. Forman (ed.), *The Problem of Pure Consciousness: Mysticism and Philosophy* (Oxford: Oxford University Press, 1990); R. King, *Orientalism and Religion: Postcolonial Theory, India and the 'Mystic East'* (London: Routledge, 1999) 참조.

의적 성격을 갖고 있다고 본다. 그리고 신비주의적 행로의 최종 목표를 서술하는 방식은 문화마다 다르지만 도교의 신비주의는 기독교, 유대교, 이슬람교의 신비주의와 다르지 않다고 생각했다.[8] 슈워츠는 도교의 신비주의에서 서양의 신비 철학적 가설을 발견한다. 특히 '유한한 인간이…… 하나(oneness)되거나 현실의 궁극적 근원과 신비적으로 결합할 수 있다'는 가설이 그것이다. 게다가 전형적인 신비주의의 고전적 관념은 언어로는 궁극적 실재에 도달할 수 없다는 것인데, 노자와 장자에서도 이것이 기본 주제라는 것이다.[9] 도교 신비주의가 보편적인 패러다임이라고 보는 또 다른 측면은 '나옴과 돌아감'(emanation and return)이다. 이는 도와 하나가 된다는 생각으로, 도에서 비롯된 불충분하고 복잡한 현상적 세계, 즉 우주의 '추락'(fall)을 역전시키려는 목표를 갖는다. 이러한 관념은 영혼은 거기서 나오고 다시 하나가 되어 신성한 앎(knowledge of the divinity)으로 돌아간다는 신플라톤적 신비 전통을 반복하는 것 같다.[10]

도교와 서양의 신비주의 전통과의 연관성으로 관심을 일으킨 마스페로나 슈워츠를 넘어서는 사상가들이 있다. 시토 수도회 수도사인 토머스 머튼

---

8) H. Maspero, *Taoism and Chinese Religion* (trans. of Maspero 1971, Amherst: University of Massachusetts Press, 1981), pp.413~426.

9) B. I. Schwartz, *The World of Thought in Ancient China* (Cambridge, MA: Harvard University Press, 1985), pp.193 · 197.

10) 신플라톤주의의 창시자인 Plotinus의 신비적 가르침과의 연관성은 H. Welch, *Taoism: The Parting of the Way* (Boston: Beacon Press, 1957), pp.57~58; L. Kohn, *Seven Steps to the Tao: Sima Chengzhan's 'Zuowanglun'* (Nettetal: Steyler Verlag, 1987), p.58 참조. J. C. Cooper의 *Taoism: The Way of the Mystic* (London: HarperCollins, 1990)은 신플라톤주의와 마찬가지로 Fritjof Schuon의 영원 철학의 강한 요소를 도교 신비주의 연구에 적용한다. 서양의 신비주의 전통과 유사한 것은 A. K. Seidel, "Taoism", *Encyclopaedia Britannica* Vol. 17, 15th Edition (Chicago: Encyclopaedia Britannica Inc, 1978), p.1043 에도 기술되어 있다.

(Thomas Merton)이 그중 한 사람이다. 장자는 '나 같은 사람'이라고 할 정도로 머튼은 장자에게 강한 인간적 연대감을 느꼈다. 그는 장자가 중국철학자 중 가장 위대하고 가장 정신적인 인물로서만이 아니라, 무아지경보다는 오히려 소박한 신비주의로 반향을 일으킨 명상적 실천(contemplative practice)의 형식을 보여 주었다고 생각했다. 그는 도교의 '언어와 형식'에 대한 관심 부족이나 '실재에 대한 직관적 존재 파악'을 편하게 느꼈고 '신성하고 보이지 않는 이름 없는 도와 평범하고 소박한 일상적 존재'라는 것 모두를 편하게 받아들였다. 머튼은 도교와 기독교 간 깊은 연관성을 끌어내는 데에는 흥미가 없다고 밝히면서 변호하듯 "기독교의 토끼가 갑자기 마술로 도교의 모자에서 나타날 것"이라고 했다.11) 그는 장자의 가르침이 불교 선禪의 가르침과 마찬가지로 기독교인들의 정신적 지평을 확장하는 데 소중하다고 생각했다. 그의 도교에 대한 호기심은 그의 인생에서 상대적으로 늦게 드러났다. 제2차 바티칸 공의회(Second Vatican Council) 이후 가톨릭교회는 비기독교적 전통에서 좀 더 배우려고 하면서 동양 종교와 활발하게 접촉했다. 이를 통해 명상적 전통을 부활시키고자 하는 수도사들이 등장했다. 머튼도 이런 기독교 수도사들 중 한 명이었다.

머튼의 저작이 상당히 인기를 얻으면서 다른 종교와의 대화를 전개하는 데 중요한 역할을 했다. 유대인 실존주의 철학자 마르틴 부버(Martin Buber)의 저작도 필적할 만하다. 부버가 일생동안 도교에 몰두해 왔다는 것은 비교적 최근에 와서 알려지기 시작했으며, 그의 철학적 사고가 도교에 '크게 빚지고 있다'고 스스로 인정한 사실에 많은 이가 놀랄 것이다.12) 그의 저작은

---

11) T. Merton, *The Way of Chuang Tzu* (London: Burns & Oates, 1965), pp.10~11 · 32.
12) J. R. Herman, *I and Tao: Martin Buber's Encounter with Chuang Tzu* (Albany, NY:

머튼의 것보다 훨씬 영향력이 컸으며, 도교사상을 비교적 섬세하게 보여 주면서 서양의 지적 논의에 충격을 주었다. 그는 정통한 중국학 연구자 (sinologist)는 아니었지만 그의 저작은 결코 피상적이지 않았고, 『장자』의 많 은 부분을 번역하고 해석한 것과 『도덕경』의 일부 번역과 해석 그리고 중국 우화를 포함했다. 이를 통해 도교와 신비주의의 연관성을 좀 더 상세하게 탐구해 볼만하다.

우선 부버는 도교 텍스트와 관념에 흥미를 갖고 동서양 종교 간의 대화 의 필요성을 주장하였다. 이는 오랜 예수회 전통과 그만의 실존철학적 형식 에서 나온 것이 분명하다. 이러한 관심은 세기 전환기에 하시딕(Hasidic) 신비 주의 전통의 부활과도 연관되어 있다. 하시디즘(Hasidism)은 전통적인 유대교 의식에 좀 더 정신적이고 인간적인 정신성을 보완하려는 경건한 운동이다. 부버는 이 운동이 도교의 핵심적인 성격 일부와 유사한 것에 주목했다. 예 를 들면 사회적 저항과 무정부주의적 성격, 우화와 기담을 정신적 자각을 강화하기 위한 수단으로 이용하는 것, 특히 궁극적 실체와의 신비적 합일의 강조 등이다. 도교와의 연관은 그를 유명하게 했던 그의 말년의 대화체 철 학 '나와 너'(I and thou)에서 좀 더 강하게 전개되었다. 1923년 『나와 너』(Ich und Du) 초판에서 그는 인간과 신의 신비적 합일이라는 초기 관심에서 벗어 난다. 대신 절대적 분리를 넘어서면서 자신과 타자의 독특한 정체성이 보존

State University of New York Press, 1996), p.15. Herman의 저작은 Buber의 莊子와의 조우를 가장 포괄적으로 연구한 것이며 Buber의 『莊子』 번역과 그의 해설도 들어 있다. Buber의 『장자』 번역이 "독일의 청년운동(German Youth Movement)에 커다란 영향을 주었다"라고 주장하는 M. Friedman, "Martin Buber and Asia", *Philosophy East and West* 26(4) (1976), p.415도 참조. 그리고 도교 개념이 Buber 자신의 철학적 논의로 재번역되는 방식과 그의 번역이 헤르만 헤세와 같은 작가들에게 미친 충격을 연구한 I. Eber, "Martin Buber and Taoism", *Monumenta Serica* 42(4) (1994) 참조.

되는 '대화로서의 만남'이란 개념을 받아들인다. 이러한 관점에서 신(God)은 궁극의 너(Thou)이다. 그리고 신과의 관계는 최고의 존재론적 조우이며 타자와의 진정한 관계를 위한 원형이 된다.

부버의 사상에는 대화를 강조하는 성숙한 '나-너'(I-thou) 철학이 있는가 하면, 다른 한편으로는 모든 이분법을 넘어서는 일원론적 신비주의에 대한 젊은 열정이 살아 있다. 이 사이에 넘을 수 없는 간격이 있는 것 같다. 그러나 이러한 간격을 쉽게 이행할 수 있는 것은 흥미롭게도 부버의 '나-너' 철학과 도교사상과의 유사성에 있다. 어떤 의미에서 부버의 도교 이해가 그의 철학 발전에 도움을 주었을 것인데, 자아의 관계적 성격을 이해하는 데서 가장 잘 드러난다. 도교나 부버의 사상에서는 자신의 존재 완전성이 타자(the Other)와 분리되어서는 이룰 수 없다. 개인이든 자연이든, 신이든 도道이든, 그리고 두 경우 모두 '나'는 환원될 수 없고 '타자'로 분화될 수도 없지만, 특정 타자(that Other)와의 관계없이는 생각할 수 없는 것이다. 철학자 조너선 허먼(Jonathan Herman)은 부버의 사상에 대해 이렇게 주장한다. "부버는 초기에는 도道를 '말로는 표현할 수 없는 우주의 원리'로 보았다. 어떤 대화의 가능성도 차단하고 개인의 영혼과 도와의 합일, 즉 '말없이 일체' (obliterating oneness)를 추구하는 것, 이것이 당시 도道에 대한 전형적인 해석이었다. 하지만 그의 『장자』 독해에서 보이는 나-너 대화 원리는 이후 성숙한 철학으로 거듭날 가능성을 암시한다."13) 부버의 주장은 도道의 다양하고 구체적인 현시顯示(manifestation)를 그 근거로 든다. 허먼(Herman)이 지적했듯이 인간 경험세계의 다양한 변화(transformations) 속에서 궁극적으로 모든 것을 포

---

13) J. R. Herman, *I and Tao: Martin Buber's Encounter with Chuang Tzu* (Albany, NY: State University of New York Press, 1996), p.154.

괄하는 도의 전체성을 인식하는 것은 서로 보완적이다. 그러면서도 도와의 합일과 현실의 다양성 간에는 '대화의 긴장'이 있다. 장자의 신비주의를 절대적으로 초월적인 것으로 보기보다는 '세속적'이거나 '현세적'인 것으로 보는 것에도 이러한 긴장이 깔려 있다. 일자(the One)가 다자(the Many)로 드러나는 것이다. 그래서 허먼이 "나-너 관계의 기본적인 요소는…… 사실 부버가 『장자』를 접했을 때 이미 보였다"라고 주장할 수 있었다.[14] 부버가 장자의 신비주의를 이해하는 방식은 전체(all)에 자신을 용해시켜 완전 몰입하는 베단타(Vedānta)식 합일이 아니다. 그는 장자의 신비주의를 공생하는 상호성의 하나로서, 나-너의 상호작용 속에 흡수되거나 없어지는 것이 아니라 자연과의 조우를 통해 자신이 변혁, 변환, 변형, 변화(transformations)되고 승화되는 것으로 보았다.

여기서 우리는 다시 신비주의의 보편 논쟁으로 돌아가게 된다. 왜냐하면 허먼의 연구 의도가 문화적 차이를 부정하지 않으면서 문화 간(transcultural) 비교 가능성을 모색하는 것이었기 때문이다. 단순히 역사를 넘어서는(transhistorical) 서술이라는 관심에서 차이를 생략하는 '보편철학' 패러다임으로 돌아가려는 그의 생각에는 문제가 없지만, 다른 면에서 보면 문화 간 비교와 분석을 가능하게 하는 '특수주의'(particularist)적 방식을 차단하는 것이 된다. 그러나 부버가 이질적 문화(cross-cultural)를 비교하려는 시도는 이 두 극단에 대한 도전이었다. 그는 문화적 역사적 경계를 넘어 장자의 생각으로 뛰어들 수 있다는 주장을 피했다. 그러면서도 '장자의 세계 내적(intra-worldly) 신비주의를 해석하기 위한 유효한 렌즈'로 장자와의 대화 가능성을 제안했다. 이

---

14) J. R. Herman, *I and Tao: Martin Buber's Encounter with Chuang Tzu* (Albany, NY: State University of New York Press, 1996), p.163.

것은 고대와 현대의 신비주의 형식 간 결실 있는 비교가 가능하다는 것을 보여 주었다. 또한 어떻게 도교철학이 하나(the one)를 다른 하나(the other)로 환원시키지 않고 '나-너 관계를 이해하고 깨닫는 데 도움을 줄 수 있는지'를 보여 준다. 이로 인해 신비주의란 관념은 보편적 시각(perennialist perspection)에 의존하지 않고도 다른 신비주의적 전통을 이해하는 범주로 계속 쓰일 수 있게 되었다.15)

이러한 '해석의 렌즈'의 타당성을 의심하는 비판자들도 있다. 그들은 머튼과 부버 같은 사상가들이 그들의 의도에 맞춰 도교 신비주의 용어를 단순하게 바꾸고 문화적 경계를 가로질러 자료를 오용했다고 주장한다. 게다가 이 분야에서 부버의 원전에 대한 업적이 근대 학문의 수준에 달하지 못했으며 적절한 언어적 학문적 능력이 부족하다고 비판하기도 했다.16) 그러나 허먼의 평가는 다르다. 부버의 방법은 충분히 수용할 수 있는 『장자』 접근 방식을 보여 주며 문화 상호적(intercultural) 해석학의 문제를 조명하는 데 도움을 준다고 여긴다. 부버는 그의 대화 철학과 장자의 신비주의에 해석학적 관계를 수립함으로써 텍스트를 해석하는 합리적인 방법을 제시했다. 이는 임의적으로 했다기보다 그의 상상력이 풍부했던 것이다. 부버는 고전 텍스트를 이해하려는 시도에서 해석이라는 역사적 과제의 본질을 알고 현재적 관심과의 불가피성을 깨달았던 것이다. 물론 두 전통 사이에 역사적 문화적

---

15) J. R. Herman, *I and Tao: Martin Buber's Encounter with Chuang Tzu* (Albany, NY: State University of New York Press, 1996), pp.198~199.

16) I. Eber, "Martin Buber and Taoism", *Monumenta Serica* 42(4) (1994) 참조. Buber의 '번역' 작업은 그가 인정하는 것처럼 결국 Giles과 Legge의 번역의 창조적 변형이었다. 베를린 세미나에 1907년에서 1911년까지 동양 언어학의 방문강연자로서 중국으로부터 온 Wang Chingdao의 도움으로 Thomas Merton과 Witter Bynner 경우도 비슷한 과정을 택했다.

간극이 넓다. 부버는 원본 텍스트 '그 자체' 또는 장자 사상의 본질에 대한 어떤 권위적인 식견을 주장하면서 가교 역할을 하려 한 것이 아니다. 오히려 그것을 의식적으로 자신의 현재적 관심 영역에 끌어들여 텍스트를 그와 그의 세대를 위한 '현실적인' 것으로 만들었다. 과학적으로 해부된 '죽은 거북이'(tortoise)가 아니라 살아 있는 인간의 경험과 통찰을 보여 준 것이다.[17]

허먼은 여기서 다시 한 번 가다머의 해석학에 의지한다. 가다머에 의하면 "이해란 항상 해석자의 현재 상황에서 이해되는 텍스트의 적용을 의미한다."[18] 이는 텍스트와 독자와의 '대화'나 '놀이'를 해석의 본질로 보며 텍스트와 독자 모두 있는 그대로 똑같이 존중하는 것이다.[19] 로비넷도 이 점을 이렇게 강조한다. "중국학자들은 전통적으로 텍스트와 독자/해석자 사이의 관계를 대화하는 것으로 본다. 예로 『도덕경』과 같은 텍스트를 읽는 방식도 하나의 영원한 방식이 있는 것이 아니다. 그들의 다양하고 변화하는 관심에 따라 해석해 왔다. 이렇게 해서 '과거와의 적극적 연결'을 유지하였다."[20] 이러한 가다머적 관점에서 보면 분명 '신비주의 같은 게' 있을 수 없다. 그럼에도 불구하고 부버와 머튼 같은 사상가들의 저작은 낯설고 독특한 방식으로 전통 간의 대화의 개방을 통한 창조적 조우를 강조하며, 신비

---

17) J. R. Herman, *I and Tao: Martin Buber's Encounter with Chuang Tzu* (Albany, NY: State University of New York Press, 1996), chap. II 외. Allinson은 Herman의 책을 비평하며 타자에 대한 강한 관심을 보이는 Buber의 사적인(personalist) 철학과 도교의 자연적/심신상관적 세계관과의 연계가 약하다고 지적하면서도, Herman이 『莊子』를 읽는 데 사적일 수밖에 없고 변형이 있을 수밖에 없다는 것에는 동의한다.

18) H. G. Gadamer, *Truth and Method* (London: Shees & Ward, 1975), p.274.

19) J. R. Herman, *I and Tao: Martin Buber's Encounter with Chuang Tzu* (Albany, NY: State University of New York Press, 1996), p.135.

20) I. Robinet, "Later Commentaries: Textual Polysemy and Syncretistic Interpretations", L. Kohn and M. LaFargue (eds.), *Lao-Tzu and Tao-te-ching* (Albany, NY: State University of New York Press, 1998), p.140.

주의의 비교 연구를 포기하는 것은 시기상조이며 심지어 개별주의(particularist) 패러다임이라고 주장한다.[21] 부버의 도교 관념에 대한 해석에는 부버 자신의 전통과 관심에서 비롯된 자기의식적인 것이 여전히 남아 있었다. 그럼에도 불구하고 그는 신비주의 연구에 새로운 빛을 비추어 주었다. 그는 순수하고 절대적인 일원론적 관념을 회피하고 개별적 현상의 특수성에 개방적인 도교 신비주의에 주목한다. 여기에 몇 가지 흥미로운 함의가 있다. 그중 가장 중요한 것은 중국의 신비주의 전통에 대한 독특한 인식이다. 그것은 일원론적 형이상학의 언어에서 벗어났을 때 현대 서양사상적 경향과 충분히 비교될 수 있는 것이다. 일종의 비초월적인(non-transcendental) 신비주의를 가리킨다.

콘(Livia Kohn)의 저작에서도 이러한 시도가 보인다. 그녀는 중국의 신비주의 전통을 단순한 보편주의적 패러다임으로 받아들일 수 없다고 본다. 서양에서는 중국의 신비주의가 인도의 신비주의 전통에 비해 낮은 평가를 받아왔다. 그녀는 중국의 독특하고 고유한 신비주의 전통에 대해 상당히 넓은 범위에서 구체적으로 연구했다.[22] 특히 교화적인 측면에서는 기독교 신비주의와의 비교가 가능하다고 본다. 그러면서도 도교 신비주의 전통에는 고전적인 서양의 것과는 아주 다른 그만의 독특한 모델과 방식이 있다고 주장한다. 서양의 경우는 신비적인 경험을 강조한다. 기독교 신비론자들은 이 경험을 주로 성스러움에 대한 '확실한 믿음'(full of knowing certainty)이라는

---

21) J. R. Herman, *I and Tao: Martin Buber's Encounter with Chuang Tzu* (Albany, NY: State University of New York Press, 1996), p.200.
22) '신비적인 힌두교'라는 관념 자체는 Richard King에 의한 서양의 구성물이다. R. King, *Orientalism and Religion: Postcolonial Theory, India and the 'Mystic East'* (London: Routledge, 1999), chap.6 참조.

강력한 교화로 묘사한다. 그러나 중국의 신비주의 전통은 심신의 변화(trans-formation of body and mind)에 집중해 왔다.23) 도교 신비주의의 핵심은 "한 사람이 어떤 경험을 했느냐가 아니라 얼마만큼 자신이 우주적 범위로 변화했느냐(transformed), 얼마나 사려 깊고 무위無爲하는 사람이 되었는가에 있다." 이 것은 두 세계관의 차이와 명백하게 상응한다. 두 전통 모두 궁극적 목표는 절대적인 경지(신 또는 도)와의 합일이다. 하지만 기독교의 경우 이 경지는 '완전한 타자'(wholly other)인 초월적 신성한 존재와 일치하는 것이다. 여기서 신비주의는 '완전히 이 세상 밖에 있는' 신의 위대한 힘을 함의한다. 그러나 도교의 관심은 여기 그리고 지금(here-and-now) 존재하는 자연 세계에 있으면서 자신 안에 있는 내재적 실재이다. 그러므로 도교의 신비주의적 경험은 '신의 은총이라는 진기한 것'이 아니라 완전히 자연스러운 것이며 '모든 인간존재의 타고난 권리'이다.24)

---

23) Richard King은 광범위한 사회적·윤리적·정치적인 범위를 무시하고 대부분 개인적이고 경험적인 개념으로 왜곡하는 오늘날의 신비주의에 대한 논의를 비판한다.

24) L. Kohn, *Early Chinese Mysticism: Philosophy and Soteriology in the Taoist Tradition* (Princeton, NJ: Princeton University Press, 1992), pp.10~12. 하지만 신의 내재성이란 개념이, 예를 들어 Quaker에서의 기독교 신비주의자, Eckhart와 Teilhard de Chardin에게서의 그노시스주의자와 동양 정통 종교, 그리고 또한 스피노자와 많은 낭만시기의 사상가에게서도 보인다는 것이 추가되어야 한다. Kohn과 유사한 관점이 H. Welch, *Taoism: The Parting of the Way* (Boston: Beacon Press, 1957), pp.60·77에도 보이고, 도를 만물의 궁극적 합일로 해석하는 것을 거부하고 "만물과의 일체보다는 도교 성자의 '신비적' 경험이 만물의 개별성의 실현에 더 가깝다"라고 주장하는 D. L. Hall and R. T. Ames, *Thinking from the Han: Self, Truth, and Transcendence in Chinese and Western Culture* (Albany, NY: State University of New York Press, 1998), p.66에도 반복된다. D. L. Hall and R. T. Ames, *Anticipating China: Thinking through the Narratives of Chinese and Western Cultures* (Albany, NY: State University of New York Press, 1995), pp.233~234와 T. T. Tominaga, "Taoist and Wittgensteinian Mysticism", *Journal of Chinese Philosophy* 9(3) (1982)도 참조. 동양과 서양의 신비주의를 비교하는 데에 초월성과 내재성의 논점을 이용하는데, 후자의 경우는 특히 Wittgenstein을 언급한다.

도교의 세계 내적(intra-worldly) 신비주의를 강조하면서 기독교 초월주의와는 대조되는 내재 속 초월(transcendence-in-immanence)을 주장하는 다른 저자들이 다수 보인다. 그레이엄도 다른 도교 연구가들처럼 장자의 신비주의는 무아지경 같은 극적 행위, 신령스러움, 별난 경험이 아니라 너무나 평범하고 현실적인 것이라고 말한다. 도교의 신비주의는 선禪, 사토리(さとり, 깨달음)의 돈오頓悟(sudden all-or-nothing illumination)와 같은 것이 아니다. 『장자』에 나오는 포정의 이야기와 유사하다. 춤을 추듯이 해우하는 포정의 완벽한 움직임,[25] 이는 진리의 계시나 순간의 통찰이 아니라 지금까지 얻지 못한 것으로 보였던 기술의 돌연한 획득과 같은 것이다. 한마디로 표현하면 일종의 '유레카'(eureka, 이제 알았다)이다.[26] 종교 연구자 이얼리(Lee Yearly)는 장자의 세계 내적 신비주의는 신비주의라는 장르에 있어서의 중국의 공헌이라고 주장한다. 그는 '우리에게 익숙한 통합과 조화의 신비주의와는 다른' 것이라고 생각한다. 그가 보기에 장자의 신비주의는 한순간의 덧없는 비실제적인 경험의 세계와 영원하고 변하지 않는 너머의 세계를 대조시키는 인도나 서양의 전형적인 신비주의와는 다른 것이다. 이렇게 볼 때 도교 신비주의는 다른 세계로의 통찰에 이르는 것이 아니라 '세계를 새로운 방식으로 보는 것'이 목표인 것이다. 그렇기 때문에 세계를 부정하거나 떼어 놓는 것이 아니라 긍정적으로 인정한다.[27] 이런 평가에 동의하는 학자들이 많다. 예를

---

25) 역주: 『莊子』, 「養生主」, "手之所觸, 肩之所倚, 足之所履, 膝之所踦, 砉然嚮然, 奏刀騞然, 莫不中音, 合於桑林之舞, 乃中經首之會."

26) A. C. Graham, *Disputers of the Tao: Philosophical Argument in Ancient China* (La Salle, IL: Open Court, 1989), p.189; A. C. Graham (trans.), *Chuang-tzu: The Inner Chapters* (London: Harper Collins, 1981), pp.20~21; K. Schipper, *The Taoist Body* (Berkely, CA: University of California Press, 1993), pp.158~159 참조.

27) L. H. Yearley, "The Perfected Person in the Radical Chuang-tzu" (1983), V. H. Mair

들어 슈워츠는 도교에서 유용한 일반 용어를 찾으려는 과정에서 세계를 부
정하기보다 긍정하고 실제로 살아 있음(just living)의 가치를 인정하는 신비주
의의 자연적 형식을 확인한다.[28] 프리드먼(Maurice Friedman)은 도교에서 '독특
한 신비주의'(mysticism of the particular)의 한 예를 본다. 이는 모든 형식의 신비
주의가 공유하는 본질인 영원한 철학 관념을 분명 위태롭게 하는 것이다.[29]

   도교 신비주의의 반초월론적(anti-transcendental) 해석은 니덤(Needham)의 저
작에서 중요한 역할을 한다. 그는 평범한 경험 너머 궁극적 진리에 주목하
는 초월론적(transcendental) 신비주의와 일상적 경험의 세계에 관심을 두는 신
비적 자연주의와의 차이에 주목한다. 도교 텍스트에는 앎에 대한 부정적인
태도가 있다. 많은 서양의 해석자는 이것에 근거하여 도교 신비주의를 서양
의 종교적 초월의 의미로 해석했다. 그러나 도교의 앎에 대한 부정적 태도
는 반이성적인(anti-rational) 신비주의가 아니다. 오히려 '준과학적 반스콜라주
의'로 이해할 수 있다. 도교의 '경험적 신비주의'는 유교의 '윤리적 합리주
의'와는 다르다. 니덤은, 도교의 경우는 과학의 발전을 선호하며 '과학에 저
항하지 않는 유일한 신비주의 체계'라고 본다.[30] (니덤이 馮友蘭으로부터

        (ed.), *Experimental Essays on Chuang-tzu* (Honolulu, HA: University of Hawaii Press,
        1983a); L. H. Yearley, "Zhuangzi's Understanding of Skillfulness and the Ultimate
        Spiritual State", P. Kjellberg and P. J. Ivanhoe (eds.), *Essays on Skepticism, Relativism,
        and Ethics in the Zhuangzi* (Albany, NY: State University of New York Press, 1996)
        참조. Archie Bahm은 도교와 힌두교와 기독교의 신비주의를 비교하는 것에 반대하고
        이른바 도교의 신비주의를 단순히 자연적인 용어로 본다. "자연의 방식을 받아들이는
        것에 신비는 존재하지 않는다." A. Bahm, *Tao Teh King: Interpreted as Nature and
        Intelligence* (New York: Ungar, 1958), p.106 참조.
 28) B. I. Schwartz, *The World of Thought in Ancient China* (Cambridge, MA: Harvard
        University Press, 1985), pp.192 · 200.
 29) M. Friedman, "Martin Buber and Asia", *Philosophy East and West* 26(4) (1976).
 30) J. Needham, *The Grand Titration: Science and Society in East and West* (London:

인용한) 이러한 판단의 역설적 요소는 자연주의와 유럽 경험 과학의 초기 단계를 비교해 보면 좀 더 쉽게 받아들여진다. 유럽의 신과학적 관점은 초기 단계에서 스콜라 이성주의와 싸워야 했다. 이전의 관념과는 달리, 아리스토텔레스식의 이론적 형식보다 파라셀수스(Paracelsus)[31]와 헬몬트(van Helmont)[32]식의 신비적 접근법이 도움이 되었다. 계몽시기에 과학적 방법의 창시 철학자로 존경받던 인물이 프랜시스 베이컨(Francis Bacon)이었다. 심지어 그가 지지했던 개혁이 '기독교 전통의 신비적 해석의 일부'였다. 이러한 관점에서 니덤은 자연 신비주의와 과학 사이의 연관성이 "르네상스 이후 근대 과학적 사고의 기초에 깔려 있다"라고 결론짓는다.[33]

이러한 관점이 문제가 되지 않은 것은 아니다. 우리가 언급했듯이 니덤이 도교와 과학적 자연주의를 연결시키려는 시도에서 과학적 에토스와 모순되는 도교의 모호한 측면이 드러나곤 한다. 또한 근대과학은 가치판단과 형이상학적 사색을 기피하고 자연 세계의 순수한 '객관적인' 이해를 추구한다. 이러한 근대과학의 목표와 '도道와의 합일'을 지향하는 도교의 신비적 목표는 분명히 다르다. 또한 (불교에서 차용했을) 도교의 내세적(other-worldly)

George Allen & Unwin, 1969), p.163.

31) 역주: Philippus Aureolus Paracelsus(1493~1541): 스위스의 의학자, 화학자. 그는 학문 세계의 중세적 풍습 타파에 주력하였다. 연금술 연구에서 화학을 익혔다. 물질계의 근본은 황·수은·소금의 3원소라고 하였고, 점성술의 영향을 받아 독자적인 원리에 입각한 의료법을 제창하였다.

32) 역주: Jan Baptista van Helmont(1579~1644): 벨기에의 의학자, 화학자. 저서로는 『상처의 자기요법』(1621), 『의학의 기원』(1648)이 있다. 화학 실험에 전념하고 '불의 철학자'라고 자칭하였다. 아리스토텔레스의 4원소설, 파라셀수스파의 3원질설에 반대하여 氣와 물을 원소라고 생각하였으며, '가스'라는 용어를 처음으로 사용하였다.

33) J. Needham, Science and Civilization in China Vol. 2 (Cambridge University Press, 1956), pp.94~95. Walter Pagel의 권위에 근거한 Needham의 과학 혁명에 대한 해석은 Frances Yates의 저작에서 부연되었다.

요소는 이런 논의 속에서 부적절하게 설명된 채 남겨져 있다. 도교 텍스트 중 초월주의적 경향을 강하게 보이는 애매모호한 구절들도 마찬가지이다. 초기 예수회 선교사들은 유교를 기독교로 흡수시키기 위해 유교에서 종교적인 요소를 비밀리에 찾았었다. 도교도 그것과 마찬가지로 이제는 세속적인 관심에서 극히 신비적인 요소를 중국의 고유한 것이 아니라 인도에서 수입된 것이라고 조장했고, 그러면서 도교를 탈신비화(demystified)시키려 했다.[34] 결국 서양인의 손으로 도교를 재건하고 그것을 서양의 지적 논의의 범주로 끌어들이려 했다. 이러한 그들의 열망 속에 니덤과 그 밖의 학자들은 서양의 현대적 요구로 깊게 채색된 도교를 보여 준다. 세계 내적(intra-worldly) '나-너'(I-thou)식의 신비주의는 당연히 매력적이다. 하지만 이것이 어느 정도 도道와 양립할 수 있는지는 여전히 문제로 남아 있다.

이러한 문제 제기는 한센(Chad Hansen)의 저작에서 다시 등장한다. 그는 도교 신비주의에 대한 세계 내적 해석을 더 심각한 왜곡으로 받아들여 논쟁을 일으킨 철학자이다. 그의 주된 관심은 도교를 탈신비화하는 것으로, 도교를 전형적인 방식의 신비주의적 일원론이 아니라 흔히 있는 일상적인 논의로 보려고 한다. 전형적인 신비주의는 우리를 일상 넘어 진정한 실재의 이해를 강화하는 방법으로 보인다. 그러나 한센은 도교를 인간과 사회적 행동의 규칙에 대한 관심으로 보는 것이 적절하다고 생각한다. 그러므로 서술적이기보다는 실천적 기능에 주목한다. 그가 볼 때 도교의 신비주의 언어는 궁극적 실재를 묘사하기에 언어가 무력하다고 보는 불교나 서양의 관심에서 해석되지도 않고 비논리적이거나 불합리한 것도 아니다. 오히려

---

34) R. K. Douglas, *Confucianism and Taoism* (London: Society for Promoting Christian Knowledge, 1911), p.191.

이것은 '우리의 태도, 열망과 행동을 틀 짓는 사회 메커니즘'으로서의 언어의 강요를 전복시킬 필요성에 관한 것이다.[35] 한센의 논의는 그동안 서양 비평가들에게 신비주의적 현실 망각이라며 쓰레기로 취급당해 온 도교를 구출하는 데 있어 중요하고 상상력이 풍부한 시도를 확실하게 보여 준다. 그럼에도 불구하고 우리는 니덤처럼 그가 도교를 너무 편하게 자신의 주제에 끌어들여 도교사상의 전복적 타자성(otherness)을 중화시키는 것은 아닌지 하는 의심을 하게 된다. 그의 근대적인 분석적/언어적 패러다임의 전개가 단지 하나의 서양의 '지배적 이론'을 다른 것으로 대체해서 도교와 현대 철학의 중요한 차이를 희석시키는 것은 아닌가? 의미 있는 논의를 할 수 있도록 잘 지켜 온 미개척지에서 단순히 신비주의적 언어를 찾아내려는 오랜 실증주의적 무능의 영속은 아닌가? 한센의 논의에 대해서는 다음 장에서 다른 맥락으로 다시 살펴볼 것이다. 여기서는 한센이 다루지 않는 도교의 자연에 대해 잠깐 살펴보고 가자.

2. 눈에 보이는 신비주의: 산수화

세속적이고 과학적인 어젠다가 지배해 온 시대에 니덤이나 한센 같은 사상가들이 반초월적 경향을 가지고 있었다는 것에 대해 충분히 이해할 수 있다. 그러나 도교 신비주의는 겉으로는 세속적으로 보이지만 깊숙한 곳에는 종교적인 일면을 가지고 있다. 이것을 '도교의 자연 신비주의'라고 말할

---

35) C. Hansen, *A Daoist Theory of Chinese Thought* (New York: Oxford University Press, 1992), pp. 228~229.

수 있을 것이다. 도교의 자연 신비주의는 극단적 일원론이나 다른 동양의 심미주의, 서양의 신비 철학과는 다르다. 장자의 저작을 읽다 보면 모든 자연의 아름다움과 다양성 속에서 자연과의 행복한 친밀감, 만물에 도道가 있다는 느낌, 우리는 궁극적 자연 세계와의 일체라는 심미성을 발견한다. 많은 주석가가 지적했듯이 산, 바위, 시내, 연못, 동물, 나무와 꽃 등 자연을 노래하고 좋아하는 것은 우리의 감각을 순화시켜 준다. 그 안에서 도道에 영원히 감동하게 되고 자연과의 연관 속에 고양된 정신적 자각을 얻게 된다. 앞의 4장에서 지적했듯이 중국인에게 산수는 단순한 인간 활동의 아름다운 배경을 넘어 심오한 종교적 중요성을 띠고 있었다. 이것은 우주적 영향력을 반영하는 존재이며 성서처럼 해독할 수 있는 의미를 갖는다.36) 공산주의 혁명 전에 중국을 여행한 블로펠드(John Blofeld)는 "전통적 방식이 남아 있는 곳에서는 어디서나 자연에 대한 거의 숭배에 가까운 정서를 분명하게 보였다"라고 회고한다. 특히 그가 방문했던 도교 사원에서 더욱 그러했다.37)

자연 세계와의 신비적인 공유감은 송대宋代 이후 산수화에 잘 표현되었다. 쿠퍼(J. C. Cooper)는 이를 "눈에 보이는 신비주의"(mysticism made visible)라는 인상적인 말로 표현한다.38) 지면 관계상 여기서는 산수화와 원예만을 주로 다룰 것이다. 하지만 여기서 논의되는 여러 방식은 관련 시詩 분야에도 그대로 적용된다.39) 산수화는 모든 중국 예술 중에서 으뜸이다. 도교의 자연

---

36) 중국의 '종교적인 지형'에 대한 최근 연구의 개괄은 D. Holzman, *Landscape Appreciation in Ancient and Early Medieval China: The Birth of Landscape Poetry* (Taipei: National Tsing Hua University Press, 1996) 참조.

37) J. Blofeld, *Taoism: The Road to Immortality* (Boston: Shambhala, 1985), pp.168~170.

38) J. C. Cooper, *Taoism: The Way of the Mystic* (London: HarperCollins, 1990), p.98.

에 대한 시각을 가장 완전하게 표현하고 있다. "중국화의 자랑이었던 산수
화가 도교에서 기원한 것"이라고만 주장하기는 어렵다.[40] 왜냐하면 유교,
불교 심지어 샤머니즘을 포함한 여러 문화적 요소들도 주목할 필요가 있기
때문이다.[41] 그러나 산수화가 도교의 신비주의적 감정을 표현하기 위한 중
요한 매개였다는 것만은 분명하다. 심지어 유학자들도 이를 인정한다. 단토
(Arthur Danto)가 서사적으로 지적했듯이 "송대宋代의 낮은 채도의 회색빛 산수
화를 보며 우리는 도교 정신에 감탄하게 된다. 꿈처럼 흐릿하고 엷게 채색
된 산속에 사람은 형체도 없는 안개처럼 거의 드러나지 않는다."[42] 중국
문학 전통에서 일반적인 해석에 따르면, 산수화는 서양적 의미의 단순한
예술형식이 아니라, 도道 자체를 경험하고 깨닫는 것이며 나아가 도의 창조
적 활동에 참여하는 정신 수양의 길이다. "신앙이 없는 중국인에게는 예술
자체가 종교가 된다. 신비주의의 최고의 표현······ 그들은 (예술을 통해) 자
신의 에고(ego)를 버리는 예술적 감성의 영원성을 강하게 느낀다. 이는 수년
간의 종교적 명상 효과에 버금가는 경험이다."[43] 이러한 예술 형식은 수도

---

39) 도교와 자연시와의 관계에 대해서는 J. Frodsham, "On the Origins of Chinese Nature
   Poetry", *Asia Major* 8(1) (1960~1961) 참조.
40) J. Lagerwey, *Taoist Ritual in Chinese Society and History* (New York: Macmillan, 1987),
   p.288.
41) 중국화에 영향을 준 유교의 중요성에 대해서는 J. Cahill, "Confucian Elements in the
   Theory of Painting" (1960), A. Wright (ed.), *The Confucian Persuasion* (Stanford, CA:
   Stanford University Press, 1960a) 참조. 중국 산수화와 미학에서의 도교 영향은 H.
   Delahaye, *Les premières peintures de paysage en Chine: aspests religieux* (Paris: École
   Française d'Extrême-Orient, 1981); J. D. Parker, "Attaining Landscapes in the Mind",
   Monumenta Nipponica 52(2) (1997); M. Shaw, "Buddhist and Taoist Influence on
   Chinese Landscape Painting", *Journal of the History of Ideas* 49(2) (1988) 참조.
42) A. Danto, *Mysticism and Morality: Oriental Thought and Moral Philosophy* (Harmonds-
   worth: Penguin, 1976), p.115.
43) A. de Riencourt, *The Soul of China: An Interpretation of Chinese History* (New York:

원에서(도교와 마찬가지로 선불교에서도) 종교적 규율의 하나로서 널리 실행되었
다. 실제로 산수화를 그리고 정원을 가꾸고 분재를 만드는 행위는 유교 지
식인의 기분 전환과 도피의 수단으로서만이 아니라 명상 수련과 연관된 정
신 수양의 형태였다.[44] 당나라 시인 부재(符載)는 당시 예술가의 작품에 관하
여 이렇게 말했다.

우리가 대가 장조(張璪)[45]의 예술을 생각할 때 그것은 그림이 아니다. 바로 도
자체이다. 그는 그림을 그릴 때마다 그가 죽은 후에는 솜씨만 남을 것이라
는 것을 알았다. 그의 생각은 존재의 현묘함에 이르고 그에게 존재는 육체
적 감각이 아니라 그의 마음속 영혼에 머물렀다.[46]

리앙쿠르(Riencourt)는 중국화에 대단한 호의를 갖고 있는 저자이다. 그러
나 일반적으로는 중국화 특히 산수화가 서양에서 항상 인정받아 온 것은
아니다. 편협한 서양의 기준에서 이러한 예술 형식은 르네상스 이후 서양에
서 발달한 '진보적인' 방식으로 발전해야 하는 미숙한 방식으로 폄하되어

Harper & Row, 1965), p.35. 중국 산수화와 정신 수양의 관계에 대한 상세한 논의는
M. Shaw, "Buddhist and Taoist Influence on Chinese Landscape Painting", *Journal of
the History of Ideas* 49(2) (1988)도 참고.

44) J. Paper, *The Spirits are Drunk: Comparative Approaches to Chinese Religion* (Albany,
NY: State University of New York Press, 1995), pp.174~175. 중국에서의 분재의 역사
에 대한 연구는 R. A. Stein, *The World in Miniature: Container Gardens and Dwellings
in Far Eastern Religious Thought* (Stanford, CA: Stanford University Press, 1990) 참조.
거기서는 소−대우주적 관계를 강조한다.

45) 역주: 張璪(618~907): 唐代 말기의 북송 화가. 畢宏이 그의 독특한 기법을 보고 어디에
서 배웠는지 묻자, "外師造化, 中得心源"라고 답했다고 한다. 그의 수묵기법은 중국 수
묵 산수화의 발전에 기초가 되었다. 그는 양손에 붓을 들고 그리기도 하고 비단에다가
물을 뿌려 놓고 작업했다는 이야기도 전해진다.

46) M. Sullivan, *Symbols of Eternity: The Art of Landscape Painting in China* (Oxford:
Clarendon Press, 1979), p.49.

왔다. 심지어 중국 회화 전통을 '숭고하다'(sublime)라는 말로 규정했던 리앙 쿠르조차 "중국화는 불행히도 빛과 형태와 원근법에 대한 이해가 부족해서 인간 형태를 묘사하는 데 실패했다"라고 의무적으로 덧붙일 정도였다.[47] 이렇게 중국화에 대한 부정적 평가는 17세기 마테오 리치에 의해 시작되었다. 그는 중국의 예술가들이 펼쳐 보이는 비범한 재능을 언급하면서도 중국화를 당대 서양화가와 어떤 비교도 하지 않았다. 유화 물감을 사용하지 않는 것과 중국의 묵화법(chiaroscuro)이 그 이유였다. 그리고 나서 중국 작품들이 유럽에서 유통되고 있는데도 중국 화가들은 원근법에 대한 이해가 부족하다고 비난하는 것이 오랜 관행이 되어 버렸다. 리치의 시대 바로 직후 1635년에 포르투갈학자 수메도(Alvarez de Sumedo)는 그의 저작에서 중국의 예술가들은 인물화에는 약하지만 자연 묘사에는 뛰어나다고 인정한다. 그러면서도 "그들은 오일(Oyles)이나 음영(shadowing) 사용법을 모른다"라며 계속 안타까워한다. 그러나 서양의 선교사에게서 '오일'을 사용하는 것을 배웠던 사람들은 "완전한 그림을 그리게 되었다"라고 했다.[48] 이러한 생각들 모두 중국화가 재능 있고 매력적일 수 있지만 상대적으로 원시적이고 유아적인 단계라는 믿음에서 나온 것이다. 유럽 예술이 발전했다는 전제하에 나온 이런 평가는 세계 문화사를 보는 서양식 패러다임과 잘 들어맞았다. 더구나 서양의 시각에서 중국화는 낡은 형식으로만 그리고 옛날 대가들의 작품을 모방하는 지루한 반복으로 보였다. 이런 인식은 앞에서 언급했던 중국 문화의 정체라는 상투어로 더욱 강화되었다.[49] 이러한 태도는 19세기 내내 유행

---

47) A. de Riencourt, *The Soul of China: An Interpretation of Chinese History* (New York: Harper & Row, 1965), p.37.

48) M. Sullivan, *Symbols of Eternity: The Art of Landscape Painting in China* (Oxford: Clarendon Press, 1979), p.3.(원전에서는 이탤릭체로)

했다. 스펜서(Herbert Spencer)가 중국화를 "현상의 법칙을 완전히 무시한 기괴한 것(grotesque)"이라고 비난한 것이 대표적이다.50) 세기 전환기에야 중요한 변화의 징후가 나타났으니, 비니언(Laurence Binyon)과 페놀로사(Ernest Fenollosa)가 중국화를 중요한 예술형식으로 인정하려고 노력한 것이다. 1908년, 페놀로사와 마찬가지로 비니언도 동아시아에서 몇 년간 예술을 연구하였다. 그들은 중국 산수화가 서양의 장르보다 열등하다는 그 당시의 일반적 견해를 거부하고, 동시에 중국화의 심오한 형이상학적 중요성을 강조하였다. 중국화는 "세계의 어떤 것과도 비견할 수 없는" 예술이며, "지금 우리 안에 있는 어떤 것처럼 우리 가까이에 있다"라고 말한다.51) 하지만 소수 열광적 지지자들 너머에는 여전히 수십 년 동안 이러한 작품을 보잘 것 없는 것으로 보는 경멸의 시선이 버티고 있었다. 18세기의 중국풍에 대한 열광과 중국인의 솜씨가 꼼꼼하며 완벽하다는 것에 대한 지속적인 감탄, 중국인도 산수화를 그들의 뛰어난 창작이라고 생각해 왔음에도 불구하고, 1960년대까지도 서양식 기준에서 볼 때 산수화는 즉흥적인 거부감을 피하기 어려웠다.52)

---

49) 중국 산수화의 다양한 방식과 역동적·역사적 발전은 M. Sullivan, *Symbols of Eternity: The Art of Landscape Painting in China* (Oxford: Clarendon Press, 1979), p.17; M. Sullivan, "Chinese Art and its Impact on the West", P. S. Ropp (ed.), *Heritage of China: Contemporary Perspectives on Chinese Civilization* (Berkeley, CA: University of California Press, 1990), pp.275~277; Sze Mai-mai, *The Way of Chinese Painting: Its Ideas and Technique* (New York: Random House, 1959), p.4에서 강조한다.

50) L. W. Chisolm, *Fenollosa: The Far East and American Culture* (New Haven, CT: Yale University Press, 1963), p.146.

51) L. Binyon, *The Spirit of Man in Asian Art* (Cambridge: Harvard University Press, 1935), pp.73·104; E. Fenollosa, *Epochs of China and Japanese Art* Vol. 2 (2 Vols., London: Hainemann, 1912), p.11; M. Sullivan, "Chinese Art and its Impact on the West", P. S. Ropp (ed.), *Heritage of China: Contemporary Perspectives on Chinese Civilization* (Berkeley, CA: University of California Press, 1990), pp.284~285 참조.

52) M. Bussagli, *Chinese Painting* (London: Paul Hamlyn, 1969), p.14.

중국 산수화는 서양에서 이런 식으로 계속 좋은 평가를 받지 못하다가 뒤늦게 인정을 받기 시작했다. 도교와 관련하여 산수화의 철학적 중요성이 드러나고 있으며, 이를 통해 드디어 중국화가 좀 더 이해될 수 있을 것이다. 서양은 미술사학자 부사그리(Mario Bussagli)가 지적했듯이 "이 회화 형식은 정신적인 삶의 측면과 결코 분리될 수 없는 것"이라는 것을 깨닫기 시작했다. 그는 도덕적 정치적 범위와 마찬가지로 '다양한 시대의 종교적 철학적 관념'이라는 더 넓은 맥락에서 보아야 한다고 주장한다.[53] 이러한 화해는 여러 가지 요인에서 비롯되었다. 이 중 하나가 서양에서의 추상미술의 성장이다. 이는 어느 정도 관념적이고 막연하고 난해한 성격의 중국 산수화를 서양의 기호에 좀 더 접근할 수 있도록 해 주었다. 더구나 예술의 정신적/신비적 차원이 중국화의 정신적인 면에 마음을 여는 데 도움을 주었다. 이것은 이미 종교적 영감을 빼앗겨 버린 서양 추상화의 창시자인 칸딘스키(Kandinsky)와 몬드리안(Mondrian)에게 아주 중요했다.[54] 송대의 산수화에서 주는 감각의 깊이와 자연이 주는 진실은 더 자각되었고, 비록 어떤 면에서는 엄격하게 묘사적이지 않음에도, 터너(Turner)[55]나 프리드리히(Friedrich)와 같은 유럽 낭만주의 풍경화 화가들과 비교되었다. 결국 클라인(Franz Kline)과 폴락(Jackson Pollack) 같은 추상적 표현주의자들의 최근 작품과 중국 예술 전통을 비교하

---

53) M. Bussagli, *Chinese Painting* (London: Paul Hamlyn, 1969), p.32.
54) Kandinsky와 Mondrian은 둘 다 신지학 협회를 통해 특히 도교철학이나 중국화는 아니지만 동양적 관념에 영향을 받았다. J. J. Clarke, *Oriental Enlightenment: The Encounter between Asian and Western Thought* (London: Routledge, 1997), p.103.
55) 역주: Joseph Mallord William Turner(1775~1851): 영국의 화가. 주로 수채화와 판화를 제작했다. 고전적인 풍경화에서 낭만적 경향으로 기울어져 대표작 『전함 테메레르』, 『수장』 등에서 낭만주의적 완성을 보여 주었다. 프로이센-프랑스 전쟁 중에 망명해 온 인상파 화가들에게 큰 영향을 끼쳤다.

는 것이 더 수월해졌다.56) 오리엔탈 미술사학자 설리번(Michael Sullivan)은 서양과 중국 예술 전통 간 대화를 유도해 온 것이 이런 요소들이라고 생각했다. 또한 불교의 선禪 회화는 자연스러움과 자발성이란 도교 관념에 깊이 영향을 받아 심오한 철학 관념을 표현할 수 있었다고 생각했다. 그의 생각에 따르면 이런 선禪 회화가 기존의 역사적 맥락을 넘어선 방식으로 우리에게 말하는 것처럼 보이는 것은 당연했다.57) 예를 들어 13세기 중반의 승려 화가 목계牧谿58)의 그림은 인간과 자연(man-and-nature)의 이미지를 잘 보여 준다. 모든 것은 그를 둘러싸고 있는 안개 속에서 사라지려는 순간에 놓여 있다. 이와 비슷한 비전을 표현하고 있는 터너(Turner) 등의 작품을 이런 식으로 이해하려는 빅토리아 시대의 노력은 우리에게 시사하는 바가 크다.

인간존재는 자연과 친밀한 존재라는 생각과 인간이 자연계를 지배하고 조절할 권리라는 기성의 믿음에 도전이 요구되면서 중국 산수화에 대해 좀 더 부드러운 시선을 갖게 되었다. 중국 산수화의 정신이 생태학적이라는 것은 논쟁의 여지가 있다. 하지만 만물과의 근본적인 상호 연관성을 강조하는 신비주의적 의미를 보여 준다. 특히 소우주인 인간 세계를 전체인 대우주 자연 속에 통합시킨다. 이 예술 형식에서는 인간이 지배할 수 있는 곳이

---

56) 어떤 비평가들이 추측했지만 이 예술가 둘 다 그의 작품에 미친 어떤 동양적인 영향을 알지 못했다.

57) M. Sullivan, *Symbols of Eternity: The Art of Landscape Painting in China* (Oxford: Clarendon Press, 1979), p.6. 미술사학자 Ananda Coomaraswamy는 일반적으로 아시아 예술, 특히 중국 회화를 서양에 중개하는 데 중요한 역할을 하였다. A. K. Coomaraswamy, *On the Traditional Doctrine of Art* (Ipswich: Golgonooza Press, 1977), pp.11~12 참조.

58) 역주: 牧谿(1225~1265): 宋代 말, 元代 초의 畵僧. 전통에서 벗어난 독특한 화풍을 이루었다. 그의 화풍은 南宋代의 극명한 사실성과 수묵의 감각적 시정이 잘 조화되어 있다. 호방한 필치에도 불구하고 정적인 화취는 그의 禪의 경지를 드러낸 인격의 표현이라고도 한다. 그의 그림으로는 「觀音猿鶴圖」, 「蜆子和尙圖」, 「瀟湘八景圖」 등이 있다.

란 존재할 수 없다. 아주 작은 인간의 모습과 자연의 풍경 속에 살고 있는 이미지는 우리에게, 말로는 적절하게 표현할 수 없는 관계로, 자연 안에서 '인간은 상징적인 가치 특히 우주적 조화를 발견'하고 자연 안에서 자연이 '모든 것을 다스리며 인간이란 작은 존재를 압도하는 것'이라고 가르친다.[59] 산은 모든 산수화에서 중앙에 놓여 있다. 그것은 자연으로의 자유로운 접근성을 상징하는 것이며 정신적인 힘을 나타내는 것으로 보인다. 또한 우리가 자연과 통합하게 할 에너지와 생명의 원천이다. 이러한 관점은 초기 애니미즘적 믿음에 뿌리를 두고 있는 것이 거의 확실하다. 오늘날 서양은 이러한 태도를 강조할 수 있다. 산에 대한 긍정적이고 신비적이기까지 한 태도는 낭만주의 시대에 와서 명료한 형식으로 나타났다. 그러나 이전의 기독교사상가들은 산악지역을 낯설고 '무서운' 것으로 생각했다. 그리고 17세기 신학자 토머스 머튼에게 산은 신의 모습이 아니면 창조하다 남겨진 암석더미 같은 것으로 아름다운 세상에 갑자기 나타나는 불가해한 것의 전형으로 보였다.[60] 르네상스 이후 유럽의 풍경화는 자연을 인간이나 신화적 행위의 사건 배경으로 그리는 경향이 있었다. 이와는 달리 중국 회화에서는 인간적 요소가 장면을 지배하도록 두는 것이 아니라 자연과 통합된다. 이러한 배치는 인간 세계를 압도하거나 비하하려고 의도한 것이 아니다. 오히려 인간과 자연 간의 비례에 상응해서 배치된 것이라는 점이 중요하다. 철학자

---

59) M. Bussagli, *Chinese Painting* (London: Paul Hamlyn, 1969), p.38.

60) 일반적으로 중국의 종교문화에서 산의 정신적인 중요성은 E. H. Schafer, *Mao Shan in T'ang Times* (Boulder, CO: Society for the Study of Chinese Religions, 1989)에 명백히 밝혀져 있다. J. Hay, *Kernels of Energy, Bones of Earth: The Rock in Chinese Art* (New York: China Institute of America, 1985)도 중국의 산과 바위에 대한 관심의 중요성을 논의하고 서양의 태도와 비교한다.

마샬(Peter Marshall)은 이것을 '현실' 세계의 요구로부터 자연으로의 도피가 아니라, 오히려 '현실과 직접 소통하는 것, 관찰자와 대상이 더 이상 분리된 것으로 느끼지 않는 상태'라고 본다.[61] 1952년 토마스학파 철학자 마리탱(Jacques Maritain)은 위대한 중국의 산수화 화가들은 자연의 묘사가 아니라 '일종의 자연과 인간 간의 상호 침투'가 주된 관심이었다며, 중국 예술의 독특한 정신적 성격을 이렇게 논평하고 있다.[62]

중국 산수화의 언어는 평화, 조화와 자연과의 신비적 일체감을 자아내는 것만이 아니다. 다양한 수준에서 근본적인 삶과 창조에 대한 감각을 만들어 내고 있다. 화가의 붓으로 동물의 움직임을 표현하고 화가의 재능이 어떤 의미에서 창조의 우주적 과정과 연관되어 있다는 것을 암시하면서 풍경 자체가 기氣에 의해 생명을 받은 살아 있는 것처럼 보인다. 어떤 화가들은 그림을 그릴 때 그들이 실제로 산이 되고, 물이 되고, 대나무가 된다고 표현한다. 9세기 작가 장언원張彦遠의 말을 빌리면, "그림은 우주의 창조자의 세상에 대한 마무리 손질이다."[63] 그러므로 화가는 눈에 보이는 자연의 지형을 표현하는 것만이 아니라 어떤 의미에서 감정이입적 일치의 과정을 통해 그의 정신적 지형을 그려내는 것이라고 생각했다. 그리고 이렇게 하는 것을 반드시 자기변화의 과정에 몰입하는 것으로 보았다. 일찍이 "그림은

---

61) P. Marshall, *Nature's Web: An Exploration of Ecological Thinking* (London: Simon & Schuster, 1992b), p.15.
62) J. Maritain, *Creative Intuition in Art and Poetry* (New York: The World Publishing Company, 1955), pp.13~14 · 84.
63) S. Leys, *The Burning Forest: Essays on Chinese Culture and Politics* (New York: Holt, Rinehart & Winston, 1983), p.15. 중국화의 창조적 측면과 도교와의 연계는 Chang Chung-yuan, *Creativity and Taoism* (London: Wildwood House, 1975a)과 A. Danto, *Mysticism and Morality: Oriental Thought and Moral Philosophy* (Harmondsworth: Penguin, 1976)에도 강조된다.

그의 형태나 색을 찬미하는 틀 속에서 보이는 대상이 아니라, 자연 세계의 본질을 담은 신비로운 것이라는 생각을 갖게 하는 전통이었다."⁶⁴⁾ 20세기 작가이자 예술가인 스메이메이(施美美, Sze Mai-mai)에 의하면, 중국에서 그림 그리는 것은 "직업이 아니라 삶의 예술의 확장이며, 그림을 그리는 행위로서의 도道가 행동과 사고의 전통적인 도道이고 바로 도라는 법칙과 조화하며 살아가는 수행의 일부이다."⁶⁵⁾ 게다가 도교사상의 핵심인 창조적 자발성과 인생의 목표까지 의미 있게 보여 주는 예술이다. 이는 자연에 우리의 의지를 가하거나 우리 자신의 한계와 싸우도록 명령하지 않는다. 에고(the ego)의 편협한 요구를 넘어서 내적 자유를 성취하도록 한다.

최근 들어 서양의 주석자들이 이러한 중국 예술의 심리적·정신적 (psycho-spiritual) 특징에 주목하고 있다. 특히 전통 유럽의 접근법과는 대조적이라는 점에서 그러하다. 서양에서는 20세기까지도 예술의 대상과 구상주의적 요소를 강조해 왔다. 이와 달리 중국 특히 도교적 맥락에서 주요 관심은 예술의 창작 과정 자체와 기본적으로 예술의 종교적 본질에 있었다. 그림 그리는 것은 단지 미적 대상을 생산해 내는 방법이거나 단순한 정신적인 사색의 대상만이 아니다. 이것은 표현적인 예술로서, 좀 더 정확하게 기氣를 모으고 발산하고 순환하는 방식으로 보였다. 이렇게 예술도 방중술을 포함하는 다른 요가 형식과 마찬가지로 요가의 하나이다.⁶⁶⁾ 조용히 앉아

64) M. Sullivan, *Symbols of Eternity: The Art of Landscape Painting in China* (Oxford: Clarendon Press, 1979), p.29.
65) Sze Mai-mai, *The Way of Chinese Painting: Its Ideas and Technique* (New York: Random House, 1959), p.6.
66) D. Wile, *Art of the Bedchamber: The Chinese Sexual Yoga Classics Including Woman's Solo Meditation Texts* (Albany, NY: State University of New York Press, 1992), p.72.

평생 자연으로의 몰입에 준비된 화가들은 최고의 예술적 재능이 자연스럽게 드러나면서 비움의 경지에 이른다. 이런 식으로 자연 세계 자체를 모방하고 실제로 거기에 참여한다. 그 안에서 자연스러우면서도 도道의 비움에서 최고의 조화를 이룬다. 가오젠핑(高建平, Gao Jian-ping)에 의하면 산수화는 '상호 변화' 방식으로, 그곳에서 예술가는 '세계의 일부 창조자'(semi-Creator)가 된다. 그리고 거기서 "화가는 그 외양을 정복하려는 목적으로 세상을 '주시'(gaze)하는 것이 아니라, 계속 그것을 자신의 영혼과 일치시키면서 자신을 자연의 일부로, 자연을 그의 일부로 만들기 위해 타고난 사랑으로 '그것을 감상하는'(contemplate) 것이다."67)

그러므로 어떤 면에서 예술가의 창조행위는 '만물'의 근원인 무無, 즉 도를 회복하려는 도교적 탐구 바로 그것이다. 당나라 이후 산수화는 줄곧 도교사상가들과 선불교 승려들의 명상 수행과 밀접하게 연관되어 있었다. 이것은 지식인 사이에서 더 널리 퍼진 미학의 한 형식이었다. 이는 일종의 세련된 감성 수양이었는데, 일반적으로 거의 '정신적' 또는 '신비적' 수행이라고 말할 수 있을 정도이다. 페이퍼(Jordan Paper)는 한漢왕조의 몰락 후에 나타난 도교와 불교의 명상 수행이 신비적 경험으로만 향한 것이 아니라, 그림과 시 그리고 음악과 같은 미적 활동을 통해 표명되었다는 데 주목한다. 이러한 행위는 몰아적(ecstatic) 경지를 보여 주었는데, 때로는 술로, 그리고 (예를 들어 먹을 가는 것과 붓을 손질하는 것에서 보여 주었듯이) 어떤 의미에서는 의식儀式이었으나, 형식적인 종교의식이나 수행의 일부는 아니었다. 페이퍼는 이렇게 주장한다. "그 당시 예술 행위는 특히 관직에서 물러나거

---

67) Gao Jian-ping, *The Expressive Act in Chinese Art: From Calligraphy to Painting* (Stockholm: Almqvist Wiksell International, 1996), pp.157 · 167.

나 추방된 지식인 사이에서 '종교적 행위의 대안적 방식'이 되었다. 그러면서 미적 활동과 종교적 활동 사이에 독특한 연관성이 드러났다. 더구나 이러한 사람들에게는 미적 활동이 개성을 표현하고 자기표현의 가치를 주장하는 효과적인 수단이었다. 대부분 그들의 삶과 직업에서 '너무 순응적이고 자기주장 없는(non-self-assertive) 성격'에 대한 반동으로 추구한 것이기도 했다."[68]

이것은 피상적으로나마 서양의 시각에서 예술을 이해하는 새로운 접근법을 보여 준다. 물론 이와 비교할 만한 것이 몇 가지 있다. 예를 들어 심리학의 출현과 표현주의의 등장이다. 이로 인해 작품 활동에 주체적이고 무의식적인 요소가 더 인정받게 되었다. 하지만 요가 수련이나 자기수양(self-cultivation)의 형식으로 예술 과정의 도교 관념과 비교할 만한 것은 거의 없다. 비어즐리(Beardsley)[69], 페이터(Pater)[70], 와일드(Wilde)[71] 등 19세기 말 작가들의 미학이 중국의 것과 어느 정도 유사하다. 하지만 이들은 좀 더 예술 애호적이었다. 일반적으로 삶과 가치에 대한 집중적이고 포괄적인 태도에 몰입하

---

68) J. Paper, *The Spirits are Drunk: Comparative Approaches to Chinese Religion* (Albany, NY: State University of New York Press, 1995), pp.158 · 186 · chap.6 외.

69) 역주: A. V. Beardsley(1872~1898): 영국의 삽화가. 대담한 흑백의 대비와 흐르는 듯한 곡선에 세기말적인 분위기를 감돌게 하는 삽화와 포스터를 많이 그렸다. 작품에는 와일드의 『살로메』가 있다.

70) 역주: W. H. Pater(1839~1894): 영국의 평론가. 평론 『르네상스사 연구』를 발표하여 세기말적 문예 사조의 선구자가 되었다. 저서에는 『향락자 마리우스』, 『그리스 연구』 등이 있다.

71) 역주: Oscar Wilde(1854~1900): 영국의 시인, 소설가, 극작가. 그의 문학적 명성이 올라간 것은 고딕풍의 멜로드라마 소설 『도리언 그레이의 초상』(1891)에 의해서인데, 이 책의 "서적에는 도덕적인 것도 부도덕적인 것도 없다. 잘 썼느냐 그렇지 않으냐가 문제이다"라고 한 머리말이 세상의 비난의 표적이 되었다. 이후 저술한 『윈더미어 부인의 부채』(1892), 『살로메』(1893), 『거짓에서 나온 성실』(1895) 등의 작품은 19세기의 대표작으로 꼽히며 그만의 독특한 경지를 보여 주고 있다.

는 것은 부족했다. 초현실주의적 무의식행동주의(surealist automatism) 또한 중국의 관념과 기술에 있어서 피상적인 유사성을 지닌다. 그러나 미술사학자 오즈번(Harold Osborne)이 지적한 바와 같이, "중국 화가들은 명상이나 집중 수련과 수양을 통해 자기제어력을 키우고 나서야 자연스럽게 그림을 그렸다." 그들은 자신의 자유로운 주관성을 표현했다고 말할 수 없다. 다만 안과 밖의 조화를 이루는 집중에서 나오는 과정만이 있을 뿐이다.[72] 서양의 미학이론과 실천에서는 이와 가장 비근한 예가 낭만주의 시대에 이루어졌다. 여기서 예술의 형이상학적 중요성을 인식하고 여기에 권위를 부여했다. 그뿐 아니라 표현적 요소를 가장 중요한 것으로 생각하게 되고 예술 창작의 과정을 정신적인, 나아가 사제적인 기능으로까지 보기도 하였다.[73]

중국의 지식인과 도교사상가 및 선불교 승려들은 내적 자유와 자기실현 그리고 단순함과 감성과 자각의 부드러운 고양을 강조한다. 이러한 종교 미학적 전통을 서양에서는 최근까지도 이해하기 어려웠다. 역사적 비교의 적절성을 넘어 이러한 방식이 오늘날 우리에게 의미 있게 다가오는 것 같다. 이것은 예술이 종교(또는 이 문제에 대한 도덕)를 대신하기 시작했다는 말이 아니다. 과거에는 형식화된 종교에서만 할 수 있었던 몰아와 수행의 경험을 이제 예술 활동을 통해 할 수 있다. 이는 수동적인 명상이나 비판적 감상과

---

72) H. Osborne, *Aesthetics and Art Theory: An Historical Introduction* (London: Longmans, 1968), p.72.
73) 예를 들어 Wackenroder의 *Effusion from the Heart of an Art-Loving Monk*와 Shelley의 *Defence of Poetry* 참조. Coleridge는 예술은 이미 있는 자연을 모방하는 것이 아니라 자연 창조에 참여하는 것이라고 믿었다. Blake에게 예술가는 상상력을 통해 정신적인 실체를 특권을 가지고 통찰하는 것이다. 다른 가능한 비교는 동양의 정통 교회에 그려져 있는 성화 전통과 19세기 후 20세기 초에 영국과 미국에서 융성했던 예술공예운동이다.

는 다르다. 그리고 많은 사람이 이를 깨닫기 시작했다.

이러한 매혹적 관념에 빠지기 전에 여기에 어떤 이상화 경향이 있음을 알아챌 필요가 있다. 중국이나 서양이나 예술과 미적 경험은 현실 세계와는 분리된 영역이라는 생각이 있다. 중국 산수화 및 관련 시와 서예는 전형적으로 교양 있는 남자, 학자 또는 승려만이 추구하는 것으로 중국 지식인 문화의 최고 이상을 실현하는 행위로 보였다.[74] 그러나 이상과 현실이 항상 일치하는 것은 아니었다. 중국의 다른 여러 전통문화를 이해하려 할 때 그런 것처럼 항상 그들이 보여 주는 것이 전부는 아니다. 우리는 중국 예술의 이미지를 순수하고 공평무사한 정신적·미적 노력의 영역이라는 것을 의심할 필요가 있다. 미술사학가 카힐(James Cahill)은 그의 권위에 어울리게 좀 더 균형 있는 접근을 했다. 그는 오늘날 중국 예술가 활동의 사회적 경제적 맥락을 강조하며, 통상 순수하게 미학적 관점에서만 다룬 것과는 달리, 중국화는 자주 상업적으로 거래되었으며 많은 화가가 생계를 위해서나 단순히 즐거움이나 기분 전환을 위해 그림을 그리는 전문가였다는 사실에 주목했다. 승려이든 학자이든 정신적 미적 고양을 위해 그림을 그린 예술가들이 있었다는 것은 사실이다. 그러나 거래하기 위해 그림을 그린 사람들도 있었다. 그는, 실용적이지 않은 목적으로 순수하게 그림을 그리는 학자 계급이라는 신화 창조는 "예술이 비물질화하는 것으로 예술에서 모든 세속적인 것, 상업주의, 기능주의, 속물적 반응의 오명을 벗게 해 주는" 방식이었다고 믿었다.[75] 카힐은 이것이 확실히 중세 유럽의 낭만적 사랑과 기사도라는

---

74) J. C. Cooper, *Taoism: The Way of the Mystic* (London: HarperCollins, 1990), p.103.
75) J. Cahill, *The Painter's Practice: How Artists Lived and Worked in Traditional China* (New York: Columbia University Press, 1994), p.9.

서양의 신화와 비교할 만한 위대한 문화적 성과였음을 인정한다. 하지만 이 위대한 예술 전통을 전체적인 중국의 사회·경제적 역사, 우리가 앞 장에서도 주목했던 일반 도교사상의 경향과는 유리된 배타적이고 이상적 영역에 두어 왜곡하는 경향이 있었다. 이러한 이상화 경향은 단지 서양의 환상만이 아니다. 지금의 서양학자에게는 상투적인 것이 되었지만, 이러한 환상은 도교의 예술형식을 두고 신비로운 분위기를 만들어 물질적 보상에는 무관심했던 공평무사한 학자를 부각시키려는 중국인들에 의해서 무비판적으로 받아들여진 것이다.[76]

　서양은 중국 산수화에 대해 그다지 관심을 보이지 않았고, 도교 관념을 이해하기 위한 수단 정도로 생각하기도 했다. 한편 중국 정원(landscape garden)에 대한 문화적 반향은 비교적 넓게 퍼졌다. 산수화와 마찬가지로 중국식 정원 가꾸기(landscape gardening)는 도교와 '깊이 연관'되어 있다.[77] 이 예술 형식 역시 도교와 일맥상통한다는 것에 주목할 필요가 있다. 이것은 왕실과 유학자의 생활양식과도 다양한 방식으로 연관되어 있다. 이 정원에서 보여주는 인간과 자연과의 조화, 자연과 건축물과의 연관성은 산수화의 장르에서와 마찬가지로 평화로운 사색과 자기수양이라는 정신적 분위기와 통한다. 중국의 정원이라는 창작물 뒤에는 도교적 영감이 깔려 있다.[78] 자연과

---

76) S. Bush, *The Chinese Literati on Painting: Su Shih (1037-1101) to Tung Ch'i-ch'ang (1555-1636)* (Cambridge, MA: Harvard University Press, 1971)도 참조. Bush는 송대 이후 작가의 성격과 심리가 그림의 핵심이라는 것을 인정한다. 그러나 중국 지식인들이 부추기면서 이를 신비주의라는 말로 지나치게 이상화하는 경향에 대해서는 신중하다. 또한 Paper는 이상화의 요소에 대해서 '미학을 이상화하려는 태도'는 중국인의 전기에 일반적이었다고 언급한다. J. Paper, *The Spirits are Drunk: Comparative Approaches to Chinese Religion* (Albany, NY: State University of New York Press, 1995), p.186 참조.

77) O. Sirén, *China and the Gardens of Europe in the Eighteenth Century* (New York: Ronald Press, 1949), p.3.

의 조화라는 원리는 깊은 산속에 있는 도교 사당에도, 개인의 정원(landscape garden)에도, 건물의 위치나 안뜰에 작은 바위 정원을 꾸미는 데서도 보인다.79)

중국의 정원은 궁전의 전형적 모습이었다. 이는 신화적 과거에까지 거슬러 올라간다. 제왕이 지배하는 세계의 작은 상징물이며 왕이 먼 곳까지 지배할 수 있게 하는 수단으로 여겨졌다. 그리고 동해(the Eastern Seas)에 있는 영원(Immortals)한 전설의 섬을 상징하는 복제물은 불사의 탐구와도 연관된다. 이런 점에서 신비적인 중요성을 갖는다. 나중에 이러한 정원이 널리 유행되면서 대화와 연회를 위한 장소로 또는 학자 관리들의 원기 회복과 기분 전환의 장소가 되었다. 중국의 정원은 사회정치적 세계의 요구로부터 은둔의 수단과 명상과 반성을 위한 장소이기도 했다. 정통 이론에 의하면 소유주가 자연과 정신적으로 소통하고 대지의 생명 기운을 흡수할 수 있는 방식으로 정돈하고 구성했다고 한다. 물론 도교적 전망과 완전히 조화하는 행동들이다. 하지만 좀 덜 고상한 말로 한다면 그곳은 친구들하고 빈둥거리며 그림 그리고 시 짓고 술 마시기에 아주 적합한 장소였다. 정원을 상징하는 자연과 우주의 미니어처도 유행하였다. 자연 에너지의 도관 역할을 하는 것으로 분재를 만들고 '산의 소우주적 모방'으로 암석을 수집하기도 했다.80) 이러한 정원은 규모에 상관없이 중국인의 산, 바위와 물에 대한 외경을 보여 주는 것이었다. 이러한 외경은 고대 애니미즘 믿음에 뿌리를 두고

---

78) M. Keswick, *The Chinese Garden: History, Art and Architecture* (London: Academy Editions, 1986).
79) J. Blofeld, *Taoism: The Road to Immortality* (Boston: Shambhala, 1985), pp.168~170.
80) E. H. Schafer, *Tu Wan's Stone Catalogue of Cloudy Forest* (Berkeley, CA: University of California Press, 1961), p.3.

있다. 하지만 인간 세계를 우주의 창조적 힘과 대지에 흐르는 살아 있는 영혼과 직접 연관시키려는 도교철학의 주요 관심을 표현한 것이기도 하다.[81]

17세기 후반 도교 정신이 유럽에 들어오자 장기간에 걸쳐 사상의 대변화와 낭만주의적 감성에 영향을 주게 되었다. 중국 정원의 이미지를 처음 유럽에 전했던 여행자나 작가에게 도교 관념이나 전통은 정말 난해했다. 왜냐하면 그들은 유럽인의 시선만이 아니라 유교 지식인의 시선도 함께 가지고 있었기 때문이다. 18세기에 들어 완화되기는 했지만 도교사상의 유럽 유입은 여전히 이런 식이었다. 예수회 선교사들은 중국의 정원이 낯설고 불규칙한 것이라는 평가를 유럽에 퍼뜨렸지만, 이러한 소문은 어떤 영향도 주지 못했다. 당시 유럽은 형식화된 정원 가꾸기를 모범으로 생각했다. 1685년 윌리엄 템플(William Temple) 경의 『에피쿠로스의 정원에 대하여』(Upon the Gardens of Epicurus)가 출판되었고, 이것이 유럽에서 중국의 정원 디자인을 진지하게 받아들이는 계기가 되었다. 템플의 영향에 이어 윌리엄 챔버스(William Chambers), 조셉 애디슨(Joseph Addison)과 조셉 스펜스(Joseph Spence)와 같은 인물의 저작들이 출판되었다. 이들은 중국의 정원 디자인, 건축학적 세부나 전반적 형태와 구성의 단계 등을 소개했다. 이 모두 당시 자연에 대한 관념과 논의의 자극제가 되었다. 또한 '앵글로 차이니즈'(Anglo-Chinese) 스타일의 정원 디자인으로 알려진 새로운 유형이 출현하는 데 크게 영향을 주었

---

81) 중국 정원의 철학적 중요성을 인정하려고 노력한 초기 근대 서양학자 중에는 Reichwein 과 Sirén이 있다. A. Reichwein, *China and Europe: Intellectual and Artistic Contacts in the Eighteenth Century* (London: Kegan Paul, Trench, Trübner & Co, 1925); O. Sirén, *China and the Gardens of Europe in the Eighteenth Century* (New York: Ronald Press, 1949) 참조.

다.[82] 탑이나 다리와 같은 일반적인 외양만이 아니라 당시 유럽인의 의식 속에 가장 인상적인 정원의 특징은 샤라와지(sharawadgi)라는 말로 요약되는 야생성(wildness)이었다. 사라와지라는 말의 기원에 대해서는 아직 논의 중에 있다. 일단 이 말은 중국의 정원미학에서 보여 주는 어떤 무질서한 우아함, 길들여지지 않은 조화, 정돈된 혼돈 정도를 언급하는 데 쓰였다. 이는 프랑 스식 정원 디자인의 엄격한 기하학적 형식과는 날카롭게 대조되는 것이었 다. 설리번의 지적대로 이 새로운 스타일은 "이탈리아와 프랑스의 형식적 이고 기하학적 정원에 대한 반발과 함께 영국의 취향에 맞는 자연 정원을 만드는 데 도움을 주었다."[83]

여기서 중국의 영향을 받은 범위를 정확하게 판단하기는 어렵다. 예를 들자면 챔버스(Chambers)의 저작이 당시에 항상 인정받았던 것은 아니다. 그 는 중국 미학보다는 유럽의 비판적 전통에 깔린 어휘로 중국 정원을 묘사하 기도 했고, 중국에서 그가 보았을 정원보다는 살바토르 로사(Salvator Rosa)[84]

---

82) 여기서 유용한 원전은 J. D. Hunt and P. Willis (eds.), *The Genius of the Place: The English Landscape Garden 1620-1820* (London: Elek, 1975)이다. 중국을 여행한 Chambers 는 1772년에 *A Dissertation on Oriental Gardening*을 출판했다. 1952년에 출간된 Spencer 의 *A particular Account of the Emperor of China's Gardens*는 프랑스 예수회 선교사 Fr Attiret의 저서를 번역한 것이다.

83) M. Sullivan, "Chinese Art and its Impact on the West", P. S. Ropp (ed.), *Heritage of China: Contemporary Perspectives on Chinese Civilization* (Berkeley, CA: University of California Press, 1990), p.286.

84) 역주: Salvator Rosa(1615~1673): 17세기 이탈리아의 화가, 동판화가, 시인, 음악가. 전 쟁화는 그가 개발한 독특한 영역이었다. 정력적인 야성적 취미를 표현하고, 농담법에 의한 초상화와 동판화를 제작하였으며, 빛과 대기의 묘사에 의해서 dämonisch(악마 적·초자연적)한 기분·감정의 고조를 이끌어 내어 로맨티시즘적 풍경화의 선구자가 되었다. 시인이자 음악가로서는 소네트 등을 저작하였다. 대표작으로는 루브르미술관 에 소장되어 있는 「병사와 사냥꾼이 있는 풍경」과 피렌체의 피티미술관에 소장되어 있는 「전쟁도」, 「정박지」 등이 있다.

의 낭만적 풍경화에 더 감명을 받은 것 같이 보이기도 한다.[85] 더구나 18세기 영국과 기타 유럽에서 제작된 '복제본'에는 중국 원본에서 느끼는 자연과의 친밀감이나 자연과 인간의 비율이 사라지고 부풀려지고 과장된 경향도 있다. 한 미술사학가에 의하면 "유럽과 영국은…… 중국 정원의 실재를 빗겨 나갔고, 그들 자신의 경험의 이미지에서만 철저하게 해석하였다"[86]고 한다. 유럽의 범주에서 중국의 정원은 조정되고 왜곡되었다. 하지만 새롭고 '자연스러운' 스타일의 정원 디자인만이 아니라, 낭만주의 운동 과정에서 미학의 혁명을 가져오는 데 어느 정도의 역할을 한 것은 확실하다. 이로 보아 도교와 낭만적 감수성과의 친화성이라는 말이 우연만은 아닐 것이다.[87]

3. 초월

중국 산수화의 도교적 '구체 신비주의'(mysticism of the particular)나 '가시적 신비주의'(mysticism made visible) 둘 다 오늘날 매력적으로 다가온다. 그 이유는

---

85) M. Sullivan, "Chinese Art and its Impact on the West", P. S. Ropp (ed.), *Heritage of China: Contemporary Perspectives on Chinese Civilization* (Berkeley, CA: University of California Press, 1990), p.286.

86) M. Keswick, *The Chinese Garden: History, Art and Architecture* (London: Academy Editions, 1986), p.24.

87) A. O. Lovejoy, *Essays in the History of Ideas* (Baltimore, MD: Johns Hopkins University Press, 1948); A. Reichwein, *China and Europe: Intellectual and Artistic Contacts in the Eighteenth Century* (London: Kegan Paul, Trench, Trübner & Co, 1925), p.113ff; M. Sullivan, *The Meeting of Eastern and Western Art* (Berkeley, CA: University of California Press, 1989), pp.108 · 113.

도교의 초월(transcendence) 없는 정신성이라는 양식 때문이다. 이것은 다른 양식이나 다른 매력의 근원을 부정하는 것이 아니다. 오늘날 서양사상과 문화에 확실히 변화가 있다. 어떤 유대 기독교적 가르침과 계몽적 가치와 가정이라는 전통적인 표현과는 거리가 먼 서양의 문화적 유산의 근본적 재구성과 연관된 다양한 지적 운동이 출현하고 있는 것이다. 그것이 도덕적인 것이든 인간 권리에 관한 것이든, 인생과 죽음에 관한 것이든, 정치학이든 우주론이든 간에 어떤 초월적 원천에 대한 매력이 점점 설득력을 잃어 가고 있다. 초기 세대들은 종교적 도덕적 정치적 기준을 역사와 관습의 우연성을 초월하는 확고한 원리에 기초했다. 그러나 근대 후반과 포스트모던 시대는 점점 더 실용적인 사고에 의지하게 되었다. 이제 영원한 진리나 확실한 전통적 권위보다는 가까운 문화적 또는 개인적 경험에서 일어나는 삶 속에서 안내자를 구해야 한다. 철학적으로 이러한 변화는 니체(Nietzche) 이후 플라톤의 형상(Platonic Forms), 신(God), 자연법(Natural Law), 이성(Reason), 의지(Will), 자아(Self) 등의 기본적인 개념에 대한 날카로운 비판에서 분명하게 드러난다. 이러한 개념들은 지금까지 일상적 경험과 믿음 체계가 영원히 변한다는 견해를 뛰어넘어 철학의 고급 매력을 보여 주는 역할을 해 왔다. 그러나 이제는 사회의 길잡이로서의 원리를 세우는 데 더 이상 초월적 기준에 호소하지 않는다. "이성의 초월적 어떤 기준도 없고 어떤 인간 본성이라는 궁극적 개념도 없고 어떤 진보적이거나 종말론적 시각도 없다."[88] 이런 것이 철학적 문제만이 아니다. 문학, 신학, 정치학, 과학 모든 분야에서 초월이라는

---

88) D. L. Hall and R. T. Ames, *Thinking from the Han: Self, Truth, and Transcendence in Chinese and Western Culture* (Albany, NY: State University of New York Press, 1998), p.218.

전통적인 관념을 공격하고 인간 이해와 평가에 있어 역사적 우연성 등을 수용하고 있다. 이론적인 용어로 이러한 변화를 니체의 '신의 죽음'이나 '자연의 탈신성화'라고 표현할 수 있고, 사회 우주론적 용어로 이것을 막스 베버(Max Weber)의 '세계의 마법풀기, 탈신비화(disenchantment)'[89]라고 기억할 수도 있다. 이는 오늘날 철학의 다양한 해체적 기획에서도 보인다.

홀(David Hall)과 에임스(Roger Ames)는 그들의 공동 연구 3부작[90]에서 철학을 아시아사상과 문화 간 연구(intercultural studies)에 전문적으로 연결시켰다. 그들은 '초월의 위기'라고 할 만한 논쟁점이 오히려 동양과 서양 사상의 대화를 시작하고 방법론적 가교를 창조하는 역할을 하고 있으며, 서양이 초월의 마법에서 깨어나는 데 이전처럼 허무주의와 고뇌로 이를 필요가 없고, 서양사상에서 오랫동안 무시하고 경시해 온 중국철학적 요소가 새로운 문화 간의 대화로 끌어들일 수 있는 가능성을 열게 해 주는 해방의 사건이라고 본다. 초월적이고 일원론적인 정통 가설에서 벗어난 신비주의적 경험은 이러한 기획을 위한 중요한 비교 수단이 된다. 앞에서 보았듯이 중국 도교 전통의 특징이 바로 이러한 내재적 세계 내적 신비주의이다. 이것이 서양 전통에 대한 비판적인 입장을 가능하게 해 주고 오늘날의 여러 문제를 상기시킨다는 것이다. 그러므로 현대적 맥락에서 초월의 상실은 '중국의 문화적

---

89) 역주: Max Weber는 합리적 이성주의의 입장에 서서 아시아의 도교적 가치를 미몽에서 건져 올려야 하는 원시적·마술적인 것으로 보았다. 그의 탈신비화라는 용어가 이제는 서양의 종교적·철학적 반성의 기제로 도교를 만나는 과정에서 쓰이고 있다는 역설이 흥미롭다.

90) 역주: D. Hall과 R. Ames의 공동 연구 3부작은 *Thinking through Confucius* (1987)와 *Anticipating China: Thinking through the Narratives of Chinese and Western Cultures* (1995), 그리고 *Thinking from the Han: Self, Truth, and Transcendence in Chinese and Western Culture* (1998)이다.

서술에 깔린 대안적 가정을 이해하기 위한 출발점'이자 대안적 전망의 입장에서 현대적 맥락을 비판적으로 반성할 수 있는 수단이기도 하다.[91]

앞에서도 보았지만 동양과 서양 전통 간 가교를 찾는 일에는 여전히 어려움이 있다. 익숙하지 않은 것을 익숙하게 하기 위해 도교를 서양 용어로 단순히 바꾸어 놓는 일이 벌어진다. 그 결과 서양의 초월 개념이 붕괴되면서 지금까지 중국과 서양의 해석자들이 추구해 온 공통되는 입장이 사라지고 둘이 만날 장소가 없게 되어 버린다. 홀과 에임스는 특히 이러한 위험에 민감하다. 그들은 중국 텍스트의 유럽 번역이 자주 초월적 어휘를 사용했다는 것을 지적한다. 아마도 무의식중에 "서양식 이해의 '신' 또는 '절대자'를 중국의 땅에 이식하려는 시도를 했을 수도 있다."[92] 여기서 서양의 초월이란 관념을 조금이라도 중국사상에 적용할 수 있는 것인지 아니면 이와는 다른 문화적 지적 전통이 중국사상에 있는 것인지 하는 의문이 제기된다. 홀과 에임스의 생각으로는 사실 초월이란 관념은 고전 중국 텍스트를 번역하는 데 대체로 부적절하다. 그들은 도교와 유교의 텍스트와 사상 체계가 이러한 용어로 바뀌면서 심각하게 오해되었고, 서양사상에서 익숙한 초월과 근본주의라는 언어로 중국의 사고방식을 문제 삼으면서 심각하게 냉대해 왔다고 주장한다. 하지만 그들이 믿는 것이 중국 지적 전통에는 아예

---

91) D. L. Hall and R. T. Ames, *Thinking from the Han: Self, Truth, and Transcendence in Chinese and Western Culture* (Albany, NY: State University of New York Press, 1998), p.218; D. L. Hall and R. T. Ames, *Thinking through Confucius* (Albany, NY: State University of New York Press, 1987); D. L. Hall and R. T. Ames, *Anticipating China: Thinking through the Narratives of Chinese and Western Cultures* (Albany, NY: State University of New York Press, 1995) 참조.

92) D. L. Hall and R. T. Ames, *Thinking from the Han: Self, Truth, and Transcendence in Chinese and Western Culture* (Albany, NY: State University of New York Press, 1998), p.219.

없는 것이었다.

그것을 초월적인 사고 모델에 적용하자고 주장한다면 도교와 관련해 우리가 빠질 수 있는 함정이 많다. 예를 들어 우리는 도道를 아주 일상적인 양식이나 행동 또는 과정으로 보기보다는 어느 정도 특별하고 고상한 실재로 다루려는 경향이 있다. 우리는 도道를 '나뭇결'(grained wood) 같은 '고유의 자리'(site specific)인 내재적 질서로 체험하기보다 높은 실재로부터 명령받은 어떤 것으로 보려고 한다. 도교에서는 구체적인 사항들을 다루는 데 불확정성을 인정한다. 존재들은 상호 의존적이지만 외부의 우주적 근원이 필요 없다. 우리는 이런 것들을 간과하기도 하고 인정하지 않기도 한다. 도교에는 라이프니츠식의 예정된 조화가 없다. 그들의 조화는 저절로 생기는 자연스러운 것이다. 홀과 에임스가 주장하는 것이 바로 도道의 비초월성이다. 도는 배후에 있거나 앞서 있거나 또는 만물을 설명하는 '존재'를 나타내는 것이 아니고, '만물 배후에 있는 일자—者나 현상 뒤에 실재'를 말하는 것도 아니다.93) 또한 세상의 현상 밖에 있는 초월적인 자아도 없다. '도교의 자아는 세상과 연계하는 작용'이다. 세계 속에 인간이 존재하는 것은 세계 '안에' 깊이 묻혀 있는 것이고, 여기에는 영원하고 완전한 객관 진리를 인정하는 초월적인 우월한 지위(vantage point)의 가능성이 없다.94) 더구나 도교의 정신적인 목표를 서양에서는 보편적인 지혜 전통의 전형인 보편철학과 동일시

---

93) D. L. Hall and R. T. Ames, *Thinking from the Han: Self, Truth, and Transcendence in Chinese and Western Culture* (Albany, NY: State University of New York Press, 1998), p.274.
94) D. L. Hall and R. T. Ames, *Thinking from the Han: Self, Truth, and Transcendence in Chinese and Western Culture* (Albany, NY: State University of New York Press, 1998), pp.48 · 247.

해 왔다. 보편철학은 성스러운 초월과의 궁극적 일치를 추구한다. 그러나 내재적 관점에서 신비적 경험을 설명하기 위해 규정해 온 서양의 이원론을 벗어날 것을 재고해야 한다. 우리가 '만물과 하나'된다는 장자의 진지한 요청은 '모든 구체성을 포기하고 유일하고 완전한 전체로 녹여 버리는 베단타식 요구'가 아니다. 오히려 각각의 모든 현상이 한 영역의 경험 속에 지속됨이다. 다시 말해서 완전함에 대해 '이것임'과 '여기임'의 종속 없는 전체와의 일체감이다.

홀과 에임스는 중국 전통에 초월적 범주가 없다는 것이 중국에 심오한 종교적 전통이 존재한다는 것과 모순되지 않는다고 믿는다. 그들은 볼테르 시대부터 중국인이 원래 비종교적인 사람들이라고 해 왔다. 홀과 에임스는 이러한 상투어를 그만 쓰려고 노력한다. 정신적인 탐구가 배타적인 초월적 용어로 보여야 할 필요는 없다. 두 전통 사이의 차이 때문에 둘을 분명하게 설명하기가 얼마나 어려운지를 다시 한 번 확인할 수 있다. 기독교적 정신적·신비적 탐구에서는 궁극적 목표가 영혼과 신神과의 일치이다. 그렇게 해서 타락한 물질세계를 초월한다. 반면 도교에서의 정신적 탐구는 궁극적 근원에 도달하기 위해 사물의 구체성을 넘어서는 것이 아니다. 오히려 각각의 구체성 속에서, 존재 자체의 변화와 흐름 속에서 도道와 하나됨을 추구한다. 이것은 『장자』의 말로 '제물齊物(evens things out)이다. 만물 심지어 벌레, 잡초, 깨진 돌조각, 똥과 오줌 같은 하찮은 것조차 그 안에 똑같이 존재하는 도道를 찾는다.[95] 이와 같이 성자는 도道를 "문밖에 나가지 않고도 알게 되

---

95) 역주: 『莊子』, 「知北遊」, "東郭子問於莊子曰, 所謂道, 惡乎在? 莊子曰, 無所不在. 東郭子曰, 期而後可. 莊子曰, 在螻蟻. 曰, 何其下邪? 曰, 在稊稗. 曰, 何其愈下邪? 曰, 在瓦甓. 曰, 何其愈甚邪? 曰, 在屎溺. 東郭子不應."

는 것이다."96) 도교의 정신적인 탐구는 우리 존재의 근원을 숭배하기 위해 이 세계를 떠나는 것이 아니다. 다양하지만 일체화되고 끊임없이 변하는 전체(또는 다수의 전체), 즉 도道를 '만물' 속에서 감싸 안는다. 이러한 도교의 정신적인 여정은 비록 서양의 기독교적 어휘, '신', '죄', '은혜', '영혼' 등으로 부적절하게 규정되기도 했지만, 아주 다른 심오한 종교성을 지니고 있다. 이는 전통적인 서양의 종교성과는 다르지만 현대 포스트크리스천(post-Christian) 경향과는 이상하리만큼 잘 어울린다. 앞 장에서 논의한 위대한 중국 산수화 는 정신적 성서이다. 그 까닭은 우연한 세계나 현상을 넘어 궁극적 실재나 진정한 존재의 본질을 알려주기 때문이 아니라, 우리를 세계 안에 두고 우리를 자기변화의 공생 과정 속에 담아두기 때문이다. 한마디로 우리는 중국을 체험하면서 신의 죽음이 종교의 죽음이 아니라는 것을 깨닫게 된다.97)

이러한 비교 연구를 통해 우리는 중국 정신과 서양 정신의 차이를 보게 된다. 그렇다면 중국인은 유럽인들과는 어떻게 다르게 세계를 생각하고 경험하는 것인가라는 질문을 하게 된다. 홀과 에임스의 관심은 바로 이 차이를 향한다. 이들의 관심은 보편적인 모호한 원형을 탐구하거나 역사적 맥락에서 중국사상의 근원을 강조하는 접근법과는 다르다. 중국과 유럽의 '차이'는 얼마나 먼 것인가? 정말로 합리적 사고의 기반까지 완전히 다른 것인가? 극단적이고 단호한 관점에서 차이만을 강조하게 되면 두 전통을 완전

---

96) 역주: 『道德經』, 47장, "不出戶, 知天下."

97) Hall과 Ames는 서양에도 강한 내재주의적 종교 전통이 있다는 것을 지적하고 그런 이
유에서 신비적 경험이 이론적 표현과는 달리 기본적으로 비초월적이라고 주장한다.
D. L. Hall and R. T. Ames, *Thinking from the Han: Self, Truth, and Transcendence in Chinese and Western Culture* (Albany, NY: State University of New York Press, 1998), pp.204 · 244.

히 분리시키게 된다. 그러나 홀과 에임스는 두 문화 간의 신비적·정신적 전통의 분명한 차이를 인정하면서도, 역설적으로 바로 이 차이가 대화를 가능하게 하고 진정한 대화를 하게 한다고 주장한다. 가다머(Gadamer)처럼 그들은 차이가 생산적인 사고를 가능하게 한다고 믿는다. 익숙한 방식의 표현이나 행동의 대안을 인정하는 공간을 열어 우리 자신의 현실을 '타자'(other)의 것과 비교해 봄으로써 비추어 볼 수 있게 된다고 생각한다. 하지만 이들의 생각에도 어느 정도 우리 모두에게 영향을 주는 관념적 구조인 유일한 지구촌 문화가 있다. 이는 구식 보편주의자들의 전형적 시각이다. 이러한 단일성 자체는 창조적인 교환을 불가능하게 한다. 지구촌 환경에는 서로 다르지만 겹치기도 하는 표현 형식과 전망과 전통을 가진 다양하고 모호한 개별화된 문화공동체가 많이 있다. 이들의 경계에서 자기인식에 대한 문제가 가장 생산적인 것이 된다. 사실 의사소통한다는 것은 본질적으로 아직 사람들을 통합하지 않고 분리하는 모호하고 설명하기 어려운 경계를 따라 교환하는 것이다.[98] 홀과 에임스는 초월이란 표현 형식을 다루는 데 있어 우세했던 서양의 감각(sensibilities)에 실제적 대안으로 중국철학의 공헌을 인정하지만, 일부 서양학자와 그들을 따르는 현대 중국학자들은 세계 문화에 기여하는 중국철학의 공헌을 심각하게 평가절하하는 경향이 있다고 결론을 내린다.[99]

---

98) D. L. Hall and R. T. Ames, *Anticipating China: Thinking through the Narratives of Chinese and Western Cultures* (Albany, NY: State University of New York Press, 1995), pp.165~179.

99) D. L. Hall and R. T. Ames, *Thinking from the Han: Self, Truth, and Transcendence in Chinese and Western Culture* (Albany, NY: State University of New York Press, 1998), p.228.

마지막으로 우리는 두 가지 경계하는 목소리를 들을 필요가 있다. 첫째, 언어의 현기증으로 증폭되는 역사적 판단의 문제이다. 홀과 에임스가 주장했듯이 전통적인 중국사상에는 초월적 범주가 없었다는 것이 사실인가? 4장에서 언급했듯이 대중적 단계에서나 지적 단계에서나 초월적 사고에 대해서는 논의의 여지가 있다. 초월 자체의 관념 속에 있는 어떤 불확실성이 초월성을 인정하는 모든 논점을 혼란스럽게 하는 것 같다. 예를 들어 '초월'(transcendence)이란 말을 '능가함'(surpassing) 또는 '넘어섬'(going beyond)을 의미하는 것으로 해석한다면 도道는 초월적으로 보인다. 도道는 언어로 그것을 표현하려는 우리의 시도를 능가하고 넘어서기 때문이다. 그러면서도 도道는 일상적인 경험의 가장 평범한 대상 속에 내재하고 현재하는 것이라고 믿고 있다. 그러므로 전통적으로 기독교적 신이 있다고 보는 시각에서는 초월적이지 않다. 이렇게 본다면 도道를 초월의 범주에 넣을 것인가 하는 결정은 애매해진다.[100] 이러한 맥락에서 비판을 진행한 사람이 독일철학자 하이너 로츠(Heiner Roetz)이다. 그는 중국사상에는 구체적 세계(this one)를 초월하는 세계의 강력한 존재론적 의미가 없다는 것을 인정하고, 도교사상가들에게 도道는 문화적이고 정치적, 사회적인 현 상황에 대한 강력한 비판을 수반하는 한에서 초월적이라고 지적한다. 그런데 로츠는 홀과 에임스의 신실용적 문맥적 접근은 고전시대에 중국철학적 사색의 탈인습적(post-conven-

---

100) '초월'을 정의하는 어려움에 대해 Hall과 Ames가 다룬다. D. L. Hall and R. T. Ames, *Thinking from the Han: Self, Truth, and Transcendence in Chinese and Western Culture* (Albany, NY: State University of New York Press, 1998), pp.189~193. 초월의 또 다른 후보는 '천국의 명령'이란 관념이다. Tang Yi-jie, "Transcendence and Immanence in Confucian Philosophy", P. K. H. Lee (ed.), *Contemporary Confucian-Christian Encounters in Historical and Contemporary Perspective* (Hewiston: Edwin Mellen, 1991)도 참조.

tional) 전통 초월적(tradition-transcending) 성격을 신뢰하지 못하고 중국 종교의 세계 내재성(inner-worldliness)이라고 생각되는 것과 베버(Weber)부터 계속 유대와 기독교 사고의 특징으로 생각되어 온 근본적인 초월 사이 간격을 최소화하려고만 애썼다고 비판한다.[101]

두 번째로 주목해야 하는 것은 방법론적인 것으로, 지금쯤은 독자들이 익숙할 것이다. 앞에서 언급했듯이 홀과 에임스는 중국의 개념을 전형적인 서양의 것으로 전환하는 위험성과 초월이라는 익숙한 렌즈를 통해 도교적 정신성을 조망하는 것에 조심스럽게 주목했다. 그들은 동일하게 다듬어진 강철보다는 각기 다른 울퉁불퉁한 통나무로 만들어진 새로운 다리를 세우려 했다. 그러나 이러한 열정은 그들이 비판하려고 했던 것과 똑같은 함정에 자신들을 빠뜨리고 말았다. 넓게 보면, 거대한 오리엔탈리스트 게임에서 각 시대 각기 특별한 흥미를 가진 사람들이 아시아사상을 자신들의 지적 성좌의 궤도 안으로 끌어들이려고 해 왔다. 한편에서는 지난 세기 동안 진보적인 방식으로 생각해 왔고, 다른 한편에서는 칸트 철학, 진화론, 실존주의, 정신분석, 비트겐슈타인 또는 뉴에이지 패러다임 등에서 유래한 지적 유행으로 불교를 생각하는 일련의 시도들이 있어 왔다. 이제 오늘날의 지적 유행은 홀과 에임스의 용어로 표현한 포스트모더니스트로 인정할 수 있다. 이러한 관점에서 우리는 우리 자신의 게임 버전이 도교를 좀 더 잘 이해하고 통찰할 수 있는 것인지 아니면 단순히 또 다른 불가피한 우발적 시각의

---

101) H. Roetz, *Confucian Ethics of the Axial Age: A Reconstruction under the Aspect of the Breakthrough Toward Postconventional Thinking* (Albany, NY: State University of New York Press, 1993), p.273 · chaps.1~2 외. Hall과 Ames가 Roetz가 '중국의 주요 시대 윤리학을 계몽시대의 윤리학으로 재해석'하는 방법을 취하는 것이 유럽 근대주의적 역사법칙주의의 기획이라고 응수할 수도 있다.

포스트모던 시대에 적합한 포스트모던적 해석은 아닌지 의심할 권리를 갖는다. 그들이 중국의 지적이고 정신적인 전통을 정밀하고 충분한 자료로 재고하는 것은 분명하다. 하지만 너무 쉽게 포스트모던적 관심에 밀어 넣어 어떤 절대적인 의미에서 그들의 이야기가 이전의 설명보다 진보한 것인지를 묻게 만든다. 포스트모더니티의 기치 아래 서양에서 등장한 이론적 접근은 이전의 사상 유행보다 더 '중국적 정신'에 가깝게 우리를 이끄는 것인가 아니면 단순한 또 다른 서양의 게임이 펼쳐지고 있는 것인가? 홀과 에임스는 확실히 철학은 어쩔 수 없이 개별적이고 문화적으로 고정될 수밖에 없다는 것을 인정한다. 실용주의와 역사법칙주의로 향하고 있는 오늘날의 추세를 그들이 인정한 것은 적어도 그들 스스로가 다루고 있는 지적 성취 역시 결코 마지막 정의나 버전이 될 수 없고 아직 계속 변화의 가능성이 있다는 것을 암시한다.102) 이와 연관된 문제에 대해서는 다음 장에서 좀 더 자세하게 다룰 것이다.

---

102) 그들의 '해석의 다양성'은 D. L. Hall and R. T. Ames, *Anticipating China: Thinking through the Narratives of Chinese and Western Cultures* (Albany, NY: State University of New York Press, 1995), pp.142~146에 개괄되어 있다.

제8장 새들의 지저귐

THE TWITTER OF BIRDS[1]

철학적 주제

1. 차이 생각하기

서양철학의 관점에서 본다면 도교는 서양철학의 초석인 이성적 논의를 전복시키는 데 열중하는 가장 비철학적 전통처럼 보인다. 『노자』와 『장자』의 중심 주제는 언어 범주로는 세계를 궁극적으로 접근할 수 없다는 것이고, 지금까지 장자는 이성을 비웃고 비지성적인(non-intellectual) 기교와 솜씨만을 보여 주는 반이성주의자(anti-rationalist)로 보였다. 최근까지도 도교에는 철학적 의미가 없다는 생각이 일반적이었다. 도교와 서양철학이 결실 있는 대화를 시작하려면 이러한 억설에 의문을 제기하는 것이 필요하다. 이러한 문제 제기로 이 장을 시작하려 한다.

중국과 서양이 서로 철학적 이해를 해 나가는 데 장벽 중 하나가 중국에는 철학이 없다는 의심과 전통적인 중국 특히 도교는 서양의 것에 상응하는

---

1) 역주: 이 제목은 『莊子』에 나온다. 『莊子』, 「齊物論」, "夫言非吹也, 言者有言, 其所言者特未定也. 果有言邪? 其未嘗有言邪? 其以爲異於鷇音. 亦有辯乎? 其無辯乎?"

철학적 시스템을 제시하지 못했다는 생각이다.[2] 서양은 동양 사고를 본래 신비주의적이라고 생각하거나 또는 진지한 분석이나 논의의 시도가 없는 일상적인 교훈의 형식에 기반을 둔 철학적 사고라고 간단하게 판단해 왔다. 오랫동안 한센(Chad Hansen)이 동서양의 사상을 '우뇌-좌뇌 판단방식'으로 비교하면서 쉽사리 이름 붙인 전형 때문에 난항을 겪어 왔고,[3] 중국사상을 비합리적 신비주의 형식으로 규정하고 '이성'과 '직관' 같은 보완적 범주 간의 대비로 서양-동양 이분법을 구성해 왔다. 이러한 구성의 고전적인 예가 노스럽(F. S. C. Northrop)에 의한 구분이었다. 그는 '가정에 의한 관념'과 '직관에 의한 관념'으로 구별하고, 전자는 서양의 추론을 지배하고 후자는 동양의 문화에 고유하다고 주장하였다.[4] 이 기원은 마테오 리치와 그의 추종자의 시대로까지 거슬러 올라간다. 그들은 서양의 철학적 범주는 중국의 사고 방식에는 적용할 수 없고 중국인들은 논리적인 능력이 부족하다고 확신하였다.[5] 이러한 믿음은 종종 유럽 전통에만 집중하고 철학은 그리스만의 관심사라고 생각하는 경향의 철학사에서 더 생생하게 강조되었다.[6] 한 철학자는 이렇게 반어적으로 표현하기도 하였다. "철학은 그리스어로 오직 그

---

2) H. H. Dubs, "The Failure of Chinese Philosophy to Produce Philosophical Systems", *T'oung Pao* 26 (1929).

3) C. Hansen, *A Daoist Theory of Chinese Thought* (New York: Oxford University Press, 1992), p.302.

4) F. S. C. Northrop, *The Meeting of East and West: An Inquiry concerning Human Understanding* (New York: Macmillan, 1946), p.83. Northrop의 이러한 구별은 단순한 형식에 그치지 않고 현대 철학 발전을 위한 정교한 구조의 기초가 되고 말았다. Northrop에 대한 평가는 K. Inada, "Northropian Catagories of Experience Revisited", *Journal of Chinese Philosophy* 19(1) (1992) 참조.

5) J. Gernet, *China and the Christian Impact: A Conflict of Culture* (Cambridge: Cambridge University press, 1985), p.241.

6) A. Flew, *An Introduction to Western Philosophy* (London: Thames & Hudson, 1971).

리스인만이 한다."[7] 중국인들은 본래 실용적인 사람들이라 형이상학에는 관심이 없고 중국철학에는 논리학이 없다고 생각했으며, 심지어 노자나 공자와 같은 위대한 사상가들도 실제로 천재적인 철학자가 아니고 철학과는 전혀 관계없는 도덕주의자나 시인이라고 확신하는 분위기였다.[8]

여기서 문제는 중국사상의 형식과 방법론은 서양철학자들의 전형과는 완전히 다르다는 것이다. 칼텐마르크(Max Kaltenmark)는 『도덕경』은 "철학적인 글이 아니다. 어떤 종류의 논증도 없이 단지 결론만을 말하고 있다"라고 주장하기도 했다.[9] 도교는 생소한 언어와 애매모호함과 역설을 좋아하고 논리적인 법칙을 철회하는 것처럼 보인다. 특히 말할 수 있는 가능성에 대해 그릇된 의문을 품고 있는 것처럼 보이기도 한다. 이를 서양철학이 소화하기란 낙타가 바늘구멍을 지나는 것보다 어려웠다. 마르셀 그라네(Marcel Granet) 이후 중국과 유럽 언어 사이의 구조적 차이가 사고방식에 있어 근본적인 차이를 의미하는지에 대한 논의가 있어 왔다. 중국에 대한 위와 같은 태도는 이러한 논의로 인해 더 고조되었다. 1934년에 그라네는 "중국 언어는 관념을 나타내고 개념을 분석하거나 추론적 방식으로 원리를 설명하기 위해 나온 것이 아니다. 그것은 완전히 감정을 소통하고 행동 방식을 제시

---

7) S. Critchley, "Black Socrates? Questioning the Philosophical Tradition", *Radical Philosophy* 69 (1995), p.18. 서양철학사에서 아시아의 사상 전통의 위치를 개괄한 것은 W. Halbfass, *India and Europe: An Essay in Understanding* (Albany, NY: State University of New York Press, 1988), chap.9 참조. 오리엔탈리스트 논의에 불합리한 가정은 J. Goody, *The East in the West* (Cambridge: Cambridge University Press, 1996)에서 검토.

8) C. A. Moore (ed.), *The Chinese Mind: Essentials of Chinese Philosophy and Culture* (Honolulu, HA: University of Hawaii Press, 1968), pp.8~9; A. de Riencourt, *The Soul of China: An Interpretation of Chinese History* (New York: Harper & Row, 1965), p.75.

9) M. Kaltenmark, *Lao Tzu and Taoism* (Stanford, CA: Stanford University Press, 1969), p.36.

하고 설득하고 바꾸기 위해 만들어졌다"라고 주장했다.10) 심지어 그라네에 앞서 페놀로사(Ernest Fenollosa)는 중국 문자는 이미지를 불러일으키는 압축성과 시적인 표현 경향을 가지고 있으며, 이는 서양의 남성적 양陽과는 반대로 여성적 음陰의 사고방식을 알려 준다고 하였다.11) 최근 나카무라 하지메(中村元)는 중국의 독특한 문법적 특징의 핵심은 "중국 사유의 언어적 표현이 비논리적 성격이라는 것"이라고 주장했다. 그리고 과학사학자 토비 허프(Toby Huff)는 중국 언어를 과학과 변증법적 논의에는 부적합한 언어라고 주장하였다.12) 로만(Johannes Lohman)은 독특한 문법적 특징 때문에 중국 언어는 유인원과 네안데르탈인과 유사한 '원시적 인간 언어 상태'를 보인다는 더 극단적인 입장을 취하기도 한다.13)

서양인들은 최근까지도 두 문명에는 일치할 수 없는 간극이 있다고 생각했다. 그러나 상황이 바뀌고 있다. 몇십 년 전까지만 하더라도 실증주의와 언어분석이 여전히 영어권에서 우세하였지만, 바흠(Archie Bahm)과 단토(Arthur Danto) 같은 철학자들이 도교 개념에 대해 진지하게 생각하기 시작했다.14) 물론 도교는 서양철학의 주목 없이도 완벽하게 잘할 수 있다. 우리는

---

10) M. Granet, *La pensée chinoise* (Paris: Albin Michel, 1934), p.82.

11) E. Fenollosa, *The Chinese Character as a Medium for Poetry* (London: Stanley Nott, 1936). 1908년 그의 사후 몇 년이 지나서 출판되었다.

12) T. Huff, *The Rise of Modern Science: Islam, China, and the West* (Cambridge: Cambridge University Press, 1993), p.299.

13) H. Nakamura, *Ways of Thinking of Eastern Peoples* (Honolulu, HA: University of Hawaii Press, 1964), p.37; T. Huff, *The Rise of Modern Science: Islam, China, and the West* (Cambridge: Cambridge University Press, 1993), pp.215 · 299; J. Lohman, *Philosophie und Sprachwissenschaft* (Berlin: Duncker & Humboldt, 1965), pp.172~173; C. Harbsmeier, *Aspects of Classical Chinese Syntax* (London: Curzon Press, 1981); H. Lenk and G. Paul (eds.), *Epistemological Issues in Classical Chinese Philosophy* (Albany, NY: State University of New York Press, 1993) 참조.

도교를 철학의 특권 집단에서 배제하는 것을 마치 도교에 문제가 있거나 미성숙한 점을 보여 주는 것이라고 생각하는 오리엔탈리스트의 억설을 경계해야 한다. 노든(Bryan van Norden)은 "우리가 '철학'이라고 일컫는 것을 다른 모든 문화에서 다루어야 한다고 생각하는 것은 다른 문화에서는 철학을 할 수 없었다고 가정하는 것과 마찬가지로 민족중심주의적인 것"이라고 비판한다.[15] 우리는 장자가 공자의 답답한 도덕주의를 일축했던 방식으로 현대 철학의 집요한 요구를 무시하는 것을 상상할 수 있으며, 도교가 철학의 법정에 소환되기보다는 진흙 속에서 행복하게 꼬리나 끌고 다닐 수 있게 되기를 바랄 수도 있다.[16]

하지만 고대 전통 관념이 현대 철학적 사고와 공명하기 시작한 방식을 논하지 않고서 서양 항해를 위한 해도를 만든다는 것은 불완전할 것이다. 중국사상이 진지한 철학적 숙고에는 부적격하다는 생각에 가장 강하게 반

---

14) A. Bahm, *Tao Teh King: Interpreted as Nature and Intelligence* (New York: Ungar, 1958); A. Danto, *Mysticism and Morality: Oriental Thought and Moral Philosophy* (Harmondsworth: Penguin, 1976).

15) B. W. van Norden, "Competing Interpretation of the Inner Chapters of the Zhuangzi", *Philosophy East and West* 46(2) (1996a), p.225.

16) 역주: 『莊子』 「秋水」편에 장자가 권력의 전쟁터가 아니라 자연인으로의 삶을 즐기겠다는 내용의 이야기가 나온다. 다음은 楚王으로부터 나랏일을 맡아 달라는 전갈을 들은 장자의 대답이다. "듣자니, 초나라에는 신령스런 거북이가 있는데 죽은 지 3천 년이나 되었다더군요. 왕이 그것을 상자에 넣어 비단으로 싸서 묘당 위에다 소중하게 간직하고 있다지요? 이 거북이는 죽어서 남은 뼈가 그렇게 받들어지길 원했을까요? 아니면 살아서 진흙 속에서 꼬리를 끌며 다니기를 원했을까요?…… 돌아가시오. 나도 진흙 속에서 꼬리를 끌며 다니렵니다." 장자의 철학에 대해 서양철학의 형식이나 현대 철학적 관심에서 쉽게 판단하고 평가하려는 시도 자체를 장자의 시선에서 보면 어떨까 하는 저자의 생각이 흥미롭다. 맹자는 시비를 판단하는 것을 앎의 시작이라고 했지만 장자는 시비판단이 정말 가능한 것인가를 묻는다. 판단을 한다는 것은 다른 면에서 스스로의 판단에 갇혀 배제와 배타심을 낳는다. '동양에는 철학이 없다'는 판단이 이미 자기중심적 판단일 수밖에 없다. 장자가 보기에는 내가 옳지 않을 수도 있다는 열린 자세가 진정한 지혜였다. 특히 「齊物論」편에서 판단의 문제를 집중적으로 다루고 있다.

대한 사람 중 한 명이 한센이다. 앞 장에서 언급했듯이, 그는 중국철학은 시적, 아날로그적, 비이성적(non-rational) 사고방식에만 기반하고 있으며 서양 과는 완전히 다른 '그들만의 논리'(special logic)에 의해 작동하고 심지어 '반박 과 모순을 지지하는' 사고방식에 기초한다고 생각하면서, 기존의 믿음을 강 하게 거부한다.17) 또 이것은 본질적으로 중국철학에서 추론적 논쟁이 없었 다는 주장을 지지하는 인종차별주의적 시각이라고도 비판한다. 하지만 한 센의 주장이 사실이라고 하더라도 그의 견해로는 중국과의 사고방식의 기 본적인 차이점이 무엇인지를 추론하기 어렵고 서양철학과의 대화를 가능하 게 만들지 의심스럽다.

한센은 상호 이해에 이르는 핵심이 도道라는 중심 개념에 있다고 생각 한다. 서양의 주석자들은 이 용어를 이원론적 관점에서 전형적으로 해석해 왔다. 그들은 도道를 수많은 일상적 경험 너머에 존재하는, 말로 다할 수 없는 초월적인 하나(one)로 보고, 여기에 파르메니데스식의 일자―者(Parmenidean One)의 영원성 또는 기독교적 로고스의 신비적 초월성과 같은 지위를 부여 했다. 한센은 고전시대의 중국철학은 이것과는 근본적으로 다른 함축적인 전제에서 출발하며, 또 전통적인 서양 형이상학이나 신비주의와 비교하지 말고 현대 언어 철학과 비교해서 보아야 한다고 주장한다. 초기 전통 서양 철학은 외부 또는 초월적 세계와 그것과 일치하려는 '의미'의 내재적이고 주관적 세계라는 이원적 모델에 사상과 언어의 의미가 영향을 주는 것처럼 보기도 했었다. 그러나 중국의 철학자들은 사상과 언어의 의미는 세계를 묘사하거나 설명하는 것보다 행위를 명령하고 지배하는 기능을 주로 '논의

---

17) C. Hansen, *Language and Logic in Ancient China* (Ann Arbor, MI: University of Michigan Press, 1983a), p.14.

를 관리하는' 컴퓨터 프로그램과 같은 일련의 공적인 성격이라고 보았다. 요컨대 언어의 탁월한 기능은 묘사하는 것보다 조절하는 것이다. 이러한 기능주의적 또는 실용주의적 관점에서 도道는 난해하고 신비적인 경외와 숙고의 매력적 대상이 아니라 기능적인 인간의 논의라는 지상의 영역에서 발견되는 것이다. 그러나 한센에 의하면, 도교와 유교 사이에는 중국철학 논의의 핵심이 되는 중요한 차이가 있다. 유교는 공인된 전통과 사회적 조화라는 관점에서 도道를 해석하는 길잡이로서의 언어(language-as-guidence)라는 전통적인 이론을 채택하는 반면에, 도교는 관습적 형식으로 지나치게 진지하게 다루는 언어와 논의의 한계를 지적한다. 장자에 따르면 "우리는 다르고 같은 척도로 비교할 수 없는 많은 길잡이로서의 도道가 있다." 유교가 행동지침으로 사회적, 관습적 논의 형식을 주창했다면, 도교의 도道는 '언어가 다르면 다르게 이끈다'고 믿고 우리가 '언어의 사회화의 영향에서 벗어나도록' 노력할 것을 충고했다.[18]

중국사상은 여러 면에서 전통 서양철학과는 다르다.(전통 중국이 어떤 진정한 철학을 보여 주는가 하는 의심을 증폭시키는 거리가 있다.) 그렇지만 언어와 마음 그리고 사회가 어떻게 상호작용하는가 하는 실용주의적 지식과 언어에 관해서만은 현대 서양철학과 관심을 공유한다. 사실 전통 중국철학이 20세기 철학에서 어느 정도 발전할 것이라고 기대했었다. 그리고 이제 중국철학과 현대 서양철학은 어느 정도 상응하고 있다. 한센은 우리가 해야 할 것은 도교사상가를 마치 파르메니데스식(Parmenidean) 형이상학자로 보고 도道를 현상 배후에 존재하는 순수한 불변의 것으로 규정하고 읽는 것을 그만두는

---

18) C. Hansen, *A Daoist Theory of Chinese Thought* (New York: Oxford University Press, 1992), pp. 203 · 210 · 268.

것이라고 굳게 믿고 있다. 한센식의 독법에서 장자는 우리를 이성 너머 우리의 일상적 경험 뒤의 신비적 세계가 아니라 과격한 언어 철학자에게로 데려간다. 그의 목표는 관습적 언어의 제한적 실행과 기성관념과 편견의 횡포, 특히 지배적 유학자들에 의해 의식화되고 미화된 것을 전복하는 것이다.19)

이러한 논의가 얼마나 정확하게 서양철학적 사고와 연관되어 있는 것인가? 한센은 현대사상의 맥락에서 도교의 중요한 가치는 스스로 발견하게 하는(heuristic) 창조적 탐구의 가능성이라고 생각했다. 다르게 철학하는 방법의 예로 전통 서양의 사유방식에 비판적 대조로 기능할 수 있는 그 잠재력에 도교의 가치가 있다. 특히 도교는 우리에게 심각한 질문을 하게 할 수 있다. 철학자들이 사유의 조작을 즐기는 허구적 대안에서 벗어나 "근본적으로 다른 가정으로 철학한다는 것은 어떤 것인가?"20) 이것은 미지의 상상에서가 아니라, '정말로 아주 다른 실제의 장소'에서부터 다시 출발하는 철학의 신임장을 재검토할 가능성을 열어 준다.21)

이러한 전략은 그들의 동일성보다는 차이 덕분에 가능해 보인다. 그들의 차이가 두 전통을 대화로 끌어들이는 길을 열어 줄 수 있다. 그러나 한센이 말한 것과 같은 대안적 도교 모델은 이미 너무 익숙한 것이 되어 버렸다. 함축적 차이가 새 철학의 통설에 동화되면서 무력화되고 있다. 도교를 논의

---

19) C. Hansen, *A Daoist Theory of Chinese Thought* (New York: Oxford University Press, 1992), chaps.1 · 6 · 8.

20) Hansen은 여기서 Wittgenstein의 허구적 세계와 언어게임을 조작하는 경쟁 습관을 철학에서 표준 사고방식의 특징으로 대하는 방식이라고 생각하는 것 같다.

21) C. Hansen, *A Daoist Theory of Chinese Thought* (New York: Oxford University Press, 1992), p.2.

의 전통적 기능 분석과 관련한 '언어철학'으로 보는 주장은 지식과 존재에 대한 근본 진리를 세우는 것을 철학의 임무로 보는 서양철학의 전통적인 방법과는 확실히 대조적이다. 한센이 지적했듯이 중국철학은 그 문제에 관해 '현대적인 고리'(modern ring)를 가지고 있다. 현대적 사고 맥락에서 가능한 방식으로 전통 서양철학의 가정에 의심을 품는 언어와 정신을 제공한다.[22] 그러나 언어가 근본적으로 지시 기능보다 사회적 실용주의적 기능을 수행한다는 것이나 지식을 외부 세계와 사변적으로 연관된 어떤 내적 과정으로 보는 모델을 거부하는 것 모두 새로운 것은 아니다. 사실 한센은 이러한 맥락에서 비트겐슈타인(Wittgenstein)과의 유사성을 숨기려고 하지 않는다. 더구나 철학적 사유의 형이상학적 모델을 20세기 영어권 철학의 '언어의 전환'(linguistic turn)과 어울리는 언어적인 것으로 대신하는 것이 단순히 유럽적 기획의 형태로 보일 수도 있다. 한 비평가의 말대로 한센은 어느 정도의 실증 철학적 입장에서 형이상학을 경시하고 서양의 이성주의적 사고 형식 즉 현대 언어철학을 우위에 놓음으로써 자신의 논제를 위태롭게 하고 있다. 한센의 기획은 이와 같이 '전형적인 중국 세계에서는 별로 중시되지 않았던 것을 분석적 기준으로 받아들일 것을 요구하는 무비판적 이성주의'로 약화된다. 또한 그의 이런 방식은 "때로 다양하고 불협하는 소리의 풍요로움을 하나의 올바른 설명이라는 단조로움으로 좌절시킨다."[23] 또한 중국 고전에

---

22) C. Hansen, "Language in the Heart-mind" (1989), R. E. Allinson, *Understanding the Chinese Mind: The Philosophical Roots* (Hong Kong: Oxford University Press, 1989b), p.119.

23) R. T. Ames, "Review of Hansen" (1992), *Harvard Journal of Asiatic Studies* 54(2) (1994), p.559. 이러한 비판은 Hansen의 기획을 대부분 인정하는 평론 가운데서 나온 것이다. Hansen의 다른 비판은 W. Alt, "Philosophical Sense and Classical Chinese Thought" (a review of Hansen, 1992), *Asian Philosophy* 6(2) (1996) 참조.

대한 한센의 해석이 역사적으로 타당한 것인지 하는 의문도 갖게 된다. 그리고 서양이 중국철학을 접근할 수 있고 받아들일 수 있게 하고 싶은 그의 열정 때문에 초기 도교 저작의 형이상학적 함의와 자기개발과 내적 순화라는 정신적·종교적 이상과 도교와의 연관성을 불가피하게 무시한 것은 아닌지 하는 것도 논의의 여지가 있다. 또 다른 면에서 보면, 도교를 현대 철학에 동화시키려는 이러한 시도는 한센 자신이 '근본적인 차이'를 주장했음에도 불구하고 서양사상과 도교의 차이 심지어 낯섦을 무시하게 될 수도 있고 이런 식으로 도교의 강한 전복적 잠재력을 잃을 수도 있다.

변증법적 복잡성과 고전적인 중국 전통의 철학적 경향을 인정하는 범위에서 여러 사상가들이 한센의 의견에 동의해 왔다. 니덤과 그레이엄은 중국 언어가 유럽 언어와는 상당히 다르지만, 기술적으로나 역사적으로나 체계적으로 명확한 사고를 할 수 있음을 보여 주는 수단이라고 인정했다.[24] 그레이엄의 주요 저작 『도의 논쟁자들』(*Disputer of the Tao*)은 특히 그리스의 철학적 논쟁의 전성기와 필적할 만한 시대인 전한前漢시기의 철학적 사고의 정교함을 묘사하면서 설득하고 있다. 그는 최근 연구에서 "대부분의 고대 중국사상가는 생각했던 것보다 훨씬 더 합리적"이라는 결론을 내리고 있다.[25]

그렇지만 도교를 다른 방향으로 이동시키려는 사람도 있고 한 장소에

---

24) 추상성과 중국 언어의 문제에 대해서는 A. C. Graham, *Disputers of the Tao: Philosophical Argument in Ancient China* (La Salle, IL: Open Court, 1989), pp.398~401 참조.

25) A. C. Graham, *Disputers of the Tao: Philosophical Argument in Ancient China* (La Salle, IL: Open Court, 1989), p.7; H. Roetz, *Confucian Ethics of the Axial Age: A Reconstruction under the Aspect of the Breakthrough Toward Postconventional Thinking* (Albany, NY: State University of New York Press, 1993) 참조.

정주시키려고 시도하는 사람도 있다. 두 경우 모두 전통 도교와 현대 서양 철학 간의 차이를 한센보다도 더 강하게 강조한다. 한편 동시에 이 차이를 서양 전통을 전복하고 그렇게 서양 전통과 통약할 수 있는 것(commensurable)으로 본다. 이러한 접근은 도교 언어의 지적이고 은유적이고 심지어 원시적인 경향을 간과하기보다 강조하고 이것을 전통적인 서양철학만이 아니라 현대적 논의와도 대조시켜 보려는 것이다. 이러한 시각을 이해하려면 오늘날 심각한 과도기적 과정 심지어 종말론적 위기에 있는 것처럼 보이는 서양 철학 자체에서 일어난 변화를 간단히 살펴보아야 한다.

니체, 하이데거, 에이어, 비트겐슈타인, 데리다와 로티가 다양하게 선언했던 서양철학의 종말, 철학의 죽음 또는 철학의 근본적 변화가 이제는 너무 익숙하다. 심지어 긴박한 죽음이라는 말이 과장된 것이라고 말했던 사람들조차 철학의 본질에 대한 심각한 변화를 비판적으로 고찰하는 것이 유행이 되었다.[26] 철학함에 대한 또는 철학함의 새로운 사고방식이 기존의 철학적 지위에 특유의 도전을 한다. 지금까지 문학 등의 다른 장르와 관련해 철학을 우위의 범주에 두는 것이 일반적이었다. 철학은 기초 학문 분야로 기능해 왔고 방법론적이고 이론적 객관성을 통해 다양한 형식으로 지식의 경계를 한정하고 정당화하는 지배적인 서술이었다. 그러나 이제 이러한 철학이 전복된다. 심지어 철학의 '죽음'이 거부되는 곳에서도 철학적 기획에서 해석, 사적 전거와 다양한 문화, 인종, 그리고 젠더(gender)의 역할을 더

---

26) 서양철학 전통의 위기라고 생각하는 것은 K. Baynes, J. Bohman, and T. McCarthy (eds.), *After Philosophy: End or Transformation?* (Cambridge, MA: MIT Press, 1987)에 있는 논문을 참조. D. L. Hall and R. T. Ames, *Thinking through Confucius* (Albany, NY: State University of New York Press, 1987), pp.35~40에서도 논의한다. 철학의 죽음은 말할 것도 없고 위기상황에 있다는 것조차 부정하는 사람들이 많다.

진지하게 고려해야 한다는 인식이 강화되고 있다. 아시아나 다른 대안들을 누르고 서양 지식의 권위로 합의된 전제를 기반으로 했던 확실성과 가능성에 대한 가정들에 대해 점점 강한 의문이 제기되고 있다. 이러한 변화의 과격한 전도사 중 한 명이 '포스트철학'(postphilosophy)의 예언자 리처드 로티이다. 그에 의하면 새로운 철학 스타일은 확신하는 것(convincing)이 아니라 대화하는 것(conversing)이다. 이 철학의 목적은 자연을 거울삼아 행동하거나 인간 경험을 체계화하는 것이 아니라 마음을 기르는 것(edifying)이며, 철학의 역할은 "현재의 제도나 관습에 '근거를 마련해 주는 것'(grounding)이 아니라 낡아 빠진 언어와 태도로부터 벗어난 독자 또는 사회 전체를 돕는 것(to help)"이다.[27] 플라톤, 데카르트, 러셀과 같은 '추론적이고 입론을 세우는' 체계적인 철학자들과는 달리 마음을 기르는(edifying) 철학자들은 "역설적 풍자와 패러디, 잠언을 제시한다."[28] 이것은 로티의 철학하는 방식의 중요한 변화를 의미한다. 그는 전보다 "훨씬 덜 논증적(dialectical)이고 더 서술적인 이야기(telling a story)로 말한다."[29] 이러한 영향으로 신실용주의, 해체비평, 해석학, 여성해방론과 환경철학 같은 새로운 문화가 등장했다는 것이 가장 고무적이다. 우리는 이 목록에다가 초기 계몽주의적 서술 경계를 넘어 한층 더 비판적인 시각을 가진 오리엔탈리즘을 추가해야 한다. 도교는 분명 이러한

---

27) R. Rorty, *Philosophy and the Mirror of Nature* (Oxford: Blackwell, 1980), p.12. Rorty는 특히 비트겐슈타인의 후기 저작과 하이데거와 듀이를 언급하고 있다. 이 저작은 어떤 의미에서 이러한 논의의 '기본적인' 텍스트이다. 하버마스는 사회적 요구의 형식에서 그리고 MacIntyre는 역사 서술(historiography)의 형식에서 철학의 변환에 대해 생각해 왔다.

28) R. Rorty, *Philosophy and the Mirror of Nature* (Oxford: Blackwell, 1980), p.369.

29) D. L. Hall, *Richard Rorty: Prophet and Poet of the New Progmatism* (Albany, NY: State University of New York Press, 1994), p.9.

틀 안에 있으며 앞에서 이미 언급해 왔던 무정부주의, 페미니스트, 환경주의적 사고와도 연결되어 있다. 다수의 로티식 '마음 기르기'(edifying) 철학자들이 이러한 고대 오리엔탈 사고유형과 이런저런 방식으로 관련되어 있다는 것이 이제는 놀랍지도 않다.[30]

하이데거는 특히 동서양 연결에 있어 아주 중요한 고리이다. 한센이 도모한 대안적 전략에 초점을 맞추려면 하이데거와 도교사상과의 연계를 어느 정도 이해해야 한다. 비록 하이데거가 그의 저작에서 아시아사상에 대한 언급은 거의하지 않았지만 이제 그가 도교와 친했다는 것은 분명해졌다. 일찍이 그가 『도덕경』과 『장자』를 번역하고 1920년대 가장 영향력 있는 저작인 『존재와 시간』을 쓰고 있을 때부터 그는 도교철학에 친밀한 유사성을 느꼈다.[31] 하이데거의 사상은 본질적으로 유럽적이며 서양의 사상과 문화에 대한 깊은 성찰을 보여 준다. 그러나 이러한 기성의 인식이 이제 좀 더 넓은 맥락에서 다루어질 필요가 있을 것 같다. 유럽 언어와 사상의 세계화 목적(telos)에 대한 그의 생각과 "유럽인은 동아시아인들과 아주 다른 집에 거주하는 것 같다"라는 그의 언급은 "서양의 동아시아 세계와의 대화의 필연성"[32]이란 생각과 함께 놓여야 한다. 그러나 무엇보다도 그의 주요 개념들이 도교나 선불교 고전에서 영감을 받았다는 사실을 받아들여야 한다. 하이데거의 저작은 도교와 "깊이 감춰진(hidden) 유사성을 보여 주며 실제로

---

29) Rorty는 '인류와의 대화'라는 생각에 열정적이고 다양한 언어를 지지한다. 그럼에도 불구하고 로티의 저작은 놀랍도록 유럽 중심적이다.

31) R. May, *Heidegger's Hidden Sources: Asian Influences on his Work* (translated with a complementary essay by Graham Parkes, London: Routledge, 1996); G. Parkes (ed.), *Heidegger and Asian Thought* (Homolulu, HA: University of Hawaii Press, 1987).

32) M. Heidegger, *On the Way to Language* (New York: Harper & Row, 1971), p.5.

지금까지는 알지 못했지만 동아시아 원전에서 지대한 영향을 받았다."[33] 이 사실은 지금까지 숨겨져 왔으며(concealment) 그레이엄 파커스(Graham Parkers)가 "현대 서양 관념사의 한 장章을 다시 써야 할 것"이라고 생각하게 만들었다.[34]

하이데거의 사상 중 어떤 것이 도교와 '보이지 않는(hidden) 유사성'을 가지고 있는가? 하이데거 개념과 관점은(초기와 후기 모두) 도교의 향기(flavour)를 분명히 가지고 있다. 이성적 형이상학의 침전물 아래 묻힌 사고 근원으로의 회귀, 완전한 존재론적 통합의 의미, 현존재(Dasein)와 '세계 내 존재'(being-in-the-world)라는 관념으로 압축되는 이원론적 사상의 극복, 현존재는 고정된 영원성이 아니라 예정된 목표 없이 항상 여전히 진행 중이라는 사고, 사물의 '세속성'(worldliness), 세계를 향한 비조작적 태도(non-manipulative)와 영원성을 향한 '해방'(releasement)의식 또는 '그냥 두기'(letting be), 이성적 판단보다는 존재의 개방을 강조하는 사고방식, 존재(Being)와의 관계에서 돌봄과 관심의 기본적인 역할에 대한 인식, 그리고 생각과 시 쓰기(poetising) 사이의 반복적 연상 등, 이미 잘 알려진 하이데거의 초기나 후기의 많은 개념과 시각 모두 도교의 향기가 배어 있음이 확실하다. 그러나 하이데거의 사상과 도교사상과의 차이 또한 당연히 존재한다. '진실성'(authenticity)이라는 말로 요약될 수 있는 세계 내 존재(being-in-the-world) 방식의 수양이라는 점에서 도교와 하이데

---

33) R. May, *Heidegger's Hidden Sources: Asian Influences on his Work* (translated with a complementary essay by Graham Parkes, London: Routledge, 1996), pp.51~53.

34) R. May, *Heidegger's Hidden Sources: Asian Influences on his Work* (translated with a complementary essay by Graham Parkes, London: Routledge, 1996), p.x. '하이데거와 동양사상'에 대한 심포지엄 회보가 1970년 *Philosophy East and West* 20(3)에 실려 출판되었다.

거의 관심이 일치하지만, 도교에는 죽음을 마주해 인간의 자유를 드러내는 의미도, 세계에 '던져진' 존재라는 어떤 인식도 없다. 그렇지만 두 사고방식은 중심으로 향하는 수렴점이 있다. 주목할 만한 것은 하이데거의 존재의 운명이 묘하게도 도교의 도道의 운명의 어떤 면을 연상시킨다. 하이데거의 사상에서 존재의 역사는 플라톤적 형이상학의 고찰에서 존재의 '타락'으로 시작하는 한편, 도교사상가들에게 도道의 역사는 언어의 등장과 문명이라는 사회적 관습으로 인해 쇠퇴하기 시작한다.

하이데거는 사실 특히 도道라는 관념을 끌어들여 그의 저서 『언어로의 도상에서』(On the Way to Language)에서 도道는 "노자의 시적 사상의 중심어"일 뿐만 아니라 "모든 길을 제시하는 길이며 바로 우리가 생각하는 힘의 근원이다.…… 아마도 깊은 사색의 신비로움 중의 신비로운 것이 '도道'라는 말 자체에 숨겨져 있다"라고 하였다.[35] 마이(Reinhard May)가 하이데거와 도교의 유사성에 대한 상세한 연구에서 지적했듯이, 도道는 하이데거 사상의 중심 관념이다. 마이는 어떻게 하이데거가 암호적인 도교 용어와 유사성을 갖게 되었는지, 예를 들어 『도덕경』에서 사용하는 도道라는 용어와 정확하게 상응하는 하이데거의 'way'와 'saying'의 연관성에 있어서 몇 가지 유효한 암시를 한다. 이 문제에 대해서는 『숲길』(Holzwege)이라는 제목의 하이데거의 저작이 흥미를 더해 준다. 이 책에서 나무꾼이 낸 숲속의 길이란 관념, 어딘가로 가게 하려는 것이 아니라 단지 나무꾼 행위의 부산물이다. 인간의 생각이나 누구의 행위 결과가 미리 결정될 수 있는 것이 아니라 명시할 수 있는

---

35) M. Heidegger, *On the Way to Language* (New York: Harper & Row, 1971), p.92. 역사적인 연관을 탐구하기 이전에 도교와 하이데거의 밀접한 유사성을 잘 기술한 Chang Chung-yuan, *Tao: A New Way of Thinking* (New York: Harper & Row, 1975b), pp. x ~ xi 참조.

목표가 없다는 식의 질문을 연상시키는 길(way)을 보여 준다.36) 『장자』의 말로 "길(The Way)은 걸어 다니며 이루어진다."37) 이 길은 다른 사람들이 따르는 보편적인 것이고 공인된 길을 제시하는 것과는 다른 길(path)이다. 다시 『장자』를 인용하면 "위대한 도(Way)는 말로 다 표현할 수 없으며, 위대한 변론은 말로 다하지 못한다."38)

하이데거는 도道에 대해 관심을 가지면서 존재에 대해 다시 숙고하게 되었다. 널리 알려지지는 않았지만 그의 도에 대한 관심은 그의 생애에 있어 중요한 에피소드이다. 1946년은 그의 생애에 있어 학적으로나 개인적으로나 삶의 위기였다. 당시 그는 『도덕경』을 독일어로 번역하는 기획에 착수했다. 그는 중국인 학자인 폴 쉬이 샤오(Paul Shih-yi Hsiao, 蕭師毅)의 도움을 받으면서 오랫동안 공들였지만 텍스트의 극히 일부밖에 완성시키지 못했다. 하지만 이것이 그를 변하게 한 것은 확실하다. 그의 제자인 오토 피겔러(Otto Pöggeler)에 따르면, 이것은 그가 "서양사상의 발단을 위대한 한 동아시아 전통의 기원과 대조할 수 있게 해 주었으며" "하이데거의 언어를 비판적 입장으로 변화시키고 그의 사고에 새로운 방향을 제시한" 경험이었다. 피겔러는 이 시기가 "그의 사상이 나아가는 길에 중요한 단계였으며, 『존재와 시간』의 철학적 사유에서 좀 더 예술과 시로 연상되는 사고의 형식(primordial form)으로 나가게 되는 전환점이었다"39)라고 주장한다. 폴 쉬이 샤오도 『도

---

36) J. Stambaugh, "Heidegger, Taoism, and the Question of Metaphysics", G. Parkes (ed.), *Heidegger and Asian Thought* (Honolulu, HA: University of Hawaii Press, 1987), p.80.
37) 역주: 『莊子』, 「齊物論」, "道行之而成."
38) A. C. Graham (trans.), *Chuang-tzu: The Inner Chapters* (London: Harper Collins, 1981), pp.53·57. (역주: 『莊子』, 「齊物論」, "大道不稱, 大辯不言.")
39) O. Pöggeler, "West-East Dialogue: Heidegger and Lao-tzu", G. Parkes (ed.), *Heidegger and Asian Thought* (Honolulu, HA: University of Hawaii Press, 1987), pp.52·65.

덕경』을 번역하는 경험이 "하이데거에게 엄청난 영향을 주었다"라고 확신하며, 파커스(Parkes) 역시 이것이 "그의 후기 사상의 형식과 방향에 결정적인 영향을 주었다"라고 생각한다.[40]

하이데거 후기 사상의 중요한 요소 중 하나는, 처음에 플라톤의 형이상학적 철학과 함께 등장하여 최근 들어 점점 과학적이고 기술적인 이성주의로 연결되어 가는 서양의 형이상학적이고 논리 중심적인 전통을 전복시키고 계산적 사유방식의 지배에 도전하는 것이었다. 존재를 다시 생각하자는 그의 제안은 바로 2천 년간의 서양의 형이상학을 '극복'하자는 것을 의미한다. 푀겔러에 의하면, 하이데거는 분석적 사유에서 명상적 사유로의 변화를 통해 '동양과 서양의 새로운 만남을 가능하게 하는' 길(path)을 열었다.[41] 우

---

40) P. Shih-yi Hsiao, "Heidegger and Our Translation of the Tao Te Ching", G. Parkes (ed.), *Heidegger and Asian Thought* (Homolulu, HA: University of Hawaii Press, 1987), p.98; G. Parkes (ed.), *Heidegger and Asian Thought* (Homolulu, HA: University of Hawaii Press, 1987), p.8. 하이데거의 불완전한 번역 『道德經』 텍스트가 발견되지는 않았다. G. Parkes (ed.), *Heidegger and Asian Thought* (Homolulu, HA: University of Hawaii Press, 1987)에 있는 Joan Stambaugh의 "Heidegger, Taoism, and the Question of Metaphysics"와 Graham Parkes의 "Thoughts on the Way: Being and Time via Lao-Chuang", Hua Yol Jung의 "Heidegger's Way with Sinitic Thinking", 그리고 W. D. Owens, "Radical Concrete Particularity: Heidegger, Lao Tzu, and Chuang Tzu", *Journal of Chinese Philosophy* 17(2) (1990) 참조. *Journal of Chinese Philosophy* Vol. 11(4) (1984)는 도교와 하이데거의 비교에 공헌했고, 몇 논문은 G. Parkes (ed.), *Heidegger and Asian Thought* (Homolulu, HA: University of Hawaii Press, 1987)에 발췌되어 있다.
41) O. Pöggeler, "West-East Dialogue: Heidegger and Lao-tzu", G. Parkes (ed.), *Heidegger and Asian Thought* (Homolulu, HA: University of Hawaii Press, 1987), p.48. M. Heim, "A Philosophy of Comparison: Heidegger and Lao Tzu", *Journal of Chinese Philosophy* 11(4) (1984)에서도 언급함. 인도철학과 좀 더 관련시키지만 비슷한 견해가 J. L. Mehta, *Philosophy and Religion: Essays in Interpretation* (New Delhi: M. Manoharlal, 1990)에서도 제시된다. Graham Parkes에 의하면 하이데거는 '아시아에서 가장 많이 읽히고 논의되는' 바로 그 현대 철학자이다. R. May, *Heidegger's Hidden Sources: Asian Influences on his Work* (translated with a complementary essay by Graham Parkes, London: Routledge, 1996), p. x.

리가 알고 있고 하이데거 자신도 말했듯이 이러한 '새로운 시작'과 '서양의 형이상학…… 을 넘어서게 한 생각의 길(path)의 궤도'의 주요한 동력은 아시아의 원천에서 나왔다는 것이 확실하다.[42]

노자가 헤라클레이토스처럼 하이데거의 생각을 정교화하는 것 이상의 어떤 것이었는지,[43] 그리고 하이데거가 도교에 진 부채에 대한 공식적 침묵이 단순히 동양과 서양 간의 진정한 대화가 "지구(세계)와 인간에 대한 완전한 유럽화"[44]로 기술했던 것에 계속 지배받는 세상에서는 불가능하다는 인식에서 나온 것인지 여전히 의심스럽다. 라이프니츠의 경우와 마찬가지로 그가 도교를 알게 된 것이 근본적으로 영향을 주었다기보다 좀 더 확신을 주는 정도였다는 것이 사실일지도 모른다. 마이도 인과적(causal)이기보다는 동시 발생적(coincidental)이라고 비슷한 주장을 한다.

하지만 하이데거의 '새로운 시작'이라는 관점과 플라톤적 전통 서양철학을 넘어 좀 더 시적인 방식의 사고로 향하는 그의 행위는 한센의 접근 방식과는 다르다. 하이데거는 근본적인 차이를 제거하지 않고도 도교가 서양과 대화할 수 있다는 것을 보여 준다. 하이데거의 시각에서 보면 도교는 합리성이라는 보편적 규범에서 멀리 벗어난 어느 정도 난해하고 기이한 것도 아니고 중국의 철학적 사유의 무능함을 보여 주는 예도 아니다. 그 자체로 사고와 앎에 대한 충분하고 효과적인 대안적 방식일 수 있고, 동시에 일반적으로는 지식 그리고 특별하게는 철학에 대한 전통적인 서양의 태도

---

42) R. May, *Heidegger's Hidden Sources: Asian Influences on his Work* (translated with a complementary essay by Graham Parkes, London: Routledge, 1996), p. x.

43) O. Pöggeler, "West-East Dialogue: Heidegger and Lao-tzu", G. Parkes (ed.), *Heidegger and Asian Thought* (Honolulu, HA: University of Hawaii Press, 1987), p.66.

44) M. Heidegger, *On the Way to Language* (New York: Harper & Row, 1971), p.15.

에 관한 중요한 도전일 수 있다. 이것은 철학적 지식의 가능성을 부정했다기보다 완전히 다른 방식을 보여 주기 위해 전통 서양의 사고방식을 놓아 버리는 방법을 의미할 수도 있다. 이는 하이데거의 사유의 중대한 공헌으로, 서양철학의 위기에서 무엇보다도 실천 중심적인 철학으로 나아가는 도화선이 되었다. 하이데거는 철학을 객관적이고 근본적인 진리의 추구보다 인생이란 흐름에 돌려놓고 싶은 열망이 강렬했다. 하이데거에게 깊은 영향을 받은 로티의 신실용주의 역시 철학을 근본적 진리와 객관 타당한 방법을 탐구하는 것이라기보다 소통과 대화라는 사회적 실천에 기반을 둔 것으로 보았다. 번스타인(Bernstein)이 지적했듯이 이것은 "'바르게 이해하라'(get things right)라는 억압에서 벗어나 인간의 삶의 우연성에 대처하는 것에 주목하게 된다는 것"을 의미했다.45) 여기서 중요한 것은 (예를 들면 서양의 영원한 실재보다는 도교의 무상한 과정이라는 식으로) 도교철학이 서양과 다른 세계관을 가지고 있다는 것이 아니다. 우리가 주목할 것은 도교가 철학함의 다른 길을 보여 준다는 것이다. 이 길은 진리나 확실성의 탐구가 아니라 '자기변화적'(self-transformative)이고 '지향적'(orientative)이다.46)

---

45) R. Bernstein, *Beyond Objectivism and Relativism: Science, Hermeneutics, and Praxis* (Oxford: Blackwell, 1983), p.203.

46) Lao Sze-kwang (Lao Yung-wei), "Understanding Chinese Philosophy: An Inquiry and a Proposal" (1989), R. E. Allinson, *Understanding the Chinese Mind: The Philosophical Roots* (Hong Kong: Oxford University Press, 1989b), pp.277 · 290~291.

2. 회의주의, 상대주의, 그리고 비이성주의

근본적인 진리 탐구로서의 철학에 대해 이런 식으로 도전한다면 회의주의(scepticism)나 상대주의(relativism)의 문제에 이를 수밖에 없다. 철학은 오직 자기변화(self-transformation) 또는 막연한(free-floating) 대화나 시적 사색 또는 단순히 인생의 우연성에 대처하는 것에만 관여하게 되고, 이제 더 이상 앎의 이성적 탐구를 정당화할 수 없게 된다. 진리를 옹호하는 자도 없고 '따르는 자'도 없게 된다. 그리고 경쟁하는 서로 다른 철학 전통이 모두 정당하게 보이고 그 차이를 줄일 유용한 수단이 없다면, 그때는 우리가 따라야 할 최종적 명령을 누구도 하지 않는다는 결론에 이르게 될 것이다. '회의주의'와 '상대주의'는 밀접하게 관련되어 있다. 그렇다고 해서 이 둘이 같은 말은 아니다. 철학적 문헌에서는 이 둘에 대한 여러 가지 설명이 있다. 일단 지금의 논의에서는 회의주의를 세계 또는 가치에 대한 진리 도달 가능성을 거부하거나 의심하는 것으로 보고, 상대주의를 객관적 진리의 가능성이 없어서 모든 앎이 관점적(perspectival)이고 개인 또는 단체의 시점에 의존하는 것으로 보는 것이 유용할 것이다. 이러한 맥락에서 자주 사용되는 '반이성주의자'(Anti-rationalist)라는 용어는 정당성 심지어 합리성과 논리의 표준적 규범의 유용성마저 경시하거나 부정하는 것을 뜻한다. 이런 점에서 '회의주의' 의미와 가까운 것일 수 있다. 이런 모든 용어는 도교사상과 연관하여 여러 번 적용되어 왔다. 여기서는 서양철학이 도교와 조우(encounters)하는 데 있어 어떻게 이런 용어들이 구성요소가 되었는지 살펴보도록 하겠다.

우선 상대주의로 시작하자. 상대주의는 동양의 관념을 유럽 정통에 대한 라이벌로 생각했던 계몽주의 시대까지 거슬러 올라가는 (종종 함축적이긴 하지만) 유럽 오리엔탈리즘 논쟁의 한 요소였다. 새롭게 자신감을 가진 유럽은 동양의 문명과 대결하고 있는 자신을 발견했다. 한편 동양의 문명은 여러 문화적 측면에서 유럽과는 근본적으로 다르지만 유럽만큼 진보되고 교양 있는 것처럼 보였다. 사실 상대주의에 관한 문제는 보편화될 수 있다. 왜냐하면 다른 문화의 사상과 언어에 대한 대부분의 탐구에서 이 문제를 피하기 어렵기 때문이다. 장룽시(張隆溪)가 지적했듯이 문화 간(cross-cultural) 이해 가능성에 의문을 제기하면서 상대주의는 현대 아시아 연구에 주요한 요소가 되었다.[47] 특히 역사적 문화적 거리에도 불구하고 점점 많은 사람에게 그럴듯하고 매력적으로 보이는 세계관이 다양하게 등장하고 있다. 이것은 자신의 고유한 신념체계의 배타적 진실성을 고수하려는 불굴의 신념에 대한 불가피한 도전을 의미한다. 계몽시기의 대표적 성격인 이성주의는 모든 고대의 미신을 일소하고 옳은 사고의 보편적 기준을 세울 것을 주장했다. 바로 이러한 이성주의가 아시아 전통을 학적 탐구 대상으로 보았을 뿐만 아니라 계몽적 합리성의 권위에 도전할 만한 지적인 대조(counterpoint)를 창조하는 데도 도움을 줄 것이라는 분위기를 만드는 데 일조했다. 이러한 동양으로부터의 인식론적 '위협'이 수 세기 동안 서양 의식의 경계를 서성거렸고, 다른 한편에서는 원시적이거나 합리 이전의(pre-rational) 것으로 비하

---

47) Zhang Long-xi, *Mighty Opposites: From Dichotomies to Differences in the Comparative Study of China* (Stanford CA: Stanford University Press, 1998), pp.8~9. Hall과 Ames는 계몽적 합리주의에 고정된 것과는 다른 가치와 지성을 가진 최근 중국과 일본, 그리고 한국의 문화와의 만남이 상대주의적 경향을 조성하는 데 일조해 왔다고 지적한다. D. L. Hall and R. T. Ames, *Anticipating China: Thinking through the Narratives of Chinese and Western Cultures* (Albany, NY: State University of New York Press, 1995), p.114 참조. 오리엔탈리즘의 상대주의적 영향에 대해서는 J. J. Clarke, *Oriental Enlightenment: The Encounter between Asian and Western Thought* (London: Routledge, 1997), pp.28~34 참조.

되었다. 그럼에도 불구하고 최근 서양과 아시아 문화 간의 상호작용이 크게 증가하면서 계몽주의 시각에 깔린 보편성이 점점 강력하게 도전받고 있다. 통약불가능성(incommensurability), 다원론, 실재론, 표상, 그리고 진리의 보편성에 대한 현대 철학적 관심은 결국 지적인 불확실성이라는 오래된 분위기에 대한 최근의 표명일 뿐이다. 일부는 유럽의 경계 안팎에서 조우하는 다양한 대안적 관점에서 기인한 것이기도 하다. 최근 오리엔탈리스트의 관심은 다양한 방향에서 이러한 논쟁으로 진행되었다. 예를 들면 기독교 자체의 독단적 가정의 유일성과 배타성의 문제에 부딪쳐 온 기독교적 신학에서부터 시작되었고,[48] 최근 철학 분야에서 상대주의의 문제가 다시 흥미로운 주제가 되고 있으며, 유럽의 이전 세대 철학자들이 '원시적 사회'로 보았던 동양의 패러다임이 이제는 대안적 합리성이나 모범적 가치체계로서 인정받는 분위기로 바뀌고 있다.[49]

도교가 이러한 현대적 논의로 들어온 것이 놀랄 일은 아니다. '상대주의적'이란 꼬리표는 자주 도교에 붙여졌었고, 도교의 철학적 가르침은 일반적으로 서양철학은 물론 유교와 달리 근본적으로 반이성적(anti-rational)이고 언어 혐오적이고 심지어 비합리한(irrationalist) 관점을 보이는 것으로 묘사되곤 하였다. 도교는 언어와 가치에 대해 상당히 다양한 관점(perspectives)을 강조하는 지나친 상대주의적 시각을 가지고 있다고 생각되기도 했다. 특히 『도

---

48) L. Swidler, J. B. Cobb, P. F. Knitter, and M. K. Hellwig, *Death and Dialogue: from the Age of Monologue to the Age of Dialogue* (London: SCM, 1990).

49) P. Winch, "Understanding a Primitive Society", B. Wilson (ed.), *Rationality* (Oxford: Blackwell, 1970); A. MacIntyre, "Incommensurability, Truth, and the Conversation between Confucians and Aristotelians about the Virtues", E. Deutsch (ed.), *Culture and Modernity: East-West Philosophic Perspectives* (Honolulu, HA: University of Hawaii Press, 1991).

덕경』이 고정되고 불변하는 어떤 것을 말할 수 있다는 도의 진정한 본질에 대해 상대주의적 입장을 지지한다는 것을 강조하는 것은 이미 진부해졌다. 칼텐마르크(Max Kaltenmark)는 『도덕경』은 "우리의 언어는 상대적인 진리 이외에 어떤 것도 표현할 수 없다"라고 말한다고 하고, 버크슨(Mark Berkson)도 『도덕경』이란 텍스트는 "언어를 모두 버리고 소통하기 위해서 매듭짓는 고대의 관습으로 돌아갈 것을 주장한다"[50]라고 했다.[51]

그러나 일반적으로 상대주의적 관점과 부합하고 이러한 맥락에서 가장 폭넓게 평가받은 것은 『장자』이다. 『장자』는 재미있는 우화와 우언집으로 보이지만 이제는 점점 철학의 주요 저작으로 다루어지고 있다. 장자는 진지한 메시지와 문학적 우수성을 지닌 많은 구절에서 언어에 의해 만들어지는 판단의 독단성과 차이의 상대성을 주장하는 것 같다.

(성인의 관점에서 보면) '이것'도 '저것'이며 '저것'도 '이것'이다. '저것'에도 시비의 대립항이 하나로 무화되고 '이것'에도 시비의 대립항이 하나로 무화된다. 과연 '저것' '이것'의 구분이 있는 것인가, 과연 '저것' '이것'의 구분이 없는 것인가.[52]

말을 한다는 것은 바람소리가 아니다. 말에는 뜻이 있다. 말을 했지만 뜻이

---

50) 역주: 『道德經』, 80장, "使人復結繩而用之."

51) M. Kaltenmark, *Lao Tzu and Taoism* (Stanford, CA: Stanford University Press, 1969), p.35; M. Berkson, "Language: The Guest of Reality-Zhuangzi and Derrida on Language, Reality, and Skillfulness", P. Kjellberg and P. J. Ivanhoe (eds.), *Essays on Skepticism, Relativism, and Ethics in the Zhuangzi* (Albany, NY: State University of New York Press, 1996), p.102.

52) 역주: 『莊子』, 「齊物論」, "是亦彼也, 彼亦是也. 彼亦一是非, 此亦一是非. 果且有彼是乎哉, 果且無彼是乎哉."

분명치 않으면 뜻이 있는 것인가, 아직은 뜻이 없는 것인가. 말은 새들의
지저귐과는 다르다고 생각하는데 정말 다른 것일까 다르지 않은 것일까?[53]

이러한 구절을 우리가 세계를 정확하게 설명하거나 그것에 대해 확실한
가치판단을 할 수 있는 능력에 대한 강력한 도전으로 읽는 연구가 점점 많
아지고 있다. 피런붐(Peerenboom)은 이렇게 주장한다. "『장자』의 상대주의적/
관점주의적 함의는 객관적 진리를 발견할 수 있다고 주장하는 모든 근본적
인 인식론을 비판하고 있다. 『장자』의 관점에서 보면 하나의 이론과 신념을
입증하기 위해 어떤 주어진 관점에서 도피할 수 없고 하나의 행동을 고정시
키는 어떤 초월적 가치영역으로 접근할 수도 없다."[54] 인식론적 관점에서
의 장자의 접근은 "대부분의 사람에게 너무 분명하게 진실로 보이는 것이
알 수 없는 길들여진 무능함이거나 도저히 알 수 없는 것임을 보여 주는
것"이다. 그리고 계속 '깨어 있음과 꿈꾸는 것, 아는 것과 모르는 것 사이의
차이 같은 명확하게 보이는 것에 대한 소중한 믿음'에 의문을 제기한다.[55]
언어학적 관점에서 이것은 우리가 언어로 이룬 차이와 범주화를 유효하게
하는 궁극적인 방법이 없다는 것을 의미한다. 왜냐하면 그러한 일을 수행하
는 무관점(perspective-free)의 방식이 없으며 판단에서 벗어나 역사를 넘어서는
(trans-historical) 입장이 불가능하기 때문이다. "언어는 논쟁자가 그것을 수단

---

53) A. C. Graham (trans.), *Chuang-tzu: The Inner Chapters* (London: Harper Collins, 1981),
   pp.52~53. (역주: 『莊子』, 「齊物論」, "夫言非吹也. 言者有言. 其所言者特未定也, 果有言邪,
   其未嘗有言邪. 其以爲異於鷇音, 亦有辯乎, 其無辯乎.")
54) R. P. Peerenboom, *Law and Morality in Ancient China: The Silk Manuscripts of Huang-
   Lao* (Albany, NY: State University of New York Press, 1993), pp.200~203.
55) L. H. Yearley, "Zhuangzi's Understanding of Skillfulness and the Ultimate Spiritual
   State", P. Kjellberg and P. J. Ivanhoe (eds.), *Essays on Skepticism, Relativism, and
   Ethics in the Zhuangzi* (Albany, NY: State University of New York Press, 1996), p.157.

으로 선택하는 것이기 때문에 논쟁이 생기는 곳에 최종적 해답은 있을 수 없다. 다른 언어의 상대적 장점을 판단할 독립적, 객관적, 또는 초월적 관점은 없다. 이런 의미에서 그들의 관점은 결국 통약불가능하다(incommensurable)."56)

그리고 『장자』의 핵심에 인식론적 다원주의 형식이 있다고 주장하기도 한다. 세상에는 많은 가능한 관점이 있고 이러한 관점들을 구별하는 합리적 방법이나 개념화된 실체의 올바른 방식을 인정할 수 있는 하나의 방법이란 있을 수 없다. 근본적인 의미에서 인간의 관습은 역사적으로 의존적이다. 장소마다 사람마다 다르고 그들의 차이를 조정할 방법이 없다. 그래서 장자의 회의주의는 "다양하고 서로 다른 논의가 가능하며 어떤 관점이나 한 논의에서 좋은 것이 다른 관점에서 또는 다른 논의에서는 나쁠 수 있다는 사실에서 시작한다."57) 더구나 분별적 개념화 언어 과정 자체가 어느 정도 부적절하고 심지어는 퇴보적으로 보인다. 언어로 구별하고 범주화할 수 있는 방식이 다양할 뿐더러 그 과정 자체가 궁극적으로 말로 표현할 수 없는 도에서 안타깝게도 일탈한다. 하이데거식으로 말하면 본래의 조건으로부터의 '타락'(fall)이다. 그러나 이러한 구별이나 차이를 고민하는 것이 필요하지도 바람직하지도 않다. 장자는 고유하고 체계적인 논의가 아니라 수사학적 방법으로 다원론적 관념을 보여 준다. 우리의 뿌리 깊은 기성관념과 확신으

---

56) A. C. Graham, "Taoist Spontaneity and the Dichotomy of 'is' and 'ought'" (1983), V. H. Mair (ed.), *Experimental Essays on Chuang-tzu* (Honolulu, HA: University of Hawaii Press, 1983a), p.5. 『莊子』의 언어 상대주의에 대한 예는 A. C. Graham (trans.), *Chuang-tzu: The Inner Chapters* (London: Harper Collins, 1981), pp.52 · 57 참조. 『老子』 33장도 참조.
57) L. H. Yearley, "The Perfected Person in the Radical Chuang-tzu" (1983), V. H. Mair (ed.), *Experimental Essays on Chuang-tzu* (Honolulu, HA: University of Hawaii Press, 1983a), p.126.

로부터 벗어나라고 주장하는 것이 아니라 가장 바람직한 묘사와 다양한 방식과 목소리, 그리고 표현방식으로 생생한 이야기를 담은 포푸리(pot-pourri)로 감정의 동요를 일으키는 몇 가지 예를 제시한다. "사람이 습한 데서 자면 허리가 아프고 반신이 마비될 수도 있겠지. 미꾸라지도 그럴까?"58) "세상에 가을철 짐승의 털보다 더 큰 것이 없으니 태산도 작은 것이다."59) 가장 유명한 이야기는 1장 첫머리에서 인용했던 호접몽일 것이다. 장자는 나비가 되는 꿈을 꾸었다. 그리고 그가 깨어났을 때 "장주가 나비가 되는 꿈을 꾸었는지 나비가 장주가 되는 꿈을 꾸었는지"60) 알 수 없었다.61)

　이러한 식으로 『장자』는 단편적이고 변덕스럽고 장황하게 보였다. 결국 앞서 지적했듯이 근대 서양학자들은 장자를 다양하게 해석하면서 반이성주의(anti-rationalism)니 회의주의니 또는 상대주의니 하는 여러 다른 평가를 하게 되었다. 그다지 고안된 개념은 아니지만 최근 니체식 방법이 좀 더 관습적 해석학적 전략을 전복하는 데 적합했다. 그레이엄은 장자를 '불굴의 도덕 상대주의'를 주장하고 논리학을 거부하며 논쟁을 무시하고 '이성이 우리에게 확실성을 줄 수 있다는 모든 주장을 비웃는 위대한 반이성주의자'로 묘사하고 있다. 또한 한센은 『장자』에서 '후기 묵가(Neo-Mohists)철학에 대한 회의주의적, 상대주의적 반작용'을 보고, "모든 길(ways)이 타당하며, 우주적 관점에서 특별한 지위 또는 권한을 갖는 것은 없다"는 믿음을 보았다.62) 앨린

---

58) 역주: 『莊子』, 「齊物論」, "民濕寢則腰疾偏死. 鰌然乎哉."
59) 역주: 『莊子』, 「齊物論」, "天下莫大於秋毫之末, 而大山爲小."
60) 역주: 『莊子』, 「齊物論」, "不知周之夢爲胡蝶與, 胡蝶之夢爲周與."
61) A. C. Graham (trans.), *Chuang-tzu: The Inner Chapters* (London: Harper Collins, 1981), pp.56・58・61. 장자 저작의 반어적 특징에 대해서는 Wu Kuang-ming, *The Butterfly as Companion: Meditation on the First Three Chapter of the Chuang Tzu* (Albany, NY: State University of New York Press, 1990), pp.373~377 외에서 강조한다.

슨(Robert Allinson)은 『장자』의 여러 가지 해석을 정리하면서 그레이엄과 한센에다가 크릴(Creel)과 콘(Kohn)을 포함하는 이러한 관점을 '엄격한 상대주의'(hard relativism)라고 칭하였다.[63] 한편 장자를 상대주의자라고 단호하게 주장하지는 않지만 적어도 '유연한'(soft) 것으로 보는 견해가 있다. 예를 들어 데이비드 웡(David Wong)과 같은 사상가는 장자가 서로 다른 관습적 언어의 보편적인 타당성에 회의적인 태도를 조장했다는 점에서 언어에 관해서는 사실 상대주의자이나 동시에 관용의 덕목을 세운 분명한 도덕적 지혜를 상술하는 것으로 본다.[64] 그리고 장자가 상대주의자라는 것을 부정하는 사람들이 있다. 이 가운데 앨린슨은 장자의 상대주의적 언급을 자기변화라는 한층 더 중요한 비상대주의적인(non-relativistic) 목표를 향한 수단으로, 잠정적인 기질일 뿐이라고 보고 있다. 앨린슨에게 장자의 목표는 단순한 인식론적 계획으로서가 아니라 정신의 직관적 기능의 발전을 도모하기 위해 정신을 관념적이거나 분석적 기능에서 해방시키는 것이다. 비슷한 맥락에서 아이반호(Philip Ivanhoe)는 장자는 모든 윤리 주장이 똑같이 타당하다는 것을 말하는 것이 아니라 '자기번영적'(self-flourishing)인 다수의 윤리를 보여 주고 있는 것이라고 해명한다. 그리고 피런붐은 장자를 '반증주의자'(fallibilist)라고 주장하고 장자의 관점주의(perspectivism)를 '뭐든 좋다는 식의 상대주의'(anything-goes

---

62) A. C. Graham (trans.), *Chuang-tzu: The Inner Chapters* (London: Harper Collins, 1981), pp.4·9·11; C. Hansen, "A Tao of Tao in Chuang-Tzu" (1983b), V. H. Mair (ed.), *Experimental Essays on Chuang-tzu* (Honolulu, HA: University of Hawaii Press, 1983a), pp.27·35; A. C. Graham, *Disputers of the Tao: Philosophical Argument in Ancient China* (La Salle, IL: Open Court, 1989), pp.176~183 참조.

63) R. E. Allinson, *Chuang Tzu for Spiritual Transformation* (Albany: State University of New York Press, 1989a), p.112.

64) D. Wong, *Moral Relativity* (Berkeley, CA: University of California Press, 1984).

relativism)로 보는 것에 반대한다.[65]

  장자를 이해하려고 하기보다 이러한 차이와 구분에 집착하는 것은 상대
주의와 그것을 둘러싼 복잡한 논의에 대한 현대의 불안을 보여 주는 것이
며, 동시에 그들이 서양 전통을 넘어서는 입장을 세우고 있다는 것이다. 우
선 상대주의적 입장에 대한 자기반박적인(self-refuting) 의미를 갖는 듯한 영원
한 논쟁이 있다. 그 가운데 러셀 굿맨(Russell Goodman)이 지적하듯이 '그의 조
롱과 회의의 비상으로 세상을 움직이는 것에 대한 그의 발랄한 관심'과 화
해하기 아주 어려운 것이 장자에 있다.[66] 어떻게 장자는 자신을 자기반박

  65) P. J. Ivanhoe, "Was Zhuangzi a Relativist?" (1996b), P. Kjellberg and P. J. Ivanhoe
      (eds.), Essays on Skepticism, Relativism, and Ethics in the Zhuangzi (Albany, NY: State
      University of New York Press, 1996), p.211; R. P. Peerenboom, Law and Morality in
      Ancient China: The Silk Manuscripts of Huang-Lao (Albany, NY: State University of
      New York Press, 1993), pp.202~203 · 212; P. J. Ivanhoe, "Zhuangzi on Skepticism,
      Skill, and the Ineffable Dao", Journal of the American Academy of Religion 61(4)
      (1993b) 참조. 장자의 가정된 상대주의의 다양한 견해에 관한 좀 더 풍부한 논의는
      R. E. Allinson, Chuang Tzu for Spiritual Transformation (Albany: State University of
      New York Press, 1989a), chap.8; P. Kjellberg and P. J. Ivanhoe (eds.), Essays on
      Skepticism, Relativism, and Ethics in the Zhuangzi (Albany, NY: State University of New
      York Press, 1996); H. Smith, The World's Religions: Our Great Wisdom Traditions (San
      Francisco: Harper & Row, 1991[1958]); D. Wong, Moral Relativity (Berkeley, CA:
      University of California Press, 1984) 참조. 이 주제에 대한 Allinson 논쟁의 재검토는
      B. W. van Norden, Review of Allinson (1989a), The Journal of Asian Studies 49(2)
      (1990) 참조. 그리고 장자의 번역에 대한 논의는 B. W. van Norden, "Competing
      Interpretation of the Inner Chapters of the Zhuangzi", Philosophy East and West 46(2)
      (1996a) 참조. '회의적', '상대주의적'이란 비난 모두 Wu Kuang-ming, Chuang Tzu:
      World Philosopher at Play (New York: Scholars Press, 1982)에서 비판한다. 상대주의와
      회의주의라는 의문에 대한 Nietzsche와 도교 간 비교는 G. Parkes, "The Wandering
      Dance: Chuang Tzu and Zarathustra", Philosophy East and West 33(3) (1983); G.
      Parkes, "Human/Nature in Nietzche and Taoism", J. B. Callicott and R. T. Ames (eds.),
      Nature in Asian Tradition of Thought: Essays in Environmental Philosophy (Albany, NY:
      State University of New York Press, 1989) 참조.
  66) R. B. Goodman, "Skepticism and Realism in the Chuang-Tzu", Philosophy East and
      West 35(3) (1985), pp.231~232.

(self-contradiction)의 각角으로 찌르지 않으면서 모든 이성적 논의의 기준을 없애고 행위의 바람직한 형식을 여전히 주장할 수 있는가? 이러한 딜레마에서 장자를 구출하려는 상당히 정교한 논의가 최근 몇 년간 펼쳐져 왔다. 그렇다고 여기서 이에 대한 상세한 기술로 오래 머물지는 않을 것이다. 단지 우리는 이러한 관심이 상대주의에 대한 폭넓은 현대적 논의에 공헌해 온 몇 가지 방식이라는 것을 지적할 필요가 있다.

여기서 도움이 되는 것은 장자의 회의주의가 서양의 회의주의의 주요 관점과는 다르게 보이는 방식이다. 사실 켈버그(Paul Kjellberg)가 지적했듯이 고대의 피론(Pyrrho)[67]과 섹스투스 엠피리쿠스(Sextus Empiricus)[68]의 그리스 로마 회의주의가 장자의 논의와 놀라운 유사성을 보인다. 둘 다 앎에 대한 확실성에 의문을 제기하기 위해 의견의 다양성을 이용한다. 판단 중지를 통해 얻는 마음의 평화인 피론주의자(Pyrrhonist)의 아타락시아(ataraxia) 개념과의 연관성을 주목하는 학자들도 있다. 그들은 오랫동안 두 전통 사이의 차이점을 부각시키는 경향에 반대하기 위해 장자와 고대 그리스 철학과의 유사성을 강조해 왔다.[69] 그러나 두 전통의 기본 영향을 생각해 보면 차이점

---

67) 역주: Pyrrhon(약 기원전 360~270): 그리스 회의주의 철학자.
68) 역주: Sextus Empiricus(약 160~210): 3세기 초 그리스의 철학자 · 의사. Pyrrhon의 유파에 속하는 회의론자이다. 저서로는 『피론 사상 개설』이 있다.
69) P. Kjellberg, "Sextus Empiricus, Zhuangzi, and Xunzi on 'Why be Skeptical?'", P. Kjellberg and P. J. Ivanhoe (eds.), *Essays on Skepticism, Relativism, and Ethics in the Zhuangzi* (Albany, NY: State University of New York Press, 1996), p.9; D. S. Nivison, "Hsün Tzu and Chuang Tzu", H. Rosemont (ed.), *Chinese Texts and Philosophical Contexts: Essays Dedicates to Angus Graham* (La Salle, IL: Open Court, 1991), p.136; L. Raphals, "Skeptical Strategies in the Zhuangzi and Theaetetus", P. Kjellberg and P. J. Ivanhoe (eds.), *Essays on Skepticism, Relativism, and Ethics in the Zhuangzi* (Albany, NY: State University of New York Press, 1996). Kjellberg가 우리를 일깨우듯이 기원전 360~275년에 살았던 Pyrrhon은 알렉산더의 원정대와 인도를 여행한 뒤 거기서 만난

이 다시 드러난다. 일반적으로 그리스 철학, 특히 회의주의학파의 경우에서 우리는 실재와 현상(appreence) 사이의 근본적인 차이와 현상의 한계를 넘을 수 있는 가능성에 대한 의심을 발견한다. 한편 도교에서 회의적 논의는 언어의 묘사적 능력에 대한 불확실성을 이용하지만 그들의 관심사는 '어떻게 자연스럽게 잘 살 것인가'라는 물음이다.[70] 이는 파르메니데스(Parmenides)가 주장한 감각 인식(sense perception)의 노골적 부정과는 확실히 다르다. 지식 자체의 본질에 대한 가정이 근본적으로 다르다는 것을 마땅히 지적해야 한다. 왜냐하면 이얼리(Lee Yearly)가 지적했듯이 서양의 인식론은 생각과 대상을 일치시켜 실재를 표상한다는 점에 주목하지만, 중국 고대 사상가들은 "안다는 것은 배운 의미와 가치체계를 실천하는 것, 우리가 언어로 배운 교육과정을 해석해 안내하는 것"[71]에 주목한다. 앞에서 보았듯이 한센도 둘의 차이를 지적한다. 서양철학이 진리와 앎과 보편의미에 집중하는 한편 중국 철학자들은 앎의 의미론적 모형보다는 실천적인 것에 관심을 둔다. 도교 회의주의적 비판의 공격은 우리가 도달할 수 없는 외부 세계의 관념을 향한 것이 아니라 언어로 구체화된 사회적 관습과 규정이 보편타당성을 가진다는 관념을 향하고 있다. 요컨대 인식론적이라기보다 언어적이다.[72]

나체 고행자 또는 '벌거벗은 철학자'들이 보여 준 놀라운 마음의 평화에 매혹되었다. P. Kjellberg, "Sextus Empiricus, Zhuangzi, and Xunzi on 'Why be Skeptical?'", P. Kjellberg and P. J. Ivanhoe (eds.), *Essays on Skepticism, Relativism, and Ethics in the Zhuangzi* (Albany, NY: State University of New York Press, 1996), p.2 참조.

70) 唯我論과 타자 마음(other minds) 문제에 대한 암시가 『莊子』에 보인다. A. C. Graham (trans.), *Chuang-tzu: The Inner Chapters* (London: Harper Collins, 1981), p.123 참조.

71) L. H. Yearley, "The Perfected Person in the Radical Chuang-tzu" (1983), V. H. Mair (ed.), *Experimental Essays on Chuang-tzu* (Honolulu, HA: University of Hawaii Press, 1983a), p.126.

72) C. Hansen, "Linguistic Skepticism in the Lao Tzu", *Philosophy East & West* 31(3) (1981); C. Hansen, "Language in the Heart-mind" (1989), R. E. Allinson, *Understanding the*

또한 윌리엄 제임스(William James)의 말을 빌리면 회의주의의 '형이상학적 파토스(pathos)'라고 부를 수 있는 다른 차이도 지적할 수 있다. 피론주의자들(Pyrrhonists)에게 회의적 태도는 괴로운 각성으로 이끄는 것이 아니라 마음의 고요한 평화로 이끄는 것이었다. 하지만 서양에서 이러한 가르침의 역사적 진행은 훨씬 비극적인 모습을 보여 주었다. 철학자 리처드 번스타인(Richard Bernstein)은 피론주의자(Pyrrhonist) 논의의 재발견과 재배치를 '데카르트식 불안'(Cartesian anxiety), 말하자면 앎에 있어 확실성을 보장할 수 없다는 두려움이라고 하였다. 회의주의는 정통적인 믿음뿐만 아니라 문명의 도덕적 구조에까지 심각한 위협으로 보였다.[73] 데카르트 이후 거의 모든 철학자가 어떻게 앎을 정립할 것인가 하는 급박한 요구나 우리가 믿는 것 또는 우리의 행동 방식에 있어 어떤 확실한 기반이나 이성적 속박이 없다는 두려움에서 벗어날 수 없었다. 흄(Hume)은 문제를 해결하는 데 절망하고 오락으로 도피했다. 칸트는 흄의 회의주의를 반박하려 했으나 이성의 범위를 철저하게 축소시킬 뿐이었다. 그리고 버트런드 러셀이 20세기 중반에 인식론적 확실성의 비극적 붕괴에 직면하여 제시할 수 있었던 것은 기껏 이를 악무는 금욕주의였다.

법칙(the rule)에 대해 주목할 만한 이론異論을 가진 인물은 물론 니체이다. 그에게 회의주의와 허무주의의 등장은 선과 악의 전통적 관념의 속박에서

Chinese Mind: The Philosophical Roots (Hong Kong: Oxford University Press, 1989b). Hansen은 불교 唯識(Yogacara)파의 준관념론적(Quasi-idealist) 철학이 중국에서는 유행하지 못했다고 주장한다. 하지만 Graham은 인생은 꿈과 같은 것이란 관념이 사실 불교도에 의해서 중국에 들어왔다고 주장한다.

73) R. Bernstein, Beyond Objectivism and Relativism: Science, Hermeneutics, and Praxis (Oxford: Blackwell, 1983), pp. 16~25.

벗어날 수 있는 자유로운 영혼의 시대의 가능성을 의미했다. 하지만 그는 혼란스러운 불확실성과 도덕적 근거의 불안한 상실의 시대의 전망으로 두려워했다. 회의주의적 상대주의적 관념에 열중하는 최근의 분위기는 철학적이든 더 넓은 범위에서든 지적이고 문화적인 삶 전반에 불안감을 퍼뜨리면서 유사한 걱정거리를 조성해 왔다. 심지어 로즈먼트(Henry Rosemont)는 문화 간(intercultural) 연구를 쓸모없게 위협하는 새로운 바벨(Babel)의 예고이며 '더욱 끔찍한 상황'이라고 비탄한다.[74] 우리가 가장 소중하게 여기는 믿음과 가치가 단지 우연일 뿐이고 역사적으로 결정된 언어적 관습이며 항상 변화하는 현상의 흐름 뒤엔 어떤 지적인 이치가 없다는 생각은 진리, 객관성, 확실성이란 이상에 기초하고 키워진 문화에 깊은 불안감을 야기하는 경향이 있다. 이러한 회의주의를 표현하는 현대적 어휘가 확실한 전통과 믿음의 '죽음' 또는 '종말'이란 말과 함께 어둡고 불길하다. 친숙한 관념적 경계인 '분열'과 '파괴'라는 말을 따라서 급격하게 소멸된다. 이 모두가 많은 사람의 정신 속에 우리의 포스트모던 시대의 특징이 된 환멸감과 비관주의의 의미를 강화하고 있다.

이러한 맥락에서 도교 상대주의가 삶을 강화시키는 능력을 부정하는 것이 아니라 축복받은 위안과 계몽의 길이라는 식으로 체험하는 것은 새로운 발견으로 보인다. 장룽시가 지적했듯이 대부분의 중국 지적 전통에서는 서양에서보다 훨씬 편견 없이 다른 독해와 해석을 받아들인다. "상대주의가 모든 (서양의) 비평가들이 절대적으로 혐오하는 유령으로 보이지 않는다."[75]

---

74) R. Bernstein, *Beyond Objectivism and Relativism: Science, Hermeneutics, and Praxis* (Oxford: Blackwell, 1983), p.1; H. Rosemont, "Beyond Post-Modernism" (1996), P. J. Ivanhoe (ed.), *Chinese Language, Thought, and Culture* (Chicago and La Salle, IL: Open Court, 1996a), p.155.

장자의 상대주의는 피론주의자의 아타락시아(ataraxia)보다 취지가 긍정적이고 대부분의 현대 서양의 회의주의자보다 시각이 낙관적이다. 많은 주석가가 이것을 가르침으로 보고 있다. 불안에 시달리는 것과는 달리 치유와 자유를 준다. 장자의 말로 간결하게 언급하면 "왜 의심하면서 괴로워하는가?"[76] 이다. 그리고 『도덕경』에서는 앎의 능력을 상실하는 것은 두려운 것이 아니다. 오히려 "배우기를 그만두면 더 이상 걱정이 없게 된다."[77] 서양사상에 있는 회의주의에 대한 일반적 인식과는 달리 장자는 실재를 객관적으로 표상하는 사상 또는 언어의 능력을 비판하는 입장에서 세계 안에 자연스럽고 자발적으로 살아가는 더 긍정적인 목표로 나아간다. 장자 사상의 상대주의적 심지어 반이성적 해석을 지지하는 비평가들은 『장자』에는 불안감이나 동요하는 느낌이나 의심하는 두려움이나 현기증을 발견할 수 없다고 한다. 그레이엄도 그중 한 사람이다. 그레이엄이 지적했듯이 『장자』에는 오히려 정신적인 습성과 강박감의 속박에서 풀려난 환희와 해방감이 있을 뿐이다.[78] 쉬퍼(Schipper)도 비슷한 의견을 보인다. 그는 『장자』에서만큼 『도덕경』에서도 '자유를 추구하는 첫 걸음'으로 '모든 기성관념과 가치판단의 상대성'을 본다. 그리고 한센은 우리의 발밑에 입 벌리고 있는 무無의 심연에

75) Zhang Long-xi, *The Tao and the Logos: Literary Hermeneutics, East and West* (Durham, NC: Duke University Press, 1992), pp.196~197.

76) A. C. Graham (trans.), *Chuang-tzu: The Inner Chapters* (London: Harper Collins, 1981), p.63. (역주: 『莊子』, 「養生主」, "吾生也, 有涯, 而知也, 無涯, 以有涯, 隨有涯, 殆已. 已而爲知者, 殆而已矣.")

77) 역주: 『道德經』, 20장, "絶學無憂."

78) A. C. Graham, "Taoist Spontaneity and the Dichotomy of 'is' and 'ought'" (1983), V. H. Mair (ed.), *Experimental Essays on Chuang-tzu* (Honolulu, HA: University of Hawaii Press, 1983a), p.7; A. C. Graham, *Disputers of the Tao: Philosophical Argument in Ancient China* (La Salle, IL: Open Court, 1989), p.235.

대한 존재론적 두려움을 장자의 전통 권위의 억압에서 자유로운 행복한 무
無(free)와 대조한다.[79] 이러한 도교의 접근을 여러 포스트모던적 현대사상의
허무주의와 편하게 비교한 학자들도 있다. 예를 들면, 버크슨은 데리다와
장자를 비교한다. 데리다의 전략은 어떤 구원론적 의도가 적고 '우리를 기
표(signifiers)의 바다에서 놀도록 내버려 두는' 한편, 장자는 우리에게 '더 나은
삶을 위한 치료법'을 제공하고 숙련된(skillful) 삶의 상태에 도달하기 위해서
사고의 이성적 형식을 침식시킨다.[80] 버크슨이 데리다의 저서의 부정적 성
격을 과장했을 수도 있다. 데리다의 글은 정치적인 혹평과 해방적이고 자유
로운 의도를 자주 드러냈다. 그러나 너무 많았던 최근의 분열이 대부분의
비평가들에게는 즐거운(joyful) 해방으로 보이지 않는다. 오히려 포스트모던
세계가 대부분의 사람들의 마음에 정신적인 공허와 방황의 분위기를 만들
어 주고 있다.

이렇게 볼 때 장자 호접몽은 서양철학사에 익숙한 인간 경험의 타당성
에 대한 회의주의의 순수 이론적 문제와는 완전히 다르다. 서양의 해석가들
은 어쩔 수 없이 데카르트의 유명한 꿈의 논증의 관점[81]에서, 심지어 유아

---

79) K. Schipper, *The Taoist Body* (Berkely, CA: University of California Press, 1993), p.201; C. Hansen, *A Daoist Theory of Chinese Thought* (New York: Oxford University Press, 1992), p.285; Cheng Chung-ying, "The Nature and Function of Skepticism in Chinese Philosophy", *Philosophy East and West* 27(2) (1977) 참조.

80) M. Berkson, "Language: The Guest of Reality-Zhuangzi and Derrida on Language, Reality, and Skillfulness", P. Kjellberg and P. J. Ivanhoe (eds.), *Essays on Skepticism, Relativism, and Ethics in the Zhuangzi* (Albany, NY: State University of New York Press, 1996), pp.120~122.

81) 역주: Descartes의 Dream Argument는 꿈이란 것을 통해 우리의 감각을 신뢰할 수 있는
가 하는 의심에서 시작되었다.
① 나는 꿈속에서도 내가 평소에 사용하는 지각(감각) 작용을 가지고 있다.
② 꿈에서의 경험과 실제에서의 경험을 정확하게 구별하기 힘들다.

론唯我論에 대해 생각하면서 바라볼 것이다. 그러나 장자의 꿈은 영원한 실재를 우리가 알 수 있는가 하는 고통스러운 의심을 확인하기보다는 기만적 고정에서 벗어나 행복한 깨어남으로 향한 길을 분명하게 열고자 하는 아주 다른 의제로 보일 수 있다. 우광밍(吳光明)에 의하면 이것은 "객관적 실재론의 억압의 횡포로부터 또는 실로 우리가 꿈꾸고 있는 것인지 깨어 있는 것인지 하는 조심으로부터 스스로 꿈꾸는 자를 해방시키는 통찰이며 앎의 한 형태를 보여 준다."[82] 물론 데카르트는 그의 근원적 의심으로 주어진 문제를 해결함으로써 우리를 인식론적 불확실성의 불안에서 해방시키고자 하였다. 그러나 장자의 경우에는, 문제는 해결되는(solved) 것이라기보다 사라지는(dissolved) 것이다. 우리는 믿게 되는 게 아니라 치유되는 것이다.[83]

우리는 치료 언어가 이러한 맥락에서 자주 사용된다는 것을 이미 알고 있다. 장자의 방법은 그릇된 언어의 관점에서 비롯된 '정신적 속박'에서 벗

---

③ 내가 현재 꿈을 꾸고 있고 내 모든 지각들이 거짓일 가능성이 있다. 이는 인간의 지식은 오로지 감각을 통한 경험에 의해 이루어진다는 경험주의에 맞선 것이다. 때문에 우리는 우리의 감각에 의지하기보다는 무엇이 진정한 실재인지 사유해야 한다는 것이다. 그의 "나는 생각한다. 나는 고로 존재한다"(Cogito Ergo Sum)는 논증이 이 모든 의심에서 자신의 존재성과 자신이 인식하는 현실의 존재성과 확실성을 담보해 준다. 데카르트의 합리론이든 영국의 경험론이든 둘 다 확실성과 불변의 진리를 찾고자 하는 목표를 향하고 있다. 데카르트가 장자의 호접몽에서 영감을 받았을 수도 있다. 여하튼 장자의 호접몽을 그들의 철학적 물음에 답하기 위해 이용했을 수 있다. 그러나 장자의 호접몽은 오히려 근대 이성주의자들이 추구했던 확실성과 정체성, 고정된 불변의 객관적 진리에 대한 집착에서 벗어날 것을 이야기하고 있다. "정말 내가 나인가?"라는 질문을 함으로써 데카르트식의 "나는 생각한다. 나는 고로 존재한다"에 새로운 의문을 더하고 있다. 호접몽은 오히려 "나는 내가 생각하지 않는 곳에서 존재한다"거나 "내 안의 타자"를 말하는 Lacan식의 질문과 더 닮아 있다.

82) Wu Kuang-ming, "Dream in Nietzsche and Chuang Tzu", *Journal of Chinese Philosophy* 13(4) (1986), p.379.
83) 호접몽을 데카르트식 방법론적 회의주의의 설명으로가 아니라 철학적 각성을 위한 유비(analogue)로 해석하는 R. E. Allinson, *Chuang Tzu for Spiritual Transformation* (Albany: State University of New York Press, 1989a), p.131도 참조.

어나는 방법, 즉 언어 관습에 강박적으로 집착하는 우리를 치료한다. 이러한 장자의 방법은 비트겐슈타인의 철학적 견해와 비교되곤 한다. 비트겐슈타인은 학문적 철학이나 철학적 이론화를 경시한 것으로 유명하다. 그의 목적은 '파리에게 병에서 나오는 방법을 가르쳐 주는 것'이다.[84] 그는 확실히 장자 정신의 어떤 면을 보여 주는데, "답답한(cramped) 학자와는 도를 논할 수 없다. 그는 그의 학설에 갇혀 있다"라는 장자의 말을 상기시킨다.[85] 결론적으로 이러한 해석에 의하면 장자의 회의주의는 이론적인 것이 아니라 치료적인 것이며 '평화, 자유, 만족과 수용을 추구'하는 비트겐슈타인과 목적을 공유한다.[86] 이러한 사고방식의 목표는 서양의 전통적 의미에서 논파할 수 없는 철학적 입장을 세우는 것이 아니라 태도와 감수성의 변화를 가져오는 것이다. '우리를 우리의 편협하고 제한된 구속에서 벗어나게' 하고 '자신과 타자의 믿음에 권위나 신념을 줄이는 일종의 열린 마음(open-

---

84) 역주: 비트겐슈타인은 철학의 목적이 파리에게 파리통에서 빠져나갈 출구를 보여 주는 것이라고 했다.(『철학적 탐구』, 309) 『장자』에도 유사한 이야기가 실려 있다. 공자가 노자를 만난 후 제자 안연에게 이런 말을 한다. 공자 자신은 항아리에 갇힌 초파리였으며 노자가 뚜껑을 열어 주었다고.(『莊子』, 「田子方」)

85) B. Watson, *The Complete Works of Chuang Tzu* (New York: Columbia University Press, 1968), p.97. 비트겐슈타인과 도교에 대해서는 R. B. Goodman, "Style, Dialectics and the Aims of Philosophy in Wittgenstein and the Taoists", *Journal of Chinese Philosophy* 3(2) (1976); P. C. L. Tang and R. D. Schwartz, "The Limits of Language: Wittgenstein's Tractatus Logico Philosophicus and Lao Tzu's Tao Te Ching", *Journal of Chinese Philosophy* 15(1) (1988); T. T. Tominaga, "Taoist and Wittgensteinian Mysticism", *Journal of Chinese Philosophy* 9(3) (1982); T. T. Tominnaga, "Ch'an, Taoism and Wittgenstein", *Journal of Chinese Philosophy* 10(1) (1983) 참조.

86) R. B. Goodman, "Style, Dialectics and the Aims of Philosophy in Wittgenstein and the Taoists", *Journal of Chinese Philosophy* 3(2) (1976), p.152.
비교: "철학은 언어적 수단에 의한 우리 지성의 마력에 대항하는 싸움이다." "철학적 문제는 '나는 나의 길(way about)을 모른다'는 형식을 갖는다." "생각하지 마라! 보아라!"(L. Wittgenstein, *Philosophical Investigations*, Oxford: blackwell, 1953, pp.31·47·49 참조)

minded)'을 낳는 치료제이다.[87]

3. 포스트모더니즘

  도교는 한센이 생각했던 것보다도 더 근본적인 의미에서 서양 전통 철
학의 논의 기반과는 다른 가정으로부터 출발하는 것으로 보인다. 따라서
회의주의와 상대주의에 대한 동서양의 시각에 대해 좀 더 논의해 볼 필요가
있다. 앞 장에서 장자의 앎에 대한 관점이 서양의 전통적 관점과는 다르다
는 것을 언급했다. 최근 여러 연구에서 장자가 앎을 거부하고 자기반박적
상대주의에 빠진 것이 아니라 오히려 세계를 객관적이고 비인격적으로 정
확하게 표상하려는 열망에서 앎에 의문을 제기하고 있는 것이라고 주장한
다. 앎을 분석적 이성의 활동을 통해서라기보다 자연스럽거나 직관적으로
얻는 일종의 능력(skill) 또는 솜씨(knack)로 보면서 앎에 이르는 다른 공간을
열어 준다는 것이다. 이것은 라일(Ryle)[88]이 말하는 "그것을 아는가"보다는

---

87) P. J. Ivanhoe, "Was Zhuangzi a Relativist?" (1996b), P. Kjellberg and P. J. Ivanhoe
   (eds.), *Essays on Skepticism, Relativism, and Ethics in the Zhuangzi* (Albany, NY: State
   University of New York Press, 1996), p.210; E. Schwitzgebel, "Zhuangzi's Attitude
   toward Language and his Skepticism", P. Kjellberg and P. J. Ivanhoe (eds.), *Essays
   on Skepticism, Relativism, and Ethics in the Zhuangzi* (Albany, NY: State University
   of New York Press, 1996), p.91; G. C. Burneko, "Chuang Tzu's Existential Hermeneutics",
   Journal of Chinese Philosophy 13(4) (1986) 참조.
88) 역주: Gilbert Ryle(1900~1976): 현대 영국의 언어철학자, 옥스퍼드 대학교 교수. 철학
   의 임무는 우리가 지식의 수단으로 삼고 있는 것을 불완전하게 이해할 수밖에 없을
   때 그로부터 발생하는 문제를 해결하는 것에 한정된다고 하였다. 그에 의하면 사고를
   표현하는 문법적 형식이 우리를 혼란에 빠뜨리고 범주의 오류(category mistake)로 이
   끈다. 따라서 개념 분석과 정리가 필요하게 된다고 설명하였다. 그의 주요 저서로는
   The concept of mind (1949), *Dilemmas* (1954), *Plato's Progress* (1966), *On Thinking*

"어떻게 아는가"의 문제이다. 또는 리사 라팔스(Lisa Raphals)의 용어로는 '메틱 지성'(metic intelligence)[89]이라는 독특한 형식이다. 그녀는 중국의 지적 전통의 주요 관심사는 실용적 지식이었다고 주장하면서 불교 개념인 '방편'(upaya)과 비교한다.[90] 그레이엄도 유사한 맥락에서 "서양철학자들에게는 '무엇이 진리인가?'가 중요하지만 고대 중국의 철학자들에게는 '어디가 길(Way)인가?'가 중요한 질문이라는 것에 주목한다."[91]

이것은 중국사상이 이론적이거나 표상적인 지식의 역할을 반드시 부정한다거나 중국 정신의 본질이 완전히 실용적이라고 주장하는 것이 아니다. 실용적 지식과 연관된 나름의 부차적 역할을 강조하는 것이다. 에노(Robert Eno)가 지적했듯이, 장자는 '두 가지 유형의 앎'(knowing, 실제적이거나 숙련된 앎과 이론적이거나 사실로서의 앎)을 모두 인정하며, 그중 도道 그리고 행위의 숙련된

(1979)이 있다.

89) 역주: 'metic'은 metá(change)와 oîkos(dwelling)의 합성어인 고대 그리스어 métoikos에서 나온 말이다. 외국인 거주자를 의미한다. 이것은 그리스 도시국가에 거주하지만 시민권이 없는 사람을 지칭하는 말이었다. 아리스토텔레스도 법적으로 아테네의 'metic' 즉 재류 외국인이었다고 한다. 여기서 'metic intelligence'이란 용어는 이론적이고 형식적인 지식이 아닌 살아 있는 실용적 앎을 뜻한다.

90) L. Raphals, *Knowing Words: Wisdom and Cunning in the Classical Traditions of China and Greece* (Ithaca, NY: Cornell University Press, 1992). 그리고 L. Raphals, "Skeptical Strategies in the Zhuangzi and Theaetetus", P. Kjellberg and P. J. Ivanhoe (eds.), *Essays on Skepticism, Relativism, and Ethics in the Zhuangzi* (Albany, NY: State University of New York Press, 1996)에서 그리스와 중국사상을 비교한다.

91) A. C. Graham, *Disputers of the Tao: Philosophical Argument in Ancient China* (La Salle, IL: Open Court, 1989), p.3. 이 점이 D. L. Hall and R. T. Ames, *Thinking from the Han: Self, Truth, and Transcendence in Chinese and Western Culture* (Albany, NY: State University of New York Press, 1998), chap.5에 보인다. Gadamer의 Aristotle의 실천적 지혜(phronesis) 개념 사용 및 그의 장인의 숙련된 기술과 유사한 도덕적 앎에 대한 언급도 참조.(H. G. Gadamer, *Truth and Method*, London: Shees & Ward, 1975, p.281) 장자의 Knack-thinking의 예로는 A. C. Graham (trans.), *Chuang-tzu: The Inner Chapters* (London: Harper Collins, 1981), pp.63~64 · 135~142 참조.

기술과 연관된 실용적인 앎을 칭송한다. 그런데 이러한 실용적 앎의 가치와 능력이 이론적 지식의 발전에 의해 손상되고 있다고 주장한다.[92] 장자는 자연(nature)의 거울로서의 언어의 불완전함을 보여 주는 만큼 우리가 (그리고 동물들이) 이 세상에서 어떻게 성공적이고 지적으로 앎을 터득할 수 있는가 하는 많은 예도 함께 보여 준다. 많은 주석가가 장자의 포정庖丁우화를 대표적인 예로 든다. 포정은 해우解牛하는 기술에 능숙하다. 동물의 해부학에 대한 이론적 지식이 있어서가 아니라, 말로는 배울 수 없고 명확하게 말할 수 없는 비결(knowhow)로 가능했다.[93] 이러한 우화는 우리에게 도교사상가들이 사용한 언어의 한계를 상기시키면서 세계와 삶의 솜씨(knack of living)에 대한 다른 시각을 향하게 한다.[94] 이러한 관점에서 근대 서양에서와 마찬가지로 고대 중국에서도 도道를 알 수 없다는 『도덕경』과 『장자』의 자기고백적 회의주의는 종종 조롱거리가 되곤 했다. 이는 언어의 실패라기보다 포정의 숙련을 설명하려는 언어의 보편이론의 실패이다. 마찬가지로 비트겐슈타인에게 있어서도 문제는 언어의 일상적 사용에 있는 것이 아니라 철학자들이 기반으로 삼아 온 이론들에 있다.

---

92) R. Eno, "Cook Ding's Dao and the Limits of Philosophy", P. Kjellberg and P. J. Ivanhoe (eds.), *Essays on Skepticism, Relativism, and Ethics in the Zhuangzi* (Albany, NY: State University of New York Press, 1996), p.127. Raphals는 좀 더 단호하게 『노자』는 "관습적이고 문자 그대로의 추론적 지식의 가치를 부정하고…… 묵가와 유가의 '지식'을 완전히 부정하고 비판적으로 언급한다"라고 주장한다. L. Raphals, *Knowing Words: Wisdom and Cunning in the Classical Traditions of China and Greece* (Ithaca, NY: Cornell University Press, 1992), p.85.

93) A. C. Graham (trans.), *Chuang-tzu: The Inner Chapters* (London: Harper Collins, 1981), chap.3. (역주: 『莊子』, 「養生主」, "庖丁爲文惠君解牛. 手之所觸, 肩之所倚, 足之所履, 膝之所踦, 砉然嚮然, 奏刀騞然. 莫不中音, 合於桑林之舞, 乃中經首之會.")

94) A. C. Graham, *Disputers of the Tao: Philosophical Argument in Ancient China* (La Salle, IL: Open Court, 1989), p.199.

도교의 대안적이고 실용적인 인식론은 현대의 포스트모던사상 경향과 비교할 수 있다. 포스트모던사상은 익숙한 추론의 명확한 논리나 자기일관성에 이의를 제기한다. 역설과 반어의 조합으로 공중에 떠 있던 철학적 사고를 삶의 흐름에 돌려놓는다. 플라톤적 테오리아(Platonic theoria)의 추상성보다 실천하는(praxis) 삶의 세계를 선호한다. 포스트모던사상은 도교와 마찬가지로 우리의 합리성과 진리라는 관념 심지어 문명화된 삶 자체를 침식한다고 비난받기도 한다. 포스트모더니즘이란 용어 자체가 상대주의라는 말과 마찬가지로 논쟁적 용어이며 사실 논점이 그 용어 속에 있다고도 할 수 있다. 왜냐하면 의심이 많아 대답하기보다는 질문하기를 좋아하고, 영원한 진리에 안전하게 정박하기보다는 끊임없는 관념적 동작(motion)을 즐기고, 심지어 질서보다는 혼돈을 지지하고 있기 때문이다. 포스트모더니즘이라는 용어는 (어떤 취향에 지나치게 과장된 서술로) 기반화, 보편화, 전체화와 본질화에 대해 덜 공감하고 대신 사고의 파편적이고 끝없는 유형을 선호하는 것을 말하는 데 더 많이 사용되곤 한다. 영원한 존재(permanent being)보다는 일시적 되기(transient becoming)의 관점에서 철학하기, (특히 주목할 만한 것은) 다수, 차이와 타자라는 말을 애호한다는 점이다. 이것은 로고스중심주의와 이성적 사고와 행동의 근원으로서, 자신을 실체화하는 계몽적 기획에 대한 반발로 보이기도 한다. 모든 언어의 덫과 그것이 동반하는 정치적 함정으로부터 해방을 약속하는 전략이다.[95]

도교와 포스트모더니즘 간에는 문화적 역사적 간격이 넓다. 그럼에도

---

95) '포스트모더니즘'은 분명히 여러 가지 해석이 가능한 용어이다. 여기서는 주로 데리다의 해체철학과 로티의 신실용주의를 다루게 될 것이다. 둘 다 도교와의 비교를 받아들인 주요 인물이다.

불구하고 포스트모더니즘에는 도교적 분위기가 많이 배어 있다. 최근 도교를 포스트모던적 논의에 끌어들이려는 노력이 있어 왔다. 특히 자크 데리다는 둘 사이의 근본적 유사성을 인정하였고, 그의 해체이론은 포스트모던 논의의 핵심적인 방법으로 보였다. 중국철학자 치휘 치엔(Chi-hui Chien)은 "자크데리다와…… 그리고 장자…… 는 놀랄 만큼 서로 유사하다"라고 말하고, 미셸 예(Michelle Yeh)는 "장자와 데리다는 근본적으로 같은 말을 하고 있다"라고 직설적으로 주장하기도 한다. 홀(David Hall)은 중국의 고대사상은 요컨대 '실제적 의미에서의 포스트모던'이라고 주장하며, 도교 자체에서 특수성(particularity), 차이(difference)와 혼돈이라는 개념에 근거하는 근본적인 관점주의(perspectivism)를 인정한다.96)

사실 장자와 데리다의 문체상 유사성이 흥미롭다. 하지만 이들의 공통점이 도교의 유명한 역설 애호나 짓궂은 재담 성향에 그치는 것이 아니다. 장자와 데리다에게는 둘 다 다른 목소리의 자극적 놀이(teasing play)와 분열과 불완전에 동요하는 마음이 있다. 이는 단지 신선한 반관습적, 반전통적 성격의 문제만이 아니다. 이러한 요소를 넘어 의미심장한 관점에서 반기초주의, 차이, 탈중심과 같은 개념으로 도교를 보는 비평가들이 늘어나고 있다. 많은 현대사상가가 솔직히 마음속으로 통약불가능성(incommensurability), 관점

---

96) Chien Chi-hui, "Theft's Way: A Comparative Study of Chuang Tzu's Tao and Derridean Trace", *Journal of Chinese Philosophy* 17(1) (1990), p.32; M. Yeh, "The Deconstructive Way: A Comparative Study of Derrida and Chuang Tzu", *Journal of Chinese Philosophy* 10(2) (1983), p.116; D. L. Hall, "Modern China and the Postmodern West", E. Deutsch (ed.), *Culture and Modernity: East-West Philosophic Perspectives* (Honolulu, HA: University of Hawaii Press, 1991), pp.59~62. 데리다의 해체와 도교를 최초로 비교한 것은 M. Yeh의 "The Deconstructive Way: A Comparative Study of Derrida and Chuang Tzu" (*Journal of Chinese Philosophy* 10[2], 1983)이다. *Journal of Chinese Philosophy* 17(1) (1990)은 도교와 해체의 비교 연구에 공헌했다.

주의(perspectivism), 다원주의(pluralism)와 실용주의(pragmatism)와 같은 개념을 둘러싼 문제와 연관시키고 있다. 예를 들면 버네코(Burneko)는 『장자』의 재미난 형식이 포스트모던 경험에 딱 들어맞는 것에 주목하고, 그것을 '실체를 형성하는 모든 인식론적 시도에 대한 경고'로 읽는다.[97] 그리고 치엔의 말을 다시 인용하면, "장자의 역설적 형식은 데리다만큼이나 해체적이며 가정된 통합 구조의 맹점을 들어내고 자기위반(self-transgression)과 결정불가능성(un-decidability)을 보여 준다."[98]

여기서 중심적인 논제는 언어의 문제이다. 『도덕경』의 첫 문장 "말할 수 있는 도는 영원한 도가 아니다"[99]에서 언어를 문자 그대로의 의미를 전달하고 세계를 반영하는 명확한 매체로 보는 전통적인 언어의 요새에 대한 공격을 발견할 수 있다. 일련의 수식과 비유로 『도덕경』은 관습과 일반 의사소통의 구조를 동요시킨다. 이런 공격은 『장자』에도 명확히 보이는데, 거기서 언어는 영원하거나 정확하고 일정한 지위를 갖는 것이 아니라 영원히 변화하는 문맥 속에서 그것들의 기능을 수행한다. "이것도 저것이며 저것도 이것이다.…… 사실 도에는 본래 경계가 없고 말에는 본래 '고정된 의미'(常)가 없다. 그런데도 말 때문에 경계(의미경계)가 생긴다."[100]

여기서 중요한 용어는 데리다의 '차이'(difference)와 '지연'(deferring)의 개념

---

97) G. C. Burneko, "Chuang Tzu's Existential Hermeneutics", *Journal of Chinese Philosophy* 13(4) (1986), pp.393~394.

98) Chien Chi-hui, "Theft's Way: A Comparative Study of Chuang Tzu's Tao and Derridean Trace", *Journal of Chinese Philosophy* 17(1) (1990), p.32.

99) 역주: 『道德經』, 1장, "道可道非常道."

100) A. C. Graham (trans.), *Chuang-tzu: The Inner Chapters* (London: Harper Collins, 1981), pp.53~57. (역주: 『莊子』, 「齊物論」, "是亦彼也, 彼亦是也……夫道未始有封, 言未始有常. 爲是而有畛也.")

을 합한 신조어인 차연(différance)이다. 데리다에 의하면 플라톤 이후 서양 형이상학을 특징지은 '현전(presence)의 철학'과는 다르다. '현전의 철학'은 언어와 실재의 본질적 일치를 의미하고 그렇게 해서 실재가 주체에게 주어진다. 이와는 반대로 차연은 모든 사고와 말하기를 나타내는 의미의 무한한 차이남(differing)과 지연됨(deferring)을 말한다. 이것은 한 기호가 서양의 형이상학에 중심이 되었던 관념인 '신' 또는 '본질' 또는 '자아'와 같은 절대적인 자기동일적 실재를 언급할 수 있다는 생각을 거부하는 '탈중심'(decentering)이다. 청중잉(成中英, Cheng Chung-ying)에 의하면, 고대 도교사상은 변화와 변환을 강조하면서 서양 형이상학과는 대조적으로 데리다의 탈구조와 나란히 서 있으며, 파르메니데스(Parmenidean)나 플라톤적 철학 질문인 영원한 대상으로서의 존재(Being)에 대한 탐구와 결코 존재하지 않는 비존재(non-being)를 생각하는 그들의 무력함을 넘어 선다.[101] 홀이 말했듯이 도교의 진리는 파르메니데스의 "존재하는 것만 존재하며 존재하지 않는 것은 존재하지 않는다"(only Being is, not-being is not)라는 '유명한 격언에 대한 부드러운 반어적 풍자'를 보인다. 왜냐하면 그것을 안정적인 존재로 또는 초월적인 의미로 만들려는 우리의 시도를 피하며 계속 변형되는(ever-transmuting) 도道는 파르메니데스의 존재의 영원성과는 분명한 대조를 이루기 때문이다. 많은 비평가가 도교의 중심 개념인 무위無爲와 데리다의 차연(différance)을 일치시키려는 것이나, 무

---

101) Cheng Chung-ying, "Chinese Metaphysics as Non-metaphysics: Confucian and Taoist Insights into the Nature of Reality" (1989), R. E. Allinson, *Understanding the Chinese Mind: The Philosophical Roots* (Hong Kong: Oxford University Press, 1989b), pp.203~204. 서양철학자들의 파르메니데스식 becoming이라는 생각조차 혐오한 Egyptianism에 대해 비판하는 F. Nietzsche의 *Twilight of the Idols* (Harmondsworth: Penguin, 1968), p.35도 참조.

위 관념을 데리다 사고에 포함된 개방과 자기변환의 가능성의 계획으로 보는 것 모두 이러한 관점의 반영이다.[102] 이러한 관점에서 볼 때『도덕경』에서 말할 수 없는 것을 언어로 말하려는 역설적 과정은 전혀 신비적인 장난도 단순한 언어적 개성의 문제도 아니다. 이는 데리다의 용어로 차연의 추론 결과이고 비현전(non-presence)의 불가피한 결과이며 초월론적(transcendental) 기의(signified)의 결과로 이름할 수 없음(unnameability)이다.[103]

데리다의 해체 전략은 결국 이원론적 대립(binary opposites)을 무너뜨리는 데 있다. 그는 이원론이 대부분의 언어 성격을 결정할 뿐 아니라 서양 형이상학적 허구에 수단으로 이용되어 왔다고 주장한다. 여기서 우리는 고대와 포스트모던사상 간의 가교가 될 만한 것을 발견할 수 있다. 세계는 당연히 구별되는 대립의 쌍으로 나뉘며 의미와 형이상학의 근본원리는 그러한 대립항의 상호 배타에서 결정되며 다른 것을 넘어서는 하나의 특권인 (존재/비존재, 실재/현상, 영혼/육체, 자연/문화를 전형적인 예로 보는) 관념이 지배해 왔다. 데리다는 이러한 대립이 어떻게 서로를 파괴하는가를 보여 줌으로써 이원론적 대립에 의존하는 형이상학적 전통을 비판한다. 물론 도교는 음과 양이라는 원형에서 분명히 보이듯이 대립항의 상호 보완적 관념과 연관되어 있다. 『도덕경』은 선과 악, 미와 추 같은 대립항의 전형적인 쌍으로

---

102) W. D. Owens, "Tao and Différance: The Existential Implications", *Journal of Chinese Philosophy* 20(3) (1993).

103) 후자의 관점은 A. T. Nuyen, "Naming the Unnamable: The Being of the Tao", *Journal of Chinese Philosophy* 22(4) (1995)에서 상술한다. 문자 그대로 말할 수 있는 한계를 문제의 언어를 가로지르면서 표상되는 데리다의 sous rature 명구와 연관시킨다. 도와 différance의 일치도 W. D. Owens, "Tao and Différance: The Existential Implications", *Journal of Chinese Philosophy* 20(3) (1993)에서 논의된다. 이러한 견해의 실존주의적 함의에 주목한다.

이루어진 구문들을 담고 있다. 그러나 대립항의 상호 의존성을 강조하고 전자의 후자에 대한 일반적 우월성을 비판함으로써 대립을 약화시킨다. 『장자』에서도 용어의 일반적인 대립쌍에 상대적으로 관점적(perspectival) 본질이 있음을 주장하고 있다. '구분을 짓는 것은 구조화'이며 심지어 '삶'과 '죽음'의 구별조차 죽는 것과 함께 동시에 살아 있는 것으로 해체된다.104) 더구나 버크슨이 지적했듯이 이원론적 대립의 탈구조(deconstruction)에 깔린 정치적 어젠다(agenda)가 있다. 중심적/주변적, 백/흑, 남성/여성이라는 식의 대립쌍은 한 편이 다른 편의 희생으로 부상하려는 전형적 이데올로기이기 때문이다. 이러한 지적은 도교 본래의 정치적 잠재성에 대한 앞의 논의를 상기시킨다.105)

그레이엄은 도교와 데리다 모두 과정의 전복적 성질이 있음을 특히 강조한다. 그는 『도덕경』의 개념적 전도와 데리다의 해체 전략 간의 밀접한 유사성에 주목한다. 『도덕경』의 경우 남/녀, 큰/작은, 강한/약한, 능동적/수동적과 같은 '대립의 고리에서 우선권의 반전'으로 이미 받아들여졌던 서술 방식이 전복된다. 그레이엄에 의하면 데리다도 마찬가지로 '서양의 로고스 중심적(logocentric) 전통에 깔린 대립의 고리를 해체하는 것'을 목표로 한다.106) 그러므로 데리다는 문자보다 말 우위의, 현상보다 실재 우위의 특권

---

104) A. C. Graham (trans.), *Chuang-tzu: The Inner Chapters* (London: Harper Collins, 1981), pp.52~53. (역주: 『莊子』, 「齊物論」, "方生方死, 方死方生.")

105) M. Berkson, "Language: The Guest of Reality-Zhuangzi and Derrida on Language, Reality, and Skillfulness", P. Kjellberg and P. J. Ivanhoe (eds.), *Essays on Skepticism, Relativism, and Ethics in the Zhuangzi* (Albany, NY: State University of New York Press, 1996), p.107.

106) A. C. Graham, *Disputers of the Tao: Philosophical Argument in Ancient China* (La Salle, IL: Open Court, 1989), pp.223 · 227.

화를 비판한다. 이는 도교에서 약함보다 강함, 수동성보다 능동성을 상위에 두는 일반적 인식에 대해 재고를 요구하는 것과 유사하다. "둘 다 A가 전통적으로 B보다 선호되는 고리를 해체하기 위해 역전을 이용한다."[107] 그렇지만 여기에는 중요한 차이점이 있다고 그레이엄은 주장한다. 데리다는 '말보다 문자를 우위'에 놓음으로써 'B를 없애려는 전통에 대항하여 A를 없애려는 데로' 향한다. 그러나 노자에게서의 반전은 단호한 A 선호에서 B 선호로의 전환이 아니라, 오히려 'A와 B의 균형 잡기'를 말하는 것에 있다. 그러므로 성인이 고집보다 겸손함을 선호하는 것은 약함을 위해 강함을 비하하는 것이 아니라 약함을 통해 강해지려는 것이다.[108] 앞 장에서 살펴보았듯이 도교 윤리학은 약함을 그 자체 덕으로 규정하지는 않는다. 오히려 조화와 화해의 목적을 향한 수단으로 생각한다. 마찬가지로 수동성보다 능동성, 자연의 '맹목'(blindness)보다 인간의 의도적 행위를 우위에 두는 일반적 평가를 반전시킨다. 무위無爲는 행동하지 않는 나태나 게으름이 아니라, 사물의 자연적 조화와 투쟁하기보다 조율하는 행동을 의미한다. 도교의 시선으로 볼 때 우주론적 단계에서 만물은 상호 의존적이다. 거기에는 한 극이 다른 극에 대해 우선권을 말하거나 정당화할 수 있는 우위나, 궁극적 근원을 주장할 수 있는 근본적이고 초월적인 원리의 특전이 없다. 더구나 한 극이 다른 극보다 특권을 갖지 않는 관념적 양극성에 대한 중국사상의 토대에서

---

107) A. C. Graham, *Disputers of the Tao: Philosophical Argument in Ancient China* (La Salle, IL: Open Court, 1989), p. 223 · 227.

108) Graham의 논의가 항상 선명하지는 않다. 그는 계속해서 "데리다의 역전은 A를 선호하기에서 B를 선호하기로의 전환이 아니다"라고 말한다. 이 설명이 나의 생각으로는 데리다와 좀 더 가깝다. 데리다는 원형의 대립을 역구조로 반전시키지 않고 모두 다 잘라낸다.

는 초월의 언어가 불가능했을 뿐 아니라 이원론적 사고와 무無로부터의 창조(creatio ex nihilo)라는 관념이 등장할 수 없었다.[109]

이러한 논의는 중국철학 전통이 "로고스중심적인가"를 묻게 만든다. 이는 중국을 로고스중심적이지 않은 문명으로 보고 서양철학 전통의 로고스중심성에 날카롭게 주목했던 데리다 자신이 제기했던 문제이다.[110] 데리다에게 '로고스중심주의'(logocentrism)는 서양 형이상학의 중요한 가정을 의미한다. 말하자면 언어를 통해 '진리'에 도달할 수 있으며 말이 의미에 직접적이고 직관적인 접근을 할 수 있다는 생각이다. 특히 이 가정은 우리의 현재 논의의 맥락에서 의미심장하다. 데리다는 '서양의 역사와 관련된' 인종중심주의(ethnocentrism)의 형식으로 로고스중심주의라는 표현을 쓴다. 반대로 쓰기와 말하기 간의 동일 구조의 연계가 없는 중국의 비음성적(non-phonetic) 저작은 "모든 로고스중심주의의 바깥으로 발달하는 문명의 강력한 운동의 증거"[111]이다. 중국철학 전통이 로고스중심적이 아니라고 답한다고 해서 중국이 '다르게 생각하거나' 또는 '다른 논리'를 가지고 있다는 것이 아니라 다른 방식으로 철학한다는 가정을 지지하는 것이다. 이것은 여기서 적절하게 다루어질 수 있는 문제는 아니지만 그레이엄의 관점에서 아니라고 대답

---

109) D. L. Hall, "On Seeking a Change of Environment: A Quasi-Taoist Proposal", *Philosophy East and West* 37(2) (1987), pp.17~21.

110) J. Derrida, *Of Grammatology* (Baltimore, MD: Johns Hopkins University Press, 1976), pp.90~92. Jensen은 이러한 견해가 중국을 서양의 고유한 logocentrism의 부재를 기반으로 한 문명으로 등용시키고, 비판적 Rationality의 잠재력이 부족하다고 보는 중국 언어에 대한 전형적 시각을 관철시키는 데 도움을 주고 있는 오리엔탈리즘 또는 'exoticism'의 형태라고 비판한다. L. M. Jensen, *Manufacturing Confucianism: Chinese Traditions and Universal Civilization* (Durham, NC: Duke University Press, 1997), pp.273~274.

111) J. Derrida, *Of Grammatology* (Baltimore, MD: Johns Hopkins University Press, 1976), pp.79 · 90.

하는 것에 주목할 만하다. 그가 볼 때 도교사상가들은 드러난 기의(signified)의 초월성을 완전하게 현전(full presence)하려는 열망이 없기 때문이다. 이와는 반대로 도道는 단지 우리를 다른 흔적으로 이끄는 흔적이라는 식으로 해체에 대한 수용을 이미 하고 있다. 그레이엄의 말대로 "데리다가 선언한 죽은 초월적 실재의 유령에 우리가 더 이상 시달리지 않을 때 아마도 『노자』의 도(Way), 데리다의 흔적(Trace)이 우리에게 제공될 것이다."112) 이러한 견해를 옹호하는 장룽시는 중국의 비음성적 글쓰기(non-phonetic writing)가 '서양의 음성적 글쓰기(phonetic writing)보다 좀 더 쉽고 효과적으로 형이상학적 구조를 전복할 수 있는' 길을 제공한다고 본다. 그는 중국의 글쓰기는 전통적으로 단순한 구술(oral speech)의 기록이 아니라, 그 안에 흔적의 성질(the quality of trace)을 잘 드러내는 경향이 있어 '언어가 차별적 용어의 체계'라는 것을 음성적 글쓰기(phonetic writing)보다 더 잘 보여 준다고 생각한다. 사실 그는 도道는 2천여 년 전에 중국인에 의해 이미 해체되었다고 주장한다.113)

---

112) A. C. Graham, *Disputers of the Tao: Philosophical Argument in Ancient China* (La Salle, IL: Open Court, 1989), p.228; M. Berkson, "Language: The Guest of Reality-Zhuangzi and Derrida on Language, Reality, and Skillfulness", P. Kjellberg and P. J. Ivanhoe (eds.), *Essays on Skepticism, Relativism, and Ethics in the Zhuangzi* (Albany, NY: State University of New York Press, 1996), p.121. 고대 중국은 존재(being)와 존재자(beings)의 구별이 부족하고, 고대 중국철학 대부분이 '이미 해체되어진' 것이라는 견해는 D. L. Hall and R. T. Ames, *Anticipating China: Thinking through the Narratives of Chinese and Western Cultures* (Albany, NY: State University of New York Press, 1995), pp.227~230에서 주장한다. D. L. Hall, *Richard Rorty: Prophet and Poet of the New Progmatism* (Albany, NY: State University of New York Press, 1994), pp.225~226 참조.

113) Zhang Long-xi, *The Tao and the Logos: Literary Hermeneutics, East and West* (Durham, NC: Duke University Press, 1992), pp.30~33. Zhang Long-xi, "The Tao and the Logos", *Critical Inquiry* 11 (1985); Zhang Long-xi, *Mighty Opposites: From Dichotomies to Differences in the Comparative Study of China* (Stanford CA: Stanford University Press, 1998)도 참조. 도교와 데리다의 해체의 유사성을 강조하는 시도에 의문을 제기하는 張隆溪의 논의에 대한 비판으로 Fu Hong-chu, "Deconstruction and Taoism: Comparisons

앞서 하이데거를 논할 때 암시했듯이 데리다의 해체와 리처드 로티의 신실용주의적(neo-pragmatist), 후기 인식론적(post-epistemological) 사고를 비교해 보는 것은 아주 흥미로운 일일 것이다.114) 이들의 공통적 기반은 다원주의(pluralism)와 관점주의(perspectivism)이다. 하지만 비교론자들이 주목했던 로티 사상의 특징은 철학을 권위적인 기초 학문 분야로 보는 서양 관념에 대한 비판이다. 역사, 문학, 신화와 시와 같은 분야의 논의와는 분명히 다르다. 물론 모든 신화와 은유의 흔적(trace)을 제거한 철학 언어의 가능성과 언어로 도달하고자 했던 존재, 즉 퍼트넘(Hilary Putnam)이 "완성된 세계"(ready-made world)라고 표현했던 존재에 대해 의문을 가졌던 철학자들이 로티 이전에도 있었다. 가장 유명한 예는 니체가 진리를 "은유의 이동식 군대"(mobile army of metaphors)라고 한 것이다. 니체와 마찬가지로 로티에게도 이 문제가 철학이라는 운명의 핵심이다. 로티는 어떤 진리를 말하는(truth-telling) 진지한 과업에 은유가 더 이상 피상적인 수식으로 보여서는 안 된다고 생각한다. 니체가 일찍이 주장했듯이 서양철학의 터전이 바로 언어의 은유적 사용에 있기 때문이다. 로티에게 일반적인 언어의 고유한 은유성(metaphoricity)에 대한 문제가 특히 철학적 논의에서 더 두드러진다. 결국 플라톤이 처음 철학적 사고와 시적 사고를 구별하고 철학적 사고에 시적 사고를 넘어서는 우선권을 준 것에

Reconsidered", *Comparative Literature Studies* 29(3) (1992) 참조.(여기서는 너무 간략하게 요약됨)

114) 로티와 장자의 비교에 대해서는 Lee Kwang-sae, "Rorty and Chuang Tzu: Anti-Representationalism", *Journal of Chinese Philosophy* 23(2) (1996) 참조. 로티와 데리다의 이름이 동시에 자주 언급되지만 그들 사상 간의 중요한 차이가 있다. D. L. Hall, *Richard Rorty: Prophet and Poet of the New Progmatism* (Albany, NY: State University of New York Press, 1994), pp.221~230; C. Mouffe, *Progmatism and Deconstruction* (London: Routledge, 1996)도 참조.

대해 당연히 의문을 제기하게 된다. 로티가 선호하는 철학의 해석학적 접근은 문학 형식(literary-style)의 논의, 수사어구, 은유, 이야기 구조와 장치에 좀 더 중심적 지위를 부여한다. 그는 은유적인 것보다 문자적인 것(the literal)에 우위를 두는 것에 반대하고 전통적인 철학적 논의의 문맥에서 체계적 논쟁과 과학적 객관성의 덕목을 신성하게 여기는 것에 의문을 제기한다.

로티는 확실하고 유일한 철학적 방법론을 추구하는 모든 것을 거부하고 대신 새롭고 더 나은 형식의 논의, 새로운 어휘와 신선한 사고방식의 확산으로 특징지을 수 있는 '포스트철학'(postphilosophy)을 주장한다. 이것은 로티에게 혁명적인 의미를 갖는다. 은유의 전개와 그것으로 새로운 이야기를 창조해 나가는 것은 철학 사고의 견고한 양식을 침식하고 새로운 유형의 믿음과 열망을 가질 수 있는 것이다. 더구나 많은 전통 서양철학 저작이 관념화되고 탈인간화되는 고립에서 벗어나 철학적 사고의 공동체적이고 상호 소통적인 본질을 강조하게 하는 것이다. 논리적 추론의 과정보다 문답과 대화의 형식을 더 나은 것으로 생각하는 로티에게 대화는 "앎을 이해하는 궁극적 맥락이다."115)

이러한 관점에서 볼 때 어떻게 현대 해석자들이 『장자』의 풍부하고 자기의식적 비유 양식에서 이런 류의 고대적 예감을 발견할 수 있었는지 어렵지 않게 알 수 있다. 장룽시의 말을 다시 인용하면, "장자의 풍부한 비유적 텍스트는 은유의 역할이 철학과 문학 간의 일상적 차이를 어떻게 흐리게 하는지를 확실히 보여 준다." 로티는 언어의 역사를 은유의 역사라고 간주하는데, 철학자 이광세는 이를 장자의 철학적 진지함을 회복하는 방식으로

---

115) R. Rorty, *Philosophy and the Mirror of Nature* (Oxford: Blackwell, 1980), p.369.

보면서, 장자 저작에서 은유는 사고의 낡은 경직성을 풀어 주고 새로운 존재론적 가능성을 여는 방법이라고 주장한다.[116] 그것은 홀과 에임스에게 '우리가 이성적이라고 생각하는 논의의 은유적 성격을 드러내는 것'이 포스트모던의 포부이며, 결국 '유비적 은유적 언어의 성격이······ 문화 상호 간 대화를 할 수 있는 문맥을 제공했다'는 것을 인정받게 된다. 그러므로 어떤 주어진 양식의 문화적 또는 철학적 표현의 우연성을 알게 되면 서양은 고대 중국사상에 "우리 자신의 문화적 패러다임 특성에 맞추어서 평가해야 한다"는 생각을 버릴 수 있다.[117]

경직성을 풀고 다수의 가능성에 열려 있다는 것은 감춰진 본질이나 새롭고 더 안전한 기초를 찾는 것과는 다르다. 이는 새로운 철학적 언어를 요청한다. 최근 철학에서는 장자를 데리다와 로티에게 연관시켜 기존의 '논리학/시詩'의 대립에서(적어도 철학적 목적에서) 시보다는 논리학에, 은유보다는 문자 그대로에 우선권을 주는 것에 대해 비판하고 있다. 이러한 변화는 추상적이고 이론적인 문제만이 아니다. 우리가 알고 있듯이 철학적 실천(praxis)에서 혼란스러우면서도 신선한 놀이와 풍자 그리고 해학으로 전개되었다. 『장자』라는 텍스트를 철학적으로 접근함에 있어 서양 독자의 어려움은 『도덕경』에서 전형적으로 보이는 신비적 난해함보다는 재미난 삽화, 풍

---

116) Zhang Long-xi, *The Tao and the Logos: Literary Hermeneutics, East and West* (Durham, NC: Duke University Press, 1992), p.40; Lee Kwang-sae, "Rorty and Chuang Tzu: Anti-Representationalism", *Journal of Chinese Philosophy* 23(2) (1996), p.182. 이광세의 견해는 『장자』의 재미있고 이야기하는 방식을 잘 보여 준 Wu Kuang-ming, *The Butterfly as Companion: Meditation on the First Three Chapter of the Chuang Tzu* (Albany, NY: State University of New York Press, 1990)로부터 영감을 받았다.

117) D. L. Hall and R. T. Ames, *Anticipating China: Thinking through the Narratives of Chinese and Western Cultures* (Albany, NY: State University of New York Press, 1995), pp.106 · 108.

자적 조롱 그리고 역설적 언어유희로 빨려드는 진지함의 부족이다. 우리가 앞 장에서 주목했듯이 장자의 다의성(진짜 '언어적이고 문자 그대로의 혼돈'[최초의 혼돈; primal chaos])[118]은 신비적, 풍자적, 허무적, 성자의, 신화적 또는 평범한 이야기꾼이라는 등의 황당한 형용어구들을 낳았고, 이로 인해 상대주의에서 형이상학적 절대주의에 이르는 다양한 철학적 지위를 갖게 되었다.[119] 『장자』는 확실히 전통 서양의 방식으로 판단할 때 이상한 방식의 철학하기를 보여 준다. 하지만 우광밍은 이것을 단지 합리성의 거부나 내세적 신비주의로 빠지는 것으로 보아서는 안 되며 이는 오히려 전적으로 철학하기의 다른 방식이라고 강조한다. 계속해서 그는 '역설과 은유, 경박함과 진지함의 과잉'은 삶이 우리에게 '풀 수 있는' 문제를 내놓는다고 생각하는 일반적인 사고방식에서 벗어나게 하는 효과적인 방법이라고 주장한다.[120] 풍자는 이러한 목적에 특히 효과적인 수단으로, "현존하는 질서를 부정하는 연관성 없는 것들의 콜라주는…… 연결된 것의 고정된 방식으로부터 우리를 동요시킨다." 그리고 심지어 "논리학과 지식에 대한 우리의 자부심을 강타한다."[121] 우광밍은 장자의 특이한 스타일도 그의 철학을 장식하거나 덧씌운 것이 아니라 그의 철학적 사고의 본질에서 흘러나오는 것이라고 말한다. 『장자』는 시적이다. "그의 표현이 시적 양식에 맞아서가 아니라 장자의 사

118) G. C. Burneko, "Chuang Tzu's Existential Hermeneutics", *Journal of Chinese Philosophy* 13(4) (1986), p.393.
119) 내편에 대해 참고할 만한 해설은 B. W. van Norden, "Competing Interpretation of the Inner Chapters of the Zhuangzi", *Philosophy East and West* 46(2) (1996a) 참조.
120) Wu Kuang-ming, *Chuang Tzu: World Philosopher at Play* (New York: Scholars Press, 1982), p.34.
121) Wu Kuang-ming, *The Butterfly as Companion: Meditation on the First Three Chapter of the Chuang Tzu* (Albany, NY: State University of New York Press, 1990), pp.374~375.

상 일부가 시적인 혹평을 하고 있기 때문이다."[122] 데리다와 로티의 저작 둘 다 서양철학의 로고스중심적 가정을 전복하려는 방법으로 놀이와 풍자를 자주 사용하는 것도 이러한 설명을 확인하고 부연하는 데 일조한다. 이러한 점에서 볼 때 이들의 궁극적 목표는 철학적 사고의 주 목표였던 보편적 이성적 객관성이란 개념을 침식하고, 대신 다양한 문학적 방법론적 전략을 전개함으로써 다양한 사고와 행위의 가능성을 여는 논의를 하는 것이다. 로티의 말로 이것은 "자연의 거울에 비추려 하기보다…… 대화와 사회적 실천의 문제이며,…… 객관적 진리를 찾기보다 계속 대화를 해 나가는 일이다."[123] 더구나 데리다 자신이 주장하듯이 로고스중심주의와 그 철학적 정당화를 전복시키는 일은 전통 철학의 방법으로는 이룰 수 없다. 그렇게 하려는 시도 자체가 문제가 되는 방법론적 가정을 이용하게 되기 때문이다. 이러한 가정의 붕괴는 완전히 다른 언어의 전개와 다른 방식의 글쓰기를 통해서만 가능하다.

이러한 맥락에서 도교와 포스트모더니즘의 공통점은 세계를 개념화하는 새롭고 좀 더 합리적인 방식을 세우는 것이 아니라 오히려 전통 서양철학이 다루어 온 방식에서 그러한 가능성을 전복시키는 데 관심을 가진다는 점이다. 이러한 관점에서 『장자』는 일종의 '대항담론'(counterdiscourse)이라고 할 수 있고, 『장자』의 저자는 『우신예찬』(In Praise of Folly)의 저자인 에라스무스(Erasmus)와 같은 놀이하는 인간인 호모루덴스로 '심오하고 재치 넘치는 사람'이다. 그의 목표는 "모든 고정된 범주와 반대의 입장에 있으며 그의 전략

---

122) Wu Kuang-ming, *The Butterfly as Companion: Meditation on the First Three Chapter of the Chuang Tzu* (Albany, NY: State University of New York Press, 1990), p.26.
123) R. Rorty, *Philosophy and the Mirror of Nature* (Oxford: Blackwell, 1980), p.171.

은 독자의 현세적 위안을 동요시키고 다른 영역의 경험 가능성을 일깨워 주는 것이다."124) 그의 익살스러운 스타일은 '해체적 유머'가 된다. 쿠퍼먼 (Joel Kupperman)이 지적했듯이 말할 수 없는 것을 말하려 하는 데서 오는 공허 (emptiness)를 전달하는 방식이다.125)

도교의 동요적 성격(unsettling quality)은 포스트모던 저작과 묘하게 공명하는 것처럼 보인다. 그러나 도교사상가들이 어떤 의미에서 '우리의 말을 하고 있고' 장자도 결국 '우리 중 하나'라는 위안에 빠지지 않도록 주의해야 한다. 한편에서는 도교 관념으로 현대 포스트모더니스트 문제를 이해할 수 있다고 하여 상호 간의 오해를 종식시키고 포스트모던 시대에 우리가 그들과 똑같이 생각한다고 확신하면서 마음 편히 있을 수도 있다. 메이어(Mair)는 이에 대해 매력적이나 의심스럽게 말한다. "과거에도 대단했지만 장자는 여전히 뛰어나고 분별력 있는 진정한 목소리로 우리를 매력적으로 유혹하는 지적 태도를 보이고 있다."126) 이 장에서 언급한 최근의 철학적 관계 (rapport)는 분명히 많은 매력적인 장점을 가진다. 예를 들면 한편에서는 도교사상 철학자들이 진가를 인정하면서 신선한 해석학적 가능성을 열고 인간의 사상과 탐구의 풍부한 잠재성을 이해하는 데 도움을 주었다. 다른 한편으로는 서양이 자신의 국지적 어휘와 관점(perspective)의 역사적 우연성을 깨닫는 데 일조할 수 있는 포스트니체적(post-Nietzschean) 철학을 좀 더 넓은 세

---

124) V. H. Mair (ed.), *Experimental Essays on Chuang-tzu* (Honolulu, HA: University of Hawaii Press, 1983a), pp. xi · 86.

125) J. Kupperman, "Not so Many Words: Chuang Tzu's Strategies of Communication", *Philosophy East and West* 39(3) (1989).

126) A. C. Graham, "Taoist Spontaneity and the Dichotomy of 'is' and 'ought'" (1983), V. H. Mair (ed.), *Experimental Essays on Chuang-tzu* (Honolulu, HA: University of Hawaii Press, 1983a), p. xv.

계적 공간에 놓을 수 있도록 해 주었다.

그러나 이러한 긍정적인 측면과 함께 이것이 교조적 결속이나 보편주의 (universalism) 또는 새로운 서양식의(Western-inspired) 보편철학(perennial philosophy)에 대한 개작된 자신감의 결과가 아니라는 것을 상기해야 한다. 도교와 현대 철학사상이 편하게 조화하기보다는 계속해서 서로 창조적 대비를 하는 긴장과 차이가 더 도움이 된다. 긍정적 차이에서 적대적 통약불가능성(incommensurability)으로, 대화에서 투쟁으로, 자유로운 다름에서 억압적 묵인으로 너무 쉽게 넘어갈 수 있기 때문에 여기에 미묘한 균형이 필요하다. 현대 철학은 모든 세계의 주요한 철학적 체계를 단 하나의 근본적인 형이상학적 진리의 표현으로 보려는 구식의 보편주의와 모든 부수적 유럽 중심적 함의에서 벗어나고자 한다. 우리는 도교사상가들을 현재의 서양의 생각을 확인해 주고 우리가 애호하는 문화적 설명을 존중해 주는 데 도움을 주는 현대 철학 게임에 편한 스파링 상대로만 생각하기가 쉽다. 한센에 대해서 앞서 비판한 것처럼, 우리 자신의 언어 게임으로 오리엔탈 사고방식의 동요적 (unsettling) 낯섦(foreignness)을 산뜻하게 이해하고 통합하려 할 위험이 있다. (포스트모더니즘이든, 신실용주의든, 해석학이든) 그 게임이 동요적(unsettling) 대항담론(counter-discourse)이 되더라도 말이다. 현대 철학자 홍주 후(Hong-chu Fu)가 주장하듯이 해체와 도교 둘 사이의 유사성을 강조하고 '둘이 별개의 문화 전통'이라는 사실을 무시하는 것은 단순한 오해일 수 있다.[127] 두 방법 모두 우리를 자기질문(self-questioning)의 미로에 빠뜨린다. 하지만 도교적 시도는 즐거운 역설로 진지한 구원론적 기획과 연결된 일부 정신적 종교적

---

127) Fu Hong-chu, "Deconstruction and Taoism: Comparisons Reconsidered", *Comparative Literature Studies* 29(3) (1992), p.319.

탐구였다. 반면 포스트모더니즘은 지혜 또는 삶과 연민을 고양하는 길이라 기보다는 이론적 논의와 학적 논쟁의 결과물이다. 탈구조주의적 포스트모더니즘(Deconstructive postmodernism)은 계몽적 근대성의 핵심적 원리를 거부하고 과학과의 공식적 투쟁 그리고 해방적 본능이 있음에도 불구하고 여전히 (구조화된) 세계를 본래 진부하고 목적이 없는 것으로 그리는 경향이 있다. 거기서 지혜나 정신적 성장보다는 냉소주의 심지어 절망으로 이끄는 일종의 회의주의가 배어 나온다.128)

---

128) 좀 더 구조적인 형식의 포스트모더니즘의 가능성은 A. E. Gare, *Postmodernism and the Environmental Crisis* (Routledge: London, 1995a); D. R. Griffin (ed.), *The Reenchantment of Science: Postmodern Proposals* (New York: State University of New York Press, 1988); M. Zimmerman, *Contesting the Earth's Future: Radical Ecology and Postmodernity* (Berkeley, CA: University of California Press, 1994)를 포함하여 최근 저작에서 이미 많이 다루었다.

제9장 서유기

JOURNEY TO THE WEST

결론을 대신하여

1. 오리엔탈리즘을 넘어서

앞 장 마무리에서 언급한 도교의 동요적 이단성(unsettling contrariness)은 유명한 16세기 중국 소설 『서유기』에 잘 묘사되어 있다. 『서유기』는 다양한 구성의 순례자들 이야기를 담고 있다. 소설에서 '짓궂은 원숭이 왕' 손오공은 불교 경전(Mahayana scriptures)을 찾아서 길고 힘든 여행을 떠난다. 여러 해 동안의 모험과 고난, 어이없는 재난, 지혜와 어리석음을 자세히 이야기한다. 그러나 결국 순례자들이 목적지에 도달했을 때 그들이 그렇게 고생하면서 얻고자 했던 경전은 아무것도 없는 빈 것이었다. 7세기 불교 승려 삼장법사의 영웅적 성지 순례기에 적당히 근거한 이 이야기는 불교적 계몽의 진지한 정신적 비유로 해석되곤 한다. 이 비어 있는 경전은 불교의 '공空'의 은유이다. 그런가 하면 때로는 장난스러운 주인공 손오공이 순례자들에게 쓸데없는 것을 찾기 위해 무모한 여행을 하게 만드는 난해하고 실없고 무의미한 책으로 해석되기도 한다. 이러한 점에서 비어 있는 경전은 탐험의 어리석음을 나타내며 우리에게 집으로 돌아갈 것을 경고한다. 이는 "우리 자신의 방법으로 우리 자신의 기초 위에 세우라"는 칼 융의 충고처럼 들린다.[1]

이 이야기는 도교 자체의 '서유西遊'(Journey to the West)에 대한 근본적인 의문을 제기하는 데 일조할 수도 있다. 도교가 해체적 익살과 무례한 회의주의적인 성격을 가지고 현란하게 장난치는 철학적 풍자와 철학적으로 장난치는 사람의 결과물 이상의 무엇인가? 우리는 "아는 자 말하지 않고 말하는 자 알지 못한다"[2]는 노자의 교훈에서 정말로 진지한 가벼움을 얻는가? 장자 자신의 무사태평한 회의주의의 오명, '쓸모없음'을 포용하는 성향, '그대로 두기'(let be)와 '홀로 두기'(let alone), '좌망'(forgetting one's mind), 판단 중지, '소요유'(going rambling without a destanation), 배움보다 배우지 않음의 고양, 침묵과 망각, 그리고 무지에 대한 옹호, 이 모든 것이 근대 서양 정신에 낯설게만 보인다. 오늘날 누가 진지하게 "지혜를 버려라…… 사랑(孝慈)…… 도덕성"[3] 따위의 노자의 교훈을 따를 것인가? 또는 "나 혼자 가진 게 없구나.

---

1) A. Waley, *The Way and Its Power: The Tao Te Ching and its Place in Chinese Thought* (London: Unwin, 1977[1934]), p.5; C. G. Jung, J. J. Clarke (ed.), *Jung on the East* (London: Routledge, 1995), p.203. 『서유기』에 대한 분석은 A. H. Plaks, *The Four Masterworks of the Ming Novel* (Cambridge, MA: Harvard University Press, 1987); L. Raphals, *Knowing Words: Wisdom and Cunning in the Classical Traditions of China and Greece* (Ithaca, NY: Cornell University Press, 1992); A. C. Yu (trans.), *The Journey to the West* 4 Vols. (Chicago: University of Chicago Press, 1977) 참조. Yu는 텍스트의 연금술적 상징성을 강조하고, Oldstone-Moore는 도교를 이 작품에 초점을 맞추는 적당한 렌즈로 생각하는 많은 전통적 해석에 주목한다. J. Oldstone-Moore, "Alchemy and Journey to the West: The Cart-Slow Kingdom Episode", *Journal of Chinese Religions* 26 (1998), p.51 참조.
2) 역주: 『道德經』, 56장, "知者不言, 言者不知."
3) 역주: 『道德經』, 19장, "絶聖棄智民利百倍, 絶仁棄義民復孝慈, 絶巧棄利盜賊無有. 此三者以爲文不足. 故令有所屬. 見素抱樸, 少私寡欲."

나는 바보인가?"[4]라고 말하는 사람을 따를 것인가? 손오공의 이미지는 바보나 어린아이, 멍청이를 '근원적 도에 정신적으로 가장 가까운 사람'으로 묘사하는 도교의 성자를 떠올리게 한다.[5]

이것이 동양의 지혜를 추구하는 대부분의 서양인들이 찾고자 했던 도교의 모습은 아니다. 우리가 이 책을 통해 여행에서 만났던 많은 순례자는 도교를 어리석고 공허한 것이 아니라 지혜로운 가르침으로 생각했다. 니덤이 주장한 것처럼 현대 세계에 미래를 위한 철학을 제공할 수도 있다. 20세기 초에는 도교가 새로운 세계의 종교적 기반이 될 것이라는 추측이 있었다. 21세기 초 도교는 여전히 서양을 위한 길(a way)을 제공하고 있다. 큰 지혜(enlightenment)를 찾고자 하는 우리를 안내하고 불안한 정신적 사치를 차분하게 버릴 방법을 가르치는 길을 보여 주고 있다. 이러한 순례자들에게 비어 있는 성스러운 경전은 모든 언어를 넘어서는 심오한 철학을 암시하고 있는 것이다. 거기서 우리 자신과 우리 세계에 대해 진정 원하는 진리를 발견하고자 할 수 있다. 어떤 이들은 이 길을 페터 슬로터다이크(Peter Sloterdijk)가 명명한 '유럽도교'(Eurotaoism)라는 새로운 융합으로 향한다고 본다. 거기서 동양의 지혜는 다시금 유용한 모던적(또는 포스트모던적) 옷을 짜는 실이 된다.[6] 어떤 이들에게는 이것이 우리 자신의 '심오한 난센스'(profound nonsense)를 새기고 싶어하는 양피지(palimpsest)로 보일는지도 모른다. 또는 서양 소비

---

4) 역주: 『道德經』, 20장, "衆人熙熙, 如享太牢, 如春登臺. 我獨泊兮其未兆, 如嬰兒之未孩, 儽儽兮若無所歸. 衆人皆有餘而我獨若遺. 我愚人之心也哉. 沌沌兮. 俗人昭昭我獨昏昏, 俗人察察我獨悶悶."

5) M. Strickmann, "Saintly Fools and Chinese Masters", *Asia Major* 7(1) (1994), p.51.

6) P. Sloterdijk, *Eurotaoismus: Zur Kritik der politischen Kinetik* (Frankfurt: Suhrkamp Verlag, 1989).

자의 만족할 줄 모르는 환상을 채워 주는 단순한 문화적 지배의 산물이거나, 심지어 포스트모던 식민주의의 새 물결로서 또 다른 형식의 오리엔탈리즘이라고 비난할 수도 있다.

우리의 여정은 도교사상가의 길을 따라 순례자들을 살펴보며 그들의 광범위한 관심과 동기를 보여 주었다. 이 책을 통해 우리는 도교에 대한 서양의 관심과 논의, 사상학파, 학문 분야와 가설 등을 여러 방식으로 접했다. 도교는 서양의 계획에 이용되고 변환되었다. 신지학(theosophy), 보편철학(philosophia perennis), 융의 동시성 이론, 그리고 유기체론적 형이상학과 연결되기도 했다. 또한 현대과학, 마르크스주의, 분석철학 또는 실증주의의 렌즈를 통해서 보는 학자들도 있었으며, 헤라클레이토스(Heraclitus), 플로티노스(Plotinus), 블레이크(Blake)와 니체(Nietzsche)와 같은 다양한 사상가들과 연결하기도 하고, 최근 환경론적 논의, 심층생태론(Deep Ecology), 여성운동, 뉴에이지사상과 포스트크리스천(post-Christian) 정신성 탐구도 했다. 성적 만족(sexual fulfillment), 건강과 운동에 대한 현대적 관심이 도교를 자신들의 목적에 맞게 조화시켜 오기도 했다. 이런 분야에서 새로운 문학이 쇄도하기도 했는데, 이를 '아주 터무니없는 쓰레기'로 쉽사리 취급할 수도 있다.[7] 『야구의 도』(The Tao of Baseball)라는 식의 제목이나 상업적 멋을 낸 많은 풍수 출판물을 비웃는 것도 어렵지 않다. 그러나 도교가 현대 문화에서 말없이 점점 눈에 띄게 부상하고 다양한 수준에서 세계적으로 영향을 미치기 시작하는 문화적 변화가 정신적 창조의 자리가 되고 있다는 사실을 쉽게 무시할 수는 없다. 나는 어떤 학자와 철학자들의 야심차고 광범위한 고찰을 강조해 왔다.

---

7) M. Palmer, *The Elements of Taoism* (Shaftesbury: Element Books, 1991), p.110.

하지만 좀 더 겸손한 마음으로 우리는 레이 그리그(Ray Grigg)의 『관계의 도』 (The Tao of Relationship)나 레이먼드 스멀리언(Raymond Smullyan)의 『도는 침묵이다』 (The Tao is Silent) 또는 피터 마샬(Peter Marshall)의 『바람을 타고서』(Riding the Wind) 와 같은 작품이 특별한 학문적 권위를 요구하지 않으면서, 고대 도교의 관념을 아주 독창적인 방식으로 현대적인 설명 구조로 변화하는 데 성공했다는 것에 주목할 필요가 있다. 심지어 『푸의 도』(The Tao of Pooh)는 '머리가 좀 모자라는 곰돌이'의 더듬거리는 말을 통해 '유머 없는 아카데믹한 장의사의 생기 없는 저작'으로 희미해진 도교 가르침의 지혜를 꿰뚫어 보는 것일 수 있다.8) 이러한 것은 고대 도교와 현대 사고가 중국과 서양 사이의 옛 실크로드를 따라 새롭고 창조적인 길에서 서로 만나기 시작했다는 몇 가지 예에 불과하다.

이것이 진정한 조우이며 대화인가? 아니면 단순히 텅 빈 책 위에 우리 자신의 편견을 투사하고 있는 것은 아닌가? 결국 도교는 서양인의 머릿속에 살아 있는 "자신의 환상의 무대를 지지하고 있는 신화에 불과한 것인가?"9) 물론 도교와 서양 간의 대화는 유럽과 아시아 문화 간의 오래된 만남 중 일부이다. 서양은 동양에 대해 아주 낡은 양가감정(ambivalence)이 있다. 우리가 앞 장에서 지적한 바와 같이 도교는 때로는 무한한 찬미의 대상으로 불교와 힌두교와도 밀접히 연결되어 있다. 단지 이국적 공상이나 문화적 소비의 대상으로서가 아니라 유럽의 지친 영혼의 회복과 미심적은 유럽의 정통 학설에 대한 지적인 대비(counterpoint)를 약속하는 고대 지혜의 원천으

---

8) B. Hoff, *The Tao of Pooh and The Te of Piglet* (London: Methuen, 1994), p.34.
9) S. R. Bokenkamp, 'Time after Time: Taoist Apocalyptic History and the Founding of the T'ang Dynasty', *Asia Major* 7(1) (1994); S. R. Bokenkamp, *Early Daoist Scriptures* (Berkeley, CA: University of California Press, 1997), p.xv.

로서 그러하다. 그러나 늘 그렇듯이 오리엔탈리스트의 환상과 틀에 박힌 방식으로 매장시키기도 하고, 여전히 서양의 진보적 시각에서 이해할 수 없고 모호한 것으로 쉽게 비하되기도 한다. 이 책에서 서술했던 역사적 서술을 통해 서양은 먼 이국의 종교적/철학적 문화를 좀 더 알게 되었다. 게다가 도교 관념을 끌어들여 특히 서양의 논쟁적 전통의 대립적이고 근시안적 요구로 변형하고(transformed) 재구성하는 변증법적 상호작용을 보여 주었다.

이러한 변형(transformative) 과정 중에 상당한 동요를 일으키기도 했다. 특히 근대성 비판으로서의 도교의 전개는 밝은 전망에 그늘을 드리운 것처럼 보일 수 있다. 하버마스(Jürgen Habermas)와 로이 바스카(Roy Bhaskar) 같은 비평가들에게 데리다와 로티를 포함한 포스트모더니스트 입장은 정적주의, 보수적, 반민주적이고, 심지어 숙명론적, '선악을 넘어서는' 것으로, 정의, 권리, 또는 사회적 책임이란 언어로는 표현할 수 없는 것처럼 보였다. 이는 때로 도교를 비판하는 방식이기도 하다. 매력적이고 삶을 고양시키는 철학처럼 보일 때조차 도교가 극악무도한 악에 대해서 확실히 주목하지 않는 것을 불안해하는 비평가들도 있다.10) 더구나 도교의 현재보다 신비적 과거를 선호하는 회고적 유토피아니즘(한마디로 도교의 상고주의)은 비합리적이고 구세적인 신비주의와 연관되면서 부정적 의미를 갖는다. 도교가 사회적 연대와 도덕적 책임보다는 자기실현의 고양을 주장하는 비도덕주의(amoralism) 형식을 내포할 수 있다는 것에 대해서는 앞에서 이미 주목했었다. 이는 모든 바람직하지 않은 목적을 위한 착취를 가능하게 할 수도 있고 도교의 상

---

10) H. Küng and J. Ching, *Christianity and Chinese Religions* (New York: Doubleday, 1989), p.183; Z. Sardar, *Postmodernism and the Other: The New Imperialism of Western Culture* (London: Pluto, 1998), pp.173~174.

대주의적 경향은 도덕적 무관심주의로 흐를 수도 있다. 이러한 태도는 개인적 단계에서, 특히 내적 자연성(spontaneity)의 고양이라는 면에서 불행한 결과를 초래할 수 있고, 정치적 단계에서 지배자가 스스로를 옳고 그름이나 선악을 넘어서 있는 존재로 또는 일종의 낭만적 국가주의의 자기실현으로 생각한다면 그 결과는 재앙이 될 것이다. 그러므로 우리는 반드시 이렇게 물어보아야 한다. 현대적 맥락에서 비이성적 정치학을 향한 비판적 사고를 두려워하고 전체의 요구 또는 카리스마적 지도자의 비전에 무감각한 채 개인이 유기체적 공동체로 돌아가기만을 원하도록 도교가 우리를 유혹하고 있는 것은 아닌지를. 전국시대에 도교와 법가의 연관은 이러한 두려움에 역사적 실체를 간단히 보여 준다. 이것은 성군聖君의 비전을 개인의 우연한 요구와 바람을 넘어서는 영원한 근원이며 자연 그 자체가 인정하는 보편의 지인 자연적 질서와 동일시하면서 외관상 있을 법하지도 않은 연관이 20세기 파시즘 형태의 불길한 징후로 보일 수도 있다.

또한 문제가 되는 것은 도교의 세계가 '무엇보다도 사회 세계라기보다 자연 세계'라는 것이다.[11] 그리고 중국의 광범위한 정치적이고 문화적 삶에 중요한 자리를 차지하고 있음에도 불구하고 인간 삶에 대한 도교의 관심은 너무 크고 포괄적인 것에 잠겨 있다는 것이다. 심층생태론(Deep Ecology) 여성학자의 어떤 비판처럼 도교는 개인과 개인 사이에서 키워지는 사랑의 중요성을 경시하고 자연의 추상적이고 심원한 사랑을 주장하며 위대한 우주적 전체성을 위해 개별의 가치를 무시하는 것처럼 보일 수 있다.[12]

---

11) I. Robinet, "Later Commentaries: Textual Polysemy and Syncretistic Interpretations", L. Kohn and M. LaFargue (eds.), *Lao-Tzu and Tao-te-ching* (Albany, NY: State University of New York Press, 1998), p.20.

12) V. Plumwood, *Feminism and the Mastery of Nature* (London: Routledge, 1993).

하이데거 같은 철학자들이 도교에서 찾은 관심은 이러한 반근대주의적, 반민주적 두려움을 강화한다. 근대 세계에 대한 그의 비판은 유럽의 계몽과 연관된 핵심 가정을 모두 부정하게 하였고 얼마 동안 적어도 '존재의 드러냄(disclosure)'을 나치(Nazi) 혁명의 목적과 동일시하게 하였다. 이러한 연관은 도교에 대한 가혹한 비난에까지 이르렀다. 앞에서 지적했듯이 그의 거친 개인주의, 무정부주의적 급진주의와 탈중심적, 반국가주의적 경향이 사실 해방적인 것으로 보일 수도 있다. 그러나 도교의 부분적 산물인 선불교가 1930년대와 1940년대 일본에서 군국주의적 국가주의를 지지했던 것처럼 이는 현대의 정치적 도덕적 관점에서 동양의 지혜가 전적으로 문제가 되지 않는다는 매력적 가정에 대한 경고이다.13) 비이성주의적(irrationalist)이고 유기체적 경향의 서양 정치 철학이 매우 반동적이고 압제적인 함의를 가지고 있다는 것을 보여 주곤 했다. 우리는 민주적 이상을 더 이상 당연한 것으로 받아들일 수 없는 오늘의 서양 분위기에서 도교의 오용 가능성을 계속 경계해야 한다.

법가와의 연관성을 제쳐 둔다면 도교 전통의 배경은 파시스트 또는 집단적인 성향을 드러내지 않았다. 우리의 걱정을 더하는 것은 도교적 삶의 방식이 아니라 도교가 서양에서 재구현되면서 있을 수 있는 오용에 대한 것이다. 좀 더 넓은 맥락에서 본다면 오리엔탈리즘은 지난 100년간 서양에서 불미스러운 사회적 정치적 운동에 여러 번 연루되곤 했다. 그러나 이것은 아시아가 아닌 유럽의 병리학(pathology)에 관한 문제이다.14) 오리엔탈리

---

13) J. Heisig and J. Maraldo (eds.), *Rude Awakening: Zen, the Kyoto School & the question of Nationalism* (Honolulu, HA: University of Hawaii Press, 1994).

14) J. J. Clarke, *Oriental Enlightenment: The Encounter between Asian and Western Thought* (London: Routledge, 1997), chap.11.

즘 논의에 있어 반사적 경계의 필요성이 실제로 최근 비판적 주목의 대상이 되었다. 에드워드 사이드와 같은 비평가들은 서양의 동양문화 이해에 있어 억압적인 역사적 기원과 숨겨진 이데올로기적 어젠다를 폭로하였다. 이는 다양한 형태로 권력과 착취를 행사해 온 아시아 문화에 대한 서양의 관계, 널리 퍼진 지정학적 재오리엔탈리즘(re-orientalism)에 대해 다시금 깊이 생각해 보게 한다. 우리는 도교의 '서유'(Journey to the West)를 연구함에 있어 이러한 오리엔탈리스트 비판에 주목하고 도교와 서양 간의 역사적 관계를 시시한 이상주의나 학식 있는 자들의 생각의 교환이나 단순한 정신적 흥밋거리로 보는 텍스트 접근을 넘어서고자 했다. 도교사상이 반종교개혁(Counter-Reformation)15) 시기의 예수회 선교사 시대부터 광범위한 문화적 정치적 목표에 어떻게 조정되었는지, 그리고 서양의 지적 논의라는 무정한 장치 속에서 어떻게 구조화되고 재구조화되었는지를 살펴보았다. 가다머가 말한 품위 있는 대화를 통해 이루어진 '지평의 융합'은 환상이고 심지어 억압이라는 것이 드러날 수도 있다. 왜냐하면 아직도 서양이 우세한 발언을 하고 교환의 표현을 지휘하고 있기 때문이다. 한편에서 '세계화'는 세계가 서양의 제국주의에 의한 제도적 틀 안에 구조화되었다는 오리엔탈리스트 논의인 '서양 대 비서양'이라는 낡은 이분법을 넘어서는 포스트모던적 초월을 말하기도 한다. 하지만 다른 측면에서 보면 단순한 유럽의 문화적 헤게모니의 근대적 연장으로 보일 수도 있다. 서양의 학문과 지적 시도는 여전히 대부분 동서양의 대화를 표현하는 어휘를 말하고 있고 이런 방식으로 비서양의 '타자'(other)를 개념화하고 이론화한다. 이 책 자체도 어쩔 수 없는 이러한 과정

---

15) 역주: 16세기의 프로테스탄트 종교개혁의 영향을 배제하려는 가톨릭 내의 개혁운동.

의 한 예이다.

앞서 보았듯이 도교 개념이 다양한 서양의 관념과 전통에 강력한 해독제임이 분명하지만 심각한 부작용이 있다. 나를 포함한 많은 저자가 도교를 현대의 목적에 적용시키기 위해 '탈신화화'(demythologise)하려는, 즉 서양의 목적에 맞게끔 형이상학적 신화의 함정에서 구해 내려는 경향이 강하다. 그 결과 도교의 거칠고 무정부주의적 정신을 온순하게, 그의 천진스러운 견해를 적절하고 고상하게 그리고 그의 터무니없고 신비적인 경향을 완화시켜 길들일 수도 있다. 도교를 '우리의 하나'로 서양의 지적인 체계에 받아들이면서 그의 날카로운 반어적 비판을 무디게 하고 파괴적인 힘을 거세시키는 위험을 감수한다. 역설적으로 이러한 표준화의 전략, 위험한 타자(Other)가 안전하게 나 자신에게 흡수되는 곳에서 그 가치가 현대 세계로 줄어드는(diminishing) 결과를 가져올 수도 있다.

그렇기 때문에 서양의 도교 도용을 다른 형식의 착취라고 비판하는 학자들도 있다. 제국의 깃발을 내리고도 오랜 식민지적 사고 습성의 연장이라는 것이다. 포스트모더니즘이 전복적으로 보이지만 도교와 포스트모더니즘과의 연관이 '세계의 서구화가 비서구적 문화를 억압하고 있는 '단순한' 식민지주의와 근대성의 정점을 달리는 새 물결'로 보일 수도 있다.16) 앞 장에서 보았듯이 일종의 개념의 원천으로서의 도교는 세계의 자산을 자신의 용도로 착취하는 서양의 권리라는 헤게모니적 신화를 강화하면서 동양에 대한 서양의 태도를 지속시키는 것이라고 비판받기도 한다.17) 서양이 도교를

---

16) Z. Sardar, *Postmodernism and the Other: The New Imperialism of Western Culture* (London: Pluto, 1998), pp.13 · 20.

17) G. J. Larson, "'Conceptual Resources' in South Asia for 'Environmental Ethics', or The Fly is still Alive and Well and in the Bottle", *Philosophy East and West* 37(2) (1987),

일시적으로 채택하는 것은 미제국주의(imperium Americanum)라고 불리는 새로운 제국주의적 팽창의 한 예라고 보는 비평가들도 있다. 스티브 브래드버리(Steve Bradbury)의 관점에서 이는 과거의 낯선 전통을 정복의 기회로 보는 것이며 공격적 시장 자본주의와 자유주의적 프로테스탄티즘의 괴이한 혼합으로 나아가고 있는 것이다.[18] 한편 다른 오리엔트의 이국적 수입품과 마찬가지로 도교가 욕망의 대상, 환상적인 즐거운 세계로 도피하는 유혹적인 수단, 이상화된 약속, 해방과 목가적 환희와 황홀의 장소로 단순히 물신화된 상품일 수도 있다. 포스트모던 맥락에서 오리엔트의 문화적 종교적 전통은 거의 소비자 품목이 되었다. 그래서 어떤 비평가의 관점에서는 동양적 가치가 새로운 형태의 식민지적 약탈이 될 수 있다.[19] 랄바니(Suren Lalvani)는 뉴오리엔탈리즘을 문자적 의미의 식민지주의 용어로 보기보다는 서양의 '치유적 에토스'(therapeutic ethos)라고 본다. 도교의 자발성, 에너지 그리고 자기수양의 관념으로 유용하게 팔리는 아이템을 구성해 브랜드를 만들어 마케팅과 광고에 대한 이권을 착취하는 형태이다.[20] 머레이 북친(Murray Bookchin)의 생각도 비슷하다. 그도 전통 도교가 단순히 '대중적인 켈리포니안식 정신적 경향'에 이용되어 왔다고 결론을 내렸다.[21] 장 보드리야르(Jean Baudrillard)가 요약하듯이 우리는 지금 물건이 아니라 기호(signs)를 소비한다. 도교는 이미

---

pp.153~154.

18) S. Bradbury, "The American Conquest of Philosophy Taoism", N. Moore and L. Lower (eds.), *Translation East And West: A Cross-Cultural Approach* (Honolulu, HA: University of Hawaii Press, 1992).

19) Z. Sardar, *Postmodernism and the Other: The New Imperialism of Western Culture* (London: Pluto, 1998), pp.138~140.

20) S. Lalvani, "Consuming the Exotic Other", *Critical Studies in Mass Communication* 12(3) (1995).

21) M. Bookchin, *Re-enchanting Humanity* (London: Cassell, 1995), p.100.

다른 지적이고 종교적인 상품과 마찬가지로 패션 아이콘으로 보일 수 있다. 오늘날 유행하는 풍수와 태극 상징의 인기는 이러한 현상의 확실한 예이다.

하지만 완전히 다른 측면도 있다. 서양의 도교 '도용'이나 '이용'은 이국의 종교 전통을 알고자 하는 서양의 욕구나 건전한 소망을 만족시키는 역할에 그치지 않았다. 이것은 서양문화에 대한 자기도취(narcissism)적 태도에 대한 비판과 함께 문화적 변환을 위한 촉매로 반문화적(anti-cultural) 역할을 하기도 했다. 사이드의 오리엔탈리스트 명제는 식민주의 전개에 있어 어떤 단계의 비판으로 적절하다. 하지만 오리엔탈리스트 명제 자체도 변화 과정에 있다. 사이드는 후기 식민주의적(post-colonial) 비판의 렌즈를 통해 오리엔탈리즘을 보려고 하였다.(실제로 그는 주요한 렌즈 연마사[lens-grinders] 중 하나였다.) 그리고 그의 시각은 어떤 역사적 문화적 맥락에서 상당히 유용하다는 것을 보여 주었다. 그러나 앞에서 항변해 왔지만 이러한 접근 방식으로는 서양의 패권 지지가 아닌 서양 자체의 전복과 변환의 대리자로서의, 자신의 세계 재건을 위한 서양사상가들의 방법으로서의 오리엔탈리즘의 역할과 효과를 충분히 드러내기 어렵다. 또한 동양과 서양의 권력과 문화적 영향력의 균형이 눈에 띄게 달라진 후기 식민주의적(post-colonial) 시대에 적절한 설명 방식도 아니다. 앞 장에서 우리는 도교 관념이 논쟁적으로 사용된 다양한 예를 보았다. 무엇보다도 근대성을 재평가하기 위한 비판적 도구로 그리고 계몽적 사고방식의 포스트모던적 교정의 공헌자로 사용되었다. 이것은 특권적 지식의 안전한 요새에서 물러나 잊히는 고통의 과정을 겪기도 했지만, 또한 세계적 함의(global implications)를 갖는 새롭고 창조적인 사고와 시각을 열게 해 주었다.

한편에서 오리엔탈리스트들은 유럽 중심적 정통성에서 물러나 아시아의 사고체계를 진지하게 받아들이면서 동서양문화가 분명히 다르지만 근본적으로 유사성을 갖고 있다는 생각에 위안을 받기도 했다. 심지어 힌두교-불교와 함께 도교를 보편 또는 영원 철학(universal or perennial philosophy)의 출현으로 보았다. 이것은 비유럽의 사고체계가 주는 근본적인 인식론적 단절의 위협을 효과적으로 최소화하려는 전략이었다. 하지만 이런 태도는 동양의 지적 전통의 특성을 부정하게 되었다. 또 다른 면에서 동양과 서양의 차이를 아시아와 유럽 문화의 진화론적 차이로 생각했다. 그들은 서양이 이미 동양의 고정된(frozen) 유아단계를 넘어섰다고 보았다. 서양이 아시아사상과는 완전히 다르고 지적으로 우월하다고 주장하는 이러한 전략은 지배의 목적에 가장 적합한 방식으로 동양이라는 타자(Other)의 유형을 만들었다. 그러나 최근에 다시금 차이를 강조하는 것은 겸손한 우월감이라기보다 지평의 융합을 통해 동등한 가운데 창조적 연결의 가능성을 나타내는 변증법적(dialectical) 차이이다. 이것은 점점 모든 문화 간의 소통을 효과적으로 차단하는 절대적 통약불가능성(incommensurability)의 차이가 아니다. 이것은 가다머(Gadamer)가 주장했듯이 소통의 전제조건인 것으로 보이는 차이이다. '차이의 해석학'에서 이런 식으로 말한다고 하여 서양 역사에 뿌리 깊은 초기의 동양에 대한 비대칭과 불공평이 단순하게 소멸될 수는 없다. 그러나 진정한 대화를 향한 공동의 열망을 보여 주는 것이기는 하다. 대화를 통해 '(우리의) 사고, 행동, 감정의 범주에 대한 의미 있는 상호 평가'와 함께 문화 간 내성적 거리감의 창조가 상호 이해를 촉진할 수 있다.22)

---

22) D. L. Hall and R. T. Ames, *Thinking from the Han: Self, Truth, and Transcendence in Chinese and Western Culture* (Albany, NY: State University of New York Press, 1998), p.21; H. H. Kögler, *The Power of Dialogue: Critical Hermeneutics after Gadamer and Foucault* (Cambridge, MA: MIT Press, 1996), pp.266~267 참조. 동서 대화와 연관

게다가 이러한 새로운 접근을 통해 전통적인 사고와 가치를 보전하고 받드는 오리엔탈리즘의 가능성을 알게 된다. 지난날 현실정책(realpolitik)을 강요하고 서양식 진보의 우월성과 역사적 필연성에 대한 신념을 정당화하는 식민지 팽창의 과정에서 전통적 문화 구조가 주변화되고 심지어 제거되기도 한 것이 사실이다. 사실 '백인 남성이 책임'(White Man's Burden)을 지는 것을 고귀한 임무로 생각하였다. 이성(Reason)의 역사적 행진에 서양사상을 선봉에 서게 한 이데올로기적 구조에서 동양은 후진적 반계몽적인 것으로 규정되면서 도교 자체도 이러한 강압적 논의를 받아야 했다. 때로 중국의 지성도 자신의 문화 전통을 훼손시키는 이런 식의 수사에 설득되곤 했다. 어쩌면 소외 집단의 저항이 거세지고 있는 지금까지도 넓은 지정학적 의미에서 근대 자유주의적 보편주의와 세계 자본주의의 힘이 전통문화를 해체하고 있는 것일 수도 있다.

오리엔탈리스트 연구가 때로는 역사적인 유물에 지나지 않을 수도 있지만 종종 전통의 보존에 일조했다는 것을 인정해야 한다. 이것은 좋아하는 것을 죽일 수도 살릴 수도 있고 도교의 소리에 침묵할 수도 증폭시킬 수도 있는 힘이다. 예를 들어 니덤은 자신의 개인적 문화적 어젠다를 구성한 것이었지만, 그의 업적은 중국의 풍부한 과학적 기술적 전통을 보여 주었고 여러 방식으로 중국이 서양의 지적 속박에서 벗어나는 데 공헌했다. 그레이엄의 저작도 이데올로기적인 경향에 치우치지 않고 고대 중국의 철학적 논

해서 '차이의 해석학'에 대한 논의는 F. Dallmayr, *Beyond Orientalism: Essays on Cross-Cultural Encounter* (Albany, NY: State University of New York Press, 1996) 참조. 대화를 문화 간 이해를 위한 양식으로 보는 가다머와 유사한 접근법을 張隆溪가 *Mighty Opposites: From Dichotomies to Differences in the Comparative Study of China* (Stanford CA: Stanford University Press, 1998)에서 수용한다.

의의 범위와 깊이를 좀 더 명확하게 알 수 있게 해 주었다. 프랑스의 중국학 연구자들(sinologists)은 독특한 중국 고유의 정신적 신비적 전통을 훨씬 폭넓게 연구했다. 이것은 서양학자들이 지적 문화적 전통을 재발견하고 보전하고 재생시킨 최근의 세 가지 사례에 불과하다. 여전히 이러한 과정이 서양의 편호(偏好(predilection)에 의해 선택 기술되어졌다고 주장할 수도 있다. 하지만 이러한 견해는, 첫째 중국 (그리고 일본과 한국의) 학자도 지난 세기에 이러한 연구에 참여해 왔으며, 둘째 근대 학문적 기술과 철학적 언어의 사용은 고대 전통을 무효화하는 데 일조하기보다는 그것을 보호하는 데 도움이 될 수도 있다는 것을 간과한 것이다. 후기 식민주의적(postcolonial) 하위 연구 분야의 급격한 성장에서 알 수 있듯이 최근 서양문화의 변모가 이를 말해 주고 있다. 뿌리 깊은 유럽 중심적 태도에 대한 회의주의가 등장하고 인간 문화에 대한 다원론적이고 탈중심적 접근 의지가 증가하고 있으며, 근대적 논의인 보편주의와는 반대로 지금까지 평가절하되고 소외된 관습(pratices)과 믿음의 중요성을 인정하는 고유한 문화 형식과 언어의 가치를 도모하는 변화가 최근 뚜렷하다. 게다가 오리엔탈리스트 현상을 좀 더 넓은 안목으로 보는 비평가들도 늘고 있다. 이들은 지금까지 서양이 동양을 희생시키면서 행해 온 억압의 일방적 과정으로 보았던 것을 힘과 영향력이 쌍방향적으로 작용해 온 좀 더 복합적인 과정으로 보고 있다.[23)

물론 약탈과 창조적 변형 사이의 경계가 모호하기는 하다. 문화적 보존의 문제는 양가감정(ambivalence)을 가질 수밖에 없다. 그렇다고 해서 본토 중

---

23) R. Young, *White Mythologies: Writing History and the West* (London: Routledge, 1990), p.148ff; R. King, *Orientalism and Religion: Postcolonial Theory, India and the 'Mystic East'* (London: Routledge, 1999), chap.9.

국을 넘어 세계로 성장하는 도교의 중요성을 흐리게 해서는 안 된다. 또한 오늘날 도교의 세계적 충격과 증폭을 환영해야 한다. 앞에서 강조했듯이 도교는 중국의 오랜 역사를 통해 계속 부활하고 재해석되고 확대되어 왔기 때문에 단순한 하나의 본질이 아니라 다양한 색깔의 풍부함을 갖고 있다. 예를 들어 유교와 불교와의 관계에는 상호 배타적이 아니라 오히려 역동적인 상호작용이 있었다. 도교는 이러한 경쟁 상대의 가르침에 자극제가 되기도 하고 수혜자가 되기도 하면서 오랜 해석학적 관여를 해 왔다. 그들과의 연관 속에 때로는 협동하고 때로는 경쟁하고 때로는 공개적 논쟁을 하면서 자신의 사상과 실천(practice)을 이루었다. 중국은 방어적으로 낯선 모든 것과의 접촉을 거부하는 밀폐된 문명의 양식과는 다르다. 그들은 상업적, 정치적 그리고 지적, 문화적으로도 다른 문명과 계속해서 상호작용해 왔다.[24]

우리는 도교를 연구하면서 전통이란 하나의 완전하고 영원한 현상이 아니며, 전통에 대한 비판적 반성의 가능성이 차단되거나 부족해서는 안 되고, 그들 자신의 전통은 물론 다수의 경쟁 상대의 전통과의 대화나 논쟁을 통해, 그리고 그들 자신의 내적 역동성과 긴장을 통해 스스로 변환하고 재창조하는 상호작용, 다수의 경쟁적 서사 안에 있는 체계임을 알게 되었다. 콘(Kohn)이 지적했듯이 "문화적 전통은 계속 살아남기 위해 변해야 한다. 지적 유산은 언제나 새 시대의 사람들에게 적합하게 남아 있는 한에서만 가치가 있다." 특히 도교의 경우 그러하다. 또한 그녀는 "고대의 가르침에 계속 매달리고 그것을 '화석처럼' '박물관에 두고 찬미하려는' 것이 아니라, 고대 텍스트를 '원전의 의도'와 거의 관계없이 '다른 전통의 견해와 실천(practices)

---

24) J. Waley-Cohen, *The Sextants of Beijing: Global Currents in Chinese History* (New York: Norton, 1999).

404   서양, 도교를 만나다

과 혼합하면서' 진보적으로 변환하고 재정의하고 재해석함으로써 번영해 왔다"라고 지적한다.[25] 고대 일본에서는 도교를 포함한 중국 원전의 다양한 원리를 존중하고 그 원저자들을 존경하면서도 그것들을 본국의 시각과 고유한 전통에 맞게 적용해서 자기방식으로 흡수했다는 것을 상기해도 좋겠다. 낯선 문화와의 관계에서 스스로 비판적으로 반성하고 변화할 줄 모르는 정체되고 봉쇄된 문화의 신화를 거부해야 한다. 그래야 도교의 역사적 실재만이 아니라 오늘날의 지적 문화적 논의에서의 그 역할도 재고할 수 있다.

도교 전통을 존중하고 보존하려는 원래의 맥락에서 그것들을 해석하고 연구하는 동시에, "전통이 항상 새로운 사고방식으로 적절하게 변화하는 시대와 함께할 수 있는가를 평가하면서 도교에 접근하는 것이 오늘날 우리에게 필요하다."[26] "세계적 투쟁의 도가니에서 변하지 않고 살아남을 수 있는…… 전통은 없다"라고 주장한 윌리엄 드 베리는 확실히 옳다.[27] 그리고 도교가 근대 세계에서 새롭고 과거와는 다를 수밖에 없는 자신만의 생명을 다시금 얻었다는 것을 우리는 인정해야 한다. 이러한 생명력으로 도교는 과거 도교가 중국, 인도 및 다른 고대 전통들과 창조적 연관을 가졌던 비슷한 방식을 통해 비중국적 사상 전통과 창조적으로 상호작용할 것이며, 아시

---

25) L. Kohn, *Taoist Mystical Philosophy: The Scripture of Western Ascension* (Albany, NY: State University of New York Press, 1991a), pp.225~226. 유교의 현대적 재적용에 관한 유사한 생각은 J. H. Berthrong, *Transformations of the Confucian Way* (Boulder, CO: Westview, 1998), chap.7; L. M. Jensen, *Manufacturing Confucianism: Chinese Traditions and Universal Civilization* (Durham, NC: Duke University Press, 1997), Epilogue 참조.

26) L. Kohn, *Taoist Mystical Philosophy: The Scripture of Western Ascension* (Albany, NY: State University of New York Press, 1991a), p.226.

27) W. T. de Bary, Chan Wing-tsit, and B. Watson, *East Asian Civilization: A Dialogue in Five Stages* (Cambridge, MA: Harvard University Press, 1988), p.138.

아와 서양 출신의 모든 학자, 작가, 그리고 전문가를 포함할 것이다. 앞에서 살펴보았듯이, 점차 구별과 제한을 벗어나 동양과 서양의 텍스트, 사상가들, 관념의 혼성물(hybrid)로서의, 문화의 발전인 '신도교'(New Daoism)의 등장은 지난 세기 중국에서 제기되고 오늘날 계속 논의되는 '신유학'을 벌써 귀감으로 삼고 있다.[28]

2. 도교를 넘어서

이러한 관점에서 도교가 포스트모던, 포스트오리엔탈리스트 세계의 지적, 문화적 삶에 어떤 역할을 할 수 있는가? "오리엔탈 사고의 환상적인 구조물이 확실히 우리의 연구와 우리의 찬사에는 열려 있지만 우리의 삶에는 열려 있지 않다"라는 아서 단토(Arthur Danto)의 언급이나 결국 "우리는 낯선 전통과 방식의 방향(orientation)으로 도피할 수 없다"라는 할브파스(William Halbfass)의 견해에 쉽게 공감할 수 있다.[29] 오늘날의 포스트모던 분위기에서 도교의 고유한 형식이 우리가 신뢰하지 않는 것을 대신해서 새로운 서술적 문화적 정통의 자리를 얻게 되리라는 것은 물론이고 도교가 성숙한 종교운동으로 서양에서 부흥할 수 있으리라고 생각하는 사람은 거의 없다. 도교의 서유(journey to the West)가 백지의 경전은 아니었지만 이 경전이 우리에게 미

---

28) J. H. Berthrong, *Transformations of the Confucian Way* (Boulder, CO: Westview, 1998), pp.185~200.

29) A. Danto, *Mysticism and Morality: Oriental Thought and Moral Philosophy* (Harmondsworth: Penguin, 1976), p.9; W. Halbfass, *India and Europe: An Essay in Understanding* (Albany, NY: State University of New York Press, 1988), p.441.

래의 삶에 완전한 기본 계획(groundplan)을 제공하는 것도 아니다. 고대 중국 전통을 지속시키려는 도교 운동이 직간접적으로 서양에서 등장했다. 최근 형성된 '영국도교협회'(British Taoist Association)와 '미국정통도교'(Orthodox Daoism in America)운동이 한 예이다. 또한 중국인들의 공동체를 넘어서 최근 많은 전통 도교사원이 북미에서 문을 열었다. 게다가 많은 도교 지도자가 서양에서 활동하면서 전통적인 도교 가르침의 틀 안에서 다양한 인종의 학생들에게 태극권과 기공을 가르치고 있다. 그리고 널리 보급되는 도교 잡지 *The Empty Vessel*이 8년째 출판되고 있다.

그러나 문화적 종합세트인 도교는 아직 서양인에게 진정한 선택품목이 아니다. 사실 삶 전반의 방식을 수입한다는 개념 자체가 말이 안 된다. 방금 언급한 것처럼 도교는 새로운 환경에 맞도록 필연적으로 문맥에서 벗어나 적용되어 온 것이기 때문이다. 도교는 오늘날의 산업시장사회와는 다른 농업사회와 관련된 결과물이었다. 농업사회의 가치가 산업시장사회에서 생긴 문제에 정확하게 들어맞을 것이라고 기대하기 어렵다. 도교는 고대 민중의 식과 축제 그리고 천사도 종파를 토대로 생생한 지적 논의를 하고 있는 타이완에서 계속 번성하고 있다. 한 측면에서 도교는 비공식적이기는(sans la lettre) 하지만, 중국인의 문화유산 도처에 그리고 중국인의 삶 자체에 깊이 뿌리박고 있으며 계속 번성하고 있다. 심지어 최근 부활을 즐기는 중국 본토에서도 중화인민공화국 정부가 보호와 후원 조치를 하고 있다. 그렇다고 도교가 과거에 편재해 있던 문화적 역할을 가까운 미래에 회복할 것 같지는 않다.[30]

---

30) 1949년 이후 중국에서 계속된 도교의 영향에 대해서는 K. Dean, *Taoist Ritual and Popular Cults of South-East Asia* (Princeton, NJ: Prinston University Press, 1993); Li

불교의 서양 행로를 도교의 경우와 비교해 보는 것이 도움이 될 것이다. 서양에서의 불교는 도교보다 역사가 길고 철학적, 제도적으로 도교보다 일찍 서양에 정착했다. 또한 불교의 서양 팽창은 도교의 경우와는 다른 요인으로 추진되었다. 두 가지 분명한 예를 든다면, 선禪과 티베트 불교가 서양에 미친 강력한 충격은 서양의 열정에 의해서만이 아니라 더 넓은 정치적 사회적 용인에 의해서였다. 특히 미국의 일본 점령과 중국의 티베트 점령이 불교가 서양에 길을 여는 우연한 촉매가 되었다. 도교에는 이런 경우가 없었다. 최근 몇몇 도교 승려들이 베이징의 엄격한 감시 아래에 서양을 방문하고 여러 인종의 도교 지도자들이 서양에서 도교 관련 수행(practices)을 가르친다. 하지만 불교가 이루었던 동서 연결의 확장이나 아시아 승려들의 다르마(Dharma, 法)의 적극적인 유포와는 비교할 수 없다. 앞에서 지적했듯이 도교의 메시지는 대부분 학자나 여행가에 의해 선별적으로 짧은 시간에 전해진 텍스트의 형태로 서양에 유입되었고, 살아 있는 전통으로서의 전반적 생활양식이나 모델의 이미지보다는 믿음과 수행(practices) 등으로 전달되었다. 왈프(Knut Walf)가 지적했듯이 서양에서 도교는 특유의 개인주의적이고 심지어 무정부주의적 성격을 가지고 있다. 유럽과 미국에서의 불교와 힌두교 운동과는 달리 사회적 단체와 조직화된 공동체의 제도적 지원도 부족하

Yu-hang, "Taoism", *Chinese Sociology and Anthropology* 26(3) (1994); M. Saso, *The Golden Pavilion: Taoist Ways to Peace, Healing, and Long Life* (Boston: Tuttle, 1995) 참조. 도교가 철학적 예술적 문화적으로는 그 영향력을 지속하겠지만 "도교가 점점 소멸하고 있다"는 陳榮捷의 주장은 좀 성급하다. Chan Wing-tsit, *Religions Trends in Modern China* (New York: Columbia University Press, 1953), p.146 참조. 문화대혁명 고조기였던 1968년 제1회 국제도교회의에서는 중국에서의 도교의 존속에 대한 의심도 표현되었다. H. Welch, "Tje Bellagio Conference on Taoist Studies", *History of Religions* 9(2) (1969~1970), p.129 참조.

다.31) 영감을 얻을 수 있는 도교 승가(Daoist Sangha)나 수도자의 의식적 전통도 없고 도교하면 떠오르는 가사 입은 불교 승려나 가부좌한 부처 같은 것도 없다. 최근에 와서야 도교 전통이 세계종교의 지위에 겨우 놓이게 되었고 서양의 학교나 대학에서 체계적 연구를 할 만한 것이 되고 있다.

이러한 이유로 서양에서의 도교의 미래는 불교의 미래와 관련은 있지만 다른 길을 갈 수밖에 없을 것 같다는 것이다. 이 길의 향방은 도교의 잠재력을 완전한 철학보다는 마음의 태도에 두게 될 것 같다. 우리가 서양식 사고방식과 근대적 세계에 몰두하게 된 것처럼 상당한 변화와 변형이 용이한 통찰과 수행으로 호소할 것이다. 그리고 대부분 대중적인 종교운동보다는 개인적인 선택과 생활양식의 문제로 남을 것이다. 요컨대 단 하나의 분명한 대안 철학이나 집단행동에 집중하지 않으면서 우리 삶의 다양한 자리에서 점차 해체적 다수의 도교 계승자가 될 것 같다. 이것은 '혼돈의 가장자리에 있는' 그리고 '만물을 낳는' '말로 할 수 없는 길'과 어울리는 전망이다.32)

이 책의 논의를 따르다 보면 서양으로 가는 이 길이 모호하고 분열된 모습을 보이고 있음을 확인할 수 있다. 서양은 점점 세계 문화에 자리를 내주어야 하고 그 안에서 동양과 서양의 경계는 베를린 장벽의 길을 걷고 있다. 마르크스는 한때 한 사회가 스스로 비판적 태도를 가질 수 있는 것은 아주 특별한 조건에서만 가능하다고 했다. 하지만 오늘날 추상적 철학과 과학의 단계부터 일상의 생활과 생존 단계에 이르기까지 문명 전체가 진정

---

31) K. Walf, *Tao für den Westen: Weisheit, die uns nottut* (München: Kösel, 1997), pp.29~30.

32) P. Marshall의 *Riding the Wind: A New Philosophy for a New Era* (London: Cassell, 1998)는 '새 시대의 철학'의 중심에 도교 원리를 서양 중심적 관념과 나란히 편입시키려는 최근의 흥미로운 시도를 보여 준다.

으로 자기분석과 자기재평가를 하고 있다. (단지 허무주의의 열기를 일으키는 것처럼 보일 수도 있지만) 도교가 외곽에서 멈추지 않고 자기평가 역할을 하기 시작하면서 우리가 이미 언급한 것처럼 우리의 고귀했던 정통성에 도전하는 방식을 제공하고 있다. 뿐만 아니라 우리의 상황에 대한 풍부한 상상력을 가진 새로운 사고방식과 새로운 말 그리고 근본적으로 다른 가정과 새로운 통찰과 패러다임을 제시한다. 도교는 유럽 중심적 태도의 지배적 역할과 일방적이고 독단적인 시각에 대한 해독제이고, 부상하는 후기 식민주의적(postcolonial) 논의에서 여전히 권위적 지위를 차지한 서양문화를 버리는 방식이며, 세계 자본주의와 연관된 근대적 삶의 표준화에 대항하는 방어기제이다. 그노시스주의(Gnosticism), 낭만주의와 무정부주의와 같은 다른 대안적 움직임처럼 도교는 정통성에 대한 흥미로운 대조(counterpoint)이며 저항의 원천이다. 이것은 계몽적 이성주의에 대한 서양의 과대평가, 기술 의존적 태도, 철학의 양자택일적 방법론, 역사적 진화와 연결된 일신교적 가정에 대한 도전이다. 도교사상가들은 앞으로 모든 방법을 동원해 자리 잡고 있는 관념을 다시 읽고 재구성함으로써 현 상황을 넘어서고자 했던 블룸 (Harold Bloom)이 말한 '강한 시인'이 될 수도 있다.33) 또는 당혹스러운 문제를

---

33) 역주: Harold Bloom(1930~): 미국 문학 비평가, 예일대 교수. 그는 『영향의 불안』 (1973)이 출판되면서 이후 시의 영향이론을 발전시켰다. 『영향의 해부학』(2011)은 블룸 자신이 최고 영예로 생각하는 최근 저서이다. 블룸은 『시적 오독』에 관한 4부작을 통해 어떻게 후배 시인이 선배 시인의 시를 읽고 수정하는지를 밝힌다. '가르침의 장'이란 용어를 붙이고 시의 기원과 발전의 여섯 단계(선택-합의-경쟁-육화-해석-수정) 심리학을 세운다. 하나의 시는 다른 시에 관한 것으로 독립된 시란 존재하지 않는다. 후배 시인은 선배 시인의 영향에 강력히 방어하지만 흔적으로 남아 있게 된다. 데리다는 흔적 때문에 우리 의식에 고유 의미나 기원이 없이 분열된다고 주장하지만, 블룸은 흔적 때문에 주체가 분열되는가 하면 흔적 때문에 주체가 존재한다고 생각한다. 그는 "강한 시인들은 오직 스스로를 읽어 낼 뿐이다.…… 그리고 오독은 곧 창조의 근원이다"라고 말한다.

제기하고 정통과 독단에 맞서는 사이드와 같은 지식인이 될 수도 있다. 그리고 랄바니(Lalvani)가 주장했듯이 소비주의에 보조하지 않고 '소비를 통한 의미를 계속 탐색하면서' 자본주의에 전복적 영향력을 행사할 수 있으며 그것을 은밀하게 통제하고 조작하는 역할을 할 수도 있다.[34] 이러한 관점에서 본다면 도교의 원시주의(primitivism)는 현실 문제와 상관없는 유토피아적이고 회고적인 것이 아니다. 뿌리 깊은 습성과 분별없는 순응을 비판하고 현재의 우리의 삶을 다시 생각하도록 일깨우는 것이다.

그러므로 서양에서 도교의 인기가 상승하는 것은 단지 과거에 대한 동경이나 낭만적 은둔이 아니라 우리의 현 상황에 대해 직접 이야기하기 때문이다. 그렇다고 도교의 자기검토(self-scrutiny)가 짜증나는 등에 같은 것은 아니다. 앞서 논의했듯이 오늘날 도교의 매력은 긍정적이고 생산적인 다양한 사고방식에 있다. 앞 장의 요지를 단순히 반복하지 않고도 다시금 강조할 만한 다른 요인들이 있다.

첫째 요인은 믿음이나 교리 없이 대안적이고 변화하는(transformed) 정신성과 종교성을 추구한다는 것이다. 도교의 비신학적 정신은 초월성이나 신학 없이 유한한 존재 안에 한정된다. 이 세상에서의 삶을 최선으로 도모하고 우리를 자연 세계에 안전하고 생기 있게 정박하게끔 한다. 철학자 레이 빌링턴(Ray Billington)은 도교의 자연성과 현세성(this-worldliness)의 매력을 강조해 왔다. 다른 동양의 철학자들은 우리 세계에 대한 불만과 고통 심지어 환상을 말했다. 하지만 도교는 자연과의 일체 속에서 그리고 지금의 조건과 경험의 가치 속에서 세상 속에 안주하고 싶어하는 우리의 바람을 인정한다.

---

34) Z. Sardar, *Postmodernism and the Other: The New Imperialism of Western Culture* (London: Pluto, 1998), p.40.

이런 점이 오늘날 도교가 점점 매력적으로 다가오는 이유이다. 도교는 전통적 기독교의 내세관과 과학적 물질주의의 균형, 즉 '포괄적인 존재에 접근할 수 있는 양과 음의 균형'을 적절하게 보여 준다. 또한 교리 없는 종교적 경외감과 성스러운 세속의 의미를 보여 주기도 한다.[35] 이는 우리를 다시금 지구 그리고 살아 있는 세계와 연결하는 정신성의 다양한 요구와 관련될 수 있다. 즉 지구를 실용적인 이유에서 평가하는 것만이 아니라 더 넓은 의미의 자기실현을 위한 장소로 보는 생태학적 마음가짐 및 구식의 개인주의적 의미를 안 네스(Arne Naess)의 심층생태론(Deep Ecology)에서처럼 인간과 자연 질서를 둘러싼 넓은 의미의 정신적 발전으로 대체하려는 이상과 관련될 수 있다.

이러한 생태학적 정신성은 전통적인 기독교와는 완전히 다르다. 그러나 한편에서는 기독교에 충실하면서도 도교를 포함해 오리엔탈 철학적 요소들을 받아들이는 기독교사상가와 전문가들도 늘어나고 있다. 예를 들어 시토 수도회 수도사 토머스 머튼(Thomas Merton)에게 도교의 매력은 명상적이고 내면적인 삶의 수양만이 아니라 "프란체스코적인 소박함과 만물과의 동화(connaturality)에 있었다."[36] 그리고 영국 국교도이며 테야르 드 샤르댕 협회(Teilhard de Chardin Association) 회원이었던 조셉 니덤(Joseph Needham)도 기독교와 도교 간의 '교리 근대화'(aggiornamento)의 필요성을 주장했다. 남성적이고 '잔혹한 군주'(Caesar)와 군대식 '지배자'(Lord of Hosts)로서의 전통적인 기독교의 신(God)의 이미지에 도교적 상징이 평형추의 역할을 함으로써 '정신적 지평

---

35) R. Billington, *East of Existentialism: The Tao of the West* (London: Unwin Hyman, 1990), pp.191~201·281.
36) T. Merton, *The Way of Chuang Tzu* (London: Burns & Oates, 1965), p.27.

을 넓히는 데' 기여할 것이라고 생각했다.

둘째 요인은, 이것과 밀접하게 연관되는 것으로, 심신상관적 태도를 둘러싼 논의로써 육체와 정신의 이분법을 극복하려는 것이다. 이는 토마스 루크만(Thomas Luckman)이 말했던 "보이지 않는 자기실현의 종교"(invisible religion of self-realisation)[37]라고 할 수 있다. 다른 고대 종교는 의미와 목적을 위해 육체, 정신, 자기가치의식을 희생당하면서 그것을 느끼지도 못했다는 것이다. 도교의 심신상관적 성격은 린위탕(林語堂)의 『생활의 발견』(The Importance of Living)에 잘 드러난다. 내단의 정교한 기예는 우리에게 멀고도 낯설게 보일 수 있다. 그러나 그 근본 원리와 다양한 방식은 오늘날에도 여전히 살아 있고 이미 수용되어 개인의 성장과 성취라는 심신상관적 의미로 바뀌었다. 앨런 와츠(Alan Watts)는 도교의 치유적 성격을 알아본 사람 중 한 사람이다. (Blake의 말을 빌리면) 그는 도교는 정치적 구속보다는 자기실현을 제한하는 '정신적인 속박'(mind-forged manacles)에서 해방되기 위한 현대적 요구에 부응한다고 생각했다.[38] 서양에서 중국의 정신적 지도자가 행하는 다양한 도

---

37) 역주: Thomas Luckman의 *Invisible Religion*. 루크만의 견해에 따르면 종교는 인간 사회에 필연적인 것이고, 따라서 외양은 변모할지언정 이른바 '종교성'이라 할 것은 항상 존속하여 어떤 형태로든 표출되고 기능한다고 주장한다. 현대사회에서의 종교 변화를 설명하면서 개인적인 종교성을 현대에 '새로이 등장하는 보이지 않는 종교'로 규정하고 있다. 인간의 자율성, 자기의식의 과정, 이동의 정신 등의 발달이 현대사회에서 새로운 종교적 다원주의의 지배적인 동기라고 강조한다. 루크만은 이 밖에도 개인의 자기표현과 자기실현의 주제들에 대한 다른 독특한 현대적인 표현의 성과로 가족주의를 들고 있다. 또 '타자와의 조화', '적응', '공정한 대우', '협력' 등도 현대의 '자율적인' 개인에게 중요한 주제로 꼽고 있다. 루크만은 전통적 의미의 종교적 주제들이 약화되어 감을 밝히고 현대사회에서의 종교의 가장 두드러진 변화는 개인적인 종교성 즉 '보이지 않는 종교'의 형태로 기능하게 되는 것이라고 주장한다. *Invisible Religion*의 한국어판인 이원규 역의 『보이지 않는 종교』(기독교문화사, 1982) 참조.
38) A. Watts, *Psychotheraphy East and West* (Harmondworth: Penguin, 1973), chap.3.

교적 수련이 확산되고 있는 데서 분명하게 알 수 있다. 도교는 많은 사람에게 정신적, 신체적인 건강과 자기실현의 길로 가는 비결(key)을 보여 주고 있다.[39]

끝으로 좀 더 넓은 맥락에서 지난 세기부터 강력했던 지적 흐름을 살펴볼 필요가 있다. 20세기 전반 실증주의의 영향력으로 인해 세상과 거리를 둔 전통적인 종교적 체계는 쉽게 무시되었다. 이러한 분위기에서 도교 또한 자리를 둘 곳이 없었다. 그러나 최근 들어 평형추가 반대 방향으로 움직이고 있다. 우리의 시대는 실증주의자들이 추구했던 확실성이 물러나고 과학, 철학, 문학에서 언어가 진리를 표상할 수 있는가에 대해 의심하면서 예측불가능(unpredictability), 무질서, 통약불가능성(incommensurability)과 같은 말이 강조되고 있다. 앞 장에서 우리는 다양한 방식으로 철학적 해석학의 세계교회주의(ecumenism)가 부상하는 가운데 중국적 관념의 중요성에 대해 언급했다. 뿐만 아니라 서양의 계몽적 기획에 대한 포스트모던적 비판은 물론이요, 오늘날 철학적 관심사인 자아, 진리, 그리고 성 정체성(gender identity)에 대한 문화상호 간 논의의 적절성에 대해서도 주목했다. 주변적이기는 하지만 아직도 서양의 근대성에서 야기된 반작용으로 허무주의적 분위기와 분투하는 과정에서 아시아사상의 충격이 감지된다. 일찍이 이러한 논의에 끼어든 것은 힌두교와 불교였다. 이제는 도교의 차례이다. 그의 건강한 유한성의 의미, 자연과 일상을 낭만적으로 화해시켜 초월성에 기대지 않고 허무주의를 넘어서는 방법을 가르쳐 준다. 이러한 의미에서 빈 경전을 찾게 된 것은 우리

---

39) 서양에서 활동하고 있는 도교 스승에 대한 고찰은 A. Rawlinson, *The Book of Enlightened Master: Western Teachers of Eastern Traditions* (Chicago: Open Court, 1997); S. Towler, *A Gathering of Cranes: Bringing the Tao to the West* (Eugene, OR: The Abode of the Eternal Tao, 1996) 참조.

순례에 비극이 아니다. 여행이 목적을 위한 수단이 아니라 그 자체가 목적이었다는 중요한 발견을 하게 된 것이다. 비교해 보면 허무주의에 대한 이런 류의 치료적 반응을 많은 현대 철학자의 저작에서 볼 수 있다. 예를 들자면 "세계가 삶으로 돌아가 일상을 회복하는…… 우리 삶터의 새로운 창조의 임무"라고 기술한 스탠리 카벨(Stanley Cavell),[40] 그리고 '이미 너무 많은 의미로 가득 찬' 세계에서 허무주의에 대한 반향으로 의미를 새롭게 탐구하는 것이 아니라 허무주의를 이겨 내려는 조급한 마음과 구원 받으려는 욕망을 버리는 '의미 없애기가 하나의 성과'(meaninglessness as an achievement)였다고 말한 사이먼 크리츨리(Simon Critchley)[41]를 들 수 있다.

이러한 고찰도 학자들의 지속적인 연구의 성과이다. 니체가 말한 '열린 바다'(open sea)가 이제 그들 앞에 펼쳐져 있다. 전통 도교 경전인 『도장道藏』의 거대한 집성도 대부분 번역되지 않은 채 남아 있다. 여러 도교 종파의 가르침과 복잡한 전례의식이 확산되면서 『도장』이 탐구 대상이 되고 있지만 도교의 고대 원전은 아직 모호하다. 도교와 관련 분야에 대한 연구가 진행되면 언젠가 누군가가 명쾌한 도교 역사 저작에 착수할 수도 있을 것이다.

우리는 미래에 다른 무언가를 기대할 수 있을까? 어떤 예언처럼 '아시아의 세기'로 들어가는가? 니덤이 예언한 것처럼 미래는 도교의 시대가 될 것인가? 이러한 예언을 무엇이라 생각하든 간에 나는 이 책에서 미래에 도교 관념의 역할이 증대될 것이라고 충분히 말했다. 최근 아시아의 경제위기로 이 책에서 강조해 온 도교 저작의 사료 편집과 저작의 다양한 성격을 강조

---

40) S. Cavell, *In Quest of the Ordinary* (Chicago: University of Chicago Press, 1988), pp.52~53.

41) S. Critchley, *Very Little… Almost Nothing: Death, Philosophy, Literature* (London: Routledge, 1997), p.27.

하는 것은 물론 어떤 것도 예상하기 어렵다. 하지만 다음 세기에는 아시아의 국가와 국민들이 세계 경제만이 아니라 지적, 문화적, 지정학적 범위에서도 여러 형태로 점차 중요한 공헌을 하게 될 것이라고 말할 수 있다. 세계화가 이것을 뒷받침할 것이다. 다시 말해서 아시아와 유럽 문명의 조우가 근본적으로 큰 영향력을 갖게 될 것이다. 이러한 이유만으로도 세계 문명 속에 부상하는 다른 동양사상 체계와 마찬가지로 도교의 잠재적 역량을 인정할 필요가 있다.

여기서 불가피하게 제기되는 질문이 있다. 새로운 동서양의 조우가 격렬한 '문명의 충돌'로 치달을 것인가 아니면 생산적인 대화가 될 것인가? 새뮤얼 헌팅턴과 같은 사상가가 옳다면 전자가 될 것이다. 헌팅턴은 중국은 근본적으로 타자이며 다른 문명권에서 볼 때 어쩔 수 없는 적대적 상대라고 본다.[42] 그러나 이와 반대로 지정학적으로나 지적인 관점에서나 헌팅턴의 시나리오가 일어나지 않을 방식으로 세계가 변하고 있다. 중국과 서양이 서로 서서히 합의해 나가고 있으며, 최근 중국에 관한 저작이 엄청나게 확산되고 있다. 이것은 정치적, 문화적, 지적으로 후자의 징후이다. 몇 가지 대표적인 예들을 이 책에서 인용했다. 인권과 민주와 같은 아직도 해결되지 않고 있는 문제들이 산적해 있지만, 지금의 견해로는 전쟁보다는 대화로, 대결보다는 화해로 문제를 풀 수 있을 가능성이 높다. 세계의 생존과 번영의 희망은 서로 기꺼이 듣고 배우는 데 달렸다는 것을 깨닫는 사람들이 늘어나고 있다. 이것은 문화적 다양성의 초월이나 차이를 보편적 종합의 용광로(melting pot)에 흡수시키는 것을 의미하는 것이 아니라, 자유주의의 가치조

---

42) S. Huntington, *The Clash of Civilizations and the Remarking of World Order* (New York: Simon & Schuster, 1996).

차 재평가할 수 있는 논쟁적 대화를 하는 것을 의미한다.

결국 세계 문명이 직면하고 있는 과제는 새로운 관념과 가치체계를 창조하는 것이다. 이것은 보편적인 합의나 새로운 세계의 서술을 위한 것이 아니라, 서로 다른 믿음이 조화롭게 공존하고 다양한 사고와 삶의 방식의 번영을 격려하기 위한 것이다. 도교가 우리에게 어떤 영향력 있는 체계를 제공해 줄 수 있을지 앞서 의문을 제기했다. 그러나 도교를 연구하면서 도교로부터 자기주장과 공격적 논쟁을 넘어 대결과는 거리를 두고 화해와 상호 조화를 선호하는 것을 배울 수 있다.

오로지 하나의 진리만을 추구하는 서양의 보편주의와는 달리 삶에 대한 다양한 방식의 상호 보완을 강조하는 중국의 삼교 공존은 그들에게 흥미로운 대안 모델을 제공한다. 중국식 방법은 마지못해하는 차이의 관용이 아니라 다양한 문화와 삶의 방식이 서로 영향을 주고받을 수 있는 다원론적 전망을 제시한다. 더 개인적 차원에서는, 몇 년 안에 도교는 불교가 밟아 간 전철을 따를 것이고, 정신적인 각성과 추구를 위한 진지한 선택이 될 것이며, 새로운 다원론적 융합을 향한 영감으로서 다른 아시아 종교와의 대화만이 아니라 서양 고유의 전통과 사상가들도 공생으로 끌어들이는 새로운 정신성으로 나아갈 것이다. 이러한 공생은 개인적 구원의 방식만이 아니라 지나친 소비, 물질주의, 환경문제에 맞서는 지구 미래에 대한 관심으로 신선한 사고와 강한 친화성을 갖게 될 것이다. 한마디로 자연 세계와 우리의 관계에 대한 새로운 사고방식은 지구와 인간 외 창조물과의 비착취적인 관계, 자연과의 대립이 아니라 조화하는 기술의 발전을 의미한다. 그리스-기독교적 관념도 인간 존엄에 대해서 역사적으로 해방을 추진해 왔다. 그럼에도 불구하고 우리를 자연과 동물로부터 단절시켰을 뿐 아니라, 여성을 남성보다 지상을 천상보다 신체를 정신보다 낮은 지위에 두게 하였다.

도교 같은 철학은 이러한 구조를 치유할 수 있는 잠재력을 가지고 있으며 21세기 문화에 잘 들어맞을 것이다. 계속 변화하는 자연스러운 질서의 흐름을 존중하고 함께하는 철학 심지어 혼돈과 무질서의 정신적 힘을 인정하는 철학이 그러할 것이다. 이러한 철학은 더 이상 모호한 필연성이나 영원불변의 영역을 갈망하다가 허무주의로 빠져들지 않을 것이다. 헤라클레이토스적 흐름(Heracleitan flux)을 받아들인다고 해서 반드시 궁극적 질서를 가진 안정된 세계에 불안과 절망을 예고하는 것은 아니다. 오히려 서양 문명의 멈추지 않는 활력과는 대조적으로 도교사상에는 충족감과 순수함이 있다. 본질적으로 광적이며 자기파괴적 '활동 지향 존재'(being-towards-movement)에 근본적인 평형추로서 도교철학은 현대의 삶에 중요한 역할을 할 치유철학이 될 것이다.[43] 쿠퍼(J. C. Cooper)의 말대로 이것은 "오늘날 삶의 긴장과 억압을 완화시키고 치유한다. 쉬지 않고 목표도 없이 날뛰는 '원숭이의 마음'(monkey mind)에 삶의 명상과 소박함을 통해, 내적 조화의 이미지를 통해 길들이는 실천적 방법을 제공한다."[44] '폐허가 된 우주의 잔해 아래'에서 인간의 성취의 무덤과 마주했던 버트런드 러셀의 '깊은 절망'(unyielding despair)과는 분명 다르다.[45] 바꾸고 자연과의 조화를 강요하고 불가능하면 절망에

---

43) P. Sloterdijk, *Eurotaoismus: Zur Kritik der politischen Kinetik* (Frankfurt: Suhrkamp Verlag, 1989).

44) J. C. Cooper, *Taoism: The Way of the Mystic* (London: HarperCollins, 1990), p.129.

45) B. Russell, *Mysticism and Logic* (London: Penguin, 1953), p.51. (역주: "인간은 그들이 이루어 낸 목표를 예측하지 못했던 명분의 소산이라는 것. 인간의 근원, 인간의 성장, 인간의 희망과 인간의 두려움, 인간의 사랑과 믿음은 단지 원자들의 우연한 배치의 결과일 뿐 어떠한 불꽃도 영웅적 행위도 강렬한 사고와 감정도 무덤 너머 개인의 삶을 지속시킬 수 없다는 것. 시대에 걸친 모든 노력이 모든 헌신이 모든 영감이 모든 인간의 천재성을 발하는 정오의 찬란함도 태양계의 거대한 죽음과 함께 사라질 운명이라는

빠지는 식이 아니라 차라리 내버려 두는, 마르틴 하이데거가 말한 '해방'(releasement)에 더 가깝다. 세계를 벗어나기보다 포용하고 즐기면서 '평온함을 추구하는 존재'(being towards stillness), 이것이 도교의 서유(Journey to the West)를 통해 우리가 배울 수 있는 지혜가 될 것이다.

것. 그리고 인간이 이루어 낸 모든 성취의 전당이 폐허가 된 우주의 잔해 아래 매장된다는 것. 이 모든 것이 너무도 분명하여 어떠한 철학도 이것을 거부할 희망을 품지 못한다. 오직 이 진실의 뼈대에서만, 오직 깊은 절망(unyielding despair)의 확고한 토대 위에서만 영혼의 거처가 안전하게 건설될 수 있다.")

참고문헌

Abegg, L., *The Mind of East Asia*, London: Thames & Hudson, 1952.

Adams, W. H., *Nature Perfected: Gardens Throughout History*, New York: Abbeville Press, 1991.

Alexander, G. G., *Lâo-Tsze the Great Thinker*, London: Kegan, Trench, Trübner & Co, 1895.

Allinson, R. E., "Having your Cake and Eating it, Too: Evaluation and Trans-Evaluation in Chuang Tzu and Nietzsche", *Journal of Chinese Philosophy* 13(4), 1986.

_____, *Chuang Tzu for Spiritual Transformation*, Albany: State University of New York Press, 1989a.

_____, *Understanding the Chinese Mind: The Philosophical Roots*, Hong Kong: Oxford University Press, 1989b.

_____, Review of Herman, 1996, *Philosophy East and West* 48(3), 1998.

Almond, P. C., *The British Discovery of Buddhism*, Cambridge: Cambridge University Press, 1988.

Alt, W., "Philosophical Sense and Classical Chinese Thought", a review of Hansen, 1992, *Asian Philosophy* 6(2), 1996.

Ames, R. T., "Taoism and the Androgynous Ideal", *Historical Reflections* 8(3), 1981.

_____, *The Art of Rulership: A Study in Ancient Chinese Political Thought*, Honolulu, HA: University of Hawaii Press, 1983a.

_____, "Is Political Taoism Anarchism?", *Journal of Chinese Philosophy* 10(2), 1983b.

_____, "The Common Ground of Self-Cultivation in Classical Taoism and Confucianism", *Qing Hua Journal of Chinese Studies* 17(1-2), 1985.

_____, "Taoism and Nature of Nature", *Environment Ethics* 8(4), 1986.

_____, "Meaning as Imagining: Prolegomena to a Confucian Epistemology", 1991a, in Deutsch, 1991.

_____, "Nietzsche's 'Will to Power' and Chinese 'Virtuality'(De): A Comparative Study", 1991b, in Parkes, 1991.

_____, Review of Hansen, 1992, *Harvard Journal of Asiatic Studies* 54(2), 1994.

_____, "Translating Chinese Philosophy", in Chan and Pollard, 1995.

Arnold, E., *The Light of Asia: The Life and Teaching of Gautama Prince of India and Founder of Buddhism*, Twickenham: Tiger Books International, 1998(1879).

Bahm, A., *Tao Teh King: Interpreted as Nature and Intelligence*, New York: Ungar, 1958.

Balazs, E., *Chinese Civilization and Bureaucracy: Variations on a Theme*, New Haven, Yale University Press, 1964.

Baldrian, F., "Taoism: An Overview", *Encyclopedia of Religions* Vol. 14, New York: Macmillan,

1987.

Balfour, F. H., *Taoists Texts: Ethical, Political, and Speculative*, London and Shanghai: Trübner, 1881.

Barbour, I. G. (ed.), *Earth Might be Fair: Reflections on Ethics, Religion, and Ecology*, Englewood Cliffs, NJ: Prentice-Hall, 1972.

Barnett, R., "Taoism and Biological Science", *Zygon* 21(3), 1986.

Barrett, T. H., "Taoism: History of Study", *Encyclopedia of Religions* Vol. 14, New York: Macmillan, 1987.

_____, "Religious Traditions in Chinese Civilization: Buddhism and Taoism", in Ropp, 1990.

_____, *Taoism under the T'ang: Religion and Empire during the Golden Age of Chinese History*, London: Wellsweep, 1996.

Baynes, K., Bohman, J., and McCarthy, T. (eds), *After Philosophy: End or Transformation?*, Cambridge, MA: MIT Press, 1987.

Bell, C., "In Search of the Tao in Taoism: New Questions of Unity and Multiplicity", *History of Religion* 33(2), 1983.

Bender, F. L., "Taoism and Western Anarchism", *Journal of Chinese Philosophy* 10(1), 1983.

Benn, C. D., "Religious Aspects of Emperor Hsüan-tsung's Taoist Ideology", in Chappell, 1987.

_____, *The Cavern Mystery Transmission: A Taoist Ordination Rite of A.D. 711*, Honolulu, HA: University of Hawaii Press, 1991.

Benton, R. P., "Tennyson and Lao Tzu", *Philosophy East and West* 12(3), 1962.

Berkson, M., "Language: The Guest of Reality-Zhuangzi and Derrida on Language, Reality, and Skillfulness", in Kjellberg and Ivanhoe, 1996.

Berling, J. A., "Paths of Convergence: Interactions of Inner Alchemy, Taoism and Neo-Confucianism", *Journal of Chinese Philosophy* 6(2), 1979.

_____, *The Syncretic Religion of Lin Chao-en*, New York: Columbia University Press, 1980.

_____, "When They go their Separate Ways: The Collapse of the Unitary vision of Chinese Religions in the Early Ching", in Bloom and Fogel, 1997.

Bernstein, R., *Beyond Objectivism and Relativism: Science, Hermeneutics, and Praxis*, Oxford: Blackwell, 1983.

_____, "Incommensurability and Otherness Revisited", in Deutsch, 1991.

Berthrong, J. H., *Transformations of the Confucian Way*, Boulder, CO: Westview, 1998.

Berschinger, R., *The Search for Everlasting Life*, Schaftesbury: Element, 1994.

Billington, R., *East of Existentialism: The Tao of the West*, London: Unwin Hyman, 1990.

Binyon, L., *Paintings in the Far East: An Introduction to the History of Pictorial Art in Asia, Especially China and Japan*, London: Arnold, 1908.

_____, *The Spirit of Man in Asian Art*, Cambridge: Harvard University Press, 1935.

Black, H., "Gender and Cosmology in Chinese Correlative Thinking", in Bynum, Harrell, and Richman, 1986.

Blofeld, J. (trans.), *The Book of Change*, London: Allen & Unwin, 1965.

_____, *The Sacred and the Sublime: Taoist Mysteries and Magic*, London: Allen & Unwin, 1973.

_____, *Taoism: The Road to Immortality*, Boston: Shambhala, 1985.

Bloom, I. and Fogel, J. A. (eds), *Meeting of Minds: Intellectual and Religious Interaction in East Asian Traditions of Thought*, New York: Columbia University Press, 1997.

Bodde, D., *Tolstoy and China*, Princeton, NJ: Princeton University Press, 1950.

_____, "Harmony and Conflict in Chinese Philosophy", in Wright, 1953.

_____, Review of Needham, *Science and Civilization in China* Vol. 5, Part 2, *Journal of Asian Studies*, 35(3), 1976.

_____, "Chinese 'Laws of Nature', a Reconsideration", *Harvard Journal of Asiatic Studies* 39(1), 1979.

_____, *Chinese Thought, Science and Society: The Intellectual and Social Background of Science and Technology in Pre-modern China*, Honolulu, HA: University of Hawaii Press, 1991.

Boemher, T., "Taoist Alchemy: A Sympathetic Approach through Symbols", in Saso and Chappell, 1977.

Bokenkamp, S. R., "Time after Time: Taoist Apocalyptic History and the Founding of the T'ang Dynasty", *Asia Major* 7(1), 1994.

_____, "Declarations of the Perfected", in Lopez, 1996.

_____, *Early Daoist Scriptures*, Berkeley, CA: University of California Press, 1997.

Boltz, J., "In Homage to T'ien-fei", *Journal of the American Oriental Society* 106(1), 1986.

_____, "Taoist Literature", *Encyclopedia of Religions* Vol. 14, New York: Macmillan, 1987a.

_____, *A Survey of Taoist Literature: Tenth to Seventeenth Centuries*, Berkeley, CA: University of California Press, 1987b.

Bookchin, M., *Remaking Society*, Montreal: Black Rose, 1989.

_____, *Re-enchanting Humanity*, London: Cassell, 1995.

Bradbury, S., "The American Conquest of Philosophy Taoism", in Moore and Lower, 1992.

Brook, T., "Rethinking Syncretism: The Unity of the Three Teachings and their Joint Worship in late Imperial China", *Journal of Chinese Religions* 21, 1993.

Buber, M., *Reden und Gleichnisse des Tschuang-tse*, Leipzig: Insel-Verlag, 1910.

_____, *The Tales of Rabbi Nachman*, New York: Horizon, 1956.

Burneko, G. C., "Chuang Tzu's Existential Hermeneutics", *Journal of Chinese Philosophy* 13(4), 1986.

Bush, S., *The Chinese Literati on Painting: Su Shih (1037-1101) to Tung Ch'i-ch'ang (1555-*

1636), Cambridge, MA: Harvard University Press, 1971.

Bussagli, M., *Chinese Painting*, London: Paul Hamlyn, 1969.

Bynner, W., *The Chinese Translations*, James Kraft (ed.), New York: Farrar, Straus, Giroux, 1978.

Bynum, C., Harrell, S., and Richman, P. (eds.), *Gender and Religion: On the Complexity of Symbols*, Boston: Beacon, 1986.

Cahill, J., "Confucian Elements in the Theory of Painting", 1960, in Wright, 1960a.

_____, *The Painter's Practice: How Artists Lived and Worked in Traditional China*, New York: Columbia University Press, 1994.

_____, *The Lyric Journey: Poetry and Painting in China and Japan*, Cambridge, MA: Harvard University Press, 1996.

Cahill, S., "Performance and Female Daoist Adepts: Hsi Wang Mu as the Patron Deity of Woman in Medieval China", *Journal of the American Oriental Society* 106(1), 1986.

_____, "Practice makes Perfect: Paths to Transcendence for the Woman in Medieval China", *Taoist Resources* 2(2), 1990.

_____, *Transcendence and Divine Passion: The Queen Mother of the West in Medieval China*, Stanford, CA: Stanford University Press, 1993.

Callicott, J. B., *Earth's Insights: A Multicultural Survey of Ecological Ethics*, Berkeley, CA: University of California Press, 1994.

Callicott, J. B. and Ames, R. T. (eds.), *Nature in Asian Tradition of Thought: Essays in Environmental Philosophy*, Albany, NY: State University of New York Press, 1989.

Company, R. F., "Buddhist Revolution and Taoist Translation in Early Mediaeval China", *Taoist Resources* 4(1), 1993.

Capra, F., *The Tao of Physics: An Exploration of the Parallels between Modern Physics and Eastern Mysticism*, Oxford: Fontana/Collins, 1976.

_____, *The Turning Point*, London: Wildwood, 1982.

_____, *The Web of Life: A New Synthesis of Mind and Matter*, London: HarperCollins, 1997.

Carman, J. and Juergensmayer. M. (eds.), *A Bibliographic Guide to the Comparative Study of Ethics*, Cambridge: Cambridge University Press, 1991.

Carrithers, M., Collins, S., and Lukes, S. (eds.), *The Category of the Person: Anthropology, Philosophy, History*, Cambridge: Cambridge University Press, 1985.

Carus, P., *Chinese Thought: An Exposition of the Main Characteristic Features of the Chinese World-Conception*, Chicago: Open Court, 1907.

_____ (trans.), *The Canon of Reason and Virtue: Lao-Tze's Tao Teh King*, Chicago: Open Court, 1913.

Cavell, S., *In Quest of the Ordinary*, Chicago: University of Chicago Press, 1988.

Chalmers, J., *The Speculations on Metaphysics, Policy, and Morality of 'The Old Philosopher' Lau-Tsze*, London: Trübner & Co, 1868.

Chan, A. K. L., *Two Visions of the Way: A Study of the Wang Pi and the Hoshang Kung Commentaries on the Lao-Tzu*, Albany, NY: State University of New York Press, 1991.

Chan Sin-wai and Pollard, D. E., *An Encyclopedia of Chinese Translation: Chinese-English/English-Chinese*, Hong Kong: The Chinese University Press, 1995.

Chan Wing-tsit(陳榮捷), *Religions Trends in Modern China*, New York: Columbia University Press, 1953.

_____, *A Source Book in Chinese Philosophy*, Princeton, NJ: Princeton University Press, 1963a.

_____, *The Way of Lao Tzu*, New York: Bobbs-Meril, 1963b.

Chang Chung-yuan(張宗源), *Creativity and Taoism*, London: Wildwood House, 1975a.

_____, *Tao: A New Way of Thinking*, New York: Harper & Row, 1975b.

_____, "The Philosophy of Taoism According to Chuang Tzu", *Philosophy East and West* 27(4), 1977.

Chang, Jolan, *The Tao of Love and Sex: The Ancient Chinese Way to Ecstasy*, Aldershot: Gower, 1995.

Chang, S., *The Tao of Sexology*, San Francisco: Tao Publishing, 1986.

Chapman, J. W. and Galston, W. A. (eds.), *Virtue*, New York: New York University Press, 1992.

Chappell, D. W. (ed.), *Buddhist and Taoist Practice in Medieval Chinese Society*, Honolulu, HA: University Hawaii Press, 1987.

Chavannes, E., *Les memoires historique de Se-ma Ts'en* 5 Vols., Paris: Leroux, 1895~1915.

Chen, E. M., "Nothingness and the Mother Principle in Early Chinese Taoism", *International Philosophical Quarterly* 9(4), 1969.

Chen Gu-ying(陳鼓應), "Zhuang Zi and Nietzsche: Plays of Perspectives", in Parkes, 1991.

Ch'en, K., *Buddhism in China: a Historical Survey*, Princeton, NJ: Priceton University Press, 1964.

Cheng Chung-ying(成中英), "The Nature and Function of Skepticism in Chinese Philosophy", *Philosophy East and West* 27(2), 1977.

_____, "On the Environmental Ethics of the Tao and the Ch'i", *Environmental Ethics* 8(4), 1986.

_____, "Chinese Metaphysics as Non-metaphysics: Confucian and Taoist Insights into the Nature of Reality", 1989, in Allinson, 1989b.

Chia, Mantak, *Taoist Secrets of Love: Cultivating Male Sexual Energy*, New York: Aurora, 1984.

Chien, Chi-hui, "Theft's Way: A Comparative Study of Chuang Tzu's Tao and Derridean Trace", *Journal of Chinese Philosophy* 17(1), 1990.

Ching, J., *Probing China's Soul: Religion, Politics, and Protest in the People's Republic*, San

Francisco: Harper & Row, 1990.

_____, *Chinese Religions*, London: Macmillan, 1993.

_____, "Chu Hsi and Taoism", in Bloom and Fogel, 1997.

Ching, J. and Oxtoby, W. G., *Moral Enlightenment: Leibniz and Wolff on China*, Nettetal: Steyler Verlag, 1992.

Chisolm, L. W., *Fenollosa: The Far East and American Culture*, New Haven, CT: Yale University Press, 1963.

Clark, J. P., "What is Anarchism?", *Nomos* 19, 1978.

_____, "On Taoism and Politics", *Journal of Chinese Philosophy* 10(1), 1983.

Clarke, J. F., *Ten Great Religions*, Boston: Osgood, 1871.

Clarke. J. J., *Jung and Eastern Thought: A Dialogue with the Orient*, London: Routledge, 1994.

_____, *Oriental Enlightenment: The Encounter between Asian and Western Thought*, London: Routledge, 1997.

Cleary, T. (trans.), *The Taoist I Ching*, Boston: Shambhala, 1986.

_____ (trans.), *Understanding Reality: A Taoist Alchemical Classic by Chung Po-tuan*, Honolulu, HA: University of Hawaii Press, 1987.

_____ (trans.), *The Secret of the Golden Flower*, San Francisco: Harper & Row, 1991.

Clifton, R. K. and Regehr, M. G., "Capra on Eastern Mysticism and Modern Physics: A Critique", *Science and Christian Belief* 1(1), 1989.

Cook, D. and Rosemont, H., "The Pre-established Harmony Between Leibniz and Chinese Thought", *Journal of the History of Ideas* 42(3), 1981.

_____ (eds.), *G. W. Leibniz: Writings on China*, La Salle, IL: Open Court, 1994.

Coomaraswamy, A. K., *On the Traditional Doctrine of Art*, Ipswich: Golgonooza Press, 1977.

Cooper, J. C., *Taoism: The Way of the Mystic*, London: HarperCollins, 1990.

Cordier, H., *Biblioteca sinica: dictionnaire bibliographique des ouvrages relatifs à l'emoire chinois* 6 Vols., New York: Burt Franklin, 1968(1904).

Coward, H., "Taoism and Jung: Synchronicity and the Self", *Philosophy East and West* 46(4), 1996.

Creel, H. G., *Sinism: a Study of the Evolution of the Chinese World-View*, Chicago: Open Court, 1929.

_____, *Chinese Thought from Confucius to Mao Tse-tung*, London: Eyre & Spottiswood, 1954.

_____, *What is Taoism, and Other Studies in Chinese Cultural History*, Chicago: University of Chicago Press, 1970.

_____, "The Role of Compromise in Chinese Culture", in Le Blanc and Blader, 1987.

Critchley, S., "Black Socrates? Questioning the Philosophical Tradition", *Radical Philosophy* 69, 1995.

_____, *Very Little...Almost Nothing: Death, Philosophy, Literature*, London: Routledge, 1997.

Crowley, A. (trans.), *Tao Teh Ching*, Skinner, S. (ed.), London: Askin, 1976.

Csikszentmihalyi, M. and Ivanhoe, P. J. (eds.), *Religious and Philosophical Aspects of the Laozi*, Albany, NY: State University of New York Press, 1999.

Cua, A. S., "Forgetting Morality: Reflections on a Theme in Chuang Tzu", *Journal of Chinese Philosophy* 4(4), 1977.

_____, *Ethical Argumentation: A Study in Hsun Tzu's Moral Epistemology*, Honolulu, HA: University of Hawaii Press, 1985.

_____, "The Concept of Li in Confucian Moral Theory", 1989, in Allinson, 1989b.

Dallmayr, F., *Beyond Orientalism: Essays on Cross-Cultural Encounter*, Albany, NY: State University of New York Press, 1996.

Danto, A., *Mysticism and Morality: Oriental Thought and Moral Philosophy*, Harmondsworth: Penguin, 1976.

Dawson, R., *The Chinese Chameleon: An Analysis of European Conceptions of Chinese Civilization*, Oxford: Oxford University Press, 1967.

Dean, K., *Taoist Ritual and Popular Cults of South-East Asia*, Princeton, NJ: Prinston University Press, 1993.

de Bary, W. T., Chan Wing-tsit, and Watson, B. (eds.), *Sources of Chinese Tradition* 2 Vols., New York: Columbia University Press, 1960.

_____, *East Asian Civilization: A Dialogue in Five Stages*, Cambridge, MA: Harvard University Press, 1988.

Delahaye, H., *Les premières peintures de paysage en Chine: aspests religieux*, Paris: École Française d'Extrême-Orient, 1981.

Demiéville, P., "Le Buddhism chinois", *Encyclopédie de le Pleiade* Vol. 1, Paris: Gallimard, 1970.

Derridha, J., *Of Grammatology*, Baltimore, MD: Johns Hopkins University Press, 1976.

_____, *Limites Inc*, Evaston, IL: Northwestern University Press, 1988.

Despeux, C., *Ta'i-ki k'uan: Technique de longue vie, techique de combat*, Paris: Presses Universitaires de France, 1976.

_____, "Gymnastics: The Ancient Tradition", in Kohn, 1989.

_____, *Immortelles de la Chine ancienne: Taoïsme et alchimie féminine*, Paris: Pardès, 1990.

Deutsch, E. (ed.), *Culture and Modernity: East-West Philosophic Perspectives*, Honolulu, HA: University of Hawaii Press, 1991.

Dirlik, A., *Anarchism in the Chinese Revolution*, Berkeley, CA: University of California Press, 1991.

Doré, H., *Recherches sur les superstitions en Chine* 18 Vols., Shanghai, 1911~1938.

Douglas, R. K., *Confucianism and Taoism*, London: Society for Promoting Christian Knowledge, 1911.

Dubs, H. H., "The Failure of Chinese Philosophy to Produce Philosophical Systems", *T'oung Pao* 26, 1929.

Durant, W., *Our Oriental Heritage* (*The Story of Civilization* Vol. 1), New York: Simon & Schuster, 1942.

Durkheim, E. and Mauss, M., *Primitive Classification*, Chicago: University of Chicago Press, 1963.

Duyvendak, J. J. L., "The Philosophy of Wu Wei", *Asiatische Studien* 1(1), 1947.

_____ (trans.), *Tao To King: Le Livre de la voie et la vertu*, Paris: Maisonneuve, 1953.

Eber, I., "Martin Buber and Taoism", *Monumenta Serica* 42(4), 1994.

Ebray, P. B. and Gregory, P. N. (eds.), *Religion and Society in T'ang and Sung China*, Honolulu, HA: University of Hawaii Press, 1993.

Edkins, J., "Tauism", *Pamphlets of Chinese Missionaries*, conference held at The School of Oriental and African Studies, London, 1855.

_____, *Religion in China, containing A Brief Account of the Three Religions of the Chinese, with Observations on the Prospects of Christian Conversion amongst that People*, London: KegamPaul, Trench, Trübner, 1893(1859).

_____, *Ancient Symbolism*, London: Trübner, 1889.

Eitel, E., *Feng-shui: The Science of Sacred Landscape in Old China*, with commentary by John Mitchell, Bonsall, CA: Synergetic Press, 1984(1873).

Eno, R., "Cook Ding's Dao and the Limits of Philosophy", in Kjellberg and Ivanhoe, 1996.

Esbenshade, D. H., "Relating Mystical Concepts to those of Physics: Some Concerns", *American Journal of Physics* 50(3), 1982.

Eskildsen, S., *Asceticism in Early Taoist Religion*, Albany, NY: State University of New York Press, 1998.

Fang, T., *Chinese Philosophy: Its Spirit and Development*, Taipei: LinKing, 1981.

Faure, B., *The Rhetoric of Immediacy: A Cultural Critique of Chan/Zen Buddhism*, New York: Columbia University Press, 1991.

Fenollosa, E., *Epochs of China and Japanese Art* 2 Vols., London: Hainemann, 1912.

_____, *The Chinese Character as a Medium for Poetry*, London: Stanley Nott, 1936.

Feuchwang, S. D., *An Anthropological Analysis of Chinese Geomancy*, Laos: Vithagna, 1974.

Fleming, J., "On Translation of Taoist Philosophical Texts: Preservation of Ambiguity and Contradiction", *Journal of Chinese Philosophy* 25(1), 1998.

Flew, A., *An Introduction to Western Philosophy*, London: Thames & Hudson, 1971.

Forke, A., *The World-Conception of the Chinese: Their Astronomical Cosmological, Physico-Philosophical Speculations*, London: Probsthain, 1925.

Forman, R. K. C. (ed.), *The Problem of Pure Consciousness: Mysticism and Philosophy*, Oxford: Oxford University Press, 1990.

Franke, W., *A Century of Chinese Revolution*, Oxford: Blackwell, 1970.

Friedman, M., "Martin Buber and Asia", *Philosophy East and West* 26(4), 1970.

Frodsham, J., "On the Origins of Chinese Nature Poetry", *Asia Major* 8(1), 1960~1961.

Fu Hong-chu, "Deconstruction and Taoism: Comparisons Reconsidered", *Comparative Literature Studies* 29(3), 1992.

Fumimasa, F., "The History of Taoist Studies in Japan, and Some Related Issues", *Acta Asiatica* 68, 1995.

Fung Yu-lan(馮友蘭), *A Short History of Chinese Philosophy*, D. Bodde (ed.), New York: The Free Press, 1966(1948).

_____, *A History of Chinese Philosophy* 2 Vols., Prinston, NJ: Prinston University Press, 1952~1953.

Furrow, D., *Against Theory: Continental and Analytic challenges in Moral Philosophy*, London: Routledge, 1995.

Gadamer, H. G., *Truth and Method*, London: Shees & Ward, 1975.

Gao, Jian-ping(高建平), *The Expressive Act in Chinese Art: From Calligraphy to Painting*, Stockholm: Almqvist Wiksell International, 1996.

Gare, A. E., *Postmodernism and the Environmental Crisis*, Routledge: London, 1995a.

_____, "Understanding Oriental Cultures", *Philosophy East and West* 45(3), 1995b.

Gasster, M., *Chinese Intellectuals in the Revolution of 1911*, Seattle, WA: University of Washington Press, 1969.

Gernet, J., *China and the Christian Impact: A Conflict of Culture*, Cambridge: Cambridge University press, 1985.

Giles, H. A., "The Wisdom of Lao Tzu", *The China Review* 16, 1886.

_____, *Chuang Tzu: Mystic, Moralist, and Social Reformer*, London: Quaritch, 1889.

_____, *Confucianism and its Rivals*, London: Willian & Newgate, 1915.

Giles, L. (trans.), *Musings of a Chinese Mystic: Selections from the Philosophy of Chuang Tzu*, London: John Murray, 1906a.

_____ (trans.), *The Sayings of Lao Tzu*, London: John Murray, 1906b.

_____ (trans.), *Toist Teachings from the Book of 'Lieh Tzu'*, London: John Murray, 1912.

Gilligan, C., *In a Different Voice: Psychological Theory and Women's Development*, Cambridge, MA: Harvard University Press, 1982.

Girardot, N. J., "Part of the Way: Four Studies in Taoism", *History of Religion* 11(3), 1972.

_____, *Myth and Meaning in Early Taoism: The Theme of Chaos (hun-tun)*, Berkeley, CA: University of California Press, 1983.

_____, "Chinese Religion: History of Study", *Encyclopedia of Religions* Vol. 3, New York: Macmillan, 1987.

_____, "The Course of Sinological Discourse: James Legge (1815-97) and the Nineteenth Century Invention of Taoism", in Luk, 1992.

_____, *The Victorian Translation of China*, Berkeley, CA: University of California Press, 1999.

Glansenapp, H. von, *Kant und die Religionen des Osten*, Kitzingen-Main: Holzner Verlag, 1954.

Gómez, L. O., "Oriental Wisdom and the Cure of Souls: Jung and the Indian East", in Lopez, 1995.

Goodman, R. B., "Style, Dialectics and the Aims of Philosophy in Wittgenstein and the Taoists", *Journal of Chinese Philosophy* 3(2), 1976.

_____, "Taoism and Ecology", *Environmental Ethics* 2(1), 1980.

_____, "Skepticism and Realism in the Chuang-Tzu", *Philosophy East and West* 35(3), 1985.

Goody, J., *The East in the West*, Cambridge: Cambridge University Press, 1996.

Goullart, P., *The Monastery of the Jade Mountain*, London: John Murray, 1961.

Graham, A. C. (trans.), *The Book of Lieh Tzu*, London: John Murray, 1960.

_____, "China, Europe, and the Origins of Modern Science: Needham's Grand Titration", in Nakayama and Sivin, 1973.

_____, *Later Mohist Logic, Ethics and Science*, Hong Kong: Chinese University Press, 1978.

_____, "How much of Chuang-tzu did Chuang-tzu Write?", *Journal of the American Academy of Religions* 47(3), 1979.

_____ (trans.), *Chuang-tzu: The Inner Chapters*, London: Harper Collins, 1981.

_____, "Taoist Spontaneity and the Dichotomy of 'is' and 'ought'"(1983), in Mair, 1983a.

_____, *Disputers of the Tao: Philosophical Argument in Ancient China*, La Salle, IL: Open Court, 1989.

_____, *Studies in Chinese Philosophy and Philosophical Literature*, Albany, NY: State University of New York Press, 1990.

Granet, M., *The Religion of the Chinese People*, Oxford: Blackwell, 1975(1924).

_____, *La pensée chinoise*, Paris: Albin Michel, 1934.

Gray, J., *Enlightenment's Wake: Politics and culture at the Close of the Modern Age*, London: Routledge, 1995.

Griffin, D. R. (ed.), *The Reenchantment of Science: Postmodern Proposals*, New York: State University of New York Press, 1988.

Griffin, S., *Woman and Nature*, New York: Harper & Row, 1978.

Grigg, R., *The Tao of Relationships: A Balancing of Man and Woman*, Aldershot: Wildwood, 1989.

Groot, J. J. M. de, *The Religious System of China* 6 Vols., Leiden: Brill, 1892~1910.

Gross, R. M., *Buddhism after Patriarchy: a Feminist History, Analysis, and Reconstruction of Buddhism*, albany: State University of New York Press, 1993.

Gulik, R. H. van, *Sexual Life in Ancient China: A Preliminary Survey of Chinese Sex and Society from ca.1500 till 1644 AD*, Leiden: Brill, 1961.

Hackmann, H., *Chinesische Philosophie*, Munich: Reinhardt, 1927.

Halbfass, W., *India and Europe: An Essay in Understanding*, Albany, NY: State University of New York Press, 1988.

Halde, J. B. du, *Description Geographique, historique, Chronologique, politique, et physique de l'empire de la Chine et la Tartarie chinoise* 4 Vols., The Hague: Henri Scheurleer, 1736.

Hall, D. L., "Process and Anarchy: A Taoist Vision of Creativity", *Philosophy East and West* 28(3), 1978.

_____, *The Uncertain Phoenix: Adventures Toward a Post-Cultural Sensibility*, New York: Fordham University Press, 1982a.

_____, *Eros and Irony: A Prelude to Philosophical Anarchism*, Albany, NY: State University of New York Press, 1982b.

_____, "The Metaphysics of Anarchism", *Journal of Chinese Philosophy* 10(2), 1983.

_____, "Nietzsche and Chuang Tzu: Resources for the Transcendence of Culture", *Journal of Chinese Philosophy* 11(2), 1984.

_____, "On Seeking a Change of Environment: A Quasi-Taoist Proposal", *Philosophy East and West* 37(2), 1987.

_____, "Modern China and the Postmodern West", in Deutsch, 1991.

_____, *Richard Rorty: Prophet and Poet of the New Progmatism*, Albany, NY: State University of New York Press, 1994.

Hall, D. L. and Ames, R. T., *Thinking through Confucius*, Albany, NY: State University of New York Press, 1987.

_____, *Anticipating China: Thinking through the Narratives of Chinese and Western Cultures*, Albany, NY: State University of New York Press, 1995.

_____, *Thinking from the Han: Self, Truth, and Transcendence in Chinese and Western Culture*, Albany, NY: State University of New York Press, 1998.

Hansen, C., "Linguistic Skepticism in the Lao Tzu", *Philosophy East & West* 31(3), 1981.

_____, *Language and Logic in Ancient China*, Ann Arbor, MI: University of Michigan Press, 1983a.

_____, "A Tao of Tao in Chuang-Tzu", 1983b, in Mair, 1983a.

_____, "Language in the Heart-mind", 1989, in Allinson, 1989b.

_____, *A Daoist Theory of Chinese Thought*, New York: Oxford University Press, 1992.

430

_____, "Duty and Virtue", 1996, in Ivanhoe, 1996a.

Harbsmeier, C., *Aspects of Classical Chinese Syntax*, London: Curzon Press, 1981.

_____, "Marginalia Sino-logica", 1989, in Allinson, 1989b.

Hardy, J., *A Psychology with a Soul: Psychosynthesis in Evolutionary Context*, London: Routledge, 1987.

Hardy, J. M., "Influential Western Interpretations of the Tao-te-ching", in Kohn and La Fargue, 1998.

Harlez, C. de (trans.), *Le Yih-King*, Brussels: Hayez, 1889.

Harper, D., "The Sexual Arts of Ancient China as Described in a Manuscript of the Second Century B. C.", *Harvard Journal of Asiatic Studies* 34(2), 1987.

Hartshorne, C., "Process Themes in Chinese Thought", *Journal of Chinese Philosophy* 6(4), 1979.

Hay, J., *Kernels of Energy, Bones of Earth: The Rock in Chinese Art*, New York: China Institute of America, 1985.

Hegel, G. W, F., *The Philosophy of History*, New York: Wiley, 1944.

_____, *Lectures on the Philosophy of Religion* Vol. 2, Berkeley, CA: University of California Press, 1987.

_____, *Lectures on the History of Philosophy* Vol. 1, Lincoln, NB: University of Nebraska Press, 1995.

Heidegger, M., *On the Way to Language*, New York: Harper & Row, 1971.

Heim, M., "A Philosophy of Comparison: Heidegger and Lao Tzu", *Journal of Chinese Philosophy* 11(4), 1984.

Heisig, J. and Maraldo, J. (eds.), *Rude Awakening: Zen, the Kyoto School, & the question of Nationalism*, Honolulu, HA: University of Hawaii Press, 1994.

Henderson, J. B., *The Development and Decline of Chinese Cosmology*, New York: Columbia University Press, 1984.

Henricks, R. G., "Examining the Ma-wang-tui Silk Texts of the Lao-tzu", *T'oung Pao* 65(4-5), 1979.

_____ (trans.), *Philosophy and Argumentation in Third Century China: The Essays of Hsi K'ang*, Princeton, NJ: Princeton University Press, 1983.

_____ (trans.), *Lao-tzu: Te-tao Ching*, London: Bodley Head, 1990.

Herman, J. R., *I and Tao: Martin Buber's Encounter with Chuang Tzu*, Albany, NY: State University of New York Press, 1996.

Heyndrickz, J. (ed.), *Philippe Couplet, S. J. (1623-93): The Man Who Brought China to Europe*, Nettetal: Steyler Verlag, 1990.

Heysinger, I. W. (trans.), *The Light of China: The Tao Teh King of Lao Tsze, 604-504 B.C.*,

Philadelphia: Research Publications Limited, 1903.

Hoff, B., *The Tao of Pooh and The Te of Piglet*, London: Methuen, 1994.

Holzman, D., *Landscape Appreciation in Ancient and Early Medieval China: The Birth of Landscape Poetry*, Taipei: National Tsing Hua University Press, 1996.

Hoornbeck, J., *De Conversions Indorum & Gentilum*, Amsterdam: Jansson, 1669.

Hoster, B. and Waedow, G., "Internationale Konferenz in Xi'an: Laozi Interpretation und Wirkung", *China Heute* 14(6), 1995.

Hsia, A. (ed.), *Tao: Reception in East and West*, Bern: Peter Lang, 1994.

Hsiao, K. S., *A History of Chinese Political Thought* Vol. 1, Princeton, NJ: Princeton University Press, 1979.

Hsiao, Shih-yi, P.(蕭師毅), "Heidegger and Our Translation of the Tao Te Ching", in Parkes, 1987.

Huang Chun-Chieh and Zurcher, E. (eds.), *Time and Space in Chinese Culture*, Leiden: Brill, 1995.

Huff, T., *The Rise of Modern Science: Islam, China, and the West*, Cambridge: Cambridge University Press, 1993.

Hulin, M., *Hegel et l'Orient*, Paris: Vrin, 1979.

Hume, D., *Essays Moral, Political and Literary*, London: John Murray, 1898.

Hunt, J. D. and Willis, P. (eds.), *The Genius of the Place: The English Landscape Garden 1620-1820*, London: Elek, 1975.

Huntington, S., *The Clash of Civilizations and the Remarking of World Order*, New York: Simon & Schuster, 1996.

Inada, K., "Zen and Taoism: Common and Uncommon Grounds of Dissonance", *Journal of Chinese Philosophy* 15(1), 1988.

_____, "Northropian Catagories of Experience Revisited", *Journal of Chinese Philosophy* 19(1), 1992.

_____, "The Challenge of Buddho-Taoist Metaphysics of Experience", *Journal of Chinese Philosophy* 21(1), 1994.

Ip Po-keung, "Taoism and the Foundations of Environmental Ethics", *Environmental Ethics* 5(4), 1983.

Ivanhoe, P. J., *Confucian Moral Self-Cultivation*, New York: Peter Lang, 1993a.

_____, "Zhuangzi on Skepticism, Skill, and the Ineffable Dao", *Journal of the American Academy of Religion* 61(4), 1993b.

_____ (ed.), *Chinese Language, Thought, and Culture*, Chicago and La Salle, IL: Open Court, 1996a.

_____, "Was Zhuangzi a Relativist?", 1996b, in Kjellberg and Ivanhoe, 1996.

432

Jackson, C. T., *The Oriental Religions and American Thought*, Westport, CT: Greenwood, 1981.

Jan Yü-hua, "The Silk Manuscripts on Taoism", *T'oung Pao* 63, 1997.

Jantsch, E., *The Self-Organizing Universe*, New York: Pergamon, 1980.

Jensen, L. M., *Manufacturing Confucianism: Chinese Traditions and Universal Civilization*, Durham, NC: Duke University Press, 1997.

Johnson, S., *Oriental Religions and their Relation to Universal Religion: China*, Boston: Mifflin, 1877.

Jones, R. H., "Jung and Eastern Religious Traditions", *Religion* 9(2), 1979.

Julien, S., *Lao Tseu: Tao Te-king: le livre de la voie et la vertu*, Paris: Imprimerie Royale, 1841.

Jung, C. G., *Memories, Dreams, Reflections*, London: Fontana, 1983.

_____, *Synchronicity: An Acausual Connecting Principle*, London: Routledge, 1985.

, *Jung on the East*, J. J. Clarke (ed.), London: Routledge, 1995.

Kaltenmark, M., *Lao Tzu and Taoism*, Stanford, CA: Stanford University Press, 1969.

_____, "The Ideology of the T'ai-p'ing Ching", in Welch and Seidel, 1979.

Karcher, S., "Journey to the West", *Oracle: The Journal of Yijing Studies* 2(9), 1999.

_____, *Ta Chuan: The Great Treatise*, New York: St Martin's Press, 2000.

Kardos, M., "Western Language Publications on Religions in China, 1990-94", *Journal of Chinese Religions* 26, 1998.

Katz, S. T. (ed.), *Mysticism and Philosophical Analysis*, New York: Oxford University Press, 1978.

Kauffman, S., *At Home in the Universe: The Search for the Laws of Self-Organization and Complexity*, Harmondsworth: Penguin, 1995.

Kerwick, M., *The Chinese Garden: History, Art and Architecture*, London: Academy Editions, 1986.

Kim Young-kun, "Hegel's Criticism of Chinese Philosophy", *Philosophy East and West* 28(2), 1978.

Kimura, E., "Taoism and Chinese Thought" in *Acta Asiatica: Bulletin of the Institute of Eastern Culture* 27, 1974.

King, R., *Orientalism and Religion: Postcolonial Theory, India and the 'Mystic East'*, London: Routledge, 1999.

Kircher, A., *China Illustrata*, Amsterdam: Jansson, 1667.

Kirkland, R., "Person and Culture in the Taoist Tradition", *Journal of Chinese Religion* 20, 1992.

_____, "The History Contours of Taoism in China: Thoughts on Issues of Classification and Terminology", *Journal of Chinese Religion* 25, 1997a.

_____, "Varieties of Taoism: A Preliminary Comparison of Themesin the Nei Yeh and other Taoist Classics", *Taoist Resources* 7(2), 1997b.

Kjellberg, P., "The Butterfly as Companion", *Philosophy East and West* 43(1), 1993.

_____, "Sextus Empiricus, Zhuangzi, and Xunzi on 'Why be Skeptical?'", in Kjellberg and Ivanhoe, 1996.

Kjellberg, P. and Ivanhoe, P. J. (eds.), *Essays on Skepticism, Relativism, and Ethics in the Zhuangzi*, Albany, NY: State University of New York Press, 1996.

Kleeman, T., "Taoist Ethics", in Carman and Juegensmayer, 1991.

_____, *A God's Own Tale: The 'Book of Transformations' of Wenchang, the Divine Lord of Zitong*, Albany, NY: State University of New York Press, 1994.

Kleinjaus, E., "The Tao of Women and Men: Chinese Philosophy and the Women's Movement", *Journal of Chinese Philosophy* 17(1), 1990.

Koestler, A., *The Lotus and the Robot*, London: Hutchinson, 1960.

Kogler, H. H., *The Power of Dialogue: Critical Hermeneutics after Gadamer and Foucault*, Cambridge, MA: MIT Press, 1996.

Kohn, L., *Seven Steps to the Tao: Sima Chengzhan's 'Zuowanglun'*, Nettetal: Steyler Verlag, 1987.

_____ (ed.), *Taoist Meditation and Longevity Techniques*, Ann Arbot, MI: University of Michigan Press, 1989.

_____, *Taoist Mystical Philosophy: The Scripture of Western Ascension*, Albany, NY: State University of New York Press, 1991a.

_____, "Taoist Visions of the Body", *Journal of Chinese Philosophy* 18(2), 1991b.

_____, *Early Chinese Mysticism: Philosophy and Soteriology in the Taoist Tradition*, Princeton, NJ: Princeton University Press, 1992.

_____ (ed.), *The Taoist Experience: An Anthology*, Albany, NY: State University of New York Press, 1993.

_____, *Laughing at the Tao: Debates amongst Buddhists and Taoists in Ancient China*, Princeton, NJ: Princeton University Press, 1995.

_____, Review of *Dokyo Bunka E No Tembo* (New Perspectives on Chinese Culture), Tokyo 1994, *Journal of Chinese Religion* 24, 1996.

_____, "The Tao-te-ching in Ritual", in Kohn and La Fargue, 1998.

Kohn, L. and LaFargue, M. (eds.), *Lao-Tzu and Tao-te-ching*, Albany, NY: State University of New York Press, 1998.

Kraft, J. (ed.), *The Works of Witter Bynner*, New York: Farrar, Straus, Giroux, 1981.

Kroll, J. L., "Disputation in Ancient Chinese Culture", *Early China* 11 · 12, 1987.

Kroll, P. W., "Body Gods and Inner Vision: The Scripture of the Yellow Court", in Lopez, 1996.

Küng, H. and Ching, J., *Christianity and Chinese Religions*, New York: Doubleday, 1989.

Kuo You-yuh, "Taoist Psychology of Creativity", *Journal of Creative Behaviour* 30(3), 1996.

434

Kupperman, J., "Not so Many Words: Chuang Tzu's Strategies of Communication", *Philosophy East and West* 39(3), 1989.

_____, "Spontaneity and Education of the Emotion in the Zhuangzi", in Kjellberg and Ivanhoe, 1996.

LaFargue, M., *The Tao of the Tao Te Ching: Translation and Commentary*, Albany, NY: State University of New York Press, 1992.

_____, *Tao and Method: A Reasoned Approach to the Tao-te-ching*, Albany, NY: State University of New York Press, 1994.

_____, "Recovering the Tao-te-ching's Original Meaning: Some Remarks on Historical Hermeneutics", in Kohn and La Fargue, 1998.

Lagerwey. J., *Taoist Ritual in Chinese Society and History*, New York: Macmillan, 1987.

Lahar, R., "Philosophical Counselling and Taoism", *Journal of Chinese Philosophy* 23(3), 1996.

Lalvani, S., "Consuming the Exotic Other", *Critical Studies in Mass Communication* 12(3), 1995.

Langlois, J. D. and Sun K'o-Kuan, "Three Teachings Syncretism of the Thought of Ming T'ai-tsu", *Harvard Journal of Asiatic Studies* 43(1), 1983.

Lao Sze-kwang (Lao Yung-wei), "Understanding Chinese Philosophy: An Inquiry and a Proposal", 1989, in Allinson, 1989b.

Larson, G. J., "'Conceptual Resources' in South Asia for 'Environmental Ethics', or The Fly is still Alive and Well and in the Bottle", *Philosophy East and West* 37(2), 1987.

Larson, G. J. and Deutsch (eds.), *Interpreting Across Boundaries: New Essays in Comparative Philosophy*, Princeton University Press, 1988.

Lau, D. C. (trans.), *Lao Tzu: Tao Te Ching*, Harmondsworth: Penguin, 1963.

Le Blanc, C., *Huai-nanzu: Philosophical Synthesis in Early Han Thought*, Hong Kong: Hong Kong University Press, 1985.

_____, "A Re-Examination of the Myth of Huang-ti", *Journal of Chinese Religions* 13 · 14, 1985 ~1986.

Le Blanc, C. and Blader, S. (eds.), *Chinese Ideas about Nature and Society: Studies in Honour of Derk Bodde*, Hong Kong University Press, 1987.

Lee, Kwang-sae, "Rorty and Chuang Tzu: Anti-Representationalism", *Journal of Chinese Philosophy* 23(2), 1996.

Lee, P. K. H. (ed.), *Contemporary Confucian-Christian Encounters in Historical and Contemporary Perspective*, Hewiston: Edwin Mellen, 1991.

Legge, J., *The Religions of China*, New York: Charles Scribner's Sons, 1881.

_____, "The Tao Teh King", *Britisch Quarterly Review* 78, 1883.

_____ (trans.), *Sacred Books of the East: The Texts of Taoism* 2 Vols., Oxford: Clarendon Press, 1891.

le Gobien, C., *Histoire de l'édit de l'Empereur de la Chine en faveur de la Religion Chrestienne*, Paris: Anisson, 1698.

Leites, E., "Confucianism in Eighteenth Century England: Natural Morality and Social Reform", *Philosophy East and West* 18(2), 1968.

Lenk, H. and Paul, G. (eds.), *Epistemological Issues in Classical Chinese Philosophy*, Albany, NY: State University of New York Press, 1993.

Lesering, M., "Reading Chuang-Tzu: One Way or Many?", *Religious Studies Review* 10(3), 1984.

Leys, S., *The Burning Forest: Essays on Chinese Culture and Politics*, New York: Holt, Rinehart & Winston, 1983.

Li Yang-zheng, "Daoism versus Buddhism in China", *Social Science in China* 15(4), 1994.

Li Yu-hang, "Taoism", *Chinese Sociology and Anthropology* 26(3), 1994.

Lin Tong-qi, Rosemont, H., and Ames, R. T., "'Chinese Philosophy': A Philosophical Essay on the 'State of the Art'", *The Journal of Asian Studies* 54(3), 1995.

Lin Yu-tang(林語堂), *The Important of Living*, London: Heinemann, 1938.

_____, *My Country and My People*, London: Heinemann, 1939.

_____ (ed. and trans.), *The Wisdom of China*, London: Four Square, 1963.

Ling, T., *A History of Religion East and West*, London: Four Square, 1968.

Liu Da, *The Tao in Chinese Culture*, New York: Schocken, 1979.

Liu, Ming-wood, "The Harmonious Universe of Fa-tsang and Leibniz: A Comparative Study", *Philosophy East and West* 32(1), 1982.

Liu Xiao-gan(劉笑敢), "Taoism", in Sharma, 1993.

_____, *Classifying the Zhuangzi Chapters*, Ann Arbor, MI: University of Michigan Press, 1994.

Lohman, J., *Philosophie und Sprachwissenschaft*, Berlin: Duncker & Humboldt, 1965.

Lopez, D. S. (ed.), *Curators of the Buddha: The Study of Buddhism under Colonialism*, Chicago: University of Chicago Press, 1995.

_____ (ed.), *Religions of China in Practice*, Princeton, NJ: Princeton University Press, 1996.

Lovejoy, A. O., *Essays in the History of Ideas*, Baltimore, MD: Johns Hopkins University Press, 1948.

Loy, D., "On the Meaning of the I Ching", *Journal of Chinese Philosophy* 14(1), 1987.

_____, "Zhuangzi and Nagarjuna on the Truth of No Truth", in Kjellberg and Ivanhoe, 1996.

Lu Kuan-yu, *The Secrets of Chinese Meditation*, New York: Weiser, 1964.

Luk, B. H-K. (ed.), *Contacts between Cultures* Vol. 4, Lewiston, NY: Edwin Mellen, 1992.

MacIntyre, A., *After Virtue: A Study in Moral Theory*, London: Duckworth, 1981.

_____, *Whose Justice? Which Rationality?*, Notre Dame: university of Norte Dame Press, 1988.

_____, "Incommensurability, Truth, and the Conversation between Confucians and Aristotelians about the Virtues", in Deutsch, 1991.

MacKenzie, J. M., *Orientalism: History, Theory and the Arts*, Manchester: Manchester University Press, 1995.

Mackerras, C., *Western Images of China*, Oxford: Oxford University Press, 1989.

Mair, V. H. (ed.), *Experimental Essays on Chuang-tzu*, Honolulu, HA: University of Hawaii Press, 1983a.

_____, "Wandering in and through the Chuang-tzu", *Journal of Chinese Religion* 11, 1983b.

_____ (trans.), *The Tao Te Ching: The Classic Book of Integrity and the Way*, New York: Bantam, 1990.

Mann, S., *Precious Records: Woman in China's Long Eighteenth Century*, Stanford, CA: Stanford University Press, 1997.

Maritain, J., *Creative Intuition in Art and Poetry*, New York: The World Publishing Company, 1955.

Marshall, P., *Demanding the Impossible: a History of Anarchism*, London: HarperCollins, 1992a.

_____, *Nature's Web: An Exploration of Ecological Thinking*, London: Simon & Schuster, 1992b.

_____, *Riding the Wind: A New Philosophy for a New Era*, London: Cassell, 1998.

Maspero, H., *La Chine antique*, Paris: Presses Universitaires de France, 1965(1927).

_____, "Les Procédés de 'nourir le principe vital' dans la religion Taoiste ancienne", *Journal Asiatique* 228, 1937.

_____, *Le Taoïsme et les religions chinoises*, Paris: Musée Guimet, 1971(1950).

_____, *Taoism and Chinese Religion* (trans. of Maspero 1971), Amherst: University of Massachusetts Press, 1981.

Mather, R. B., "the Controversy over Conformity and Naturalness during the Six Dynasties", *History of Religions* 9(2), 1969~1970.

May, R., *Heidegger's Hidden Sources: Asian Influences on his Work*, translated with a complementary essay by Graham Parkes, London: Routledge, 1996.

Mehta, J. L., *Philosophy and Religion: Essays in Interpretation*, New Delhi: M. Manoharlal, 1990.

Merton, T., *Mystics and Zen Masters*, New York: Delta, 1961.

_____, *The Way of Chuang Tzu*, London: Burns & Oates, 1965.

Miura, K., "The Revival of Qi: Qigong in Contemporary China", in Kohn, 1989.

Mollier, C., *Une apocalypse taoïste du Ve siècle*, Paris: Mémoires de l'institut des Hautes Études Chinoises, 1990.

Moore, C. A. (ed.), *Essays in East-West Philosophy*, Honolulu, HA: University of Hawaii Press, 1951.

_____ (ed.), *The Chinese Mind: Essentials of Chinese Philosophy and Culture*, Honolulu, HA: University of Hawaii Press, 1968.

Moore, N. and Lower, L. (eds.), *Translation East And West: A Cross-Cultural Approach*, Honolulu, HA: University of Hawaii Press, 1992.

Morgan, E. (trans.), *Tao the Great Luminant: Essays from Huai Nan Tzu*, London: Kegam Paul, Trench, Trübner & Co, 1933.

Mouffe, C., *Progmatism and Deconstruction*, London: Routledge, 1996.

Mungello, D. E., *Leibniz and Confucianism: The Search for Accord*, Honolulu, HA: University of Hawaii Press, 1977.

_____, *Curious Land: Jesuit Accommodations and the Origins of Sinology*, Honolulu, HA: University of Hawaii Press, 1989.

Munro, D. J. (ed.), *Individualism and Holism: Studies in Confucian and Taoist Values*, Ann Arbor, MI: Centre for Chinese Studies, University of Michigan, 1985.

Muramatsu, Y., "Some Themes in Chinese Rebel Ideologies", 1960, in Wright, 1960a.

Nakamura, H., *Ways of Thinking of Eastern Peoples*, Honolulu, HA: University of Hawaii Press, 1964.

Nakayama, S. and Sivin, N., *Chinese Science: Explorations of an Ancient Tradition*, Cambridge, MA: MIT Press, 1973.

Nash, F., *Wilderness and the American Ideal*, New Haven, CT: Yale University Press, 1967.

Needham, J., *Science and Civilization in China* Vol. 1, Cambridge University Press, 1954.

_____, *Science and Civilization in China* Vol. 2, Cambridge University Press, 1956.

_____, *The Grand Titration: Science and Society in East and West*, London: George Allen & Unwin, 1969.

_____, *Science and Civilization in China* Vol. 5, Part 2, Cambridge University Press, 1974.

_____, *Science and Civilization in China* Vol. 5, Part 3, Cambridge University Press, 1976.

_____, *Three Masks of Tao: A Chinese Corrective for Maleness, Monarchy, and Militarism in Theology*, London: The Teilhard Centre for the Future of Man, 1979.

_____, *Science and Civilization in China* Vol. 5, Part 5, Cambridge University Press, 1983.

Nelson, B., "Sciences and Civilizations, East and West: Joseph Needham and Max Weber", *Boston Studies in Philosophy and Science* 11(4), 1974.

Neville, R. C., "The Chinese Case in a Philosophy of World Religions", 1989, in Allinson, 1989b.

Nickerson, P., "Abridges Codes of Master Lu for thr Daoist Community", in Lopez, 1996.

Nietzsche, F., *A Genealogy of Morals*, Harmondsworth: Penguin, 1956.

_____, *Twilight of the Idols*, Harmondsworth: Penguin, 1968.

_____, *The Gay Science*, New York: Vintage, 1974.

Nivison, D. S., "Hsün Tzu and Chuang Tzu", in Rosemont, 1991.

Norden, B. W. van, Review of Allinson, 1989a, *The Journal of Asian Studies* 49(2), 1990.

438

_____, "Competing Interpretation of the Inner Chapters of the Zhuangzi", *Philosophy East and West* 46(2), 1996a.

_____, "What should Western Philosophy Learn from Chinese Pholosophy?", 1996b, in Ivanhoe, 1996a.

Northrop, F. S. C., *The Meeting of East and West: An Inquiry concerning Human Understanding*, New York: Macmillan, 1946.

Nuyen, A. T., "Naming the Unnamable: The Being of the Tao", *Journal of Chinese Philosophy* 22(4), 1995.

Nylan, M. and Sivin, N., "The First Neo-Confucians: An Introduction to Yang Hsiung's 'Canon of Supreme Mystery'", in Welch and Blader, 1987.

Ōfuchi, N., "The Formation of the Taoist Canon", in Welch and Seidel, 1979.

Olds, L., "Chinese Metaphors of Interrelatedness: Re-Imaging Body, Nature, and the Feminine", *Comtemporary Philosophy* 13(8), 1991.

Oldstone-Moore, J., "Alchemy and Journey to the West: The Cart-Slow Kingdom Episode", *Journal of Chinese Religions* 26, 1998.

Osborne, H., *Aesthetics and Art Theory: An Historical Introduction*, London: Longmans, 1968.

Olson, C. (ed.), *The Book of the Goddess, Past and Present*, New York: Crossroad, 1985.

Owens, W. D., "Radical Concrete Particularity: Heidegger, Lao Tzu, and Chuang Tzu", *Journal of Chinese Philosophy* 17(2), 1990.

_____, "Tao and Différance: The Existential Implications", *Journal of Chinese Philosophy* 20(3), 1993.

_____, *A Select Bibliography of Taoism*, Saskatoon, Sask.: China Pavilion, 1997.

Palmer, M., *The Elements of Taoism*, Shaftesbury: Element Books, 1991.

_____, *Travels Through Sacred China*, London: Thorsons, 1996.

Paper, J., *The Spirits are Drunk: Comparative Approaches to Chinese Religion*, Albany, NY: State University of New York Press, 1995.

Parker, E., *China and Religion*, London: John Murry, 1905.

Parker, J. D., "Attaining Landscapes in the Mind", *Monumenta Nipponica* 52(2), 1997.

Parkes, G., "The Wandering Dance: Chuang Tzu and Zarathustra", *Philosophy East and West* 33(3), 1983.

_____ (ed.), *Heidegger and Asian Thought*, Homolulu, HA: University of Hawaii Press, 1987.

_____, "Human/Nature in Nietzsche and Taoism", in Callicott and Ames, 1989.

_____ (ed.), *Nietzsche and Asian Thought*, Chicago: University of Chicago Press, 1991.

Pas, J. F. (ed.), *The Turning of the Tide: Religion in China Today*, Hong Kong: University of Hong Kong Press, 1989.

_____, *Historical Dictionary of Taoism*, Lanham, MD: Scarecrow, 1998.

Paul, D., "Kuanyin: Savior and Savioress in Chinese Pure Land Buddhism", in Olson, 1985.

Peerenboom, R. P., "Cosmogony, the Taoist Way", *Journal of Chinese Philosophy* 17(2), 1990a.

_____, "Natural Law in the Huang-Lao Boshu", *Philosophy East and West* 40(3), 1990b.

_____, "Beyond Naturalism: A Reconstruction of Daoist Environmental Ethics", *Environmental Ethics* 13(1), 1991.

_____, *Law and Morality in Ancient China: The Silk Manuscripts of Huang-Lao*, Albany, NY: State University of New York Press, 1993.

Pennick, N., *The Ancient Science of Geomancy*, London: Thames & Huston, 1979.

Peterson, W. J., "Making Connections: 'Commentary on the Attached Verbalizations' of the Book of Change", *Harvard Journal of Asiatic Studies*, 42(1), 1982.

_____, "Some Connective Concepts in China in the Fourth to Second Centuries B.C.E.", *Eranos Jahrbuch* 57, 1988.

Plaks, A. H., *The Four Masterworks of the Ming Novel*, Cambridge, MA: Harvard University Press, 1987.

Plumwood, V., *Feminism and the Mastery of Nature*, London: Routledge, 1993.

Pöggeler, O., "West-East Dialogue: Heidegger and Lao-tzu", in Parkes, 1987.

Porkert, M. with Ullmann, C., *Chinese Medicine*, New York: Henry Holt, 1990.

Prakash, G., "Orientalism Now", *History and Theory* 34(3), 1995.

Prigogine, I. and Stengers, I., *Order out of Chaos*, New York: Bantam, 1984.

Rand, C. C., "Chuang Tzu: Text and Substance", *Journal of Chinese Religions* 11, 1983.

Raphals, L., *Knowing Words: Wisdom and Cunning in the Classical Traditions of China and Greece*, Ithaca, NY: Cornell University Press, 1992.

_____, "Skeptical Strategies in the Zhuangzi and Theaetetus", in Kjellberg and Ivanhoe, 1996.

Rawlinson, A., *The Book of Enlightened Master: Western Teachers of Eastern Traditions*, Chicago: Open Court, 1997.

Rawson, P. and Legeza, L., *Tao: The Eastern Philosophy of Time and Change*, New York: Avon, 1973.

Reichwein, A., *China and Europe: Intellectual and Artistic Contacts in the Eighteenth Century*, London: Kegan Paul, Trench, Trübner & Co, 1925.

Reid, D., *The Tao of Health, Sex and Longevity: A Modern Practical Approach to the Ancient Way*, London: Simon & Schuster, 1989.

_____, *Harnessing the Power of the Universe*, London: Simon & Schuster, 1998.

Riencourt, A. de, *The Soul of China: An Interpretation of Chinese History*, New York: Harper & Row, 1965.

Ritsema, R. and Karcher, S. (trans.), *I Ching: The Classic Chinese Oracle of Change* (with Concordance), Shaftesbury: Element, 1994.

Robertson, R., *Globalization: Social Theory and Global Culture*, London: Sage, 1992.

Robinet, I., *Les commentaires du Tao Te King jusqu'au VIIe siècle*, Paris: Institut des Hautes Études Chinoises, 1977.

_____, "Original Contributions of Neidan to Taoism and Chinese Thought", in Kohn, 1989.

_____, *Historie du Taoisme des origines au XIVe siècle*, Paris: Cerf, 1991.

_____, *Taoist Meditation: The Mao-shan Tradition of Great Purity*, Albany, NY: State University of New York Press, 1993.

_____, "Primus movens et création récurrente", *Taoist Researches* 5(2), 1994.

_____, *Introduction à l'alchimie intérieure taoïste de l'unité et de la multiplicité*, Paris: Cerf, 1995.

_____, *Taoism: Growth of a Religion*, a translation and adaptation by Phyllis Brooks of Robinet 1991, Stanford, CA: University of Stanford Press, 1997.

_____, "Later Commentaries: Textual Polysemy and Syncretistic Interpretations", in Kohn and La Fargue, 1998.

Roetz, H., *Confucian Ethics of the Axial Age: A Reconstruction under the Aspect of the Breakthrough Toward Postconventional Thinking*, Albany, NY: State University of New York Press, 1993.

Rolston, H., III, "Can and Ought we to Follow Nature", *Environmental Ethics* 1(1), 1979.

_____, "Can the East Help the West to Value Nature", *Philosophy East and West* 37(2), 1987.

Ronan, C. E. and Oh, B. B. (eds.), *East Meets West: The Jesuits in China (1582-1773)*, Chicago: Loyola University Press, 1988.

Ropp, P. S. (ed.), *Heritage of China: Contemporary Perspectives on Chinese Civilization*, Berkeley, CA: University of California Press, 1990.

Rorty, R., *Philosophy and the Mirror of Nature*, Oxford: Blackwell, 1980.

Rosemont, H. (ed.), *Chinese Texts and Philosophical Contexts: Essays Dedicates to Angus Graham*, La Salle, IL: Open Court, 1991.

_____, "Beyond Post-Modernism", 1996, in Ivanhoe, 1996a.

Roth, H. D., "Psychology and Self-Cultivation in Early Taoist Thought", *Harvard Journal of Asiatic Studies* 51(2), 1991a.

_____, "Who Compiled the Chuang Tzu?", 1991b, in Rosemont, 1991.

_____, "Evidence for Stages of Meditation in Early Taoism", *Bulletin of the School of Oriental and African Studies* 60(2), 1997.

Rousselle, E., *Zur Seelischen Führung im Taoismus*, Darmstadt: Wissenschaftliche Buchgesellschaft, 1962.

Russell, B., *Mysticism and Logic*, London: Penguin, 1953.

Said, E., *Orientalism*, Harmondsworth: Penguin, 1985.

_____, "Representing the Colonized: Anthropology's Interlocutors", *Critical Inquiry* 15(2), 1989.

Sangren, P. S., "Female Gender in Chinese Religions Symbols: Kuan Yin, Ma Tsu, and the Eternal Mother", *Signs* 9, 1983.

Sardar, Z., *Postmodernism and the Other: The New Imperialism of Western Culture*, London: Pluto, 1998.

Saso, M., *The Teaching of Master Chuang*, New Haven, CT: Yale University Press, 1978.

_____, "The Chuang-tzu nei-p'ien", 1983, in Mair, 1983a.

_____, *Taoism and the Rite of Cosmic Renewal*, Pullman, WA: Washington State University Press, 1990.

_____, *The Golden Pavilion: Taoist Ways to Peace, Healing, and Long Life*, Boston: Tuttle, 1995.

Saso, M. and Chappell, D. W. (eds.), *Buddhist and Taoist Studies* I, Honolulu, HA: University of Hawaii Press, 1977.

Scerri, E. R., "Eastern Mysticism and the Alleged Parallels with Physics", *American Journal of Physics* 57(8), 1989.

Schafer, E. H., *Tu Wan's Stone Catalogue of Cloudy Forest*, Berkeley, CA: University of California Press, 1961.

_____, *The Divine Woman, Dragon Ladies, and Rain Maidens*, Berkeley, CA: University of California Press, 1973.

_____, *Mao Shan in T'ang Times*, Boulder, CO: Society for the Study of Chinese Religions, 1989.

Scharfstein, B. A., Alon, I. Biderman, S., Daor, D., and Hoffmann, Y., *Philosophy East/Philosophy West: A Critical Comparison of Indian, Chinese, Islamic, and European Philosophy*, Oxford: Blackwell, 1978.

Schipper, K., *Concordance du Tao Tsang: Titres des ouvrages*, Paris: Publications de l'École Française d'Extreme-Orient, 1975.

_____, *The Taoist Body*, Berkely, CA: University of California Press, 1993.

_____, "The Inner World of the Lao-Tzu Chung-Ching", in Huang and Zürcher, 1995.

Schneewind, J., "The Misfortunes of Virtue", *Ethics* 101(1), 1990.

Schwartz, B. I., *The World of Thought in Ancient China*, Cambridge, MA: Harvard University Press, 1985.

Schwitzgebel, E., "Zhuangzi's Attitude toward Language amd his Skepticism", in Kjellberg and Ivanhoe, 1996.

Seager, R. H. (ed.), *The World's Parliament of Religions: The East/West Encounter, Chicago, 1893*, Bloomington, IN: Indiana University Press, 1995.

Seidel, A. K., *La divinisation de Lao-tseu sous le Han*, Paris: École Française d'Extrême-Orient,

442

1969a.

_____, "The Image of the Perfect Ruler in Early Taoist Messianism: Lao-tzu and Li-hung", *History of Religions* 9(2), 1969b.

_____, "Taoism", *Encyclopaedia Britannica* Vol. 17, 15th Edition, Chicago: Encyclopaedia Britannica Inc, 1978.

_____, "Chronicle of Taoist Studies in the West 1950-1990", *Cahier d'Extrême Asie* 5, 1989~ 1990.

_____, *Taoismus: Die inoffizielle Hochreligion Chinas*, Tokyo: Deutsche Gesellschaft Für Natur- und Volkerkunde Ostasiens, 1990.

Sharma, A. (ed.), *Our Religions*, San Francisco: HarperCollins, 1993.

Shaughnessy, E. (trans.), *I Ching: The Classic of Change*, New York: Ballantine, 1996.

Shaw, M., "Buddhist and Taoist Influence on Chinese Landscape Painting", *Journal of the History of Ideas* 49(2), 1988.

Shchuskii, I. K., *Researches on the I Ching*, Princeton, NJ: Princeton University Press, 1979.

Shu Yun-zhong, "Gary Snyder and Taoism", *Tamkang Review* 17(3), 1987.

Sirén, O., *China and the Gardens of Europe in the Eighteenth Century*, New York: Ronald Press, 1949.

Siu, R. G. H., *The Tao of Science: An Essays on Western Knowledge and Eastern Wisdom*, London: Chapman & Hall, 1957.

Sivin, N., *Chinese Alchemy: Preliminary Studies*, Cambridge, MA: Harvard University Press, 1968.

_____, Review of Needham 1969, *Journal of Chinese Philosophy* 30(4), 1971.

_____, "On the Word 'Taoist' as a Source of Perplexity, With Special Reference to the Relationship between Science and Religion", *History of Religions* 17(3), 1978.

_____, "Report on the Third International Conference on Taoist Studies", *Bulletin of the Society for the Study of Chinese Religions* 7, 1979.

_____, "Science and Medicine in Chinese History", in Ropp, 1990.

_____, *Science in Ancient China: Researches and Reflections*, Aldershot: Valiorum, 1995a.

_____, "State, Cosmos, and Body in the Last Three Centuries B.C.", *Harvard Journal of Asian Studies* 55(1), 1995b.

Sloterdijk, P., *Eurotaoismus: Zur Kritik der politischen Kinetik*, Frankfurt: Suhrkamp Verlag, 1989.

Smil, V., *The Bad Earth: Environmental Degradation in China*, Armonk, NY: Sharpe, 1977.

Smith, H., *The World's Religions: Our Great Wisdom Traditions*, San Francisco: Harper & Row, 1991(1958).

_____, "Tao Now: An Ecological Testament", in Barbour, 1972.

Smith, K. (ed.), *Chuang-tzu: Rationality: Interpretation*, Brunswick, NJ: Breckinridge Public Affairs Center, 1991.

Smullyan, R., *The Tao is Silent*, New York: HarperCollins, 1977.

Soothill, W. E., *The Three Religions of China*, London: Hodder & Stoughton, 1913.

Spence, J. D., "Western Perceptions of China from the late Sixteenth Century to the Present", in Ropp, 1990.

_____, *The Chan's Great Continent: China in Western Minds*, New York: Norton, 1998.

Stambaugh, J., "Heidegger, Taoism, and the Question of Metaphysics", in Parkes, 1987.

Stein, R. A., "Jardins en miniature de l'Extrême-Orient: Le Monde en Petit", *Bulletin de l'École Française d'Extrême-Orient* 42(1), 1942.

_____, "Religious Taoism and Popular Religion from the Second to the Seventh Centuries", in Welch and Seidel, 1979.

_____, *The World in Miniature: Container Gardens and Dwellings in Far Eastern Religious Thought*, Stanford, CA: Stanford University Press, 1990.

Strauss, V. F. von, Laò-Tsè's TaòTe King, Leipzig: Fleischer, 1870.

Strickman, M., "Taoism, History of", *Encyclopaedia Britannica* Vol. 17, 15th Edition, Chicago: Encyclopaedia Britannica Inc, 1978.

_____, "On the Alchemy of the T'ao Hung-ching", in Welch and Seidel, 1979.

_____, "History, Anthropology, and Chinese Religion" (review article on Saso, 1978), *Harvard Journal of Asiatic Studies* 40(1), 1980.

_____, *Le taoïsme du Mao Shan, chronique d'une révélation*, Paris: College de France, 1981.

_____, "Saintly Fools and Chinese Masters", *Asia Major* 7(1), 1994.

Sullivan, M., *Symbols of Eternity: The Art of Landscape Painting in China*, Oxford: Clarendon Press, 1979.

_____, *The Meeting of Eastern and Western Art*, Berkeley, CA: University of California Press, 1989.

_____, "Chinese Art and its Impact on the West", in Ropp, 1990.

Swidler, L., Cobb, J. B., Knitter, P. F., and Hellwig, M. K., *Death and Dialogue: from the Age of Monologue to the Age of Dialogue*, London: SCM, 1990.

Sylvan, R. and Bennett, D., "Taoism and Deep Ecology", *The Ecologist* 18(4-5), 1988.

Sze Mai-mai(施美美), *The Way of Chinese Painting: Its Ideas and Technique*, New York: Random House, 1959.

Tang, P. C. L. and Schwartz, R. D., "The Limits of Language: Wittgenstein's Tractatus Logico Philosophicus and Lao Tzu's Tao Te Ching", *Journal of Chinese Philosophy* 15(1), 1988.

Tang Yi-jie, "Transcendence and Immanence in Confucian Philosophy", in Lee, 1991.

Taylor, R. L., "Chu Hsi and Meditation", in Bloomand Fogel, 1997.

Teiser, S. F., "The Spirits of Chinese Philosophy", in Lopez, 1996.

Thompson, K. O., "Taoist Cultural Reality: The Harmony of Aesthetic Order", *Journal of Chinese*

Philosophy 17(2), 1990.

Thompson, L. G., *Chinese Religions in Western Language: A Comprehensive and Classified Bibliography of Publications in English, French, and German through 1980*, Tucson, AZ: University of Arizona Press, 1985.

_____, "What is Taoism? (With Apologies to H. G. Creel)", *Taoist Resources* 4(2), 1993.

Tominnaga, T. T., "Taoist and Wittgensteinian Mysticism", *Journal of Chinese Philosophy* 9(3), 1982.

_____, "Ch'an, Taoism and Wittgenstein", *Journal of Chinese Philosophy* 10(1), 1983.

_____, "Possibility of a Taoist-Like Wittgensteinian Environmental Ethics", *Journal of Chinese Philosophy* 21(2), 1994.

Towler, S., *A Gathering of Cranes: Bringing the Tao to the West*, Eugene, OR: The Abode of the Eternal Tao, 1996.

Tu Wei-ming(杜維明), *Confucian Thought: Selfhood as Creative Transformation*, Albany, NY: State University of New York Press, 1985.

Tuan Yi-fu(段義孚), "Discrepancies between Environmental Attitude and Behaviour: Examples from Europe and China", *The Canadian Geographer* 12(2), 1968.

Tucker, M. E. and Grim, J. A. (eds.), *Worldviews and Ecology: Religion, Philosophy, and the Environment*, Maryknoll, NY: Orbis, 1994.

Turner, B. S., *Orientalism, Postmodernism and Globalism*, London: Routledge, 1994.

Turner, K., "Sage Kings and Laws in Chinese and Greek Traditions", in Ropp, 1990.

Ulaar, A. (trans.), *Le livre de la voie et la ligne-droite de Lao-Tsé*, Paris: Éditions de la Review Blanche, 1902.

Unschild, P. U., *Medicine in China: A History of Ideas*, Berkeley, CA: University of California Press, 1985.

Vandermeersch, S., *La formation du Légisme*, Paris: Publication de l'EFEO, 1965.

Verellen, F., "Taoism", *Journal Asian Studies* 54(2), 1995.

Vervoon, A., "Taoism, Legalism, and the Quest for Order in Warring States China", *Journal of Chinese Philosophy* 8(3), 1981.

Waldrop, M., *Complexity: The Emerging Science at the Edge of Order and Chaos*, London: Viking, 1993.

Waley, A., *The Way and Its Power: The Tao Te Ching and its Place in Chinese Thought*, London: Unwin, 1977(1934).

Waley-Cohen, J., *The Sextants of Beijing: Global Currents in Chinese History*, New York: Norton, 1999.

Walf, K., *Westliche Taoismus: Bibliographie*, Essen: Die Blaue Eule, 1992.

_____, *Tao für den Westen: Weisheit, die uns nottut*, München: Kösel, 1997.

Walters. D., *Chinese Geomancy* (excerpted from de Groot 1892-1910), Shaftesbury: Element, 1989.

Wang Gung-wu(王賡武), *The Chineseness of China*, Hong Kong: Oxford University Press, 1991.

Watkins, M., *Waking Dreams*, Dallas: Spring Publications, 1986.

Watson, B., *The Complete Works of Chuang Tzu*, New York: Columbia University Press, 1968.

Watts, A., *The Way of Zen*, Harmondworth: Penguin, 1957.

_____, *Psychotheraphy East and West*, Harmondworth: Penguin, 1973.

_____, *Tao: The Watercourse Way*, London: Arkana, 1979.

Weber, M., *The Religion of China: Confucianism and Taoism*, New York: The Free Press, 1951 (1916).

Welch, H., *Taoism: The Parting of the Way*, Boston: Beacon Press, 1957.

_____, "Tje Bellagio Conference on Taoist Studies", *History of Religions* 9(2), 1969~1970.

Welch, H. and Seidel, A. (eds.), *Facets of Taoism*, New Haven, CT: Yale University Press, 1979.

Whitehead, A. N., *Science and the Modern World*, Cambridge: Cambridge University Press, 1925.

_____, *Process and Reality*, London: Collier Macmillan, 1978.

Wieger, L., *Taoism: The Philosophy of China*, Burbank, CA: Chara, 1976(1911).

Wile, D., *Art of the Bedchamber: The Chinese Sexual Yoga Classics Including Woman's Solo Meditation Texts*, Albany, NY: State University of New York Press, 1992.

Wilhelm, R. (trans.), *Laotse: Tao Te King: das Buch des alten vom Sinn und Leben*, Jena: Diederichs, 1921a.

_____ (trans.), *Liä Dsi; das Wahre Buch vom Quellenden Urgrund*, Jena: Diederichs, 1921b.

_____ (trans.), '*I Ging*'; *Das Buch der Wandlungen* 2 Vols., Jena: Diederichs, 1924; English trans. C. F. Baynes, New York: Pantheon, 1950.

_____ (trans.), "foreword" (by C. G. Jung), *I Ching or Book of Changes*, London: Arkana, 1989(1924).

_____ (trans.), *Confucius and Confucianism*, London: Kegan Paul, Trench, Trübner & Co, 1931.

Wilson, B. (ed.), *Rationality*, Oxford: Blackwell, 1970.

Winch, P., "Understanding a Primitive Society", in Wilson, 1970.

Wittgenstein, L., *Philosophical Investigations*, Oxford: Blackwell, 1953.

Wong, D., *Moral Relativity*, Berkeley, CA: University of California Press, 1984.

Wong, E. (trans.), *Cultivating Stillness: A Taoist Manual for Transforming Body and Mind*, Boston: Shambhala, 1992.

_____ (trans.), *Lieh-tzu: A Taoist Guide to Practical Living*, Boston: Shambhala, 1995.

_____, *Feng-Sui: The Ancient Wisdom of Harmonious Living for Modern Times*, Boston: Shambhala, 1996.

_____ (trans.), *Harmonizing Yin and Yang: The Dragon-Tiger Classic*, Boston: Shambhala, 1997a.

_____ (trans.), *The Shambhala Guide to Taoism*, Boston: Shambhala, 1997b.

_____ (trans.), *Cultivating to Energy of Life by Liu Hua-Yang*, Boston: Shambhala, 1998.

Wong Kiew Kit, *The Complete Books of Tai Chi Chuan: A Comprehensive Guide to the Principles and Practice*, Shaftesbury: Element, 1996.

Wright, A. (ed.), *Studies in Chinese Thought*, Chicago: Chicago University Press, 1953.

_____ (ed.), *The Confucian Persuasion*, Stanford, CA: Stanford University Press, 1960a.

_____ (ed.), "The Study of Chinese Civilization", *Journal of the History of Ideas* 21(3), 1960b.

Wu Jung-nuan (trans.), *Yi Jing*, Washington, DC: The Taoist Centre, 1991.

Wu Kuang-ming(吳光明), *Chuang Tzu: World Philosopher at Play*, New York: Scholars Press, 1982.

_____, "Dream in Nietzsche and Chuang Tzu", *Journal of Chinese Philosophy* 13(4), 1986.

_____, *The Butterfly as Companion: Meditation on the First Three Chapter of the Chuang Tzu*, Albany, NY: State University of New York Press, 1990.

_____, "On Reading the Tao Te Ching: Mair, LaFargue, Chan", *Philosophy East and West* 43(4), 1993.

Wu Yi, "On Chinese Ch'an in Relation to Taoism", *Journal of Chinese Philosophy* 12(2), 1985.

Yan Shou-cheng, "The Parting of the Tao: On the Similarities and Differences between Early Confucianism and Early Taoism", *Journal of Chinese Philosophy* 21(2), 1994.

Yang, C. K.(楊慶堃), *Religion in Chinese Society*, Berkeley, CA: University of California Press, 1961.

Yearley, L. H., "Hsün Tzu on the Mind: His Attempted Synthesis of Confucianism and Taoism", *Journal of Asian Studies* 39(3), 1980.

_____, "The Perfected Person in the Radical Chuang-tzu", in Mair, 1983.

_____, "Recent Work on Virtue", *Religious Studies Review* 16(1), 1990.

_____, "Zhuangzi's Understanding of Skillfulness and the Ultimate Spiritual State", in Kjellberg and Ivanhoe, 1996.

Yeh, M., "The Deconstructive Way: A Comparative Study of Derrida and Chuang Tzu", *Journal of Chinese Philosophy* 10(2), 1983.

Young, J. D., *Confucianism and Christianity: The First Encounter*, Hong Kong: Hong Kong University Press, 1983.

Young, R., *White Mythologies: Writing History and the West*, London: Routledge, 1990.

Yu, A. C. (trans.), *The Journey to the West* 4 Vols., Chicago: University of Chicago Press, 1977.

Yu, D. C., "The Creation Myth and its Symbolism in Classical Taoism", *Philosophy East and West* 31(4), 1981.

Yü Ying-shih(余英時), "Individualism and the Neo-Taoist Movement in Wei-Chin China", in Munro, 1985.

Yukawa, H., "The Happpy fish", 1983, in Mair, 1983a.

Zarrow, P., *Anarchism in Chinese Political Culture*, New York: Columbia University Press, 1990.

Zhang Long-xi(張隆溪), "The Tao and the Logos", *Critical Inquiry* 11, 1985.

_____, "The Myth of the Other: China in the Eyes of the West", *Critical Inquiry* 15, 1988.

_____, *The Tao and the Logos: Literary Hermeneutics, East and West*, Durham, NC: Duke University Press, 1992.

_____, *Mighty Opposites: From Dichotomies to Differences in the Comparative Study of China*, Stanford CA: Stanford University Press, 1998.

Zimmerman, M., *Contesting the Earth's Future: Radical Ecology and Postmodernity*, Berkeley, CA: University of California Press, 1994.

Zürcher, E., "Buddhist Influence on Early Taoism: a Survey of Scriptural Evidence", *T'oung Pao* 46(1-3), 1980.

찾아보기

지은이 J. J. Clarke

맥길 대학교, 몬트리올 대학교, 싱가포르 대학교에서 철학을 가르쳤고, 영국 킹
스턴 대학교 사상사학과 학과장을 역임했으며, 현재는 같은 대학교 명예교수
로 있다. 저서로는 *In Search of Jung, Jung and Eastern Thought*(1995), *Oriental
Enlightenment: The Encounter Between Asian and Western Thought*(1997), *The
Tao of the West: Western Transformations of Taoists Thought*(2000)가 있다.

옮긴이 조현숙趙賢淑

성균관대학교 동양철학과를 졸업하고 같은 대학원에서 박사학위를 취득했다.
성균관대학에서 강의를 했으며, 논문으로는 「장자 죽음의식에 관한 연구」, 「혜
시의 사유체계에 관한 연구」, 「순자의 제자비판에 관한 연구」 등이 있고, 옮긴
책으로는 『중국철학사방법론』, 『중국철학강의』, 『노자 도덕경』, 『법구경』 등이
있다. 현재는 완역 『장자』를 출간 준비 중이다.

예문서원의 책들

원전총서
박세당의 노자 (新註道德經) 박세당 지음, 김학목 옮김, 312쪽, 13,000원
율곡 이이의 노자 (醇言) 이이 지음, 김학목 옮김, 152쪽, 8,000원
홍석주의 노자 (訂老) 홍석주 지음, 김학목 옮김, 320쪽, 14,000원
북계자의 (北溪字義) 陳淳 지음, 김충열 감수, 김영민 옮김, 295쪽, 12,000원
주자가례 (朱子家禮) 朱熹 지음, 임민혁 옮김, 496쪽, 20,000원
서경잡기 (西京雜記) 劉歆 지음, 葛洪 엮음, 김장환 옮김, 416쪽, 18,000원
고사전 (高士傳) 皇甫謐 지음, 김장환 옮김, 368쪽, 16,000원
열선전 (列仙傳) 劉向 지음, 김장환 옮김, 392쪽, 15,000원
열녀전 (列女傳) 劉向 지음, 이숙인 옮김, 447쪽, 16,000원
선가귀감 (禪家龜鑑) 청허휴정 지음, 박재양·배규범 옮김, 584쪽, 23,000원
공자성적도 (孔子聖蹟圖) 김기주·황지원·이기훈 역주, 254쪽, 10,000원
공자세가·중니제자열전 (孔子世家·仲尼弟子列傳) 司馬遷 지음, 김기주·황지원·이기훈 역주, 224쪽, 12,000원
천지서상지 (天地瑞祥志) 김용천·최현화 역주, 384쪽, 20,000원
도덕지귀 (道德指歸) 徐命庸 지음, 조민환·장원목·김경수 역주, 544쪽, 27,000원
참동고 (參同攷) 徐命庸 지음, 이봉호 역주, 384쪽, 23,000원
박세당의 장자, 남화경주해산보 내편 (南華經註解刪補 內篇) 박세당 지음, 전현미 역주, 560쪽, 39,000원
초원담노 (椒園談老) 이충익 지음, 김윤경 옮김, 248쪽, 20,000원

퇴계원전총서
고경중마방古鏡重磨方 — 퇴계 선생의 마음공부 이황 편저, 박상주 역해, 204쪽, 12,000원
활인심방活人心方 — 퇴계 선생의 마음으로 하는 몸공부 이황 편저, 이윤희 역해, 308쪽, 16,000원
이자수어李子粹語 퇴계 이황 지음, 성호 이익·순암 안정복 엮음, 이광호 옮김, 512쪽, 30,000원

연구총서
논쟁으로 보는 중국철학 중국철학연구회 지음, 352쪽, 8,000원
논쟁으로 보는 한국철학 한국철학사상연구회 지음, 326쪽, 10,000원
중국철학과 인식의 문제 (中國古代哲學問題發展史) 方立天 지음, 이기훈 옮김, 208쪽, 6,000원
중국철학과 인성의 문제 (中國古代哲學問題發展史) 方立天 지음, 박경환 옮김, 191쪽, 6,800원
현대의 위기 동양 철학의 모색 중국철학회 지음, 340쪽, 10,000원
역사 속의 중국철학 중국철학회 지음, 448쪽, 15,000원
중국철학의 이단자들 중국철학회 지음, 240쪽, 8,200원
공자의 철학 (孔孟荀哲學) 蔡仁厚 지음, 천병돈 옮김, 240쪽, 8,500원
맹자의 철학 (孔孟荀哲學) 蔡仁厚 지음, 천병돈 옮김, 224쪽, 8,000원
순자의 철학 (孔孟荀哲學) 蔡仁厚 지음, 천병돈 옮김, 272쪽, 10,000원
유학은 어떻게 현실과 만났는가 — 선진 유학과 한대 경학 박원재 지음, 218쪽, 7,500원
유교와 현대의 대화 황의동 지음, 236쪽, 7,500원
역사 속에 살아있는 중국 사상 (中國歷史に生きる思想) 시게자와 도시로 지음, 이혜경 옮김, 272쪽, 10,000원
덕치, 인치, 법치 — 노자, 공자, 한비자의 정치 사상 신동준 지음, 488쪽, 20,000원
리의 철학 (中國哲學範疇精髓叢書 一理) 張立文 주편, 안유경 옮김, 524쪽, 25,000원
기의 철학 (中國哲學範疇精髓叢書 — 氣) 張立文 주편, 김교빈 외 옮김, 572쪽, 27,000원
동양 천문사상, 하늘의 역사 김일권 지음, 480쪽, 24,000원
동양 천문사상, 인간의 역사 김일권 지음, 544쪽, 27,000원
공부론 임수무 외 지음, 544쪽, 27,000원
유학사상과 생태학 (Confucianism and Ecology) Mary Evelyn Tucker·John Berthrong 엮음, 오정선 옮김, 448쪽, 27,000원
공자曰, 공자는 이렇게 말했다 안재호 지음, 232쪽, 12,000원
중국중세철학사 (Geschichte der Mittelalterischen Chinesischen Philosophie) Alfred Forke 지음, 최해숙 옮김, 568쪽, 40,000원
북송 초기의 삼교회통론 김경수 지음, 352쪽, 26,000원
죽간·목간·백서, 중국 고대 간백자료의 세계 1 이승률 지음, 576쪽, 40,000원

역학총서

주역철학사 (周易研究史) 廖名春·康學偉·梁韋弦 지음, 심경호 옮김, 944쪽, 30,000원
송재국 교수의 주역 풀이 송재국 지음, 380쪽, 10,000원
송재국 교수의 역학담론 — 하늘의 빛 正易, 땅의 소리 周易 송재국 지음, 536쪽, 32,000원
소강절의 선천역학 高懷民 지음, 곽신환 옮김, 368쪽, 23,000원

한국철학총서

조선 유학의 학파들 한국사상사연구회 편저, 688쪽, 24,000원
실학의 철학 한국사상사연구회 편저, 576쪽, 17,000원
퇴계의 생애와 학문 이상은 지음, 248쪽, 7,800원
조선유학의 개념들 한국사상사연구회 지음, 648쪽, 26,000원
유교개혁사상과 이병헌 금장태 지음, 336쪽, 17,000원
남명학파와 영남우도의 사림 박병련 외 지음, 464쪽, 23,000원
쉽게 읽는 퇴계의 성학십도 최재목 지음, 152쪽, 7,000원
홍대용의 실학과 18세기 북학사상 김문용 지음, 288쪽, 12,000원
남명 조식의 학문과 선비정신 김충열 지음, 512쪽, 26,000원
명재 윤증의 학문연원과 가학 충남대학교 유학연구소 편, 320쪽, 17,000원
조선유학의 주역사상 금장태 지음, 320쪽, 16,000원
율곡학과 한국유학 충남대학교 유학연구소 편, 464쪽, 23,000원
한국유학의 악론 금장태 지음, 240쪽, 13,000원
심경부주와 조선유학 홍원식 외 지음, 328쪽, 20,000원
퇴계가 우리에게 이윤희 지음, 368쪽, 18,000원
조선의 유학자들, 켄타우로스를 상상하며 理와 氣를 논하다 이향준 지음, 400쪽, 25,000원
퇴계 이황의 철학 윤사순 지음, 320쪽, 24,000원

성리총서

송명성리학 (宋明理學) 陳來 지음, 안재호 옮김, 590쪽, 17,000원
주희의 철학 (朱熹哲學研究) 陳來 지음, 이종란 외 옮김, 544쪽, 22,000원
양명 철학 (有無之境—王陽明哲學的精神) 陳來 지음, 전병욱 옮김, 752쪽, 30,000원
정명도의 철학 (程明道思想研究) 張德麟 지음, 박상리·이경남·정성희 옮김, 272쪽, 15,000원
주희의 자연철학 김영식 지음, 576쪽, 29,000원
송명유학사상사 (宋明時代儒學思想の研究) 구스모토 마사쓰구(楠本正繼) 지음, 김병화·이혜경 옮김, 602쪽, 30,000원
북송도학사 (道學の形成) 쓰치다 겐지로(土田健次郎) 지음, 성현창 옮김, 640쪽, 3,2000원
성리학의 개념들 (理學範疇系統) 蒙培元 지음, 홍원식·황지원·이기훈·이상호 옮김, 880쪽, 45,000원
역사 속의 성리학 (Neo-Confucianism in History) Peter K. Bol 지음, 김영민 옮김, 488쪽, 28,000원
주자어류선집 (朱子語類抄) 미우라 구니오(三浦國雄) 지음, 이승연 옮김, 504쪽, 30,000원

불교(카르마)총서

학파로 보는 인도 사상 S. C. Chatterjee·D. M. Datta 지음, 김형준 옮김, 424쪽, 13,000원
불교와 유교 — 성리학, 유교의 옷을 입은 불교 아라키 겐고 지음, 심경호 옮김, 526쪽, 18,000원
유식무경, 유식 불교에서의 인식과 존재 한자경 지음, 208쪽, 9,000원
박성배 교수의 불교철학강의: 깨침과 깨달음 박성배 지음, 윤원철 옮김, 313쪽, 9,800원
불교 철학의 전개, 인도에서 한국까지 한자경 지음, 252쪽, 9,000원
인물로 보는 한국의 불교사상 한국불교원전연구회 지음, 388쪽, 20,000원
은정희 교수의 대승기신론 강의 은정희 지음, 184쪽, 10,000원
비구니와 한국 문학 이향순 지음, 320쪽, 16,000원
불교철학과 현대윤리의 만남 한자경 지음, 304쪽, 18,000원
유식삼심송과 유식불교 김명우 지음, 280쪽, 17,000원
유식불교, 『유식이십론』을 읽다 효도 가즈오 지음, 김명우·이상우 옮김, 288쪽, 18,000원
불교인식론 S. R. Bhatt & Anu Mehrotra 지음, 권서용·원철·유리 옮김, 288쪽, 22,000원

노장총서

유학자들이 보는 노장 철학 조민환 지음, 407쪽, 12,000원
노자에서 데리다까지 — 도가 철학과 서양 철학의 만남 한국도가철학회 엮음, 440쪽, 15,000원
不二 사상으로 읽는 노자 — 서양철학자의 노자 읽기 이찬훈 지음, 304쪽, 12,000원
김항배 교수의 노자철학 이해 김항배 지음, 280쪽, 15,000원

동양문화산책

공자와 노자, 그들은 물에서 무엇을 보았는가 사라 알란 지음, 오만종 옮김, 248쪽, 8,000원
주역산책(易學漫步) 朱伯崑 외 지음, 김학권 옮김, 260쪽, 7,800원
동양을 위하여, 동양을 넘어서 홍원식 외 지음, 264쪽, 8,000원
서원, 한국사상의 숨결을 찾아서 안동대학교 안동문화연구소 지음, 344쪽, 10,000원
녹차문화 홍차문화 츠노야마 사가에 지음, 서은미 옮김, 232쪽, 7,000원
류짜이푸의 얼굴 찌푸리게 하는 25가지 인간유형 류짜이푸(劉再復) 지음, 이기면·문성자 옮김, 320쪽, 10,000원
안동 금계마을 — 천년불패의 땅 안동대학교 안동문화연구소 지음, 272쪽, 8,500원
안동 풍수 기행, 와혈의 땅과 인물 이완규 지음, 256쪽, 7,500원
안동 풍수 기행, 돌혈의 땅과 인물 이완규 지음, 328쪽, 9,500원
영양 주실마을 안동대학교 안동문화연구소 지음, 332쪽, 9,800원
예천 금당실·맛질 마을 — 정감록이 꼽은 길지 안동대학교 안동문화연구소 지음, 284쪽, 10,000원
터를 안고 仁을 펴다 — 퇴계가 굽어보는 하계마을 안동대학교 안동문화연구소 지음, 360쪽, 13,000원
안동 가일 마을 — 풍산들가에 의연히 서다 안동대학교 안동문화연구소 지음, 344쪽, 13,000원
중국 속에 일떠서는 한민족 — 한겨레신문 차한필 기자의 중국 동포사회 리포트 차한필 지음, 336쪽, 15,000원
신간도견문록 박진관 글·사진, 504쪽, 20,000원
안동 무실 마을 — 문헌의 향기로 남다 안동대학교 안동문화연구소 지음, 464쪽, 18,000원
선양과 세습 사라 알란 지음, 오만종 옮김, 318쪽, 17,000원
문경 산북의 마을들 — 서중리, 대상리, 대하리, 김룡리 안동대학교 안동문화연구소 지음, 376쪽, 18,000원
안동 원촌마을 — 선비들의 이상향 안동대학교 안동문화연구소 지음, 288쪽, 16,000원
안동 부포마을 — 물 위로 되살려 낸 천년의 영화 안동대학교 안동문화연구소 지음, 440쪽, 23,000원

일본사상총서

도쿠가와 시대의 철학사상(德川思想小史) 미나모토 료엔 지음, 박규태·이용수 옮김, 260쪽, 8,500원
일본인은 왜 종교가 없다고 말하는가(日本人はなぜ 無宗敎のか) 아마 도시마로 지음, 정형 옮김, 208쪽, 6,500원
일본사상이야기 40(日本がわかる思想入門) 나가오 다케시 지음, 박규태 옮김, 312쪽, 9,500원
사상으로 보는 일본문화사(日本文化の歷史) 비토 마사히데 지음, 엄석인 옮김, 252쪽, 10,000원
일본도덕사상사(日本道德思想史) 이에나가 사부로 지음, 세키네 히데유키·윤종갑 옮김, 328쪽, 13,000원
천황의 나라 일본 — 일본의 역사와 천황제(天皇制と民衆) 고토 야스시 지음, 이남희 옮김, 312쪽, 13,000원
주자학과 근세일본사회(近世日本社會と宋學) 와타나베 히로시 지음, 박홍규 옮김, 304쪽, 16,000원

예술철학총서

중국철학과 예술정신 조민환 지음, 464쪽, 17,000원
풍류정신으로 보는 중국문학사 최병규 지음, 400쪽, 15,000원

한의학총서

한의학, 보약을 말하다 — 이론과 활용의 비밀 김광중·하근호 지음, 280쪽, 15,000원

남명학연구총서

남명사상의 재조명 남명학연구원 엮음, 384쪽, 22,000원
남명학파 연구의 신지평 남명학연구원 엮음, 448쪽, 26,000원
덕계 오건과 수우당 최영경 남명학연구원 엮음, 400쪽, 24,000원
내암 정인홍 남명학연구원 엮음, 448쪽, 27,000원
한강 정구 남명학연구원 엮음, 560쪽, 32,000원

예문동양사상연구원총서

한국의 사상가 10人 — 원효 예문동양사상연구원/고영섭 편저, 572쪽, 23,000원
한국의 사상가 10人 — 의천 예문동양사상연구원/이병욱 편저, 464쪽, 20,000원
한국의 사상가 10人 — 지눌 예문동양사상연구원/이덕진 편저, 644쪽, 26,000원
한국의 사상가 10人 — 퇴계 이황 예문동양사상연구원/윤사순 편저, 464쪽, 20,000원
한국의 사상가 10人 — 남명 조식 예문동양사상연구원/오이환 편저, 576쪽, 23,000원
한국의 사상가 10人 — 율곡 이이 예문동양사상연구원/황의동 편저, 600쪽, 25,000원
한국의 사상가 10人 — 하곡 정제두 예문동양사상연구원/김교빈 편저, 432쪽, 22,000원
한국의 사상가 10人 — 다산 정약용 예문동양사상연구원/박홍식 편저, 572쪽, 29,000원
한국의 사상가 10人 — 혜강 최한기 예문동양사상연구원/김용헌 편저, 520쪽, 26,000원
한국의 사상가 10人 — 수운 최제우 예문동양사상연구원/오문환 편저, 464쪽, 23,000원

강의총서

김충열 교수의 노자강의 김충열 지음, 434쪽, 20,000원
김충열 교수의 중용대학강의 김충열 지음, 448쪽, 23,000원
모종삼 교수의 중국철학강의 牟宗三 지음, 김병채 외 옮김, 320쪽, 19,000원

민연총서 ─ 한국사상

자료와 해설, 한국의 철학사상 고려대 민족문화연구원 한국사상연구소 편, 880쪽, 34,000원
여헌 장현광의 학문 세계, 우주와 인간 고려대 민족문화연구원 한국사상연구소 편, 424쪽, 20,000원
퇴옹 성철의 깨달음과 수행 ─ 성철의 선사상과 불교사적 위치 조성택 편, 432쪽, 23,000원
여헌 장현광의 학문 세계 2, 자연과 인간 고려대 민족문화연구원 한국사상연구소 편, 432쪽, 25,000원
여헌 장현광의 학문 세계 3, 태극론의 전개 고려대 민족문화연구원 한국사상연구소 편, 400쪽, 24,000원
역주와 해설 성학십도 고려대 민족문화연구원 한국사상연구소 편, 328쪽, 20,000원
여헌 장현광의 학문 세계 4, 여헌학의 전망과 계승 고려대학교 민족문화연구원 편, 384쪽, 30,000원

인물사상총서

한주 이진상의 생애와 사상 홍원식 지음, 288쪽, 15,000원
범부 김정설의 국민윤리론 우기정 지음, 280쪽, 20,000원

동양사회사상총서

주역사회학 김재범 지음, 296쪽, 10,000원
유교사회학 이영찬 지음, 488쪽, 17,000원
깨달음의 사회학 홍승표 지음, 240쪽, 8,500원
동양사상과 탈현대 홍승표 지음, 272쪽, 11,000원
노인혁명 홍승표 지음, 240쪽, 10,000원
유교사회학의 패러다임과 사회이론 이영찬 지음, 440쪽, 20,000원

경북의 종가문화

사당을 세운 뜻은, 고령 점필재 김종직 종가 정경주 지음, 203쪽, 15,000원
지금도 「어부가」가 귓전에 들려오는 듯, 안동 농암 이현보 종가 김서령 지음, 225쪽, 17,000원
종가의 멋과 맛이 넘쳐 나는 곳, 봉화 충재 권벌 종가 한필원 지음, 193쪽, 15,000원
한 점 부끄럼 없는 삶을 살다, 경주 회재 이언적 종가 이수환 지음, 178쪽, 14,000원
영남의 큰집, 안동 퇴계 이황 종가 정우락 지음, 227쪽, 17,000원
마르지 않는 효제의 샘물, 상주 소재 노수신 종가 이종호 지음, 303쪽, 22,000원
의리와 충절의 400년, 안동 학봉 김성일 종가 이해영 지음, 199쪽, 15,000원
충효당 높은 마루, 안동 서애 류성룡 종가 이세동 지음, 210쪽, 16,000원
낙중 지역 강안학을 열다, 성주 한강 정구 종가 김학수 지음, 180쪽, 14,000원
모원당 회화나무, 구미 여헌 장현광 종가 이종문 지음, 195쪽, 15,000원
보물은 오직 청백뿐, 안동 보백당 김계행 종가 최은주 지음, 160쪽, 15,000원
은둔과 화순의 선비들, 영주 송설헌 장말손 종가 정순우 지음, 176쪽, 16,000원
처마 끝 소나무에 갈무리한 세월, 경주 송재 손소 종가 황위주 지음, 256쪽, 23,000원
양대 문형과 직신의 가문, 문경 허백정 홍귀달 종가 홍원식 지음, 184쪽, 17,000원
어질고도 청빈한 마음이 이어진 집, 예천 약포 정탁 종가 김낙진 지음, 208쪽, 19,000원
임란의병의 힘, 영천 호수 정세아 종가 우인수 지음, 192쪽, 17,000원
영남을 넘어, 상주 우복 정경세 종가 정우락 지음, 264쪽, 23,000원
선비의 삶, 영덕 갈암 이현일 종가 장윤수 지음, 224쪽, 20,000원

기타

다산 정약용의 편지글 이용형 지음, 312쪽, 20,000원
유교와 칸트 李明輝 지음, 김기주·이기훈 옮김, 288쪽, 20,000원
유가 전통과 과학 김영식 지음, 320쪽, 24,000원